LERNSITUATIONEN

Höhere Berufsfachschule NRW
Jahrgangsstufe 11

WV plus

BWL mit ReWe

Hans-Peter von den Bergen
Christian Fritz
Claudia Lang
Susanne Lange
Ute Morgenstern
Michael Piek
Petra Walenciak
u. a.

in Zusammenarbeit mit der Verlagsredaktion

Cornelsen

Dieses Buch wurde erstellt unter Verwendung von Materialien von Anja Brunnett, Norbert Büsch, Roland Budde, Wolfgang R. Diemer, Oliver Dillmann, Wolfgang Duschek, Peter Engelhardt, Bettina Glania, Markus Hillebrand, Ariane Hoffmann, Ludger Katt, Hans-Peter Klein, Antje Kost, Antje Licht, Wolfgang Metzen, Klaus Otte, Roswitha Pütz, Heike Scholz, Dieter Schütte, Alfons Steffes-lai, Gisbert Weleda, Insa Wenke, Ralf Wimmers, Carsten Zehm

Weitere Materialien in der Reihe W plus V – BWL mit ReWe

Jahrgangsstufe 11
- Schülerbuch
  ISBN 978-3-06-450150-8
- Handreichungen für den Unterricht
  ISBN 978-3-06-450151-5

Jahrgangsstufe 12
- Schülerbuch
  ISBN 978-3-06-450152-2
- Lernsituationen
  ISBN 978-3-06-450157-7
- Handreichungen für den Unterricht
  ISBN 978-3-06-450153-9

Verlagsredaktion:	Martina Wiese
Redaktionelle Mitarbeit:	Sebastian Buob
Bildredaktion:	Christina Fanselow
Layout und Umschlaggestaltung:	sign, Berlin
Technische Umsetzung:	vitaledesign, Berlin
Titelfoto:	Adpic/Yuri Arcurs
Illustrationen:	Joachim Gottwald, Berlin
Entwicklung Modellunternehmen:	Hans-Peter von den Bergen, Alfons Steffes-lai

Bildquellen: Adpic S. 134/R. Naumann; Commerzbank/Marketing S. 264/2 – S. 264/7; Daimler AG | smart S. 242/2; Derby Cycle Werke GmbH S. 5/Anima Berten, S. 9/1 – S.9/4, S. 226/1 – S. 226/4; ecolo - Agentur für Ökologie und Kommunikation, www.ecolo-bremen.de S. 148; ERGO Versicherungsgruppe AG S. 243/1; Fotolia S. 190/vege; Fressnapf Tiernahrungs GmbH, Krefeld S. 242/1; Global Refund Deutschland GmbH S. 111;Hartmut Henschel, Gerswalde S. 196; HORNBACH-Baumarkt-AG S. 243/2; iStockphoto S. 25/BartCo; Media Markt Deutschland S. 235; NORMA Germany GmbH S. 160; picture alliance S. 38/1/Eibner-Pressefoto, S. 129/1/2/dpa, S. 141/dpa, S. 188/Bildagentur Klein; Anette Schamuhn, Berlin S. 241; Shutterstock S. 21/1/igor gratzer, S. 21/2/aceshot1, S. 28/Charlie Hutton, S. 125/Mykhaylo Palinchak, S. 132/Dmitriy Shironosov; SportScheck S. 189/1/2; Wikipedia/Yanks 9596/GNU/CC S. 38/2; www.bike-doctor.de S. 186

www.cornelsen.de/cbb

1. Auflage, 6. Druck 2021

Alle Drucke dieser Auflage sind inhaltlich unverändert und können im Unterricht nebeneinander verwendet werden.

Druck: mediaprint solutions GmbH, Paderborn

ISBN 978-3-06-450156-0

PEFC
PEFC/04-31-0810

PEFC zertifiziert
Dieses Produkt stammt aus nachhaltig bewirtschafteten Wäldern und kontrollierten Quellen.
www.pefc.de

Inhaltsverzeichnis

Lernsituationen HF 3 – Leistungserstellung

HF 3 ANFORDERUNGSSITUATION 3.1

HF 3 ANFORDERUNGSSITUATION 3.2

HF 3 ANFORDERUNGSSITUATION 3.3

Lernsituationen HF 4 – Absatz

HF 4 ANFORDERUNGSSITUATION 4.1

HF 4 ANFORDERUNGSSITUATION 4.2

Eine Betriebserkundung: Die Fly Bike Werke GmbH

1 Unternehmensportrait

Jan Ullmann und Björn Ries, die Gesellschafter der Fly Bike Werke GmbH, sind seit frühester Jugend befreundet und hatten immer ein gemeinsames Hobby, das Radrennfahren. Die Väter der beiden Amateur-Rennfahrer waren schon frühzeitig im Fahrradmarkt ambitioniert. Dirk Ries, Vater von Björn Ries, betrieb in Oldenburg einen Fahrradeinzelhandel, wobei Rennräder für den Amateurbereich einen Schwerpunkt in seinem Sortiment darstellten. Klaus Ullmann, Vater von Jan Ullmann, produzierte in Oldenburg Standardfahrradrahmen aus Stahl für die Fahrradindustrie.

Die Erfahrungen, die Jan Ullmann als Hobbysportler gesammelt hatte, ließen sich gut mit dem Knowhow seines Vaters kombinieren. Die Geschäftsidee, eigene Freizeit-Sporträder aus Stahl zu entwickeln, erschien ihm so vielversprechend, dass er 1982 die Fly Bike Werke GmbH (als so genannte Ein-Mann-GmbH) gründete. Die Aufgaben eines Geschäftsführers übertrug er an den ebenfalls radsportbegeisterten Hans Peters. Hauptziel der Fly Bike Werke GmbH ist und war immer die Produktion und der Absatz von hochwertigen, langlebigen Fahrrädern mit Gewinn.

Der Zwang zu modernen Fertigungsmethoden und die damit verbundenen Investitionen erhöhten den Kapitalbedarf zum Ende des ausgehenden Jahrhunderts erheblich. Da traf es sich gut, dass Jan Ullmann seinen alten Freund Björn Ries bei einem Radrennen traf und von seinen Sorgen erzählte. Der aufgrund eines erfolgreichen Berufslebens vermögende Björn Ries war spontan bereit, sich an der Fly Bike Werke GmbH zu beteiligen, und trat Anfang 2001 als weiterer Gesellschafter in die GmbH ein. Basis für die Geschäftstätigkeit der Fly Bike Werke GmbH ist der Gesellschaftsvertrag auf den folgenden Seiten.

Modellunternehmen Fly Bike Werke GmbH		
Rechtsform und Unternehmensgröße, Handelsregistereintrag	Gesellschaft mit beschränkter Haftung (GmbH) Kleine Kapitalgesellschaft gem. § 267 HGB Oldenburg HRB 2134	
Gesellschafter und Geschäftsanteile	Herr Jan Ullmann 200.000,00 €	Herr Björn Ries 100.000,00 €
Geschäftsführer	Herr Hans Peters	
Geschäftsjahr	Kalenderjahr (01.01. bis 31.12.)	
Umsatz Berichtsjahr	Ca. 6,9 Mio. €	
Bankverbindungen	– Deutsche Bank AG Oldenburg, BLZ 280 700 57, Konto-Nr. 2 114 253 666 IBAN: DE68 2807 0057 2114 2536 66, BIC: DEUTDEHB280 – Landessparkasse Oldenburg, BLZ 280 501 00, Konto-Nr. 112 326 444 IBAN: DE86 2805 0100 0112 3264 44, BIC: BRLADE21LZO	
Kontakt	Post- und Lieferadresse: Rostocker Str. 334, 26121 Oldenburg Telefon 0441 885-0 Telefax 0441 885-9211 Internet: www.flybike-werke.de E-Mail: mail@flybike-werke.de	
Absatzprogramm	Produktionsprogramm	Fahrräder: City-Räder, Mountainbikes, Rennräder, Jugendräder, Trekkingräder
	Handelswaren	Fahrradbekleidung, Fahrradzubehör, Fahrradanhänger
	Dienstleistungen	Vermittlung von Fahrradreisen
Stoffe, Vorprodukte, Fremdbauteile (Beispiele)	Rohstoffe	Rohre und Bleche aus Stahl und Aluminium
	Hilfsstoffe	Farben und Grundierungen, Schrauben und Kleinteile
	Betriebsstoffe	Strom, Gas, Wasser, Heizöl, Schmierstoffe
	Vorprodukte, Fremdbauteile	Räder, Beleuchtung, Sättel, Spezialrahmen, Federgabeln
Fertigungstypen und Fertigungsarten	– Fließ- bzw. Gruppenfertigung – Werkstattfertigung (Rennräder-Profi) – Serienfertigung – Einzelfertigung (Rennräder-Profi)	
Technische Anlagen und Maschinen (Beispiele)	Universalroboter, Rohrschneideanlage, Rahmenrichtmaschine, Schleifmaschine, Schweißmaschine, Montagebänder, Verpackungsanlage, Lackierautomaten	
Mitarbeiter	1 Geschäftsführer, 37 Arbeitnehmer	
Kunden	Großhändler, Filialisten, Cash-and-Carry-Märkte im Inland, Großhändler im Ausland	
Lieferanten	Industriebetriebe und Spezialgroßhändler im In- und Ausland	
Verbände	Oldenburgische Industrie- und Handelskammer, Oldenburg (Pflichtmitgliedschaft); NORDMETALL e. V., Hamburg, Geschäftsstelle Oldenburg, Bezirksgruppe Nordwest (Arbeitgeberverband)	
Betriebsnummer für die Sozialversicherung	26 550 966	
Steuer-Nr. USt-Id.-Nr.	112/8870/0057 DE 236667691	

2 Gesellschaftsvertrag

- Gesellschaftsvertrag -

§ 1 Firma und Sitz der Gesellschaft
(1) Die Firma der Gesellschaft lautet:
Fly Bike Werke Gesellschaft mit beschränkter Haftung
(2) Sitz der Gesellschaft ist Oldenburg.

§ 2 Gegenstand des Unternehmens
Gegenstand des Unternehmens ist die Herstellung und der Handel mit Fahrrädern, Fahrradteilen, Fahrradzubehör und Dienstleistungen im Fahrradmarkt. Die Gesellschaft darf andere Unternehmen gleicher oder ähnlicher Art übernehmen, vertreten und sich an solchen beteiligen; sie darf auch Zweigniederlassungen errichten.

§ 3 Stammkapital und Stammeinlage
(1) Das Stammkapital der Gesellschaft beträgt 350.000,00 DM (in Worten: dreihundertfünfzigtausend Deutsche Mark).
(2) Der alleinige Gesellschafter, Herr Jan Ullmann, Oldenburg, leistet seine Einlage, indem er alle Vermögenswerte der Einzelunternehmung Fahrrad Ullmann in die Gesellschaft einbringt.

§ 4 Dauer der Gesellschaft, Geschäftsjahr
(1) Die Gesellschaft wird auf unbestimmte Zeit errichtet.
(2) Geschäftsjahr ist das Kalenderjahr.

§ 5 Geschäftsführung und Vertretung
(1) Die Gesellschaft hat einen oder mehrere Geschäftsführer. Sind mehrere Geschäftsführer bestellt, so wird die Gesellschaft durch je zwei Geschäftsführer gemeinschaftlich vertreten.
(2) Zum Geschäftsführer wird bestellt: Herr Hans Peters. Er ist von den Beschränkungen des § 181 BGB befreit.

§ 6 Jahresabschluss
Innerhalb der ersten drei Monate nach Abschluss eines Geschäftsjahres hat die Geschäftsführung den Jahresabschluss und den Lagebericht aufzustellen und zusammen mit einem Vorschlag zur Ergebnisverwendung dem Gesellschafter vorzulegen. Der Jahresabschluss ist nach den gesetzlichen Vorschriften zu erstellen.

§ 7 Bekanntmachungen
Bekanntmachungen der Gesellschaft werden im Bundesanzeiger veröffentlicht.

Oldenburg, 15. Februar 1982

Jan Ullmann

Änderungen des Gesellschaftsvertrages § 3 (1)
durch Gesellschafterbeschluss am 20.5.2000
Das Stammkapital der Gesellschaft wird auf 200.000,00 € (in Worten zweihunderttausend Euro) erhöht. Die ausstehende Einlage ist zum offiziellen Umrechnungskurs von 1,95583 DM je Euro bis zum 31.12.2000 auf das Konto der Gesellschaft durch den Gesellschafter Jan Ullmann, Oldenburg, einzuzahlen.

Oldenburg, 20. Mai 2000

Jan Ullmann

Änderungen des Gesellschaftsvertrages §3 (1) durch Gesellschafterbeschluss am 15.12.2000:
(1) Zu Beginn des Geschäftsjahres 2001 tritt Herr Björn Ries in die GmbH ein. Der Gesellschafter Ries leistet eine Einlage von 100.000,00 € (in Worten einhunderttausend Euro). Das gezeichnete Kapital erhöht sich auf 300.000,00 €
(in Worten dreihunderttausend Euro). Davon übernehmen:
a) Herr Jan Ullmann, Oldenburg, 200.000,00 €.
b) Herr Björn Ries, Oldenburg, 100.000,00 €.
c) Herr Björn Ries leistet eine Kapitalrücklage in Höhe von 100.000,00 € für die erbrachten Vorleistungen von Herrn Jan Ullmann (Know-how, Firmenimage).

Ergänzung des Gesellschaftsvertrages um §3 (3) durch Gesellschafterbeschluss am 15.12.2000:
(3) Der Gesellschafter Björn Ries, Oldenburg, leistet seine Einlage in Geld. Seine Stammeinlage und die vereinbarte Kapitalrücklage sind zu Beginn des Geschäftsjahres 2001 zur freien Verfügung der Gesellschaft auf das Konto der Gesellschaft einzuzahlen.

Ergänzung des Gesellschaftsvertrages um §4 (3) durch Gesellschafterbeschluss am 15.12.2000:
(3) Jedem Gesellschafter steht ein Kündigungsrecht mit einjähriger Frist zum Jahresende zu.

Änderung des Gesellschaftsvertrages §6 Jahresabschluss durch Gesellschafterbeschluss am 15.12.2000:
Innerhalb der ersten drei Monate nach Abschluss eines Geschäftsjahres hat die Geschäftsführung den Jahresabschluss und den Lagebericht aufzustellen und zusammen mit einem Vorschlag zur Ergebnisverwendung der Gesellschafterversammlung vorzulegen. Der Jahresabschluss ist nach den gesetzlichen Vorschriften zu erstellen.

Ergänzung des Gesellschaftsvertrages um §8 durch Gesellschafterbeschluss am 15.12.2000:
§8 Gesellschafterversammlung, Stimmrecht und Erfolgsbeteiligung
(1) Alljährlich findet innerhalb von 6 Monaten nach Schluss des vorangegangenen Rechnungsjahres eine ordentliche Gesellschafterversammlung statt. Diese beschließt über die
- Feststellung des Jahresabschlusses für das vorangegangene Geschäftsjahr,
- Verwendung der Ergebnisse der Unternehmung,
- Entlastung des/der Geschäftsführer/s,
- Wahl eines eventuell zu bestellenden Abschlussprüfers.

(2) Je 500,00 € eines Geschäftsanteils gewähren eine Stimme.
(3) 10% eines Jahresüberschusses fließen ab 2001 in die Gewinnrücklage. Die Gewinnverteilung erfolgt im Verhältnis des gezeichneten Kapitals.

Oldenburg, 15.Dezember 2000

Jan Ullmann *Björn Ries*

Der Gesellschaftsvertrag samt Änderungen wurde von Rechtsanwalt und Notar Dr. Heinfried Kampen, Oldenburg, notariell beglaubigt.

3 Absatzprogramm, Kunden, Preise

Das **Produktionsprogramm** der Fly Bike Werke GmbH umfasst zurzeit zwölf verschiedene Fahrradmodelle. Das Produktionsprogramm wird durch Handelswaren und Dienstleistungen zum **Absatzprogramm** erweitert.

Produktionsprogramm			
Modell	**Artikel-Nr.**	**Modell-Name**	**unverbindl. Preis**
City-Räder	101	City *Glide*	245,00 €
	102	City *Surf*	274,40 €
Trekkingräder	201	Trekking *Light*	299,25 €
	202	Trekking *Free*	350,00 €
	203	Trekking *Nature*	437,50 €
Mountainbikes	301	Mountain *Dispo*	393,75 €
	302	Mountain *Constitution*	598,50 €
	303	Mountain *Unlimited*	997,50 €
Rennräder	401	Renn *Fast*	1.260,00 €
	402	Renn *Superfast*	2.205,00 €
Kinderräder	501	Kinder *Twist*	196,88 €
	502	Kinder *Cool*	262,50 €

City-Rad Modell 102 *Surf*

Rennrad Modell 401 *Renn Fast*

Mountainbike Modell 302 *Constitution*

Kinderrad Modell 502 *Cool*

Handelswaren und Dienstleistungsangebote der Fly Bike Werke		
Handelswaren	Textilien aus Goretex (x = Größen S, M, L, XL, XXL)	– 701 x Shirts *STEFF superfast* – 702 x Shorts *STEFF superfast* – 703 x Jacketts *STEFF superfast*
	Fahrradanhänger	– 601 Modell *Kelly* – 602 Modell *Mini* – 603 Modell *Max* – 604 Modell *Kids* – 605 Modell *Sven*
Dienstleistungen	Vermittlung von Radtouren/Reisen (Veranstalter: UIT und Rebbel)	– 901 Brandenburg und Mecklenburg-Vorpommern (Alleestraßen) – 902 Rheinland-Pfalz (Mosel/Saar) – 903 Niedersachsen (Nordsee) – 904 Südtirol (Pässetour, Teilnahme an Dolomiti Open) – 905 Toskana (Kultur, Tour und Mee(h)r) – 906 Schweiz (Pässetour)

Kunden der Fly Bike Werke	
Einzelhandel	Umsatzstarke Fachhandelsunternehmen mit eigenen Filialen und abgegrenzten Vertriebsgebieten in Deutschland
Großhandel national	Fahrradgroßhandelsunternehmen, die den Fahrradeinzelhandel in Deutschland beliefern
Großhandel Europa	Je ein Großhändler in Belgien, in den Niederlanden, in Österreich und der Schweiz, die dort landesweit den Fahrradeinzelhandel beliefern
Private-Label-Kunden	Eine Kaufhauskette und ein Cash-and-Carry-Konzern, die Fahrräder unter eigenem Markennamen (Private Label) vertreiben

Die Preise der Fahrräder werden von der Fly Bike Werke GmbH in Preislisten als unverbindliche Preisempfehlungen angegeben (zuzüglich Umsatzsteuer). Auf diese Preise erhalten die Wiederverkäufer (Kunden der Fly Bike Werke) Preisnachlässe in Form von **Rabatten**, **Boni** und **Skonto**. Auftragsfertigungen werden kundenindividuell kalkuliert.

Preisnachlässe	
Rabattstaffel	
Stückzahl	Rabatt
1–10	27,5 %
11–50	29,0 %
51–100	30,0 %
101–250	31,0 %
251–500	32,0 %
> 500	33,0 %
Boni (Jahresboni bezogen auf den Zielverkaufspreis der Gesamtmenge)	
Abnahme von mdst. 1.000 Fahrrädern	1 %
Abnahme von mdst. 5.000 Fahrrädern	2 %
Skonto	
2 % bei Zahlung innerhalb von 8 Tagen	

4 Leistungserstellung

Die Fly Bike Werke GmbH produziert die meisten Fahrradrahmen und Fahrradgabeln selbst.

Der voll gefederte Y-Rahmen des Modells Unlimited wird zurzeit fremdbezogen. Dies gilt auch für die Federgabeln der Modelle Constitution und Unlimited, die von einem amerikanischen Lieferanten bezogen werden. Alle übrigen Teile werden ebenfalls fremdbezogen. Mit den Lieferanten sind hinsichtlich der technischen Spezifikationen der Bauteile und Baugruppen feste Vereinbarungen getroffen worden. Ein Hersteller liefert immer eine komplette Baugruppe (Komponentengruppe), der eine von der Fly Bike Werke GmbH vergebene Set-Nr. (Komponentennummer) zugeordnet wird.

Ein Fahrrad besteht bei Vollausstattung aus bis zu über 1000 Einzelteilen. Der Fly Bike Werke GmbH ist es in Zusammenarbeit mit ihren Lieferanten gelungen, die notwendigen Teile in Baugruppen so zusammenzufassen, dass die Baugruppe (Komponente) komplett von einem Lieferanten zur Verfügung gestellt werden kann. Der Weltmarktführer für Fahrradteile, Tamino Inc., liefert z. B. für das Modell Dispo alle Teile für die Komponenten „Räder und Schaltung“, „Antrieb“ und „Bremsen“. Das positive Image bestimmter Teilehersteller wird bei den Endverbrauchern auf das Fertigprodukt Fahrrad übertragen. Zu diesen Teileherstellern zählen z. B.

- Tamino Inc., Japan: (Ketten-) Schaltungen, Antriebe, Bremsen
- Dax AG, Deutschland: (Naben-)Schaltungen, Antriebe, Bremsen
- Sella SA, Italien: Sättel
- Shokk Ltd., USA: Federgabeln

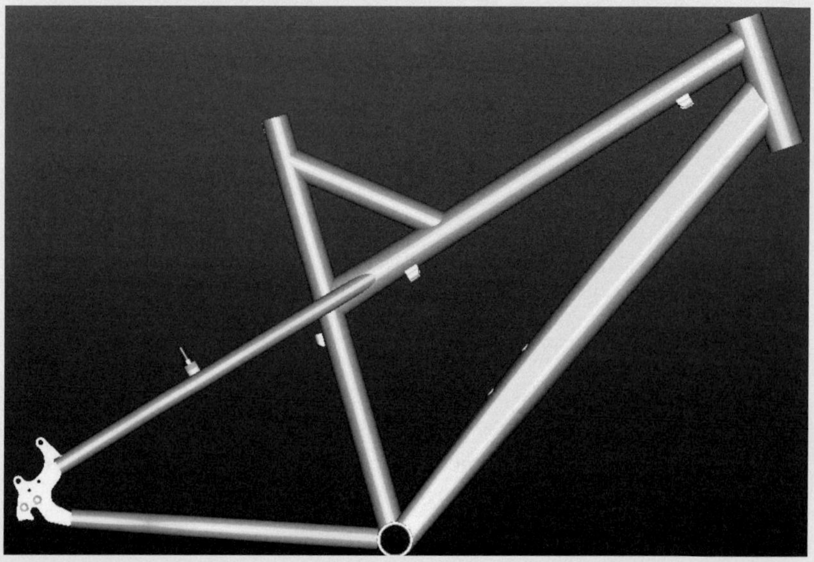

Eigenfertigung: Rahmen des Mountainbikes *Dispo*

5 Bilanz und GuV

Fly Bike Werke GmbH

Bilanz der Fly Bike Werke GmbH, Oldenburg, zum 31.12.20XX (in €)

Aktiva	Vorjahr	Berichtsjahr	Passiva	Vorjahr	Berichtsjahr
A. Anlagevermögen			A. Eigenkapital	700.000,00	850.000,00
1. Grundstücke und Bauten	635.200,00	612.850,00	B. Verbindlichkeiten		
2. Technische Anlagen und Maschinen	224.904,00	131.870,00	1. Langfristige Bankverbindlichkeiten	639.000,00	602.000,00
3. Betriebs- und Geschäftsausstattung	138.371,00	97.505,00	2. Verbindlichkeiten aus Lieferungen und Leistungen	697.600,00	926.225,00
B. Umlaufvermögen			3. Sonstige Verbindlichkeiten	13.000,00	24.000,00
1. Roh-, Hilfs- und Betriebsstoffe	224.800,00	288.000,00			
2. Unfertige Erzeugnisse	36.000,00	48.000,00			
3. Fertige Erzeugnisse	72.900,00	140.000,00			
4. Handelswaren	0,00	4.000,00			
5. Forderungen aus Lieferungen und Leistungen	541.520,00	720.000,00			
6. Kasse	3.105,00	2.400,00			
7. Bankguthaben	172.800,00	357.600,00			
	2.049.600,00	2.402.225,00		2.049.600,00	2.402.225,00

Gewinn- und Verlustrechnung

Gesamtkostenverfahren, Beträge in €	**Vorjahr**	**Berichtsjahr**
1. Umsatzerlöse	5.800.000,00	6.893.555,85
2. Bestandserhöhungen Erzeugnisse	18.000,00	105.500,00
3. aktivierte Eigenleistungen	3.000,00	3.600,00
4. sonstige betriebliche Erträge	–	4.000,00
5. Materialaufwand und Wareneinsatz	3.271.300,00	3.565.000,00
Rohergebnis	**2.549.700,00**	**3.441.655,85**
6. Personalaufwand	1.845.990,00	2.250.000,00
7. Abschreibungen	170.000,00	210.000,00
8. sonstige betriebliche Aufwendungen	324.000,00	344.000,00
Betriebsergebnis	**209.710,00**	**637.655,85**
9. Erträge aus Beteiligungen	–	–
10. Erträge aus anderen WP/Finanzanlagen	–	–
11. sonstige Zinsen	–	–
12. Abschreibungen auf WP des UV/Finanzanlagen	–	335.412,35[1)]
13. Zinsaufwendungen	60.480,00	47.628,00
9. bis 13. Finanzergebnis	**– 60.480,00**	**– 383.040,35**
14. Ergebnis der gewöhnlichen Geschäftstätigkeit	**149.230,00**	**254.615,50**
15. Außerordentliche Erträge	–	–
16. Außerordentliche Aufwendungen	–	20.000,00
17. Außerordentliches Ergebnis	–	– 20.000,00
Ergebnis vor Steuern	**149.230,00**	**234.615,50**
18. Steuern vom Einkommen und vom Ertrag	47.230,00	82.115,50
19. Sonstige Steuern	2.000,00	2.500,00
20. Jahresüberschuss/-fehlbetrag	**100.000,00**	**150.000,00**

WP = Wertpapiere, UV = Umlaufvermögen, 1) Vollständige Abschreibung einer Finanzanlage (Beteiligung), die erst im Berichtsjahr erworben wurde.

6 Organigramm

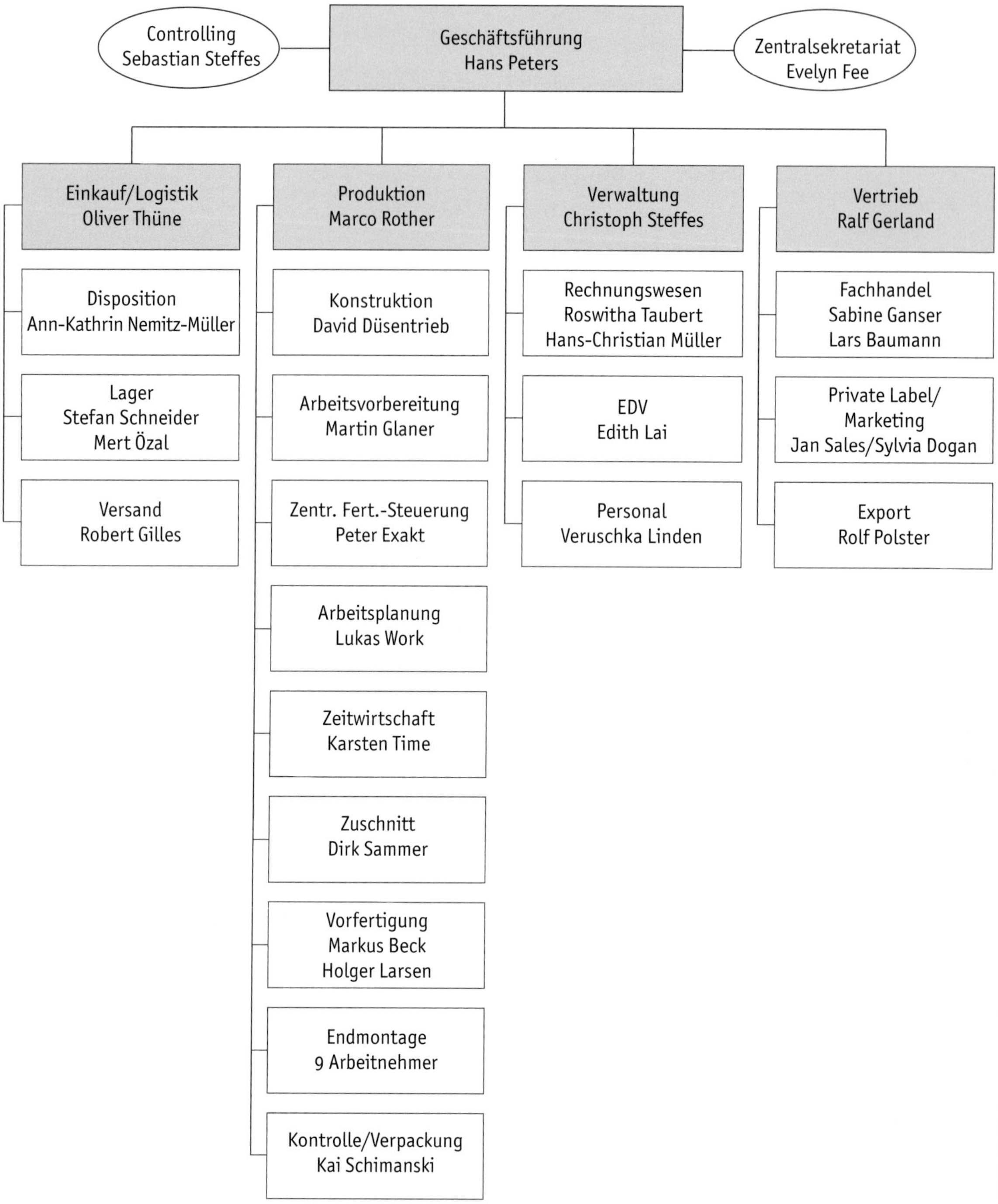

Sicherheitsbeauftragter: Peter Exakt
Umweltbeauftragter: Oliver Thüne
Qualitätsbeauftragter: Kai Schimanski
Datenschutzbeauftragter: Christoph Steffes
Betriebsratsmitglieder: Sabine Ganser, Thomas Preis, Saskia Engel
technischer Auszubildender: Ralf Schumacher
kfm. Auszubildende: Bettina Lotto

7 Kundenstammdaten der Fly Bike Werke GmbH

Kundenstammdaten der Fly Bike Werke GmbH

Kunden-Nr. Debitoren-Nr.	Firma Anschrift Telefon/Fax	Ansprechpartner Lieferanschrift Lieferart	Zahlungsbe- dingungen Zahlungsziel	Bankverbindung Zahlungsart	Ansprech- partner FBW
10001 24001	Radbauer GmbH Augsburger Str. 21 80335 München Tel. 089 224336(8) Fax 089 224337	Herr Rosenheim Nymphenburgerstr. 42 80335 München Tel. 089 224339 Bahnfracht	2 % Skonto inner- halb von 8 Tagen 30 Tage Ziel	Münchner Bank IBAN DE4470190000 043622490 BIC GENODEF1M01 Überweisung	Herr Baumann
10002 24002	Schöller&Co. OHG, Fahrradhandel Parlamentsplatz 2 60385 Frankfurt a. M. Tel. 069 49260 Fax 069 49262333	Herr Kleine Mörfelder Landstr. 180 60589 Frankfurt a. M. Tel. 069 49262334 Bahnfracht	2 % Skonto inner- halb von 8 Tagen 30 Tage Ziel	SEB IBAN DE7350010111 0322400021 BIC ESSEDE5FXXX Überweisung	Herr Baumann
10003 24003	Fahrradhandel Uwe Klein e. K. Am Wasserturm 4 66113 Saarbrücken Tel. 0681 685081 Fax 0681 68508222	Frau Geldert Dudweiler Landstr. 157 66123 Saarbrücken Tel. 0681 68508223 Bahnfracht	2 % Skonto inner- halb von 8 Tagen 30 Tage Ziel	Ver. Volksbanken Saarbrücken IBAN DE3059190100 0120004569 BIC GENODE51SLS Überweisung	Herr Baumann
10004 24004	Zweirad GmbH Herzogstr. 70 40251 Düsseldorf Tel. 0211 37501 Fax 0211 3750667	Herr Grünert Gladbacher Str. 50 41462 Neuss Tel. 02131 544222 Bahnfracht	2 % Skonto inner- halb von 8 Tagen 30 Tage	Deutsche Bank IBAN DE1730070010 2140022679 BIC DEUTDEDDXXX Überweisung	Frau Ganser
10005 24005	Fahrrad&Motorrad GmbH Alter Hellweg 46 44379 Dortmund Tel. 0231 61701 Fax 0231 6170333	Frau Dunkel Alter Hellweg 46 44379 Dortmund Tel. 0231 617010 Bahnfracht	2 % Skonto inner- halb von 8 Tagen 30 Tage Ziel	Deutsche Bank IBAN DE7844070050 0420006799 BIC DEUTDEDE440 Überweisung	Frau Ganser
10006 24006	Bike GmbH Leipziger Chaussee 12 39118 Magdeburg Tel. 0391 6212415(6) Fax 0391 6212400	Herr Gründel Am Hansehafen 5 39126 Magdeburg Tel. 0391 6212417 Bahnfracht	2 % Skonto inner- halb von 8 Tagen 30 Tage Ziel	Santander Consumer Bank IBAN DE4931010833 0122003344 BIC CCBADE31XXX Überweisung	Herr Baumann
10007 24007	Zweiradhandelsgesellschaft GmbH Unter den Linden 42 10178 Berlin Tel. 030 202080 Fax 030 20208100	Herr Wester Rosenthaler Str. 40 10178 Berlin Tel. 030 20208650 Bahnfracht	2 % Skonto inner- halb von 8 Tagen 30 Tage Ziel	BHF Bank IBAN DE3210020200 0010046991 BIC BHFBDEFF100 Überweisung	Herr Baumann
10008 24008	Nordrad GmbH Alter Markt 28 18055 Rostock Tel. 0381 4904416 Fax 0381 4904411	Frau Adams Alter Hafen Nord 325 18069 Rostock Tel. 0381 4904414 Bahnfracht	2 % Skonto inner- halb von 8 Tagen 30 Tage Ziel	Deutsche Bank IBAN DE0313070000 0012300666 BIC DEUTDEBRXXX Überweisung	Herr Baumann
10009 24009	Sachsenrad GmbH Bayreuther Str. 20 01277 Dresden Tel. 0351 4274750 Fax 0351 4274751	Frau Zeisig Bodenbacher Str. 81 01277 Dresden Tel. 0351 4274758 Bahnfracht	2 % Skonto inner- halb von 8 Tagen 30 Tage Ziel	Commerzbank Dresden IBAN DE9385080000 0669200451 BIC DRESDEFF850 Überweisung	Herr Baumann
20010 24010	EGZ Einkaufsgenossenschaft Bonner Landstr. 512 50996 Köln Tel. 0221 934622 Fax 0221 934622300	Herr Kleinheisel Bonner Landstr. 523 50996 Köln Tel. 0221 934622220 Spedition	3 % Skonto inner- halb von 10 Tagen 30 Tage Ziel	Commerzbank Köln IBAN DE2637040044 0240006692 BIC COBADEFFXXX Überweisung	Frau Ganser
20011 24011	Radplus GmbH Gütersloher Str. 102 33415 Verl Tel. 05246 45950 Fax 05246 4595111	Herr Reichenbach Gütersloher Str. 122 33415 Verl Tel. 05246 4591200 Spedition	3 % Skonto inner- halb von 10 Tagen 30 Tage Ziel	Kreissparkasse Wiedenbrück IBAN DE7147853520 0000245398 BIC WELADED1WDB Überweisung	Frau Ganser
20012 24012	Südrad e. G. Schleißheimer Str. 20 85221 Dachau Tel. 08131 78071 Fax 08131 7807211	Herr Huber Münchner Str. 70 85221 Dachau Tel. 08131 5155130 Spedition	3 % Skonto inner- halb von 10 Tagen 30 Tage Ziel	Raiffeisenbank Singoldtal IBAN DE4470169413 0000624099 BIC GENODEF1HUA Überweisung	Herr Baumann
20014 24014	Interrad e. G. Großbeerenstr. 30 12107 Berlin Tel. 030 747920 Fax 030 74792311	Herr Brand Westfalenring 75 12207 Berlin Tel. 030 3007886 Spedition	3 % Skonto inner- halb von 10 Tagen 30 Tage Ziel	BHF Bank IBAN DE7210020200 0122000567 BIC BHFBDEFF100 Überweisung	Herr Baumann
30031 24031	Europarad N. V. Zandvoortstraat 16 2800 Mechelen Belgien Tel. +32 15 209481 Fax +32 15 209411	Herr van der Kracht Zandvoortstraat 16 2800 Mechelen Belgien Tel. +32 15 209481 Spedition	1,5 % Skonto in- nerhalb von 14 Tagen 60 Tage Ziel	O.B.K. Bank IBAN BE98122875693600 BIC OBKBBE99 Überweisung	Herr Polster
30032 24032	Jansen Import B.V. Groot Bollerweg 10 5928 NS Venlo-Blerick Niederlande Tel. +31 77 3822640 Fax +31 77 3824241	Herr van Erp Groot Bollerweg 10 5928 NS Venlo-Blerick Niederlande Tel. +31 77 3822640 Spedition	1,5 % Skonto in- nerhalb von 14 Tagen 60 Tage Ziel	ABN Amro Bank IBAN NL27ABNA0904428 BIC ABNANL2A Überweisung	Herr Polster
30033 24033	Austria Fahrradhandels- gesellschaft AG Rautenweg 182 1220 Wien Österreich Tel. +43 1 226597 Fax +43 1 2206705	Frau Czech Rautenweg 182–184 1220 Wien Österreich Tel. +43 1 226598 Bahnfracht	1,5 % Skonto in- nerhalb von 14 Tagen 60 Tage Ziel	BAWAG P.S.K. IBAN AT5660000217172 BIC BAWAATWW Überweisung	Herr Polster
30034 24034	Velo AG Binzstr. 15 8045 Zürich Schweiz Tel. +41 1 4638596 Fax +41 1 4637070	Frau Alpi Binzstr. 16 8045 Zürich Schweiz Tel. +41 1 4638599 Bahnfracht	1,5 % Skonto in- nerhalb von 14 Tagen 60 Tage Ziel	Zürcher Kantonalbank IBAN CH7100350110203 BIC ZKBKCHZZ80A Überweisung	Herr Polster
40021 24021	Hofkauf AG Emdener Str. 4 50735 Köln Tel. 0221 7122400 Fax 0221 712240399	Herr Thönnes Lagerzentrum Frankfurter Str. 40 51065 Köln Tel. 0221 712240333 Spedition	2 % Skonto inner- halb von 10 Tagen 45 Tage Ziel	Postbank Köln IBAN DE7937010050 0240852122 BIC PBNKDEFFXXX Überweisung	Herr Sales
40022 24022	Matro AG Altenessener Str. 611 45472 Essen, Ruhr Tel. 0201 343170 Fax 0201 34317222	Herr Kunster Zwischenlager Mülheim Kruppstr. 60 45472 Mülheim a. d. Ruhr Tel. 0208 43430 Spedition	2 % Skonto inner- halb von 10 Tagen 45 Tage Ziel	Stadtsparkasse Essen IBAN DE9436050105 0012000399 BIC SPESDE3EXXX Überweisung	Herr Sales

8 Lieferantenstammdaten der Fly Bike Werke GmbH

Lieferantenstammdaten der Fly Bike Werke GmbH

Liefer.-Nr. Kreditoren-Nr.	Firma Anschrift Telefon/Fax	Ansprechpartner Lieferanschrift Lieferart	Bankverbindung Zahlungsart	Lieferprogramm
60001 44001	Stahlwerke Tissen AG Karl-Kleppe-Str. 19 40474 Düsseldorf Tel. 0211 45899917 Fax 0211 45899942	Herr Greiner Tor 1 Karl-Kleppe-Str. 20 40474 Düsseldorf Tel. 0221 458990224 Spedition	Westdeutsche Landesbank IBAN DE4030050000 0240033712 BIC WELADEDDXXX Überweisung	Stahlrohre, Bleche
60002 44002	Mannes AG Herner Str.406 44807 Bochum Tel. 0234 904980 Fax 0234 90498711	Herr Özman Herner Str. 405 44807 Bochum Tel. 0234 92468333 Spedition	HypoVereinsbank IBAN DE7070020270 079914368 BIC HYVEDEMMXXX Überweisung	Stahlrohre
60003 44003	AWB Aluminiumwerke AG St. Augustiner Str. 30 53225 Bonn Tel. 0228 464770 Fax 0228 46477711	Herr Köllen Trier Str. 16 53115 Bonn Tel. 0228 617934 Spedition	SEB IBAN DE8738010111 0077998246 BIC ESSEDE5F380 Überweisung	Aluminiumrohre
60004 44004	Shokk Ltd. 401 Charcot Ave. San Jose, CA 95131, USA Tel. +1 4 084357466 Fax +1 4 0843457477	Mr. Temp Keine Rücksendungen Schiffsfracht	Bank of America N. A. 101 Park Center Plaza San Jose, CA 95130, USA 77892346 Überweisung	Spezialfedergabeln
60005 44005	Hans Köller Spezialrahmenbau e. K. Lorenzstr. 10 18146 Rostock Tel. 03 81 69040 Fax 03 81 6904777	Frau Reiz Lorenzstr. 10 18148 Rostock Tel. 0381 6904341 Bahnfracht	Deutsche Bank IBAN DE3213070000 0012300241 BIC DEUTDEBR132 Überweisung	Spezialfahrradrahmen und Spezialfedergabeln
62007 44007	Farbenfabriken Beyer AG Am Beyerwerk 144 51333 Leverkusen Tel. 0214 301 Fax 02 14 30 211	Herr Gräulich Am Beyerwerk 144 51333 Leverkusen Tel. 0214 30799 Spedition	Sparkasse Leverkusen IBAN DE8837551440 0607003712 BIC WELADEDLLEV Überweisung	Lacke, Grundierungen
62008 44008	Color GmbH Hafenstr. 125 67061 Ludwigshafen am Rhein Tel. 0621 582664 Fax 0621 582666	Frau Reineke Hafenstr. 190 67061 Ludwigshafen am Rhein Spedition	Commerzbank IBAN DE2954540033 0099763298 BIC COBADEFFXXX Überweisung	Lacke, Grundierungen
71009 44009	Tamino Deutschland GmbH Immermannstr. 24 40210 Düsseldorf Tel. 0211 162166 Fax 0211 162199	Herr Freundlich Immermannstr. 24 40210 Düsseldorf Tel. 0211 162150 Spedition	Bank of Tokyo-Mitsubishi IBAN DE7930010700 42299633 BIC BOTKDEDXXXX Überweisung	Schaltungen, Laufräder, Bremssysteme, Antriebssysteme (vollständige Systemkomponenten)
71010 44010	Tamino INC 3–77 Oimatsuchu, Sakei 590–77 Osaka, Japan Tel. +81 6 722233280 Fax +81 6 722233282	Mr. Wasabi Tamino Deutschland GmbH Immermannstr. 24 40210 Düsseldorf Tel. 0211 162150 Schiffsfracht	Dai-Ichi Kangyo-Bank Ltd. 2–10 Izuminachi CHUO-CH 540 Osaka 5009087373 Überweisung	Schaltungen, Laufräder, Bremssysteme, Antriebssysteme (vollständige Systemkomponenten)
71011 44011	Dax AG Rudolf-Diesel-Str. 25 97424 Düsseldorf Tel. 0211 80170 Fax 0211 8017999	Herr Sachse Rudolf-Diesel-Str. 70 97424 Düsseldorf Tel. 0211 8017326 Spedition	SEB IBAN DE2950010111 0004002193 BIC ESSEDE5FXXX Überweisung	Schaltungen, Laufräder, Bremssysteme, Antriebssysteme (vollständige Systemkomponenten)
72012 44012	Schwalle KG Märkische Str. 36 44135 Dortmund Tel. 0231 52810 Fax 0231 5281155	Herr Rille Märkische Str. 38 44135 Dortmund Tel. 0231 5281936 Spedition	Dortmunder Volksbank IBAN DE4344160014 0204400123 BIC GENODEM1DOR Überweisung	Reifen (Decken), Schläuche mit Ventilen, Felgenbänder
72013 44013	Continent AG Vahrenwalder Str. 99 30165 Hannover Tel. 0511 927411 Fax 0511 927411	Herr Rieger Vahrenwalder Str. 102 30165 Hannover Spedition	Deutsche Bank IBAN DE7425070070 0124446711 BIC DEUTDE2HXXX Überweisung	Reifen (Decken), Schläuche mit Ventilen, Felgenbänder

Lieferantenstammdaten der Fly Bike Werke GmbH

Liefer.-Nr. Kreditoren-Nr.	Firma Anschrift Telefon/Fax	Ansprechpartner Lieferanschrift Lieferart	Bankverbindung Zahlungsart	Lieferprogramm
73014 44014	Ruhrwerke GmbH Lohrheidestr. 72 44866 Bochum Tel. 02327 3521 Fax 02327 352998	Frau Rieser Lohrheidestr. 72 44866 Bochum Tel. 02327 352974 Spedition	HypoVereinsbank IBAN DE7070020270 0079200341 BIC HYVEDEMMXXX Überweisung	Lenker, Vorbauten, Metallausstattungen (Ständer, Gepäckträger usw.)
73015 44015	Frikawerke GmbH&Co. KG Gertenstr. 19 58739 Wickede/Ruhr Tel. 02377 5770 Fax 02377 577319	Herr Stoll Gertenstr. 19 58739 Wickede/Ruhr Tel. 02377 577124 Spedition	Sparkasse Werl IBAN DE1341451750 0039722611 BIC WELADED1WRL Überweisung	Lenker, Vorbauten, Metallausstattungen (Ständer, Gepäckträger usw.)
74016 44016	Sella SA Via San Pietro 22–24 10121 Torino Italien Tel. +39 11 4679121 Fax +39 11 4679127	Sig. Maletti Lieferanschrift Via San Pietro 22–24 10121 Torino Italien Tel. +39 11 4679224 Bahnfracht	Unicredit Banca di Roma IBAN IT69L0603005124 BIC BROMITR1708 Überweisung	Sättel, Sattelstützen, Satteltaschen
75020 44020	Union Elektro AG Landsberger Str. 66 12623 Berlin Tel. 030 5628333 Fax 030 5628321	Herr Kraprich Landsberger Str. 67 12623 Berlin Tel. 030 5628362 Spedition	Weberbank IBAN DE8110120100 0160923309 BIC WELADED1WBB Überweisung	Beleuchtungssysteme
76022 44022	Kunststoffwerke AG Hans-Böckler-Str. 49–52 28217 Bremen Tel. 0421 399550 Fax 0421 39955613	Herr Danielesen Hans-Böckler-Str. 49–52 28217 Bremen Tel. 0421 39955666 Spedition	Dresdner Bank IBAN DE2429080010 0714900211 BIC DRESDEFF290 Überweisung	Kunststoffausstattungen (Schutzbleche, Kettenschutz, Griffe usw.) und Kunststoffverpackungen
77024 44024	Druckerei & Design Wolfgang Krause Cloppenburger Str. 450 26133 Oldenburg Tel. 0441 47011 Fax 0441 47111	Herr Krause Cloppenburger Str. 450 26133 Oldenburg Tel. 0441 47011 Spedition	Landessparkasse Oldenburg IBAN DE8328050100 0100023309 BIC BRLADE21LZO Überweisung	Abzüge, Drucksachen aller Art
78026 44026	Marwik GmbH Den Haager Str. 1a 28259 Bremen Tel. 0421 576631 Fax 0421 57663222	Herr Kleinreich Den Haager Str. 1b 28259 Bremen Tel. 0421 57663289 Spedition	Dresdner Bank IBAN DE5429080010 0714911311 BIC DRESDEFF290 Überweisung	Hochwertige Antriebs- und Bremssysteme
80027 44027	Metallwarenfabrik Köller GmbH Altendorfer Str. 411 45143 Essen (Ruhr) Tel. 0201 627761 Fax 0201 6277666	Herr Wiesel Altendorfer Str. 67 45143 Essen (Ruhr) Tel. 0201 6277512 Spedition	Sparkasse Essen IBAN DE6236050105 0360923555 BIC SPESDE3EXXX Überweisung	Kleinteile aus Metall (Schrauben, Unterlegscheiben, Muttern, Anlötteile, Ausfallenden usw.)
80030 44030	apv Augsburger Papierveredelungsgesellschaft mbH Gumpelzhaimerstr. 3–5 86154 Augsburg Tel. 0821 546660 Fax 0821 5466610	Frau Obermann Gumpelzhaimerstr. 3–5 86154 Augsburg Tel. 0821 5466622 Bahnfracht	UniCredit Bank IBAN DE2872020070 0013195687 BIC HYVEDEMM408 Überweisung	Verpackungen aus Papier und Karton
90032 44032	Cycle-Tools-Import GmbH Am Sandtorkai 30 20457 Hamburg Tel. 040 378231 Fax 040 37823200	Herr Weeseler Am Sandtorkai 30–32 20457 Hamburg Tel. 040 37823372 Spedition	Bankhaus Wölbern & Co. IBAN DE1920030900 0420003995 BIC WOELDEHHXXX Überweisung	Fremdbauteile und Handelswaren aller Art für die Fahrradindustrie (Weltmarktproduktionen)
90034 44034	Fahrradteile International GmbH Borgwardstr. 16 28309 Bremen Tel. 0421 83091 Fax 0421 8309344	Herr Itze Borgwardstr. 17 28309 Bremen Tel. 0421 8309567 Spedition	Dresdner Bank IBAN DE9629080010 0700982228 BIC DRESDEFF290 Überweisung	Fremdbauteile und Handelswaren aller Art für die Fahrradindustrie (Weltmarktproduktionen)

SB ▸ Seite 15 ff. | Handlungsfeld 1, Kap. 1.2

Ein Unternehmen untersuchen

Situation

Es ist soweit: Sie haben Ihr Praktikum bei der Fly Bike Werke GmbH begonnen. Ziel dieser Praktikumstätigkeit ist es, die Arbeitsabläufe in den verschiedenen Abteilungen des Unternehmens kennen zu lernen. Frau Linden, Ihre Ansprechpartnerin, hat Ihnen als Erstes das Organigramm (siehe S. 12) in die Hand gedrückt. Dann ging es auch schon los: „Sie müssen möglichst schnell unsere Mitarbeiter und deren Aufgaben kennen lernen, damit Sie unser Unternehmen als komplexes System mit seinen vielfältigen innerbetrieblichen und außerbetrieblichen Beziehungen und Prozessen verstehen können", sagte sie. Und dann ist Frau Linden mit Ihnen durch die Abteilungen gegangen und hat Ihnen die Mitarbeiter der Fly Bike Werke vorgestellt, die dann von ihrer Arbeit und dem Unternehmen erzählt haben. Viel haben sie erzählt – sehr viel. Sie hoffen, dass Sie sich das Wichtigste richtig gemerkt und aufgeschrieben haben.

Arbeitsaufträge

Frau Linden erteilt Ihnen einen Erkundungsauftrag, mit dem alle Praktikanten und Auszubildenden zu Beginn ihrer Tätigkeit die einzelnen Abteilungen besser kennen lernen sollen. Die Abteilungen der Fly Bike Werke haben Ihnen dazu die nachfolgenden Fragen per Hausmitteilung zukommen lassen. Frau Linden erwartet zur Vorstellung des Unternehmens die Ausarbeitung der einzelnen Fragen in einer übersichtlichen Präsentation.

Tipp: Beachten Sie auch die übrigen Informationen aus der Vorstellung des Modellunternehmens auf S. 5–14.

Fly Bike Werke GmbH

Hausmitteilung

Absender	Empfänger	mit der Bitte um
☐ Geschäftsführung	☐ Geschäftsführung	☐ Kenntnisnahme
☐ Zentralsekretariat	☐ Zentralsekretariat	☒ Erledigung
☐ Controlling	☐ Controlling	☐ Stellungnahme
☐ Einkauf/Logistik	☐ Einkauf/Logistik	
☐ Produktion	☐ Produktion	
☒ Verwaltung	☐ Verwaltung	
☐ Vertrieb	☐ Vertrieb	
☒ Frau/~~Herr~~ Linden	☒ ~~Frau/Herr~~ An alle Auszubildenden/Praktikanten	

Um unser Unternehmen besser kennen zu lernen, bitten wir unsere neuen Auszubildenden und/oder Praktikanten, die nachfolgenden Fragestellungen zu beantworten und für eine kurze Stellungnahme an uns zurückzusenden:

- Wie viele Mitarbeiter haben die Fly Bike Werke?
- Wie heißt der Geschäftsführer der Fly Bike Werke?
- Wie hoch war der Umsatz im Berichtsjahr?
- Wie heißt das Unternehmen genau (Firma)?
- Wo wurden die Fly Bike Werke im Handelsregister eingetragen?
- Wem gehört das Unternehmen?

Mit freundlichen Grüßen

Linden

Hausmitteilung

Fly Bike Werke GmbH

Absender	Empfänger	mit der Bitte um
☐ Geschäftsführung	☐ Geschäftsführung	☐ Kenntnisnahme
☐ Zentralsekretariat	☐ Zentralsekretariat	☒ Erledigung
☐ Controlling	☐ Controlling	☐ Stellungnahme
☐ Einkauf/Logistik	☐ Einkauf/Logistik	
☒ Produktion	☐ Produktion	
☐ Verwaltung	☐ Verwaltung	
☐ Vertrieb	☐ Vertrieb	
☒ ~~Frau/~~Herr Rother	☒ ~~Frau/Herr~~ An alle Auszubildenden/Praktikanten	

- Wie ist das Produktionsprogramm der Fly Bike Werke GmbH zusammengesetzt?
- Aus bis zu wie viel Einzelteilen besteht ein Fahrrad der Fly Bike Werke bei Vollausstattung?
- Welche Vorprodukte/Fremdbauteile werden in unserer Produktion gebraucht?
- Welche Rohstoffe und Hilfsstoffe werden verwendet?
- Wer leitet den Produktionsbereich?

Mit freundlichen Grüßen

Rother

Hausmitteilung

Fly Bike Werke GmbH

Absender	Empfänger	mit der Bitte um
☐ Geschäftsführung	☐ Geschäftsführung	☐ Kenntnisnahme
☐ Zentralsekretariat	☐ Zentralsekretariat	☒ Erledigung
☐ Controlling	☐ Controlling	☐ Stellungnahme
☒ Einkauf/Logistik	☐ Einkauf/Logistik	
☐ Produktion	☐ Produktion	
☐ Verwaltung	☐ Verwaltung	
☐ Vertrieb	☐ Vertrieb	
☒ ~~Frau/~~Herr *Thüne*	☒ ~~Frau/Herr~~ *An alle Auszubildenden/Praktikanten*	

- *Nennen Sie drei Teilehersteller, die die Fly Bike Werke beliefern.*
- *Wie hoch waren Materialaufwand und Wareneinsatz im Berichtsjahr und im Vorjahr?*
- *Welche Handelswaren und Dienstleistungen bieten wir an?*
- *Wer leitet den Versand?*

Mit freundlichen Grüßen

Thüne

Fly Bike Werke GmbH

Hausmitteilung

Absender	Empfänger	mit der Bitte um
☐ Geschäftsführung	☐ Geschäftsführung	☐ Kenntnisnahme
☐ Zentralsekretariat	☐ Zentralsekretariat	☒ Erledigung
☐ Controlling	☐ Controlling	☐ Stellungnahme
☐ Einkauf/Logistik	☐ Einkauf/Logistik	
☐ Produktion	☐ Produktion	
☐ Verwaltung	☐ Verwaltung	
☒ Vertrieb	☐ Vertrieb	
☒ ~~Frau~~/Herr *Gerland*	☒ ~~Frau/Herr~~ *An alle Auszubildenden/Praktikanten*	

Liebe Auszubildende, liebe Praktikanten,

bitte beantworten Sie für einen ersten Überblick über unsere Abteilung die folgenden Fragen mit der Bitte um Rücksendung Ihrer Antworten!

- *Wer gehört zu unseren Kunden in Deutschland?*
- *In welche Länder werden unsere Produkte sonst noch geliefert?*
- *Welchen Jahresbonus gewähren wir unseren Kunden bei einer Abnahme von mindestens 5.000 Fahrrädern?*
- *Welchen Rabatt gewähren wir bei einer Abnahme von 125 Fahrrädern?*
- *Was versteht man unter „Private Label"?*
- *Wer leitet die Vertriebsabteilung?*

Mit freundlichen Grüßen

Ralf Gerland

Weitere Erkundungsaufträge:

- Wann wurde die Fly Bike Werke GmbH gegründet?
- Wer hat die Fly Bike Werke GmbH gegründet?
- Wie viel Euro muss ein Fahrradfachhändler an die Fly Bike Werke GmbH bezahlen, wenn er 11 Mountainbikes des Modells Unlimited kaufen will?

Preis lt. Preisliste je Stück	€
Listenpreis der Gesamtmenge	€
– Rabatt lt. Rabattstaffel	– €
= Gesamtpreis ohne Umsatzsteuer	= €
+ 19 % Umsatzsteuer	+ €
= Gesamtpreis mit Umsatzsteuer	= €

Arbeitsblatt 1.1 | Einbindung eines Industrieunternehmens in die Gesamtwirtschaft

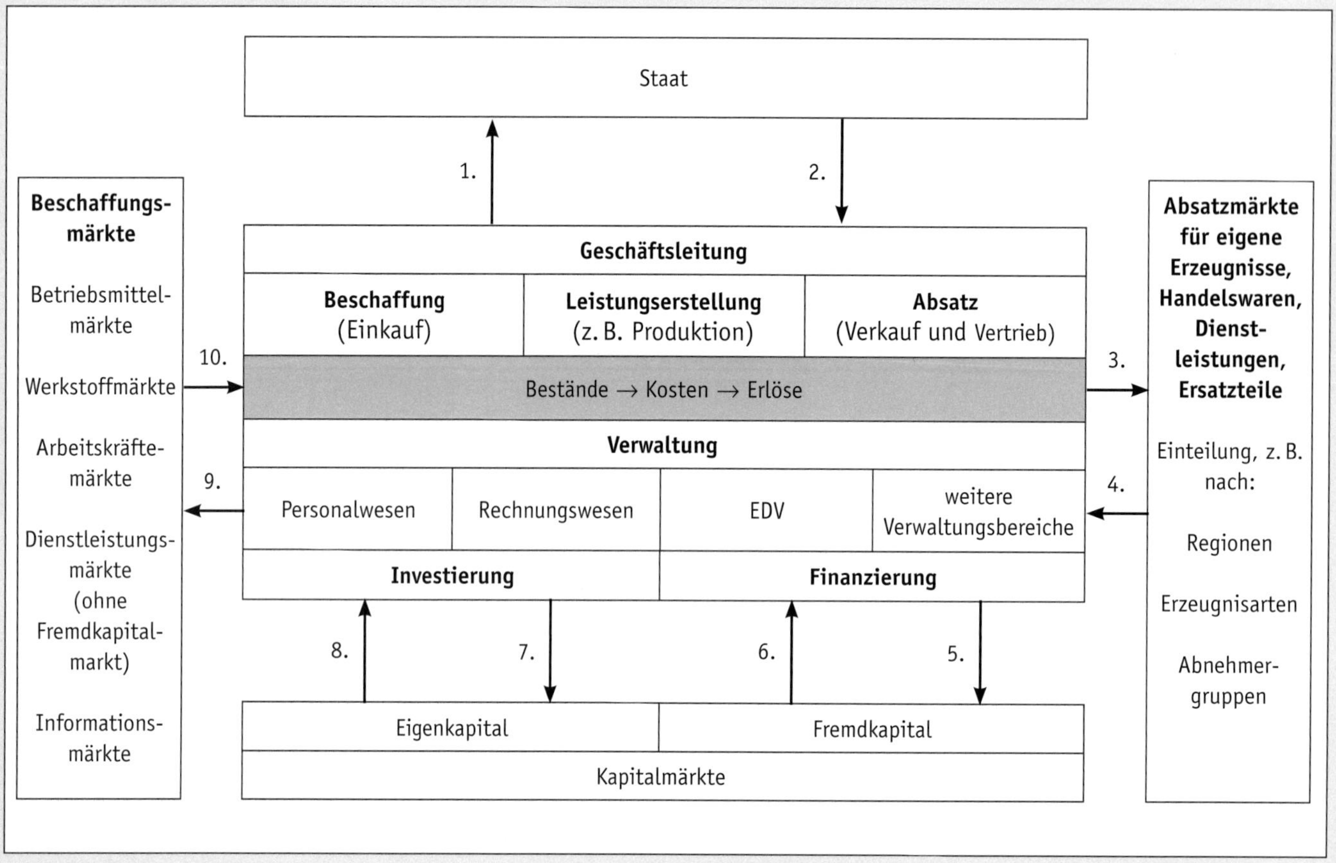

Aufgabe: Ordnen Sie die nachfolgenden Aktivitäten mithilfe der entsprechenden Ziffer den Pfeilen der obigen Abbildung zu:

- ☐ Verkauf von Erzeugnissen
- ☐ Einkauf von Rohstoffen
- ☐ Gewinnauszahlung an die Unternehmenseigentümer
- ☐ Überziehung des Bankkontos
- ☐ Transportauftrag an eine Spedition
- ☐ Zinszahlung an einen Darlehensgeber
- ☐ Einstellung eines Lagerarbeiters
- ☐ Darlehensaufnahme bei der Hausbank
- ☐ Banküberweisung an Rohstofflieferer
- ☐ Rückzahlung eines Darlehens
- ☐ Subventionszahlung für Forschungsprojekt
- ☐ Internetrecherche zur Abfallentsorgung
- ☐ Banküberweisung eines Kunden
- ☐ Kauf einer Verpackungsmaschine
- ☐ Kapitalerhöhung durch Aufnahme neuer Gesellschafter
- ☐ Erwerb einer Lizenz
- ☐ Abgabe einer Steuererklärung
- ☐ Montage einer Maschine beim Kunden
- ☐ Kauf von Handelswaren
- ☐ Zahlung von Steuern

Arbeitsblatt 1.2 | Betriebliche Leistungsfaktoren (1) Begriffe und Beispiele

Vervollständigen Sie die Übersicht!

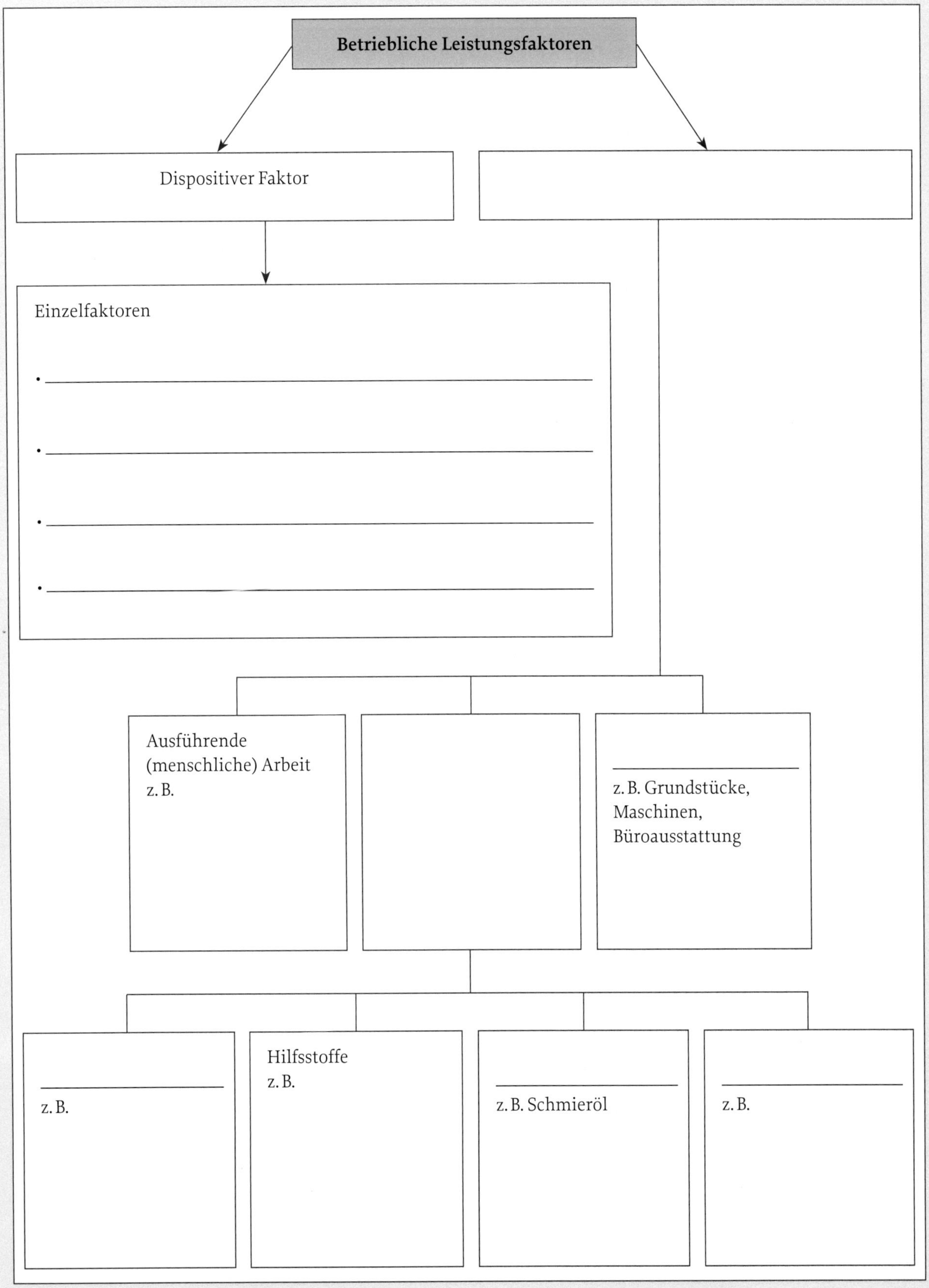

Arbeitsblatt 1.3 | Betriebliche Leistungsfaktoren (2) Zuordnungen

Ordnen Sie die folgenden Beispiele der Fly Bike Werke GmbH den nachfolgenen betrieblichen Leistungsfaktoren zu. Kreuzen Sie an!

Nr.	Beispiele	Betriebs-mittel	Werkstoffe				Ausführende (mensch-liche) Arbeit	Dispositiver Faktor
			Rohstoffe	Hilfsstoffe	Betriebs-stoffe	Vorproduk-te/ Fremd-bauteile		
1	Stahlrohre							
2	Verpackungsmaschine							
3	Betriebsgrundstück							
4	Endmontage von Fahrrädern							
5	Rohstoffe einkaufen							
6	Kontrolle der Ausgaben							
7	Lack für die Fahrradrahmen							
8	Sättel für die Fahrräder							
9	Rohrschneideanlage							
10	Verwaltungsgebäude							
11	Maschinen reparieren							
12	Schreibtische in der Verwaltung							
13	Federgabeln							
14	Aluminiumbleche							
15	Schrauben, Muttern, Unterlegscheiben							
16	Die Fly Bike Werke leiten							
17	Grundierungen							
18	Schmierstoffe für Maschinen							
19	Verpackungsanlage							
20	Wasser zur Kühlung der Rohrschneide-anlage							
21	Erstellen von Angeboten							
22	Planung der Produktionsmengen							
23	Fahrradbeleuchtung							

Aufgaben

Aufgabe 1

Vergleichen Sie das Modellunternehmen Fly Bike Werke anhand relevanter Kriterien mit den nachfolgend beschriebenen Unternehmen. Verwenden Sie dafür die Übersicht auf der nächsten Seite.

Unternehmen 1: Goldschmiedewerkstatt Wolfgang Müller e.K.

Der Goldschmiedemeister Wolfgang Müller hat sich endlich selbstständig gemacht. Seine Lehre bei einem Goldschmiedemeister mit eigenem Juweliergeschäft in Köln hat ihm gut gefallen, da konnte er neben Reparaturarbeiten schon erste Schmuckstücke selbst gestalten. Seine erste Anstellung nach der Lehre bei einem „Goldhaus" ermöglichte das aber nicht – hier gab es überwiegend nur einen Goldankauf von Privatkunden und Reparaturen von Schmuck ohne Ende. Kreative, gestalterische Aufträge – (fast) Fehlanzeige. Auch deshalb hat er seinen Meister gemacht.

Jetzt hat er seine eigene Werkstatt in Bonn-Bad Godesberg. Hier gibt es noch Kunden, die bereit sind, für schönen und zeitgemäßen Schmuck auch richtiges Geld auszugeben. Ein schönes Ladenlokal in der Fußgängerzone hat er auch. Die Mitarbeiterzahl ist überschaubar. Seine Ehefrau, Sabine Müller, führt das Geschäft zusammen mit zwei Halbtagskräften. In der Werkstatt arbeitet er zusammen mit einer Auszubildenden im ersten Lehrjahr. Im ersten Geschäftsjahr hat er immerhin schon 250.000,00 € Umsatz gemacht. Seine betrieblichen Vermögenswerte sind noch gering – keine 50.000,00 €[1]. Kostenintensiv sind allerdings die hohen Edelmetallpreise. Seine Materialien (z. B. Gold, Platin, Silber) sind sein Hauptkostenfaktor.

Unternehmen 2: Fischerei Nord AG

Die Fischerei Nord AG hat ein Problem. Fisch ist begehrt – aber die Fangquoten sind begrenzt. Man muss halt die richtigen Fische in der richtigen Größe in den richtigen Fanggebieten auch tatsächlich fangen. Das ist schwierig, wenn man ausschließlich an Fischverarbeiter verkauft, die Fischstäbchen produzieren. Mit zwei Fabrikschiffen (Schiffe, die den gefangenen Fisch direkt verarbeiten und in Blocks tiefffrieren) ist man stetig auf der Suche rund um Island. Hauptkostenfaktor sind die Schiffe selbst. Schiffe sind teuer und binden damit viel Kapital, das verzinst werden muss. Auch die Wertverluste der Schiffe durch Nutzung (Abschreibungen) müssen erst mal verdient werden. Der Unternehmensstandort Cuxhaven ist optimal. Hier produzieren auch die Einkäufer ihre Fischstäbchen. Die Umsätze sind allerdings in den letzten Jahren rückläufig. Zuletzt waren es noch 13.500.000,00 €. Davon müssen 60 Mitarbeiter – vom Kapitän bis zur Bürogehilfin – bezahlt werden. Trotzdem hat das Unternehmen im letzten Jahr noch 250.000,00 € Gewinn gemacht. Bei Vermögenswerten in Höhe von 24.000.000,00 €[1] – im Wesentlichen der Wert der Fabrikschiffe – ist das aber nicht viel. Die Anteileigner (Aktionäre) sind damit nicht zufrieden. Sie wollen natürlich mehr Gewinn des Unternehmens und damit eine höhere individuelle Gewinnbeteiligung. Das scheint möglich. Die Fischerei Nord AG bekommt in der nächsten Saison Fangrechte vor Neufundland – das könnte die positive Wende bringen.

[1] Die Summe der Vermögenswerte entspricht dem Begriff „Jahresbilanzsumme".

Übersicht: Kriterien zum Vergleich verschiedener Unternehmen

Firma / Vergleichskriterien	Fly Bike Werke GmbH – Fahrradhersteller – (Modellunternehmen)	Wolfgang Müller e. K. Goldschmiedewerkstatt	Fischerei Nord AG
Wirtschaftssektor			
Branche			
Unternehmensgröße – Anzahl der Mitarbeiter – Jahresumsatz in Euro – Jahresbilanzsumme in Euro Ergebnis: (Kleinst-, Klein-, mittleres oder Großunternehmen):			
Eigentumsverhältnisse			
Rechtsform			
Hauptkostenintensitäten, z. B. – anlagenintensiv – lohn-/arbeitsintensiv – materialintensiv – energieintensiv			
Standort – lokal (z. B. nur eine Stadt) mehrere Standorte – regional (z. B. NRW) – deutschlandweit – EU-weit – weltweit			

Aufgabe 2
Die Anzahl der Erwerbstätigen betrug 2011 im Jahresschnitt 41,04 Millionen Menschen. Das war laut Angaben des Statistischen Bundesamtes der höchste Stand seit der Wiedervereinigung. Beantworten Sie folgende Fragen zu Infografik 1:

a Ermitteln Sie die Anzahl der Erwerbstätigen in der Bundesrepublik Deutschland in den folgenden Bereichen:
- Dienstleistungen
- Industrie, Bergbau, Energiewirtschaft
- Baugewerbe
- Landwirtschaft

b Beschreiben Sie die Entwicklung in der Arbeitswelt.

Aufgabe 3
Nicht in allen Teilen der Welt sind die Strukturen in der Arbeitswelt gleich. Vergleichen Sie in Infografik 2 die Wirtschaftstruktur der USA mit der Tansanias. Welche Ursachen könnten die enormen Unterschiede haben?

Aufgabe 4
Grenzen Sie die Leistungsfaktoren Betriebsmittel und Betriebsstoffe voneinander ab, indem Sie jeweils zwei Unterschiede verdeutlichen.

Aufgabe 5
Welche Arten von Tätigkeiten werden dem dispositiven Faktor zugerechnet?

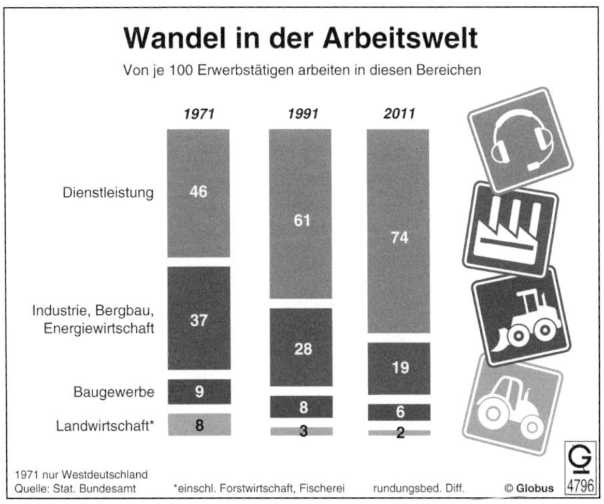

◄ Infografik 1

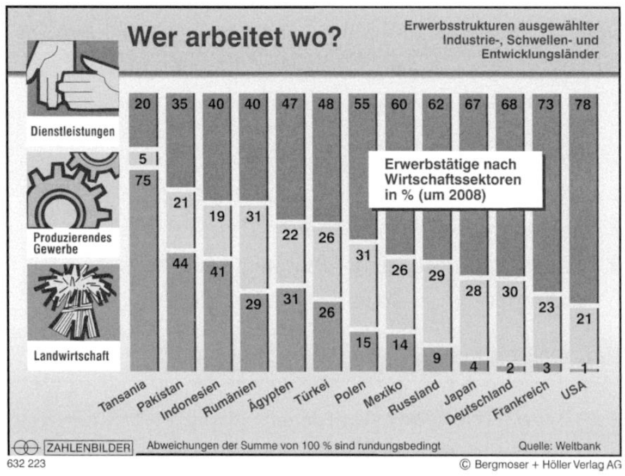

Infografik 2 ▲

Aufgabe 6
Ordnen Sie die unten stehenden Leistungen den Betriebsarten zu, indem Sie die angegebenen Ziffern vor der jeweiligen Leistungsart eintragen.

Sachleistungsbetriebe	Dienstleistungsbetriebe
(1) Industriebetriebe	(5) Handelsbetriebe
(2) Land- und Forstwirtschaft	(6) Banken
	(7) Versicherungen
(3) Fischerei	(8) Transportbetriebe
(4) Handwerksbetriebe	(9) Kommunikationsbetriebe
	(10) Sonstige Dienstleistungsbetriebe

	Fabrikmäßige Produktion von Sachgütern (Einsatz von Maschinen, hohe Arbeitsteilung, hoher Kapitaleinsatz, Trennung von Produktion und Verwaltung)
	Übernahme von Risiken gegen Prämienzahlung und Schadensausgleich
	Abwicklung des Zahlungsverkehrs
	Reparatur von Elektrogeräten in Haushalten
	Transport von Personen zu Land, zu Wasser und in der Luft
	Vermittlung von Immobilien
	Fang und Verarbeitung von Fischen auf so genannten Fabrikschiffen
	Kreditgewährung und Kapitalsammlung gegen Zinszahlungen
	Transport von Sachgütern zu Land, zu Wasser und in der Luft
	Erstellung von Druckerzeugnissen für verschiedene Auftraggeber
	Produktion von Getreide und Fleisch
	Verkauf von Gütern an die Endverbraucher
	Ausstrahlung von Fernsehprogrammen
	Übermittlung von Nachrichten

Aufgabe 7

Ordnen Sie die folgenden Unternehmen dem primären [1], sekundären [2] oder tertiären Wirtschaftssektor [3] zu.

[ ] BMW AG
[ ] Frisörbetrieb Ali Baba
[ ] Fischereibetrieb Fischer
[ ] Bauer Holger
[ ] Versicherungen Arens GmbH
[ ] Deutsche Bank AG
[ ] Diamanten-Mine
[ ] ThyssenKrupp AG
[ ] Das italienische Restaurant Silvio

Aufgabe 8

Ordnen Sie die nachfolgenden Industriebranchen den Industrietypen zu, indem Sie jeweils die oben angegebenen Ziffern vor der jeweiligen Industriebranche eintragen.

Industrietypen

1 Grundstoff- und Produktionsgüterindustrie
2 Investitionsgüterindustrie
3 Konsumgüterindustrie (Verbrauchsgüterindustrie + Nahrungs- und Genussmittelindustrie)

Industriebranchen

	Maschinenbau		Schiffsbau
	Stahlwerk		Raffinerie
	Bekleidungsindustrie		Braunkohleabbau
	Brauereiwirtschaft		Erzabbau
	Möbelindustrie		Fahrzeugbau
	Elektrotechnik		Kraftwerk

Aufgabe 9

Die Klasse HHX führt einen Kuchenverkauf in der Pause durch, um Geld für einen Klassenausflug zu verdienen. Heute haben die Schüler am Ende der 2. Pause 50 Stück Kuchen verkauft. Der Preis pro Stück Kuchen betrug 1,00 €. Für Zutaten usw. haben die Schüler beim gestrigen Einkauf nachstehende Ausgaben getätigt. Hinweis: Der Einkauf, die Zubereitung, das Backen und der Verkauf wurden von der Klasse (bzw. den Eltern) unentgeltlich geleistet. Aus diesen Zutaten konnten 80 Stück Kuchen gebacken werden. Nicht verkaufte Kuchenstücke wurden gratis innerhalb der Klasse verteilt und gegessen.

Mehl	5,00 €
Zucker	6,00 €
Milch	2,00 €
Schokolade	4,00 €
Eier	11,00 €
Butter	2,00 €

a Wie hoch sind die Kosten, der Umsatz und der Gewinn am heutigen Tag?

Für den geplanten Ausflug reichen die Einnahmen noch lange nicht. Was können sie tun, um mehr Geld in die Kasse zu bekommen? Die Klasse beschließt, den Absatz zu erhöhen. Um dieses Ziel zu erreichen, soll die Werbetrommel gerührt werden, denn „wer nicht wirbt, der stirbt“. Die Klasse bereitet einen Flyer vor, lässt diesen kopieren und verteilt ihn in der Schule. Es entstehen Kopierkosten in Höhe von 5,00 €. Auf dem Flyer wird eine Kuchenpreis-Senkung um 0,20 € bekannt gemacht. Am nächsten Tag werden alle – mit gleichen Zutaten neu gebackenen – 80 Stück Kuchen verkauft.

b Wie hoch sind die Kosten, der Umsatz und der Gewinn am heutigen Tag?

c Wie konnten der Umsatz und der Gewinn gesteigert werden?

Aufgabe 10

Ordnen Sie die Güter den nachfolgenden Kategorien zu.

Güter	Freies Gut	Konsumgut	Investitionsgut	Dienstleistung	Recht
Sonnenlicht					
VW Golf					
500g Kaffee					
Haarschnitt					
Blechpresse					
Luft					
Patent					
Geldtransfer					
G-Star Jeans					

Lernsituation 2

SB ▸ Seite 27 ff. | Handlungsfeld 1, Kap. 2

Geschäftsideen nachvollziehen und beurteilen

Situation

Die Auszubildenden der Fly Bike Werke; Bettina und Ralf, treffen sich in der Mittagspause regelmäßig, um Neuigkeiten aus dem Betrieb und der Berufsschule auszutauschen. Seit Kurzem sind sie auch in einem großen sozialen Netzwerk miteinander befreundet.

Bettina fragt Ralf: „Sag mal, kannst du dich noch an eine Zeit ohne soziale Netzwerke erinnern? Das ist mit allen Funktionen inzwischen so praktisch, dass ich darauf gar nicht verzichten möchte."

Ralf antwortet darauf: „Darauf verzichten? Auf keinen Fall! Ich nutze das Netzwerk gern, um mit meinen alten Schulfreunden in Kontakt zu bleiben, sonst hört man gar nichts mehr voneinander."

Bettina wundert sich: „Wer hatte eigentlich die geniale Idee, so ein Netzwerk anzubieten? Schon allein mit den ganzen Werbeeinnahmen muss der doch schon Multimillionär sein, oder?"

Ralf weiß: „In den großen sozialen Netzwerken sind mehr als eine Milliarde Menschen registriert, die Idee ist so genial, dass der Erfinder sicher inzwischen ziemlich reich sein sollte."

Bettina überlegt daraufhin: „Wie war das wohl damals bei den großen Unternehmen, die es schon so viele Jahre gibt? ‚Goldbären' wurden doch auch irgendwann erfunden, genau wie ‚Windows'. Oder diese große Autovermietung bei uns um die Ecke, ‚Sixt'."

Ralf findet Bettinas Gedanken interessant: „Na und unser Ausbilder, die Fly Bike Werke, die haben zwar nicht das Fahrrad erfunden, aber immerhin ein erfolgreiches Konzept zur Herstellung und zum Vertrieb von Fahrrädern – wie sind wohl Herr Ullman und Herr Ries auf diese Geschäftsidee gekommen?"

Arbeitsaufträge

Haben Sie sich auch schon einmal gefragt, wie bekannte Unternehmen entstanden sind?
In Partnerarbeit lassen sich dazu interessante Erkenntnisse gewinnen! Nutzen Sie dafür das Arbeitsblatt 2.1.

1 Lesen Sie die Kurzporträts erfolgreicher Unternehmer auf der nächsten Seite sowie das Unternehmensporträt der Fly Bike Werke auf Seite 5. Vergleichen Sie die vorgestellten Geschäftsideen und beurteilen Sie, was zum erfolgreichen Durchbruch der Unternehmen geführt hat.

2 Ergänzen Sie ein eigenes Beispiel mit einem Unternehmen Ihrer Wahl (z.B. die Entstehung eines sozialen Netzwerks).

3 Welche der genannten Produkte oder Leistungen der Unternehmer empfinden Sie in Ihrem persönlichen Bereich als selbstverständlich? Wie oft nutzen Sie die genannten Produkte oder Leistungen?

Tragen Sie Ihre Ergebnisse zunächst in der Klasse vor und ergänzen Sie Ihre Übersicht mithilfe der Ergebnisse der anderen Partnerteams.

Unternehmerporträts

Hans Riegel

Das Unternehmen Haribo ist heute der größte Fruchtgummi- und Lakritzhersteller weltweit und wurde 1920 von Hans Riegel gegründet. Haribo ist ein Akronym aus seinen Anfangsbuchstaben und der Stadt Bonn (HAns RIegel BOnn). Die ersten Produkte, die Haribo nach dem Krieg produzierte, waren so genannte Nährkugeln für Bergarbeiter im Ruhrgebiet (ein Vorläufer des heutigen Müsliriegels), Salmiakpastillen und Brusttabletten. Der erste große Durchbruch kam mit einer Bestellung aus der deutschen Schuhmetropole Pirmasens. Haribo lieferte eine Lkw-Ladung mit Lakritz und erhielt im Gegenzug 200 Paar Schuhe. Die Geschäfte liefen mit der Zeit zunehmend besser und so beschäftigte Haribo 1950 schon ca. 1000 Mitarbeiter. Hans Riegel Junior war nun für Vertrieb und Marketing zuständig, sein Bruder Paul kümmerte sich um Technik und Produktion. Während der Aufbauphase des Betriebs studierte Hans Riegel Volkswirtschaft in Bonn. Hans Riegels wichtigste Entscheidung war die Einführung der Marke „Goldbär". Er hatte immer ein Gespür für den Markt und entwickelte die verschiedensten Produktideen. Um zu wissen, was die Kinder, seine wichtigsten Kunden, wollen, schaut sich der heute 89-jährige Riegel gelegentlich auch Kindersendungen wie „Sesamstraße" oder die „Sendung mit der Maus" an. Heute ist Haribo eine weltweit etablierte Marke, beschäftigt ca. 6.000 Mitarbeiter und produziert europaweit an 18 Standorten mehr als 1000 Produkte.

Erich Sixt

Erich Sixt wurde 1944 im österreichischen Mistelbach geboren und übernahm mit 18 Jahren die Geschäftsführung des Fuhrunternehmens „Auto Sixt" von seinem Vater Hans. Hans Sixt hatte 1962 eine außergewöhnliche Idee, der sein Sohn zustimmte: eine Autovermietung zum Einheitspreis von 20 DM am Tag. Als Erich Sixt die Unternehmensleitung übernahm, war die Firma mit ca. 200 Autos und drei Filialen in Deutschland vertreten. Das Unternehmen lief so gut, dass die Firma in kurzer Zeit Tausende von Aufträgen zu bewältigen hatte. Die erste Filiale im Ausland eröffneten Hans und Erich Sixt in einem kleinen Laden mit Parkplatz am Flughafen in Le Bourget (Frankreich, nahe Paris). Erich Sixt selbst nahm die Touristen in Empfang, stellte Mietverträge aus und reinigte Autos. Er eroberte den europäischen Markt mit günstigen Preisen, aggressiver Werbung, Leasingangeboten und der Erweiterung des Fuhrparks. Seit 1986 ist das Unternehmen an der Börse und Erich Sixt Vorstandsvorsitzender der Sixt AG, die heute jährlich einen Umsatz von über einer Milliarde Euro erwirtschaftet.

Ausführliche Darstellungen der Lebensgeschichten von Hans Riegel und Erich Sixt finden sich in: Ziesemer, Bernd (Hrsg.): Pioniere der deutschen Wirtschaft. Was wir von den großen Unternehmerpersönlichkeiten lernen können, Frankfurt/New York, 2006, sowie auf den Internetseiten von Haribo (www2.haribo.com/deDE/unternehmen/zahlen-fakten.html) und Sixt (ag.sixt.de/unternehmen/).

Bill Gates

Bill Gates ist als Erfinder und Entwickler des Betriebssystems Windows einer der größten Pioniere der Computerära. William „Bill" Henry Gates III kam am 28. Oktober 1955 als zweites von drei Kindern in Seattle auf die Welt. In der Schule galt Gates als hochbegabter Sonderling. Er interessierte sich für Mathematik und Wirtschaftswissenschaften und gründete mit seinen Schulfreunden Paul Allen und Paul Gilbert die „Lakeside Programming Group" an der privaten „Lakeside School". Sie entwickelten dort ein Programm zur Messung von Verkehrsströmungen. Bill Gates studierte von 1973 bis 1975 Jura in Harvard und machte dort Bekanntschaft mit Steve Ballmer, einem seiner späteren Geschäftspartner. Bill Gates erkannte, dass der Computer ein wertvolles Hilfsmittel in jedem Haushalt darstellen könnte, und hatte die Idee, Home-Software für PCs zu entwickeln. Den Grundstein für sein Imperium legte Bill Gates, als er das Betriebssystem „SCP-DOS" kaufte, aus dem er das spätere MS-DOS entwickelte. 1975 gründete er im Alter von 19 Jahren gemeinsam mit Paul Allen in einer Garage das Unternehmen „Microsoft" und schrieb basierend auf „MS-DOS" das Betriebssystem „Windows". Nur ein Jahr nach der Gründung von Microsoft zogen Gates und seine 16 Mitarbeiter nach Seattle. 1983 erschien die erste Version von Windows. Anfangs fand er keine Käufer für sein Produkt. Erst 1990 konnte Gates mit seiner Windows 3.0 Software überzeugen. Das Microsoft-Programm Windows wurde in den darauffolgenden Jahren das erfolgreichste Computer-Betriebssystem der Welt. Der Personal Computer hielt Einzug in die Haushalte. Kaum ein anderes Produkt der elektronischen Industriegeschichte hatte mehr Einfluss auf die gesellschaftliche und die wirtschaftliche Entwicklung als die Softwareprodukte von Microsoft. Damit wurde Bill Gates vorübergehend zum reichsten Menschen der Erde. Heute wird sein Vermögen auf rund 56 Milliarden US-Dollar geschätzt.

Weitere Informationen über Bill Gates z. B. auf www.wikipedia.org und ww.whoswho.de

Arbeitsblatt 2.1 | Geschäftsideen nachvollziehen und beurteilen

Fly Bike Werke	Geschäftsidee:	Entscheidender Erfolg:	Eigene Nutzung des Produkts?
Haribo	Geschäftsidee:	Entscheidender Erfolg:	Eigene Nutzung des Produkts?
Microsoft	Geschäftsidee:	Entscheidender Erfolg:	Eigene Nutzung des Produkts?
Sixt	Geschäftsidee:	Entscheidender Erfolg:	Eigene Nutzung der Leistung?
______	Geschäftsidee:	Entscheidender Erfolg:	Eigene Nutzung des Produkts/der Leistung?

Folgesituation: Existenzgründung als Franchisenehmer

Die Fly Bike Werke suchen bundesweit nach Partnern für einen neuen Geschäftsbereich: den Vertrieb von individualisierten Fahrrädern über Franchisenehmer. Es werden exklusive Beachcruiser-Fahrräder angeboten, die vom Franchisenehmer im Kundenauftrag selbst entworfen, montiert und farblich gestaltet werden sollen. Dazu werden kompetente, fahrradbegeisterte Existenzgründer gesucht, die bereit sind, ein neues Konzept umzusetzen. Auch eigene Mitarbeiter aus der Produktion werden ermuntert, sich als Franchisenehmer zu bewerben.

Holger Larsen überlegt, ob er sich mit seiner langjährigen Erfahrung auf diese Weise selbstständig machen kann. Im Zentrum einer benachbarten Großstadt könnte er einen eigenen Verkaufs- und Montageshop im Franchisesystem übernehmen. Die Fly Bike Werke als Franchisegeber bieten ein neues Konzept mit 35 Franchisebetrieben in Deutschland – „fly.bike.beach.cruiser Franchising".

Um die notwendigen finanziellen Rahmenbedingungen abzuschätzen, stellt Holger eine erste Planungsrechnung auf, in der er seine Verdienstmöglichkeiten als Franchisenehmer und seine zukünftigen privaten monatlichen Ausgaben gegenüberstellt. Er muss dabei berücksichtigen, dass sowohl die Krankenversicherung als auch die Altersvorsorge mit privaten Versicherungen finanziert werden müssen.

fly.bike.beach.cruiser Franchising

Konzept:
Verkauf exklusiver Beachcruiser, Entwurf, Montage und Lackierung nach Kundenwunsch

Franchisebetriebe in Deutschland geplant: 35

Eröffnete Franchisebetriebe in Deutschland bisher: 2

Geschätzter Durchschnittsumsatz eines Unternehmens pro Jahr in der Anfangsphase: 180.000,00 €

Mindestumsätze: nein

Warenbezugspflicht:
ja, zu 90 %

Werbegebühr pro Jahr:
1 % vom Umsatz

Franchisegebühr pro Jahr:
0,5 % vom Umsatz

Umsatzrendite (Gewinn): ca. 25 %[1]

Investitionssumme:
25.000,00 € (die Hälfte wird fällig bei Vertragsabschluss, die andere Hälfte bei Geschäftseröffnung)

Franchiseeintrittsgebühr:
0,00 €

Voraussetzung:
Solide Erfahrungen in der Fahrradmontage und kaufmännische Grundkenntnisse

Erfahrungsaustausch:
Zweimal jährlich

Betreuung:
20 Besuche pro Jahr durch persönlichen Betreuer

Franchiseleistungen:
Marktanalyse, Standortanalyse, Gebietsschutz, Werbevorschläge, Ladeneinrichtung, Finanzplanung, Handbuch, Sammeleinkauf, Schulung, Beratung, Mitarbeiterplanung, Einarbeitung, Marketingmaßnahmen regional und national, Lieferung der notwendigen Halbfertigerzeugnisse

Vertragslaufzeit:
5 Jahre

fly.bike.beach.cruiser Franchising • Rostocker Str. 334, 26121 Oldenburg
Tel 0441 885 0 • Fax 0441 885 9211 • Ihr Ansprechpartner: Lars Baumann

[1] Der realisierbare Gewinn (25 % vom Jahresumsatz) berücksichtigt bereits alle betrieblichen Aufwendungen des Franchisenehmers.

Geplante monatliche (private) Ausgaben von Holger Larsen (ohne Steuern)

Wohnen & Leben		Versicherungen	
Miete inklusive Nebenkosten	600,00 €	Hausratversicherung	10,00 €
Strom, Gas	50,00 €	Lebensversicherung	50,00 €
GEZ, Kabelfernsehen, Privat-TV	50,00 €	Haftpflichtversicherung	10,00 €
Telefon, Internet (privat)	50,00 €	private Krankenversicherung	400,00 €
Lebensunterhalt (Ernährung, Kleidung usw.)	430,00 €	private Pflegeversicherung	70,00 €
		Unfallversicherung	20,00 €
privates Kfz	330,00 €	Kfz-Versicherung (privat)	80,00 €
Summe		Summe	

Sonstiges		Sparen	
Zeitschriften	30,00 €	Fondssparen	200,00 €
Tennisverein	30,00 €	private Altersvorsorge	500,00 €
Stadtteil-Förderverein	10,00 €		
Fitness-Studio	50,00 €		
Summe		Summe	

Gesamtausgaben: ________________ € (Lebenshaltungskosten)

Brutto-/Nettorechnung bei Selbstständigkeit	
Bruttoeinkommen	???
Lohn-/Einkommensteuer monatlich	580,00
Solidaritätszuschlag monatlich	30,00
Kirchensteuer monatlich	50,00
Private Krankenversicherung	400,00
Private Pflegeversicherung	70,00
Private Rentenversicherung	500,00
Nettoeinkommen	2.000,00

Ein „Brutto-Netto-Rechner" aus dem Internet zeigt für Holgers Steuerklasse und Familienstand folgende Werte für ein Nettoeinkommen von 2.000,00 € als Angestellten:

Lohn-/Einkommensteuer (Steuerklasse I/0)	579,16
Solidaritätszuschlag	31,85
Kirchensteuer	52,12
Krankenversicherung	264,55
Pflegeversicherung (ohne Kind)	41,02
Rentenversicherung	333,20
Arbeitslosenversicherung	46,88

Hinweis: Alle Zahlen sind fiktiv

Arbeitsaufträge

Unterstützen Sie Holger bei der Entscheidungsfindung, ob er sich als Franchisenehmer selbstständig machen sollte oder nicht. Folgende Fragen sind noch dringend zu klären:

1 Welche Verdienstchancen ergeben sich aus den möglichen Umsätzen mit fly.bike.beach.cruiser Franchising? Berechnen Sie das geplante Einkommen in der Anfangsphase bei einem Jahresumsatz von 180.000,00 €.

2 Wie hoch sind Holgers monatliche (und jährliche) Lebenshaltungskosten?

3 Holger müsste als selbstständiger Unternehmer seinen Lebensunterhalt aus Gewinnentnahmen aus dem Unternehmen bestreiten. Wie hoch wären die monatlichen und (jährlichen) Gewinnentnahmen, die Holger benötigt, wenn die jährliche Einkommensteuer, Kirchensteuer und der Solidaritätszuschlag insgesamt 7.920,00 € betragen?

4 Wie hoch müsste Holgers Bruttoeinkommen als Angestellter bei der Fly Bike GmbH sein, um den gleichen Nettoverdienst zu erzielen wie in der geplanten Selbstständigkeit als Franchisenehmer?

5 Was spricht aus Holgers Sicht für eine selbstständige Tätigkeit? Welche Risiken ergeben sich? Gestalten Sie in Teams ein Rollenspiel, in dem Sie die Kriterien für eine Entscheidungsfindung für Holger verdeutlichen. Nutzen Sie dazu die Rollenkarten auf der nächsten Seite.

Rollenspiel | Chancen und Risiken einer Existenzgründung

Rollenkarte Holger Larsen

bisher in der Produktion der Fly Bike Werke angestellt tätig

- ist grundsätzlich bereit, den Sprung in die Selbstständigkeit zu wagen
- inhaltlich gefällt ihm das angebotene Franchiseangebot sehr – für sich selbst und für Freunde hat er schon oft Fahrräder individualisiert
- hat Bedenken wegen der monatlichen Aufwendungen, ist aber bereit, in einigen Bereichen private Ausgaben zu reduzieren
- ist sich bewusst, dass ihm durch das Franchising eine Menge Aufwand erspart bleibt und er sich auf die eigentliche Tätigkeit konzentrieren kann
- hat Notizzettel erstellt mit den zu erwartenden finanziellen Aufwendungen

Rollenkarte Lars Baumann

Sachbearbeiter im Vertrieb Fachhandel Fly Bike Werke

- hat jahrelange Erfahrung im Vertrieb über den Fachhandel
- ist insbesondere in der Anfangsphase der fachliche Begleiter der Franchisenehmer
- übernimmt die Marktanalyse, koordiniert die Marketingmaßnahmen, sichert den Gebietsschutz
- bietet eine solide Finanzplanung
- sorgt für günstige Lieferkonditionen durch Sammeleinkauf für alle Franchisenehmer
- kennt Holger Larsen als zuverlässigen, engagierten Mitarbeiter, den er gern für das Franchiseprojekt gewinnen möchte

Rollenkarte Peter Stromberg

Radsportfreund von Holger, hat selbst einen Ebay Powerseller-Shop

- hat bereits erste Erfahrungen mit Selbstständigkeit und den damit verbundenen Schwierigkeiten
- betreibt einen Powerseller-Shop für Logo-Bedruckung in einem großen Internetportal
- hat kein eigenes Ladenlokal, sondern ein reines Versandgeschäft
- weiß, wie schwierig es ist, Kunden zu gewinnen und Reklamationen abzuwickeln
- ärgert sich oft über Kunden und Lieferanten
- hat sich im persönlichen Bereich finanziell sehr stark einschränken müssen, weil er die Aufwendungen für eine Selbstständigkeit insgesamt unterschätzte
- möchte nicht mehr mit einem Angestellten tauschen, obwohl er viel mehr arbeitet als ein Angestellter
- sein Geschäft läuft mittlerweile sehr gut und er plant zu expandieren

Arbeitsblatt 2.2 | Voraussetzungen und Pflichten bei der Unternehmensgründung

Persönliche Voraussetzungen

Anmeldepflichten §

Wirtschaftliche Voraussetzungen

Arbeitsblatt 2.3 | Grundlagen des HGB

Kaufmannsbegriff nach HGB		
____________	Kannkaufmann	____________
Beispiel: ____________ ____________	Beispiel: ____________ ____________	Handelsgesellschaften in der Rechtsform einer Kapitalgesellschaft Beispiel: AG, GmbH

Handelsregister

= ____________

____

↓

Zweck

= ____________

____

↓

Wirkung der Eintragung[1]	
____________	konstitutive Wirkung
(rechtsbezeugende Wirkung)	(____________)
= ____________ ____________ ____________	= ____________ ____________ ____________
Beispiel: ____________ ____________	Beispiel: ____________ ____________

[1] Recherchieren Sie die Wirkung der Eintragung (z. B. im Internet).

Aufgaben

Aufgabe 1
Nennen Sie Gründe, die Ihrer Meinung nach zum Schritt in die Selbstständigkeit führen können.

Aufgabe 2
Was sind Ihrer Meinung nach die wichtigsten Voraussetzungen, damit aus einer Geschäftsidee ein erfolgreiches Unternehmen wird?

Aufgabe 3
So mancher, der sich gerne selbstständig machen möchte, sucht nach einer Geschäftsidee, die das „gewisse Etwas" hat. Die Anregungen für Geschäftsideen können aus verschiedenen Lebensbereichen kommen. Überlegen Sie, wie Sie eine Geschäftsidee finden können.

Aufgabe 4
Herr Meyer ist gelernter Bäcker und möchte sich selbstständig machen. Er überlegt, sich einem Franchisepartner anzuschließen.

a Beschreiben Sie, was man unter Franchising versteht.
b Erläutern Sie, was beim Schritt in die Selbstständigkeit für die Kooperation mit einem Franchisepartner spricht.
c Erläutern Sie auch, mit welchen Nachteilen Herr Meyer rechnen muss.

Aufgabe 5
Diskutieren Sie, warum Existenzgründungen für ein Land von enormer Wichtigkeit sein können.

Aufgabe 6
Welche persönlichen Eigenschaften sind bei der Gründung eines kleinen Handelsgeschäftes besonders wichtig? Begründen Sie Ihre Ansicht.

Aufgabe 7
Erläutern Sie, worauf es bei der Standortsuche für Holger Larsens Fahrradladen besonders ankommt.

Aufgabe 8
Frau Seifert ist kaufmännische Angestellte in einem mittelständischen Unternehmen. Ist sie Kaufmann im Sinne des HGB?

Aufgabe 9
Stellen Sie fest, ob es sich in den nachstehenden Fällen

- um einen Kaufmann lt. § 1 HGB
- um einen Kannkaufmann
- um einen Formkaufmann
- um keinen Kaufmann im Sinne des HGB handelt!

a Anja, die alleinige Inhaberin eines im Handelsregister eingetragenen Schuhgeschäfts. Sie beschäftigt drei Verkäuferinnen und einen Buchhalter.
b Die Klasse 11 a, die beim Schulfest der Berufsbildenden Schulen Pizza verkauft.
c Die kleine Autoreparaturwerkstatt Stepanic GmbH.
d Marco, der den landwirtschaftlichen Betrieb seines Vaters übernimmt.

Aufgabe 10
Wo wird das Handelsregister geführt?

Aufgabe 11
Erläutern Sie, warum Kaufleute im Handelsregister eingetragen sein müssen.

Aufgabe 12
Holger Larsen möchte sich unter der Firmenbezeichnung Larsen e. K. selbstständig machen. Er stellt fest, dass bereits eine Firma gleichen Namens im Handelsregister eingetragen ist.

a Gegen welchen Firmengrundsatz würde Holger Larsen verstoßen?
b Überlegen Sie sich, warum dieser Grundsatz eingeführt wurde.

Aufgabe 13
Welche der nachfolgend beschriebenen Personen sind zwangsweise Kaufmann im Sinne des Handelsgesetzbuches? Begründen Sie kurz Ihre Antwort.

a Ein Existenzgründer eröffnet eine Herrenboutique für Bekleidungsstücke aus Leder (Schuhe, Jacken, Hosen usw.) mit zwei Aushilfskräften auf „400,00-€-Basis". Im ersten Geschäftsjahr wird bei einem Umsatz von 220.000,00 € ein Verlust in Höhe von 25.000,00 € erwirtschaftet.
b Zwei Freunde gründen eine „Offene Handelsgesellschaft" (im Handelsregister eingetragen) mit dem Ziel, Meeresfrüchte per Kühl-Lkw aus dem Mittelmeerraum nach Deutschland zu importieren und im Rheinland an Restaurants zu vermarkten. Noch ist allerdings nichts gekauft oder verkauft worden.
c Ein Handwerker hat als Elektriker seine Meisterprüfung bestanden und sich selbstständig gemacht. Mit vier Gesellen und einer Bürokraft (Teilzeit, 20 Stunden je Woche) erwirtschaftet er im ersten Geschäftsjahr bei einem Umsatz von über 600.000,00 € einen Gewinn in Höhe von 65.000,00 €.
d Ein Steuerberater erzielt mit seinem Team (acht Mitarbeiter) regelmäßig Umsätze von über 600.000,00 €. Über die Höhe des steuerpflichtigen Gewinns streitet er zurzeit noch mit dem Finanzamt.

SB ▸ Seite 39 ff. | Handlungsfeld 1, Kap. 3

Die Wahl der Rechtsform

Situation

Auf einem Klassentreffen der ehemaligen 10. Klasse treffen Sie Ihren damaligen Mitschüler Peter Stromburg wieder. In einem Gespräch berichtet Peter von seiner „Karriere“: „Vor ein paar Jahren habe ich angefangen, bei Ebay bedruckte T-Shirts zu versteigern. Zu Beginn waren meine Kunden Leute, die ein Geburtstagsgeschenk brauchten, dann auch immer mehr Kegelklubs, die für ihre Touren Motto-Shirts bestellten. Offenbar hatte ich ein ganz gutes Händchen für die Qualität der Ware und mittlerweile kann ich mich vor Aufträgen kaum retten. Zu meinen Kunden zählen inzwischen sogar Unternehmen, die für Aktionstage T-Shirts bestellen. Meine private Wohnung ist jetzt viel zu klein, um die ganze Ware zu lagern und den Versand abzuwickeln – irgendwas muss sich dringend ändern! Außerdem überlege ich, mich auch personell zu vergrößern. Schließlich wäre es ja nicht schlecht, nicht nur den Arbeitsaufwand, sondern auch das finanzielle Risiko zu teilen. Und einen prägnanten Namen für meinen Shop hätte ich eigentlich auch ganz gerne.“
Spontan sagen Sie Peter fachmännische Hilfe zu. Dazu benötigen Sie jedoch detaillierte Informationen zu Peters bisherigem „Powerseller-Unternehmen“. Einige Tage später erhalten Sie folgende E-Mail:

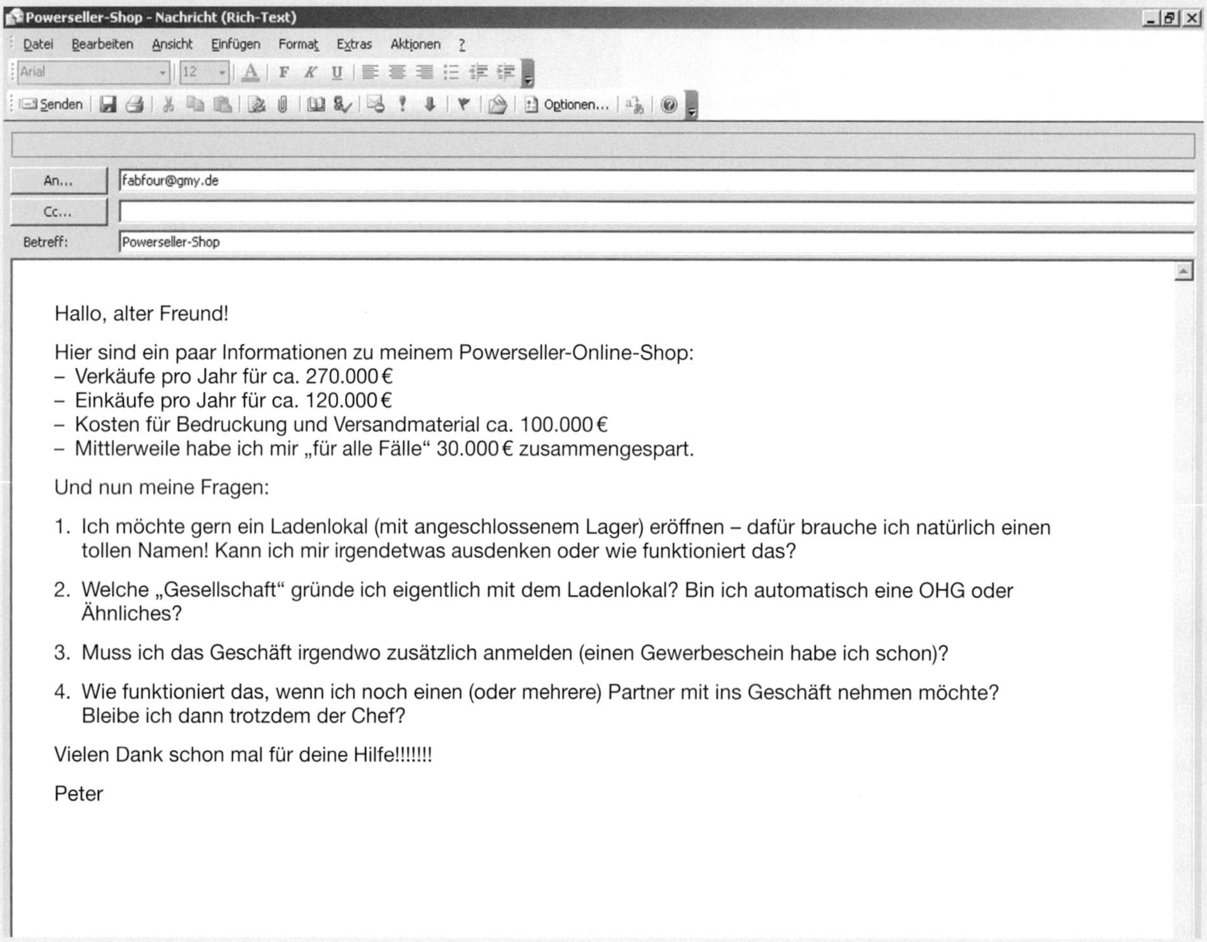

Powerseller-Shop - Nachricht (Rich-Text)

An... fabfour@gmy.de

Cc...

Betreff: Powerseller-Shop

Hallo, alter Freund!

Hier sind ein paar Informationen zu meinem Powerseller-Online-Shop:
- Verkäufe pro Jahr für ca. 270.000 €
- Einkäufe pro Jahr für ca. 120.000 €
- Kosten für Bedruckung und Versandmaterial ca. 100.000 €
- Mittlerweile habe ich mir „für alle Fälle“ 30.000 € zusammengespart.

Und nun meine Fragen:

1. Ich möchte gern ein Ladenlokal (mit angeschlossenem Lager) eröffnen – dafür brauche ich natürlich einen tollen Namen! Kann ich mir irgendetwas ausdenken oder wie funktioniert das?
2. Welche „Gesellschaft“ gründe ich eigentlich mit dem Ladenlokal? Bin ich automatisch eine OHG oder Ähnliches?
3. Muss ich das Geschäft irgendwo zusätzlich anmelden (einen Gewerbeschein habe ich schon)?
4. Wie funktioniert das, wenn ich noch einen (oder mehrere) Partner mit ins Geschäft nehmen möchte? Bleibe ich dann trotzdem der Chef?

Vielen Dank schon mal für deine Hilfe!!!!!!

Peter

Arbeitsaufträge

1 Erstellen Sie für Peter eine Übersicht, die alle für ihn sinnvollen Wahlmöglichkeiten einer passenden Rechtsform für sein Unternehmen beinhaltet. Verwenden Sie Arbeitsblätter 3.1 und 3.2.

2 Welche Rechtsform würden Sie Peter empfehlen?
Begründen Sie Ihre Empfehlung ausführlich.

3 Was muss Peter bei der Wahl der Firma beachten? Machen Sie einen Vorschlag für eine passende Firma.

Arbeitsblatt 3.1 | Wahl der Rechtsform

Mögliche Rechtsformen für ein neues Unternehmen als Personengesellschaft			
Rechtsform		Offene Handelsgesellschaft (OHG)	
Personen (Gesellschafter)		mindestens zwei	
Abschluss des Gesellschaftsvertrages			
Finanzierung			
Geschäftsführung und Vertretung			Komplementär(e)
Haftung	Gesellschafter haften mit ihrem Gesellschafts- und Privatvermögen.		
Gewinn			
Verlust			

Arbeitsblatt 3.2 | Wahl der Rechtsform

Mögliche Rechtsformen für ein neues Unternehmen als Kapitalgesellschaft			
Rechtsform			Aktiengesellschaft (AG)
Personen (Gesellschafter)			
Abschluss des Gesellschaftsvertrages	notarielle Form		
Finanzierung	Aufnahme neuer Gesellschafter		
Geschäftsführung und Vertretung			Vorstand
Haftung			
Gewinn			
Verlust			

Aufgaben

Aufgabe 1
Welche Bestimmungen in Bezug auf den Namen einer Gesellschaft (Firma) existieren bei den verschiedenen Unternehmensformen?

Aufgabe 2
Wer haftet bei der Offenen Handelsgesellschaft, wer bei der Kommanditgesellschaft, und in welchem Umfang?

Aufgabe 3
Erstellen Sie eine Liste der Anforderungen, die Erich Karl und Anna Moser (vgl. Kap. 3 im Schülerbuch) an ihr Unternehmen haben. Prüfen Sie, welche der beiden Rechtsformen für sie geeigneter ist.

Aufgabe 4
Erläutern Sie, was Herr Karl und Frau Moser tun müssen, um das von Ihnen als geeignet ausgewählte Unternehmen zu gründen.

Aufgabe 5
Erstellen Sie eine Liste mit den Vor- und Nachteilen der OHG und der KG.

Aufgabe 6
Erläutern Sie die Voraussetzungen zur Gründung
- der GmbH und
- der AG.

Aufgabe 7
Damit die AG handeln kann, benötigt sie so genannte Organe. Nennen Sie diese Organe und erläutern Sie deren Zusammensetzung und Aufgaben.

Aufgabe 8
Erläutern Sie je zwei Vor- und zwei Nachteile der Kapitalgesellschaften gegenüber den Personengesellschaften!

Vergleich Kapital-/Personengesellschaft	
Vorteile Kapitalgesellschaft	Nachteile Kapitalgesellschaft
1.	1.
2.	2.

SB ▸ Seite 47 ff. | Handlungsfeld 1, Kap. 4

Unternehmensorganisationen vergleichen

Situation

Die Inhaber der Fly Bike Werke GmbH, Jan Ullmann und Björn Ries, möchten die Zukunft des Unternehmens durch Erschließung neuer Märkte absichern. Hierfür wird insbesondere der Zukauf anderer Unternehmen im Ausland als Möglichkeit in Betracht gezogen. Über eine Beratungsfirma lässt Jan Ullmann nach geeigneten Übernahmekandidaten Ausschau halten. In die engere Wahl kommen schließlich zwei Unternehmen: die „Hexler Medical Systems GmbH" aus Österreich und die „Red Velo Corporation" aus China.

Die Beratungsfirma kann folgende Informationen über die beiden Kandidaten zur Verfügung stellen:

Hexler Medical Systems GmbH

Es handelt sich um einen 1988 gegründeten und seitdem rasch expandierten Hersteller medizinischer Diagnosegeräte. Mittlerweile hat der Umsatz der 72 Mitarbeiter nahezu die Hundertmillionen-Euro-Schwelle erreicht. Die Firma hat den Hauptsitz und das Werk in Graz (Österreich) und besitzt noch eine kleinere Betriebsstätte in Bregenz (Österreich).

Das Absatzgebiet der Apparaturen liegt fast ausschließlich in Österreich und Süddeutschland. Während bei den Fly Bike Werken die Groß- und Einzelhändler als Abnehmer auftreten, liefert die Hexler Medical Systems GmbH an drei Abnehmergruppen: Gesundheitsämter, Arztpraxen und Krankenhäuser. Bedingt durch die hohe technische Komplexität und die hohen Anschaffungskosten sind sachkundige Beratung und Finanzierungshilfen von den Kunden besonders geschätzte Verkaufsargumente.

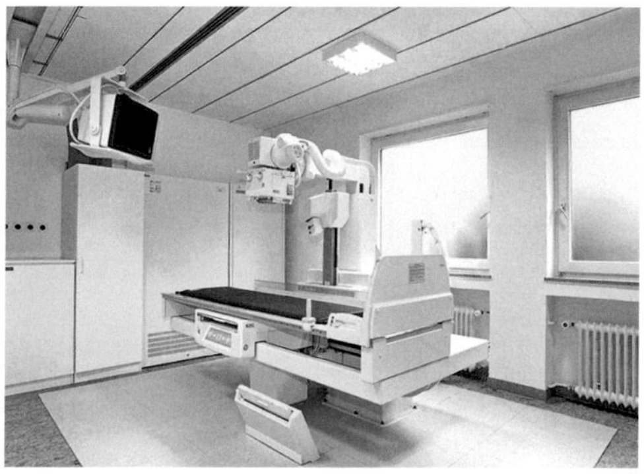

Das Verkaufspersonal, das überwiegend aus Ingenieuren besteht, hat sich auf eine bestimmte Art der Diagnosemedizin spezialisiert (Ultraschall, Röntgen oder Magnetfeld). Dadurch wird auch sichergestellt, dass auf neue Kundenwünsche und Konkurrenzentwicklungen besonders rasch reagiert werden kann.

Red Velo Corporation

Der Hersteller von Lastenrädern (Rikschas und Cargobikes) war einst ein regional sehr bedeutender Staatsbetrieb mit Hunderten von Beschäftigten. Durch die zunehmende Motorisierung in China hat das Unternehmen allerdings innerhalb der letzten zehn Jahre einen Großteil seines Absatzes verloren, viele Betriebsteile mussten stillgelegt werden. Im Rahmen eines staatlichen Privatisierungsprogramms wird für die Red Velo Corp. mit ihren noch verbliebenen 59 Arbeitern und zwölf Verwaltungsangestellten ein Investor gesucht. Diesem fließen für eine längere Übergangszeit auch beträchtliche Förderungsmittel zu, die in neue technische Ausstattung und Produktentwicklung investiert werden können.

Aufgrund des riesigen Staatsgebietes (die Fläche Chinas ist 30-mal größer als die Deutschlands) hat sich der in Chengdu ansässige Betrieb auf den Verkauf in den nächstgelegenen Provinzen (Guizhou, Sichuan und Yunnan) beschränkt. Diese relativ armen Provinzen zeichnen sich dadurch aus, dass in allen drei Han-Chinesisch gesprochen wird, eine der drei Hauptsprachen. Chengdu liegt aber auch in relativer Nähe zu den aufstrebenden Küstenprovinzen, die einen jährlichen Anstieg des Wirtschaftswachstums von bis zu 15 % erzielen. In dieser reicheren Nachbarregion wird zukünftig ein möglicherweise enormer Bedarf an Sport- und Lifestyle-Fahrrädern entstehen, der durch die chinesischen Staatsbetriebe nicht gedeckt werden kann.

Arbeitsaufträge

1 Herr Ullmann prüft zunächst, welche Unternehmen sich organisatorisch leichter integrieren lassen. Vorhanden sind die folgenden Organigramme A, B, C der drei Unternehmen. Analysieren Sie die Aufbauorganisationen. Verwenden Sie hierzu Arbeitsblatt 4.1.

2 Prüfen Sie die Möglichkeit einer Fusion
- **a** zwischen der Red Velo Corp. und den Fly Bike Werken und
- **b** zwischen der Hexler Medical Systems GmbH und den Fly Bike Werken.

Erstellen Sie einen Organisationsvorschlag (Organigramm) für ein vereinigtes Unternehmen. Verwenden Sie hierzu Arbeitsblatt 4.2. Begründen Sie sowohl das gewählte Prinzip der Stellenbildung als auch das Weisungssystem.

A Organigramm der Fly Bike Werke GmbH

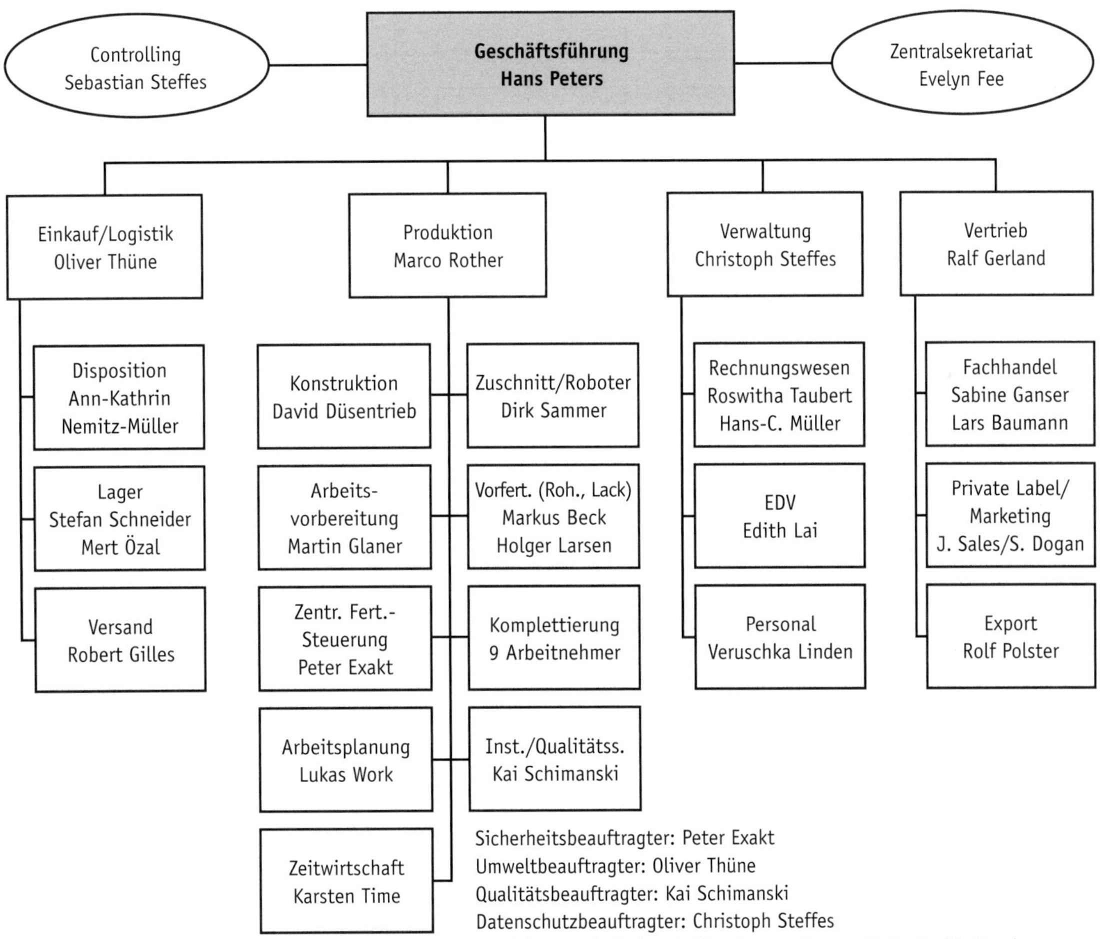

Sicherheitsbeauftragter: Peter Exakt
Umweltbeauftragter: Oliver Thüne
Qualitätsbeauftragter: Kai Schimanski
Datenschutzbeauftragter: Christoph Steffes
Betriebsratsmitglieder: Sabine Ganser, Thomas Preis, Saskia Engel
technischer Auszubildender: Ralf Schumacher
kaufmännische Auszubildende: Bettina Lotto

B Organigramm der Hexler Medical Systems GmbH

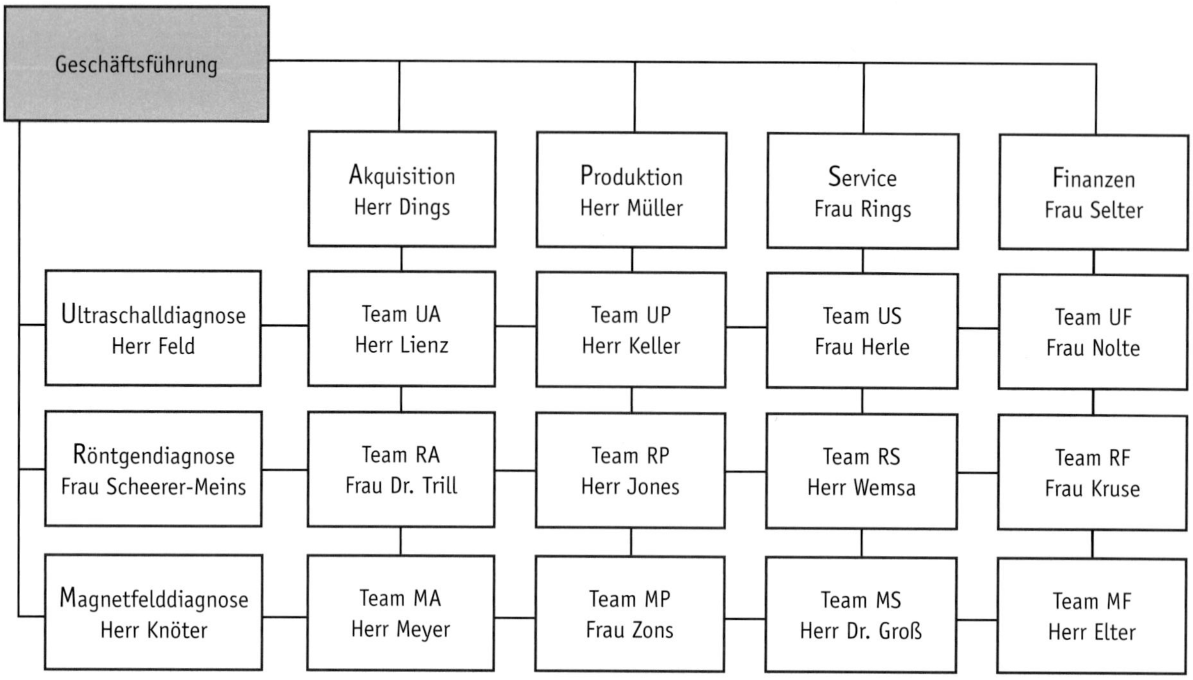

C Organigramm der Red Velo Corp.

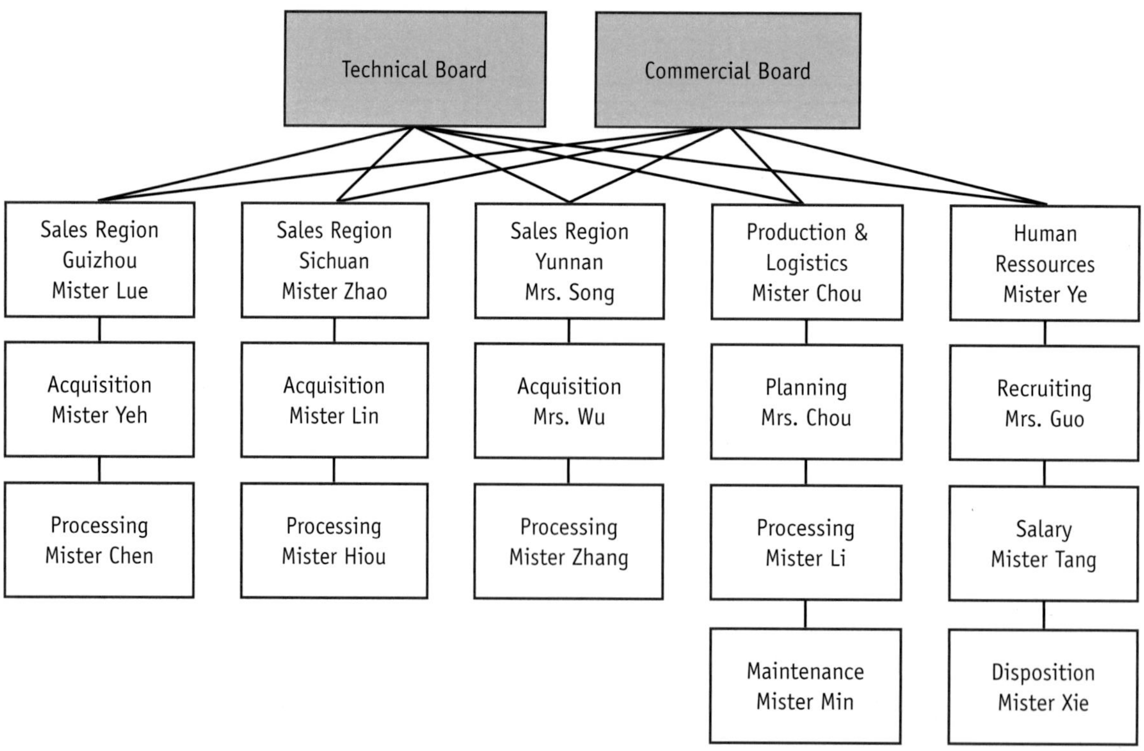

Arbeitsblatt 4.1 | Organigramme vergleichen

Unternehmen	Fly Bike Werke GmbH
Prinzip der Stellenbildung	nach Funktionen
Organisationsmodell	Stabliniensystem
Vorteile	– Übersichtlichkeit – eindeutige Anweisungswege und Zuständigkeiten – verbesserte Informationsbasis der Vorgesetzten
Häufige Anwendung	kleine/mittlere Unternehmen mit engem Produktionsprogramm

Unternehmen	Hexler Medical Systems GmbH
Prinzip der Stellenbildung	
Organisationsmodell	
Vorteile	
Häufige Anwendung	

Unternehmen	Red Velo Corp.
Prinzip der Stellenbildung	
Organisationsmodell	
Vorteile	
Häufige Anwendung	

Arbeitsblatt 4.2 | Organisationsvorschläge erstellen

Hinweise:

- Es ist nur eine Bezeichnung der Abteilungen und Stellen erforderlich. Die Namen möglicher Stelleninhaber stehen zu diesem Zeitpunkt noch nicht fest.
- Die folgende Grafik gibt nur den Kern des Organigramms wieder. Mögliche Leitungs-, Stabs- oder Matrixfunktionen sind noch hinzuzufügen. Dafür lassen sich die schraffierten Felder als Schablonen verwenden. Je nach Organisationstyp werden jedoch nur einige dieser Formen benötigt!

a Fusion zwischen der Hexler Medical Systems GmbH und den Fly Bike Werken

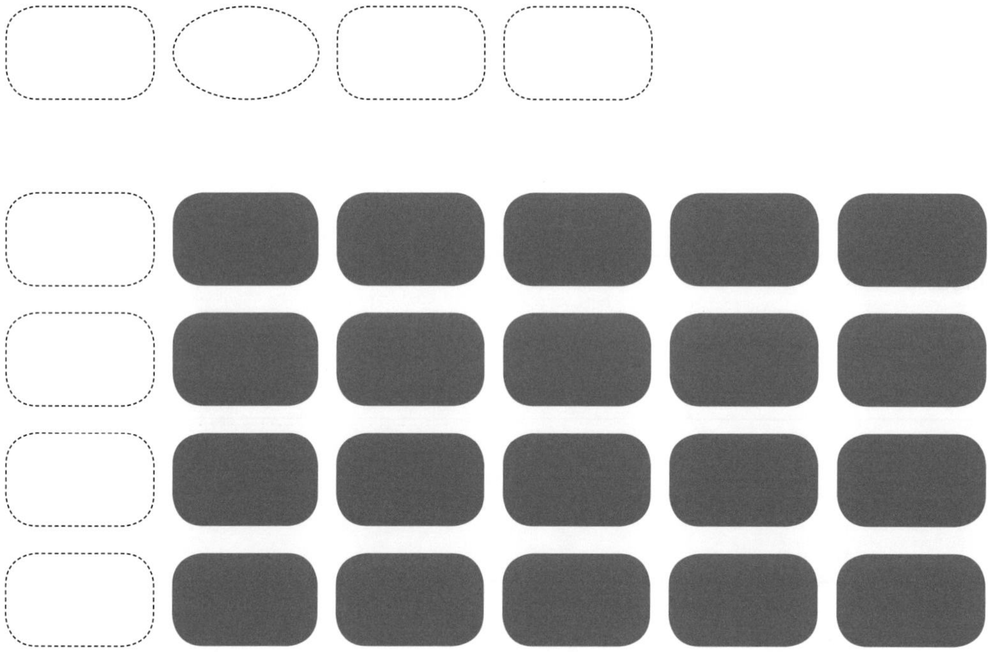

b Fusion zwischen der Red Velo Corp. und den Fly Bike Werken

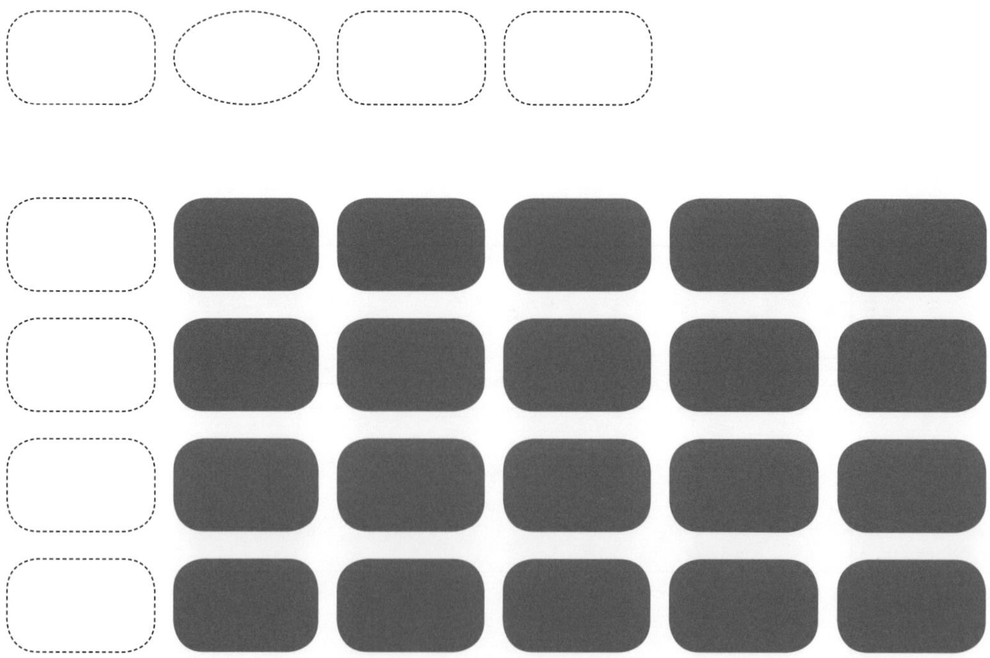

Arbeitsblatt 4.3 | Organisationsmodelle vergleichen

Welche Grundformen der Aufbauorganisation lassen sich unterscheiden? Nennen Sie Merkmale und skizzieren Sie das jeweilige Organigramm.

Einliniensystem				
	Je nach Funktion oder Aufgabe kann der Mitarbeiter verschiedene Vorgesetzte haben. Der Mitarbeiter erhält Weisungen von demjenigen Vorgesetzten, der über das entsprechende Fachwissen verfügt.			
Skizze	**Skizze**	**Skizze**	**Skizze** 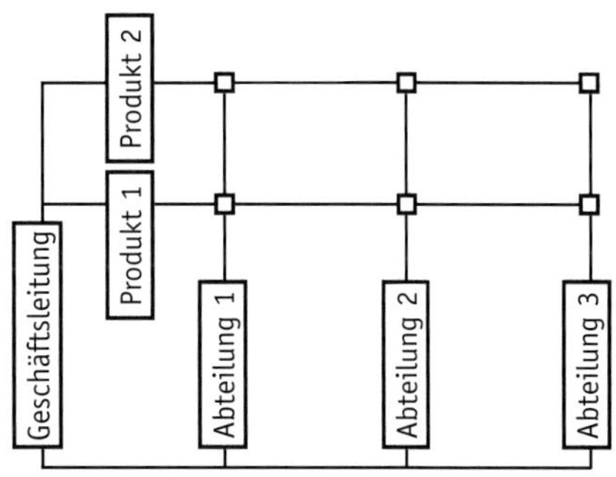	**Skizze**

Aufgaben

Aufgabe 1
Wir unternehmen eine Reise in die Zukunft – die Fly Bike Werke GmbH ist zum größten europäischen Fahrradproduzenten aufgestiegen und beschäftigt nun über 12.000 Mitarbeiter. Neben einer breiten Palette an Fahrrädern werden auch Fitnessgeräte für den Heim- und Studiobereich hergestellt. Eine Neuorganisation ist deshalb überfällig. Folgender, erst halbfertiger Vorschlag soll als Zukunftskonzept dienen:

a Nach welchem Organisationsprinzip wurden die Abteilungen gebildet?
b Nach welchem Weisungssystem soll die Unternehmung zukünftig organisiert sein?
c Machen Sie drei Vorschläge für mögliche „Querfunktionen" (2. Zuordnungsprinzip).
d Bewerten Sie mögliche Vor- und Nachteile der neuen Organisation im Vergleich zum bisherigen Organisationsaufbau.

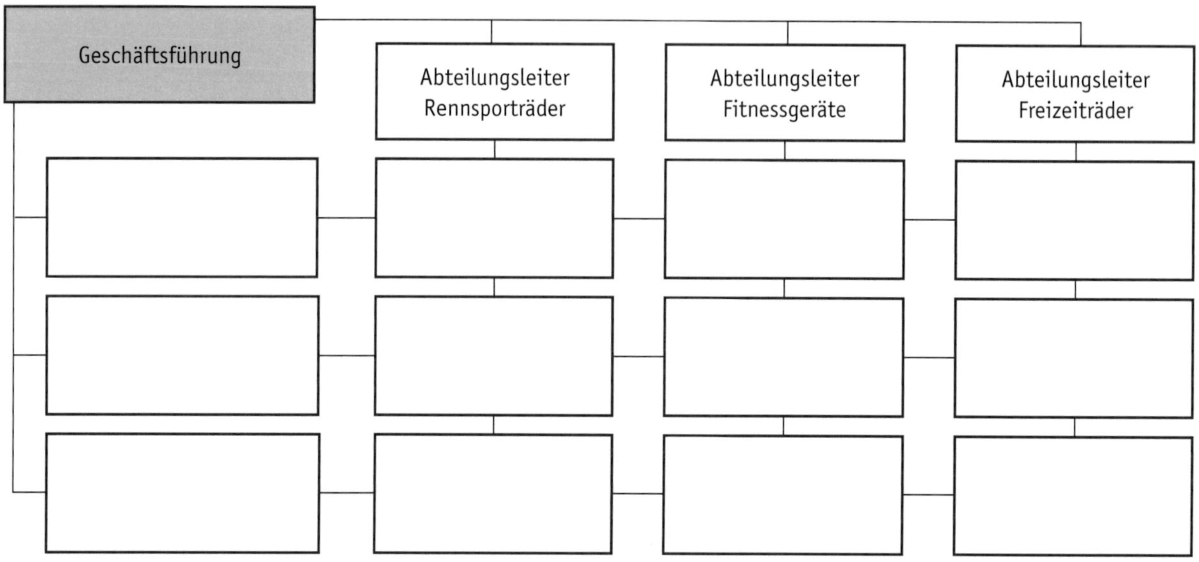

Aufgabe 2
Durch die nachstehende Beschreibung soll der organisatorische Aufbau eines Unternehmens zum Ausdruck kommen:

- Verkaufsleiter ist Herr Brandt, die zwei anderen Bereiche werden von Herrn Fritz (Verwaltung) und Herrn Lehmann (Einkauf) geleitet.
- Der Verwaltungsbereich gliedert sich in die Abteilungen Rechnungswesen, Personalwesen und Anlagenverwaltung.
- Herr Dr. Schneider ist der Syndicus (Rechtsanwalt im Angestelltenverhältnis).
- Meister Lange verwaltet das Lager, er untersteht dem Einkaufsleiter.
- Der Verkaufsbereich gliedert sich in die Abteilungen Inland und Ausland.
- Am 1. Januar nächsten Jahres tritt Herr Ed Vaupel in das Unternehmen ein. Er soll als Berater der Geschäftsleitung eine Organisationsabteilung aufbauen.
- Der Einkauf gliedert sich in die Gruppe Textil und Hartwaren.
- Herr Krause und Herr Schultze sind die beiden Gruppenleiter im Textileinkauf (Herr Krause: Meterware; Herr Schultze: Konfektion).
- Herr Bossert ist Geschäftsführer.

Entwerfen Sie ein Schaubild, aus dem die Leitungszusammenhänge und der Aufbau des Unternehmens hervorgehen. Nur bei Stabsstellen und Bereichsleitern sind die Namen der leitenden Personen einzusetzen.

Aufgabe 3
Die Braunschweiger Papiergroßhandlung Maier GmbH beschäftigt 2 Geschäftsführer, eine Sekretärin, 5 Abteilungsleiter, 13 Sachbearbeiter, 2 Reisende und 6 Arbeiter. Gehandelt werden 4 verschiedene Warengruppen (WG):

WG 1: Kopierpapiere,
WG 2: Feinpapiere,
WG 3: Druckpapiere und
WG 4: Folien.

Den Geschäftsführern Michael Stellter und Bernd Krause, die zusammen die Geschäftsleitung der GmbH bilden, wird das Geschäftsführersekretariat mit Frau Müller zugeordnet.

Fortsetzung nächste Seite ►

Fortsetzung Aufgabe 3

Die Abteilung Einkauf, die von Frau Seiters geleitet wird, beschäftigt 2 Sachbearbeiter: Herrn Willer, der den Einkauf von Kopierpapieren und Feinpapieren abwickelt, und Frau Kresser, die Druckpapiere und Folien beschafft.

Die Abteilung Verkauf, geleitet von Herrn Schlichtig, ist nach Regionen organisiert. 4 Sachbearbeiter sind jeweils für alle Kunden ihres Verkaufsbezirkes zuständig: Region Nord: Frau Kränzel, Region West: Frau Lichert, Region Ost: Herr Kraus und Region Süd: Herr Krabbe. Ebenfalls dem Verkaufsleiter, Herrn Schlichtig, direkt unterstellt sind die Reisenden Herr Schreier (Bezirke Nord und West) sowie Herr Käufers (Bezirke Ost und Süd).

In der Abteilung Lager, die von Herrn Jacobs geleitet wird, werden drei Lagerarbeiter (die Herren Esser, Weidner und Schumacher) und drei Kraftfahrer (die Herren Meisner, Woller und Abel) beschäftigt.

Im Rechnungswesen, Leiter Herr Krommes, sind die Aufgabengebiete wie folgt verteilt: Finanzbuchhaltung und Jahresabschluss (Frau Maler), Debitoren- und Kreditorenbuchhaltung einschließlich Mahnwesen (Frau Allers), Kosten- und Leistungsrechnung (Herr Reiners).

In der Abteilung Allgemeine Verwaltung/Personal, geleitet von Frau Miro, befindet sich die Poststelle, die von Frau Flechters besetzt ist. Herr Probst ist für die Datenverarbeitung in allen Unternehmensbereichen zuständig. Frau Klose erstellt die Lohn- und Gehaltsabrechnungen für alle Mitarbeiter und Herr Richmann erledigt die allgemeine Personalverwaltung.

a Erstellen Sie für die Papiergroßhandlung Maier GmbH ein Organigramm.
b Wie viele Hierarchiestufen werden in dieser GmbH unterschieden?

Aufgabe 4
Im Folgenden finden Sie ein Organigramm des Konzerns „Deutsche Lufthansa AG".

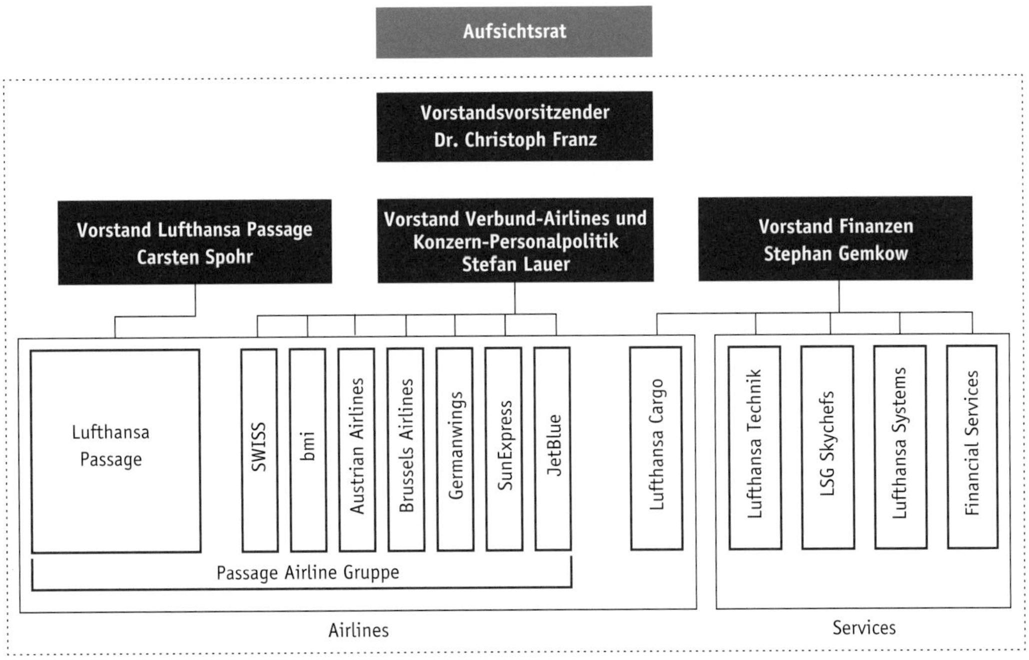

Quelle: http://investor-relations.lufthansa.com/de/fakten-zum-unternehmen/konzernstruktur.html

Hinweise:
- Das Kerngeschäft der „Deutsche Lufthansa AG" ist die Personenbeförderung. Sie wird als strategisches Geschäftsfeld unter der Bezeichnung „Passage" betrieben.
- Ansonsten finden Sie unterhalb der Vorstandsebene der „Deutsche Lufthansa AG" in der Regel selbstständige Tochtergesellschaften (z. B. ist die Fluggesellschaft Germanwings eine GmbH). Dies sind zum einen Fluggesellschaften (Airlines), die zum größeren Teil im Ausland angesiedelt sind, oder meist selbstständige Servicebereiche, die Dienstleistungen für den Konzern und seine Airlines (interne Kunden), aber auch für externe Kunden erbringen.

a Beschreiben Sie das Organigramm der „Deutsche Lufthansa AG". Gehen Sie dabei auch auf die spezifische Regelung der Zuständigkeiten der vier AG-Vorstände ein.
b Welche Art der aufbauorganisatorischen Gliederung liegt unterhalb der Vorstandsebene vor?
c Was meinen Sie, in welchen Bereichen die Tochtergesellschaften selbstständig entscheiden können? Versuchen Sie, diese Bereiche abstrakt zu beschreiben, aber nennen Sie auch einige Beispiele.

Aufgabe 5
Vergleichen Sie das Organigramm der Fly Bike Werke (Seite 39) mit dem von Ihnen ausgewähltem regionalen Unternehmen anhand folgender Kriterien:

	Fly Bike Werke	______
Unternehmensform	GmbH	
Anzahl der – Instanzen		
– Stabsstellen	Controlling Zentralsekretariat	
– ausführenden Stellen		
Prinzip der Abteilungsbildung – funktionsorientiert	Einkauf/Logistik Produktion Verwaltung Vertrieb	
– objektorientiert		
Organisationsmodell		

SB ▸ Seite 55 ff. | Handlungsfeld 1, Kap. 5

Geschäftsprozesse untersuchen

Situation

Herr Peters, der Geschäftsführer der Fly Bike Werke GmbH möchte die wichtigsten Geschäftsprozesse des Unternehmens reorganisieren. Deshalb sind die Geschäftsprozesse durch die Unternehmensberatung Enterprise Research, Düsseldorf, analysiert und neu strukturiert worden. Im Rahmen der Reorganisation soll auch der Prozess der Kundenauftragsbearbeitung neu organisiert werden. Die Unternehmensberatung hat das nachfolgende Aufnahmeprotokoll erstellt, in welchem die verschiedenen Teilprozesse der Auftragsbearbeitung analysiert worden sind (in ungeordneter Reihenfolge):

Enterprise Research AG
Düsseldorf

ER AG

Prozessart:	Nr. 23-12-D
Bezeichnung:	Kundenauftragsbearbeitung
Prozessprotokoll:	Standard
Ausgabeformart:	unsortiert
Verantwortlicher:	T. Spengler
Mandant:	Fly Bike Werke GmbH
Ansprechpartner:	H. Peters

- ☐ Überprüfung der vorhandenen Lagerbestände
- ☐ Prüfung des Kundenauftrags im Hinblick auf seine Machbarkeit (bezogen auf die technische Machbarkeit, den Kundenwunschtermin, den Preis ...)
- ☐ Verpackung der Fertigerzeugnisse einschließlich Erstellung der erforderlichen Versandpapiere und Versand der Leistungen (Lieferschein, Zollpapiere)
- ☐ Überprüfung der zur Produktion erforderlichen Kapazitäten an Personal und Maschinen
- ☐ Produktion und laufende Überprüfung der auszuführenden Arbeiten einschließlich Qualitätskontrolle
- ☐ Erfassung des Kundenauftrages
- ☐ Erstellung der zur Produktion erforderlichen Fertigungsaufträge einschließlich der entsprechenden Arbeitspapiere (Materialentnahmeschein, Lohnschein)
- ☐ Einkauf der nicht im Lager befindlichen Werkstoffe
- ☐ Überwachung der Zahlungseingänge und Buchung der Zahlungseingänge
- ☐ Wareneingangsprüfung der beschafften Werkstoffe
- ☐ Einlagerung der beschafften und geprüften Werkstoffe
- ☐ Belegung der Maschinen mit den auszuführenden Arbeitsgängen einschließlich der Zuweisung der auszuführenden Arbeiten an bestimmte Mitarbeiter
- ☐ Einlagerung der produzierten Fertigerzeugnisse
- ☐ Rechnungserstellung und Buchung der Rechnung

Arbeitsaufträge

1. Bringen Sie die Teilprozesse im obigen Text in eine sachlogische Reihenfolge und übernehmen Sie diese in das Arbeitsblatt 5.1.
2. Geben Sie für jeden Teilprozess an, ob er Bestandteil des Informations-, Material- oder Geldflusses im Unternehmen ist.
3. Entscheiden Sie, ob jeweils ein Kernprozess oder ein Unterstützungsprozess vorliegt.

Arbeitsblatt 5.1 | Kundenauftragsbearbeitung

Geordnete Teilprozesse (Kundenauftragsbearbeitung)	Informationsfluss (I) Materialfluss (M) Geldfluss (G)	Kernprozess (K) Unterstützungs-prozess (U)
1		
2		
3		
4		
5		
6		
7		
8		
9		
10		
11		
12		
13		
14		

Arbeitsblatt 5.2 | Informations-, Material- und Geldfluss in einem Unternehmen

Informationsfluss =

____

____

Arten von Informationsflüssen		
		Informationsflüsse, die dem Lieferanten dienen
Bsp:	Bsp:	Bsp:

Materialfluss =

____

____

____

____

Beispiele:

____

____

____

Geldfluss =

____

____

____

____

Beispiele:

____

____

____

Arbeitsblatt 5.3 | Arten von Geschäftsprozessen

Arten von Geschäftsprozessen

Kernprozesse =	=
Merkmale: – – – –	Merkmale:
Beispiele:	Beispiele:

Aufgaben

Aufgabe 1

Geben Sie an, ob die folgenden Teilprozesse jeweils zu den Kernprozessen oder zu den Unterstützungsprozessen gehören, und begründen Sie Ihre Zuordnung.

a Die Fly Bike Werke bestätigen einen Auftrag über 200 Mountainbikes.

b Die Fly Bike Werke stellen einen kaufmännischen Auszubildenden ein.

c Die Fly Bike Werke bestellen bei der Mannes AG 400 m Stahlrohr.

d Die Konstruktionsabteilung der Fly Bike Werke entwickelt ein neues Rennrad.

e Die Fly Bike Werke begleichen die Rechnung eines Lieferanten unter Ausnutzung eines Zahlungsziels von 30 Tagen.

f Die Geschäftsführung der Fly Bike Werke will im kommenden Geschäftsjahr ihren Marktanteil bei Kinderrädern um 10 % erhöhen.

Aufgabe 2

Geben Sie an, ob es sich bei den folgenden Teilprozessen um wertschöpfende oder nicht wertschöpfende Prozesse handelt!

a Kundenwünsche identifizieren – Produkt planen – Produkt konzipieren – Produkt konstruieren

b Materialbedarf ermitteln – Angebote einholen – Lieferant auswählen – Bestellung auslösen

c Kundenanfrage prüfen – Produktverfügbarkeit prüfen – Kundenanfrage bestätigen

d Strategisches Ziel formulieren – Teilziele ableiten – Prozesse bewerten – Prozesse überwachen – Prozesse verbessern

e Lieferantendaten ermitteln – Lieferantendaten erfassen – Lieferantendaten verwalten

f Rohre zuschneiden – Rahmen schweißen – Rahmen nachbearbeiten – Rahmen lackieren

Aufgabe 3

Die Radbauer GmbH, ein langjähriger Kunde der Fly Bike Werke GmbH aus dem Fachhandel, bestellt für die Frühjahrssaison Mountainbikes, Modell Constitution. Bei der Abwicklung des Kundenauftrages fallen verschiedene Teilprozesse an. Um sich in die Auftragsabwicklung einzuarbeiten, wird die Auszubildende, Frau Lotto, damit beauftragt, einen strukturierten Überblick über die Teilprozesse zu geben. Dafür hat sie zunächst auf Karten notiert:

- *Die Fly Bike Werke GmbH bestätigt den Auftragseingang.*
- *Die bestellten Räder und Schaltungen gehen bei der Fly Bike Werke GmbH ein.*
- *Da im Lager der Meldebestand erreicht ist, wird eine Bestellung über Räder und Schaltungen bei dem Zulieferanten, der Tamino Deutschland GmbH in Düsseldorf, ausgelöst.*
- *Die Rechnung der Tamino GmbH wird unter Ausnutzung von 2 % Skonto beglichen.*
- *Die Mountainbikes werden an einen Spediteur übergeben, der den Versand übernimmt.*
- *Die Fly Bike Werke GmbH überprüft den Kundenauftrag hinsichtlich seiner Machbarkeit.* (1)
- *Die bestellten Räder und Schaltungen werden zwischengelagert.*
- *Räder und Schaltungen für die Mountainbikes werden mit den übrigen Komponenten montiert.*
- *Die Radbauer GmbH überweist den Rechnungsbetrag unter Ausnutzung eines Händlerrabattes von 29 %.*
- *Die einzelnen Komponenten, einschließlich Räder und Schaltungen, werden für die Montage der Mountainbikes zusammengestellt.*

Fortsetzung nächste Seite ►

Fortsetzung Aufgabe 3

a Unterstützen Sie Frau Lotto bei ihrer Aufgabe, indem Sie zunächst die Teilprozesse der Kundenauftragsbearbeitung in die richtige Reihenfolge bringen. Benutzen Sie dafür die nachfolgende Tabelle.

b Geben Sie an, ob es sich bei den einzelnen Teilprozessen um einen Informations-, Material oder Geldfluss handelt.

c Entscheiden Sie, ob jeweils ein Kernprozess oder ein Unterstützungsprozess vorliegt.

Geordnete Teilprozesse (Kundenauftragsbearbeitung)	Informationsfluss (I) Materialfluss (M) Geldfluss (G)	Kernprozess (K) Unterstützungsprozess (U)
1		
2		
3		
4		
5		
6		
7		
8		
9		
10		

Aufgabe 4
Ordnen Sie den sechs Kernprozessen die entsprechenden Teilprozesse zu.

Auftrag abwickeln	Leistungsangebot definieren	Leistung vertreiben	Leistung herstellen	Leistung erbringen	Leistung entwickeln
Primärbedarfsplanung	Kommunikationspolitik	Änderungsmanagement	Produkt-/ Sortimentspolitik	Distributionspolitik	Auftragsrealisierung
Absatzmarktforschung	Kapazitätsplanung	Auftragsplanung	Preis-/Konditionenpolitik	Kaufvertragsstörungen beheben	Teilebedarfsplanung
Produktentwicklung	Maschinenbelegung	Qualitätssicherung	Terminplanung	Auftragsabrechnung	Produktplanung
Machbarkeitsprüfung	Betriebsdatenerfassung	Kontrolle	Auftragsfreigabe	Produktentstehung	After-Sales-Prozesse

Auftrag abwickeln	Leistungsangebot definieren	Leistung vertreiben	Leistung herstellen	Leistung erbringen	Leistung entwickeln
Auftragsplanung	Absatzmarktforschung	Kommunikationspolitik	Primärbedarfsplanung	After-Sales-Prozesse	Produktentstehung

Hinweis: Die Anzahl der Teilprozesse je Kernprozess ist unterschiedlich.

Aufgabe 5

Ein Karton, der 100 Tüten Gummibonbons à 200 g enthält, wird für 80 € an den Einzelhandel verkauft. Bevor die Gummibonbons verkauft werden, durchlaufen sie mehrere Produktionsstufen. Auf jeder Produktionsstufe steigert sich der Wert.

- Herstellung der Zutat Gelatine aus Tierknochen
  (aktueller Wert: 15,00 €)
- Zufügen weiterer Zutaten (Zucker, Wasser, Glukosesirup, Fruchtsäuren sowie Farb- und Aromastoffe)
  (aktueller Wert: 26,00 €)
- Verrühren der Zutaten zu einer Masse
  (aktueller Wert: 33,00 €)
- Einfüllen der Masse in eine Form
  (aktueller Wert: 40,00 €)
- Sobald die Masse erstarrt ist, wird sie der Form entnommen (aktueller Wert: 55,00 €)
- Behandlung der Oberfläche mit Bienenwachs und pflanzlichen Ölen (aktueller Wert: 65,00 €)
- Abfüllen in die Verpackung (aktueller Wert: 70,00 €)
- Transport zum Einzelhandel (aktueller Wert: 80,00 €)

a Ermitteln Sie die Wertschöpfung, die nach jedem einzelnen Produktionsschritt entsteht.

b Der Einzelhandel verkauft die Gummibonbons für 1,00 € pro 200 g-Tüte. Ermitteln Sie die Wertschöpfung des Einzelhandels für den kompletten Karton und begründen Sie, inwiefern der Einzelhandel an der Wertschöpfung beteiligt ist.

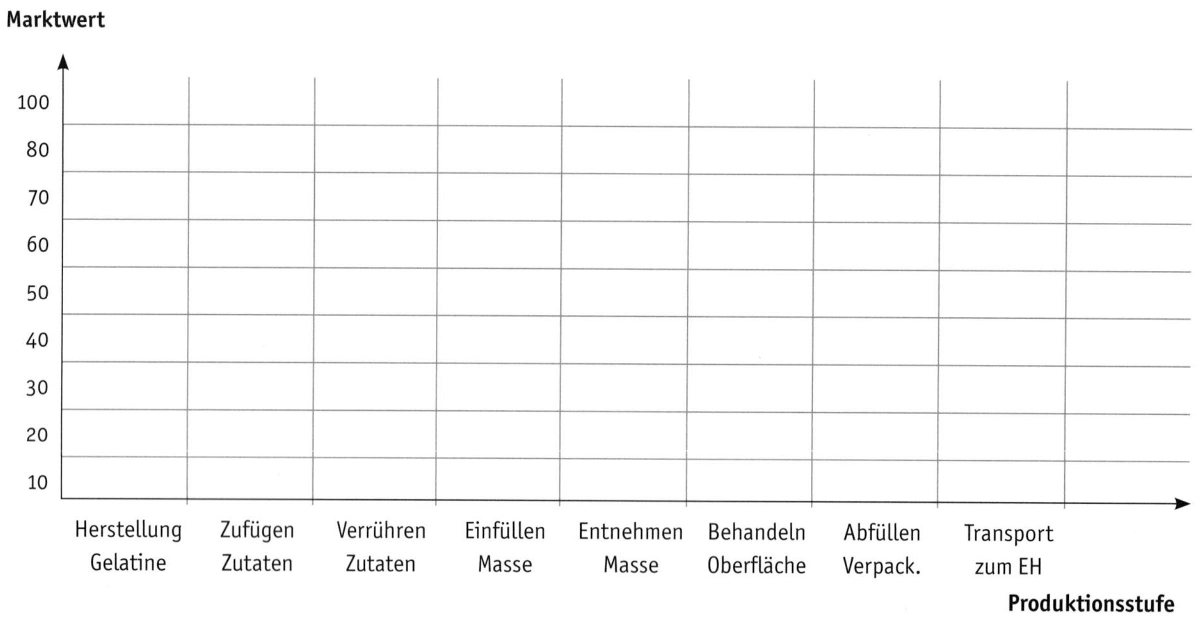

Aufgabe 6

Nennen Sie mögliche Wertschöpfungsstufen bei der Produktion folgender Erzeugnisse:

Mobiltelefon	
Auto	
Jeanshose	
Tiefkühlpizza „Tonno“	

Wissen ☑ Fertigkeiten ☑ Sozialkompetenz ☐ Selbstständigkeit ☐

Lernsituation 6

SB ▸ Seite 61 ff. | Handlungsfeld 1, Kap. 6

Bereiche des Rechnungswesens und rechtliche Grundlagen

Situation

Werner Freitag hat sich selbstständig gemacht. Durch gute Kontakte zu verschiedenen Lebensmitteldiscountern und deren Lieferanten ist es ihm gelungen, preisgünstig an Sonderposten aller Art von verschiedenen Filialunternehmen zu gelangen. Diese in Werbeaktionen der Filialisten nicht vollständig abgesetzten Waren übernimmt er in großen Mengen und mit einem kräftigen Preisnachlass zur Weiterveräußerung. Zuerst hat er diese Waren auf Trödelmärkten an Wochenenden angeboten – nebenberuflich. Als weiterer Absatzweg ist dann das Internet hinzugekommen. Ebay-Powerseller mit fast ausschließlich sehr guten Bewertungen, das lohnt sich – macht aber auch viel Arbeit. Seinen Hauptjob hat er deshalb aufgeben müssen. Für den ganzen „Bürokram" hat er jetzt eine Mitarbeiterin eingestellt. Sein Steuerberater hat ihm erfreut mitgeteilt, dass er in diesem Jahr 420.000,00 Euro Umsatz erzielt hat und der Gewinn 54.000,00 Euro betrug.

Arbeitsauftrag

Stellen Sie fest, ob Herr Freitag nach den folgenden Gesetzen buchführungspflichtig ist.

Handelsgesetzbuch

§ 1 HGB

(1) Kaufmann im Sinne dieses Gesetzbuchs ist, wer ein Handelsgewerbe betreibt.

(2) Handelsgewerbe ist jeder Gewerbebetrieb, es sei denn, dass das Unternehmen nach Art oder Umfang einen in kaufmännischer Weise eingerichteten Geschäftsbetrieb nicht erfordert.

§ 238 HGB Buchführungspflicht

(1) Jeder Kaufmann ist verpflichtet, Bücher zu führen. [...]

§ 241a HGB Befreiung von der Pflicht zur Buchführung und Erstellung eines Inventars

Einzelkaufleute, die an den Abschlussstichtagen von zwei aufeinander folgenden Geschäftsjahren nicht mehr als 500.000 Euro Umsatzerlöse und 50.000 Euro Jahresüberschuss aufweisen, brauchen die §§ 238 bis 241 nicht anzuwenden. Im Fall der Neugründung treten die Rechtsfolgen schon ein, wenn die Werte des Satzes 1 am ersten Abschlussstichtag nach der Neugründung nicht überschritten werden.

Abgabenordnung

§ 140 AO Buchführungs- und Aufzeichnungspflichten nach anderen Gesetzen

Wer nach anderen Gesetzen als den Steuergesetzen Bücher und Aufzeichnungen zu führen hat, die für die Besteuerung von Bedeutung sind, hat die Verpflichtungen, die ihm nach den anderen Gesetzen obliegen, auch für die Besteuerung zu erfüllen.

§ 141 AO Buchführungspflicht bestimmter Steuerpflichtiger

(1) Gewerbliche Unternehmer sowie Land- und Forstwirte, die nach den Feststellungen der Finanzbehörde für den einzelnen Betrieb
1. Umsätze einschließlich der steuerfreien Umsätze [...] von mehr als 500.000 Euro im Kalenderjahr oder
[...]
4. einen Gewinn aus Gewerbebetrieb von mehr als 50.000 Euro im Wirtschaftsjahr [...] gehabt haben,
sind auch dann verpflichtet, für diesen Betrieb Bücher zu führen und auf Grund jährlicher Bestandsaufnahmen Abschlüsse zu machen, wenn sich eine Buchführungspflicht nicht aus § 140 ergibt.
[...]

Arbeitsblatt 6.1 | Aufgaben und Bereiche des Rechnungswesens

1 Vervollständigen Sie nachfolgende Übersicht und ermitteln Sie die Wertschöpfung

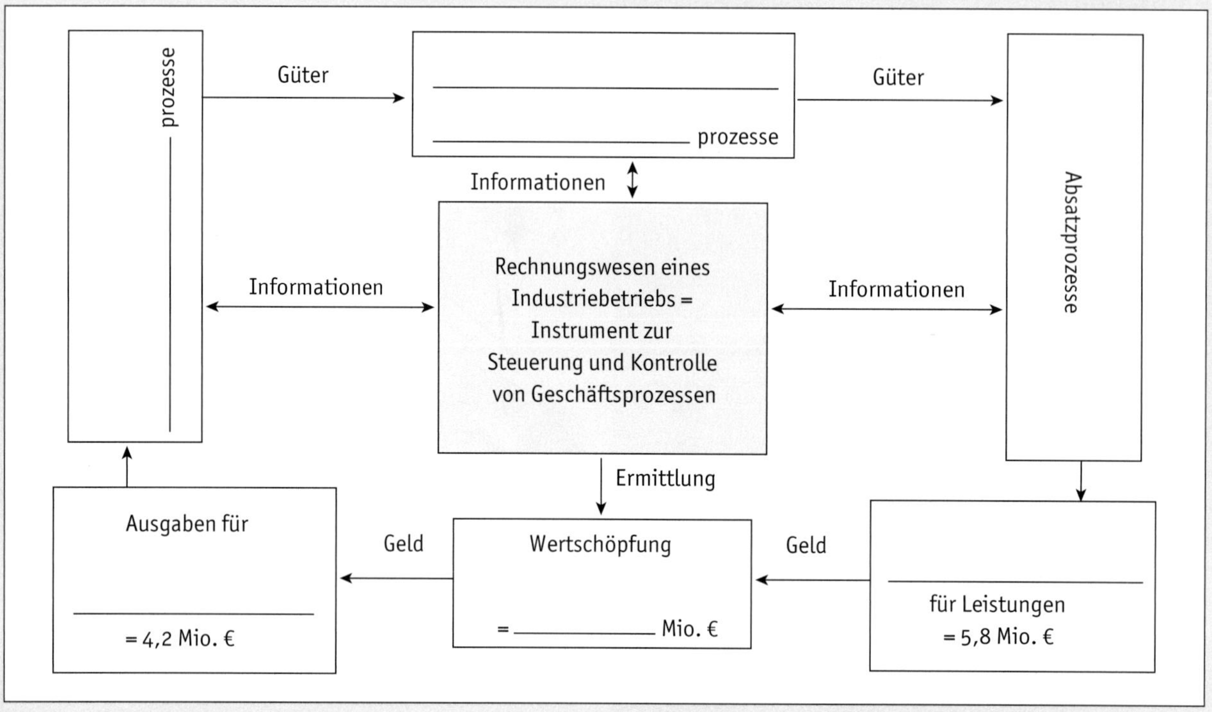

2 Ordnen Sie den Bereichen des Rechnungswesens ausgewählte Aufgaben in Wertschöpfungsprozessen zu, indem Sie den Bereichen 1–6 die richtigen Aufgaben a–i zuordnen.

Bereiche des Rechnungswesens	Zuordnung
1 Finanzbuchhaltung	
erfasst Basisdaten für	
2 Jahresabschluss	
und	
3 Kosten- und Leistungsrechnung	
und	
4 Planung	
und	
5 Controlling	
und	
6 Statistik	
zum Zwecke weiterer betrieblicher Entscheidungen	

Ausgewählte Aufgaben (Beispiele)
a Erstellen eines Produktionsplans
b Ziele setzen (z. B. Gewinn in €)
c Grafik „Einnahmen je Kunde“ erstellen
d Wertmäßige Erfassung der Personalaufwendungen
e Gegenüberstellung von Plan- und Istwerten
f Gegenüberstellung von Vermögen und Schulden
g Werteverzehr für ein Produkt ermitteln
h Gewinn- und Verlustrechnung aufstellen
i wertmäßige Erfassung der Ein- und Verkäufe

Arbeitsblatt 6.2 | Buchführungspflicht und GoB

Ein gewerblicher Unternehmer[1] ist gesetzlich buchführungspflichtig nach:

______	und/oder	______
wenn er		wenn
______	und	sein Jahresumsatz > ______ oder
______		sein Gewinn > ______ sind.

[1] Für Einzelkaufleute gelten zusätzlich die Umsatz- und die Gewinngrenze der Abgabenordnung (AO).

Die Buchführung muss so beschaffen sein, dass

ein ______

in ______

einen ______

und einen

______.

Ist die Buchführung eines Unternehmens nicht ordnungsgemäß, dann drohen nach § 283 StGB

______ oder ______.

Grundsätze ordnungsmäßiger Buchführung (GoB)

Die Gebote der ______ und ______ besagen, dass kein Geschäftsvorfall in der Buchführung unberücksichtigt bleiben darf oder falsch erfasst wird. Dabei muss die Buchführung ______ erfolgen. Kasseneinnahmen und -ausgaben sollen ______ erfasst werden. Für jede Buchung muss ein ______ vorhanden sein. Eine ______ der Belege ist notwendig. Handelsbücher und Aufzeichnungen müssen in einer ______ geführt werden.

Die ______ der Buchführung in Deutschland ist der ______.

Eintragungen oder Aufzeichnungen dürfen nicht in einer Weise verändert werden, dass der ______ nicht mehr feststellbar ist. Verboten sind z. B. ______, ______ oder Überschreiben. Alle Buchführungsunterlagen müssen nach gesetzlichen Zeitvorgaben ______ werden; im Original oder auf ______.

Begriffe: aufbewahrt, Beleg, Bild- oder Datenträger, Bleistifteintragungen, Euro, geordnete Ablage, lebende Sprache, Radieren, Richtigkeit, täglich, ursprünglicher Inhalt, Vollständigkeit, Währung, zeitgerecht

Aufgaben

Aufgabe 1

Wann dürfen nachfolgende Unterlagen der Buchführung vernichtet werden?

Unterlage	Entstehungsdatum	frühestes Vernichtungsdatum	Aufbewahrungsfrist in Jahren
Bilanz zum 31.12.2010	05.03.2011		
Bestellung einer Warenlieferung	17.04.2011		
Ausgangsrechnung an einen Kunden	22.09.2008		
Angebot an einen Kunden (Kopie)	22.09.2009		
Kontoauszug der Bank	22.07.2010		

Aufgabe 2

Beachten Sie den nachfolgend abgebildeten Beleg und beantworten Sie die anschließenden Fragen.

a Wie lange muss die Fly Bike Werke GmbH diesen Beleg aufbewahren?

b Wann kann dieser Beleg frühestens (Datum angeben!) vernichtet werden, wenn er aus dem Jahr 2012 datiert?

c Wie kann die Fly Bike Werke GmbH diesen Beleg aufbewahren?

d Wie könnte der Beleg am Ende der Aufbewahrungsfrist vernichtet werden?

Posteingang: 29.06.2011

Color GmbH
Ludwigshafen

Color GmbH, Hafenstr. 125, 67061 Ludwigshafen

Fly Bike Werke GmbH
Rostocker Straße 334
26121 Oldenburg

Kunden-Nr.: 424
Ansprechpartner: Frau Reineke
Telefon: 0621 582664
Lieferschein-Nr.: 4292
Lieferdatum: 24.06.2012
Rechnungsdatum: 27.06.2012

Rechnungsprüfung

Sachlich richtig	Rechnerisch richtig
Datum: 29.06.2012	Datum: 29.06.2012
Nz: Ta	Nz: Ta

Rechnung Nr.: 4292

Pos.	Artikel-Nr.	Artikelbezeichnung	Menge	Preis je Einheit	Gesamtpreis
1	900100	Klarlack	200 Liter	3,45 €	690,00 €
2	800200	Spezialgrundierung für Edelstähle	200 Liter	2,45 €	490,00 €
3	700100	Standardfarbe „gelb"	20 Liter	4,30 €	86,00 €
4	700821	Sonderfarbe „morror-polish"	120 Liter	6,00 €	720,00 €
5	702400	Sonderfarbe „lemon squash"	120 Liter	6,00 €	720,00 €

Warenwert	Verpackungskosten	Transportkosten	Nettorechnungsbetrag	Umsatzsteuer 19 %	Bruttorechnungsbetrag
2.706,00 €	–	–	2.706,00 €	514,14 €	3.220,14 €

Zahlungsziel 30 Tage, bei Zahlung innerhalb von 8 Tagen 2 % Skonto (= 64,40 €).

SB ▸ Seite 68 ff. | Handlungsfeld 1, Kap. 7.1

Wertermittlung bei der Inventur

Situation

Die Praktikantin Sabrina Klein hat im Rahmen der Inventur die Aufgabe bekommen, den Bestand an Goretex-Shirts „körperlich" zu überprüfen. Sie hat getrennt nach Artikelnummern gezählt und die Inventurmengen in die Inventurliste eingetragen. Dabei fielen ihr Abweichungen von den Mengen der Lagerbuchführung auf. Einen Wasserschaden hat sie auch auf der Inventurliste vermerkt. Jetzt sitzt sie wieder im Büro und hat eine Liste mit Einstandspreisen der Einkaufsabteilung vor sich. Sie soll einen Gesamtwert für alle Shirts berechnen und kommt damit nicht so richtig klar.

Fly Bike Werke GmbH

Inventurliste Handelswaren

Warengruppe 701 Shirts Steff, Goretex

Aufnahmetag: *03.01.20X1*
Jahr 20XX

		Lagermenge gem. Lagerbuchhaltung	Inventurmenge	Einstandspreise der Bestände	Einkaufswert der Inventurmenge je Artikel	Wertminderungen je Artikel	Gesamtinventurwert
Artikel Nr.	**Artikelbezeichnung**	**Sollwert/ Stück**	**Istwert/ Stück**	**€/ Stück**	**in €**	**in €**	**in €**
701L	Shirt STEFF superfast Größe L	122	120				
701M	Shirt STEFF superfast Größe M	146	145				
701S	Shirt STEFF superfast Größe S	59	60				
701XL	Shirt STEFF superfast Größe XL	212	211				
701XXL	Shirt STEFF superfast Größe XXL	22	22				
						Gesamtinventurwert Warengruppe	

Wertminderungen (ohne Daten der Einkaufsabteilung):
Wasserschaden Artikel 701XL, 20 Stück durchnässt und verschmutzt – Ware unverkäuflich!

Daten der Einkaufsabteilung am 31.12.20XX (Inventurstichtag): Einstandspreise pro Stück

Artikel-Nr.	Bezeichnung	Einstandspreise der vorhandenen Shirts in €	Einstandspreise gem. aktuellen Preislisten in €
701L	Shirt STEFF superfast Größe L	16,95	14,95
701M	Shirt STEFF superfast Größe M	14,95	14,95
701S	Shirt STEFF superfast Größe S	14,95	14,95
701XL	Shirt STEFF superfast Größe XL	16,95	14,95
701XXL	Shirt STEFF superfast Größe XXL	17,95	16,95

Arbeitsaufträge

1 Helfen Sie Frau Klein! Ermitteln Sie den Gesamtwert der tatsächlich vorhandenen einwandfreien Goretex-Shirts unter Berücksichtigung der aktuellen Einstandspreise.

2 Begründen Sie Ihre Bewertungsentscheidungen.

Arbeitsblatt 7.1 | Inventur

Inventur ist	

Unterscheidung der Inventur hinsichtlich der Art ihrer Durchführung

		Inventurart	**Inventurtätigkeiten**	**Beispiele**
körperliche Gegenstände	→			
	→	Buchinventur		

Unterscheidung der Inventur hinsichtlich des Zeitpunkts der Durchführung

Stichtagsinventur	______ **Inventur**	______ **Inventur**
Aufnahmezeiten:	Aufnahmezeiten:	Aufnahmezeiten:
Voraussetzungen:	Voraussetzungen:	Voraussetzungen:

Nachteile der Stichtagsinventur:	
Ziel der Inventur am Geschäftsjahresende:	

Aufgaben

Aufgabe 1
In einem Industrieunternehmen wurden folgende Inventurwerte für Fahrradanhänger aufgenommen. Ermitteln Sie den Gesamtinventurwert der Fahrradanhänger.

Inventurliste Fahrradanhängerprogramm					Aufnahmetag: 30. 12. 20XX	
					Jahr: 20XX	Seite: 1
Artikel Nr.	**Bezeichnung**	**Menge**	**Einstandspreis in €**	**Wert in €**	**Wertminderung**	**Gesamtwert in €**
601	Modell Kelly	6	60,00		keine	
602	Modell Mini	1	70,00		keine	
603	Modell Max	20	80,00		5 %[1]	
604	Modell Kids	14	110,00		keine	
605	Modell Sven	2	130,00		50 %[2]	
					Gesamtinventurwert Fahrradanhänger	
Wertminderungen: [1] gesunkener Marktpreis [2] Beschädigungen						
Aufgenommen: *Meier*		Geprüft: *Gilles*				

Aufgabe 2
Bei der Inventur am 31.12. wird im Lager eines Industrieunternehmens ein Bestand von 12 Kartons Kopierpapier zu je 2.500 Blatt aufgenommen. Folgende Lieferungen sind im Geschäftsjahr eingegangen:

Datum	Anzahl	Einstands-preis in €	Gesamt-wert
02.02.	40 Kartons	5,00	
15.04.	20 Kartons	5,60	
02.06.	30 Kartons	5,25	
12.08.	45 Kartons	5,50	
14.10.	32 Kartons	5,60	
04.12.	16 Kartons	5,80	
Summen		Ø	
31.12.20XX Endbestand	12 Kartons		

Aufgabe 3
Ermitteln Sie den Wert des Inventurbestandes für einen Hilfsstoff nach dem gewogenen Durchschnitts-Verfahren (keine Wertminderungen!).

Bestände Einkäufe	Menge in Stück	Einstands-preis je Stück in €	Einstands-preis in € (Bestände/ Lieferungen)
01.01.20XX Anfangs-bestand	760	16,80	
02.02.20XX	340	17,40	
16.05.20XX	358	16,90	
01.08.20XX	732	16,92	
30.11.20XX	670	17,10	
Summen		Ø	
31.12.20XX Endbestand	380		

Aufgabe 4
Beantworten Sie die nachfolgenden Fragen.

a Warum werden aufbewahrungspflichtige Unterlagen nach Ablauf der Aufbewahrungsfrist immer erst zu Beginn eines neuen Geschäftsjahres vernichtet?
b Welche Auswirkungen kann eine vorzeitige Vernichtung von aufbewahrungspflichtigen Buchführungsunterlagen für das Unternehmen haben?
c In welchen Gesetzen wird die Aufbewahrungspflicht festgelegt?
d Welche Aufbewahrungsfristen werden unterschieden?
e Nennen Sie für jede Aufbewahrungsfrist zwei Beispiele.

Aufgabe 5
Das Geschäftsjahr eines Industriebetriebes endet am 30.06.

a In welchem Zeitraum kann die verlegte Inventur durchgeführt werden? (Jeweils das Datum für den Beginn und das Ende des Inventurzeitraumes angeben!)
b Am 07.07. wird durch körperliche Bestandsaufnahme ein Wert von 16.250,00 € für City-Räder Surf festgestellt.
Im Zeitraum vom 01.07. bis zum 06.07. sind City-Räder Surf im Wert von 25.000,00 € (200 Räder) produziert (alle Wertangaben = Herstellungskosten) und für 15.625,00 € (125 Räder) verkauft worden. Ermitteln Sie den Wert dieses Erzeugnisses zum Stichtag (30.06.) und nennen Sie die Vorteile der verlegten Inventur.

Aufgabe 6
Beantworten Sie schriftlich die nachfolgenden Fragen zur Inventur.

a Nennen Sie die Anlässe, bei denen eine Inventur erfolgen muss.
b Wie erfolgt die Bestandsfortschreibung per EDV für ein fertiges Erzeugnis?
c Nennen Sie drei Gründe, warum die Bestandsfortschreibung per EDV (Stückzahl) für ein fertiges Erzeugnis von der Inventurmenge der körperlichen Inventur abweichen könnte.
d Welche Vermögenswerte können im Rahmen der Buchinventur erfasst und bewertet werden?
e Was versteht man unter Inventurdifferenzen?
f Warum kann in der Inventur für Handelswaren nicht immer der bezahlte Einstandspreis der alleinige Bewertungsmaßstab sein?
g Mit welchem Wert müssen selbst erstellte Erzeugnisse in der Inventur erfasst werden?
h Was versteht man unter Saldenbestätigungen und wer kann Saldenbestätigungen ausstellen?
i Welche Güter müssen stets in einer Stichtagsinventur erfasst werden?
j Nennen Sie die Voraussetzungen und die Vor- und Nachteile der permanenten Inventur.

Aufgabe 7
Wie lange müssen folgende Unterlagen aufbewahrt werden?

a Eingangsrechnungen
b Angebote von Lieferanten
c Kontoauszüge
d Inventare
e Kopie einer Bestellung
f Bilanzen
g Arbeitsanweisungen an das Buchhaltungspersonal

Aufgabe 8
Mit welchen Tätigkeiten können bei einer körperlichen Inventur Mengen erfasst werden? Nennen Sie für jede Tätigkeit ein Vermögensbeispiel, das mit dieser Tätigkeit sinnvoll mengenmäßig erfasst werden kann.

Aufgabe 9
Nennen Sie Inventurposten, die sinnvollerweise in einer Buchinventur erfasst werden sollten.

Aufgabe 10
In einer Inventur wird der Lagerbestand eines Rohstoffes mit 500 kg angegeben. Der bezahlte Einstandspreis beträgt 5,50 € je kg. Gemäß Lagerbuchführung sind allerdings 520 kg vorhanden. Die Wiederbeschaffungskosten für diesen Rohstoff betragen 5,00 € je kg. Wie hoch ist der Inventurwert?

SB ▸ Seite 73 ff. | Handlungsfeld 1, Kap. 7.2 und 7.3

Inventar und Bilanz erstellen und vergleichen

Situation

In der Möbelfabrik Walter Rolles e. K. sind die Inventurarbeiten schon abgeschlossen. Das Inventar und die Bilanz für das Geschäftsjahr müssen erstellt werden. Dabei sollen in einem Arbeitsgang die aktuellen Werte denen des Vorjahres gegenübergestellt werden. Herr Rolles wartet gespannt auf die Daten. Welche Werte haben sich geändert? Welche Gründe gab es für wichtige Änderungen? Ist sein Eigenkapital gestiegen?

Inventar	Vorjahr	Berichtsjahr
Grundstücke und Bauten	€	€
Westweg 12, Würzburg	140.000,00	140.000,00
Waldstr. 14, Würzburg	92.000,00	92.000,00
Verwaltungsgebäude Westweg 12, Würzburg	285.000,00	265.000,00
Produktions- und Lagerhallen Waldstr. 14, Würzburg	112.000,00	106.000,00
Technische Anlagen und Maschinen lt. Verzeichnis 1	238.000,00	190.000,00
Betriebs- und Geschäftsausstattung lt. Verzeichnis 2	370.000,00	168.000,00
Roh-, Hilfs- und Betriebsstoffe lt. Verzeichnis 3	86.000,00	92.000,00
Unfertige Erzeugnisse lt. Verzeichnis 4	46.000,00	38.000,00
Fertige Erzeugnisse lt. Verzeichnis 5	124.000,00	144.000,00
Forderungen a. L. L.		
Küchenstudio Gerd Roose, Würzburg	34.300,00	25.100,00
Küchen Karl Sommer, Frankfurt	8.100,00	21.100,00
Kasse	12.400,00	3.200,00
Bankguthaben		
Kreissparkasse Würzburg, Würzburg	22.000,00	32.500,00
Dresdner Bank, Würzburg	14.500,00	2.100,00
Langfristige Bankverbindlichkeiten		
Hypothek: Dresdner Bank, Würzburg	190.000,00	185.000,00
Darlehen: Dresdner Bank, Würzburg	263.500,00	252.200,00
Verbindlichkeiten a. L. L.		
Spanplattenwerk Weser AG, Bremen	52.800,00	29.600,00
Holzimport Teibel, Emden	48.600,00	42.400,00

Arbeitsaufträge

Beantworten Sie die Fragen von Herrn Rolles. Verwenden Sie hierfür die Arbeitsblätter 8.1 und 8.2.

1 Erstellen Sie für beide Geschäftsjahre ein Inventar.
2 Erstellen Sie für beide Geschäftsjahre die Bilanz.
3 Ermitteln Sie für beide Geschäftsjahre das Eigenkapital.
4 Ermitteln Sie die Veränderungen zwischen den beiden Geschäftsjahren in € für
  a das Anlagevermögen,
  b das Umlaufvermögen,
  c die lang- und kurzfristigen Schulden,
  d das Eigenkapital.
5 Nennen Sie für die Inventarposten Grundstücke und Bauten, Technische Anlagen und Maschinen, fertige Erzeugnisse und langfristige Bankverbindlichkeiten mögliche Gründe für die Werteveränderungen.

Arbeitsblatt 8.1 | Inventar der Möbelfabrik Walter Rolles e. K.

Inventar der				
Vermögens- und Schuldenarten, Eigenkapital	Vorjahr 20X1 in €		Berichtsjahr 20X2 in €	
	Einzelwerte	Gesamtwerte	Einzelwerte	Gesamtwerte
A. Vermögen				
I. Anlagevermögen				
1.				
II.				
1.				
Summe des Vermögens				
B.				
I.				
II.				
Summe der Schulden				
C.				
Summe des				
– Summe der				
=				

Arbeitsblatt 8.2 | Bilanz der Möbelfabrik Walter Rolles e. K.

Aktiva	Bilanzwerte der				Passiva
	Vorjahr	Berichtsjahr		Vorjahr	Berichtsjahr
A.			**A.**		
1.			**B.**		
2.			1.		
3.					
B.			2.		
1.					
2.					
3.					
4.					
5.					
6.					

Werteveränderungen	Vorjahr	Berichtsjahr	Veränderung	Mögliche Gründe
Anlagevermögen				
Umlaufvermögen				
Langfristige Schulden				
Kurzfristige Schulden				
Eigenkapital				

Arbeitsblatt 8.3 | Vermögen und Schulden

Tragen Sie in die zweite Spalte ein **V** ein, wenn der angegebene Wert **Vermögen** darstellt. Tragen Sie in die zweite Spalte ein **S** ein, wenn der angegebene Wert **Schulden** darstellt.

Vermögen und Schulden	V=Vermögen S=Schulden	Vorjahr €	Berichtsjahr €
Bankguthaben		22.000,00	32.000,00
Bargeld		2.300,00	2.500,00
Büromöbel		54.000,00	50.000,00
Darlehensschulden (Restlaufzeit 6 Monate)		50.000,00	70.000,00
Roh-, Hilfs- und Betriebsstoffe		20.000,00	30.000,00
Geschäftsgrundstück		120.000,00	120.000,00
Hypothekenschulden (Restlaufzeit 15 Jahre)		80.000,00	79.000,00
Fremdbauteile		24.000,00	22.000,00
Lagerhalle		120.000,00	118.000,00
Lastkraftwagen		60.000,00	40.000,00
Produktionsmaschinen		20.000,00	110.000,00
Maschinen der Energieerzeugung		14.000,00	32.000,00
Personalcomputer		6.000,00	9.000,00
Personenkraftwagen		40.000,00	30.000,00
Fertige und unfertige Erzeugnisse		6.000,00	8.000,00
Schulden bei Materiallieferern (Verbindlichkeiten)		14.000,00	16.000,00
Verpackungsmaschinen		25.000,00	20.000,00
Verwaltungsgebäude		200.000,00	195.000,00
Forderungen gegenüber Kunden		20.000,00	20.000,00

Ordnen Sie die oben angegebenen Werte den nachfolgenden Vermögens- und Schuldenposten zu.

Vermögen	Vorjahr	Berichtsjahr
1. Grundstücke		
2. Gebäude		
3. Technische Anlagen und Maschinen		
4. Fuhrpark		
5. Betriebs- und Geschäftsausstattung (ohne Fuhrpark)		
6. Vorräte		
7. Forderungen aus Lieferungen und Leistungen		
8. Kasse		
9. Bankguthaben		
Summe des Vermögens		
Schulden	**Vorjahr**	**Berichtsjahr**
1. Langfristige Bankverbindlichkeiten		
2. Kurzfristige Bankverbindlichkeiten		
3. Verbindlichkeiten aus Lieferungen und Leistungen		
Summe der Schulden		

Aufgaben

Aufgabe 1

Ein Maschinenbauunternehmen ermittelt folgende Werte für seine Inventarposten (ungeordnete Reihenfolge).

a Ordnen Sie die Inventarposten den Spalten 1 bis 4 der nachfolgenden Übersicht zu.

b Ermitteln Sie für jede Spalte (1–4) den Gesamtwert.

c Ermitteln Sie das Gesamtvermögen, die Gesamtschulden und das Eigenkapital in €.

Inventarposten in €		**A. Vermögen**		**B. Schulden**	
		I. Anlage-vermögen	II. Umlauf-vermögen	I. Langfristige Schulden	II. Kurzfristige Schulden
		1	2	3	4
Bankguthaben	14.600,00		14.600,00		
Kassenbestand	2.000,00				
Darlehensschulden (Restlaufzeit 8 Jahre)	180.000,00				
Forderungen aus Lieferungen und Leistungen	40.000,00				
Fuhrpark	40.000,00				
Gebäude	360.000,00				
Betriebs- und Geschäfts-ausstattung	110.000,00				
Grundstücke	200.000,00				
Hypothekendarlehen (Restlaufzeit 16 Jahre)	280.000,00				
Maschinen	96.500,00				
Verbindlichkeiten aus Lieferungen und Leistungen	32.000,00				
Rohstoffe	62.000,00				
Wertpapiere als kurzfristige Geldanlage	24.500,00				
Summe					

Aufgabe 2

Ordnen Sie die folgenden Vermögensgegenstände bzw. Schulden den in der Aufgabe 1 genannten Inventarposten zu.

a Lastkraftwagen
b Stahlrohre
c Bargeld
d Schreibtische
e Lagerhalle
f Verpackungsmaschine
g Unbezahlte Liefererrechnung
h Unbezahlte Rechnung an einen Kunden
i Aktien der Müller AG
j Gutschrift auf dem Bankkonto

Aufgabe 3
Stellen Sie fest, ob nachfolgende Aussagen für die Inventur und/oder das Inventar und/oder die Bilanz eines Unternehmens zutreffend sind.

	Inventur		Inventar		Bilanz	
	zutreffend	nicht zutreffend	zutreffend	nicht zutreffend	zutreffend	nicht zutreffend
a Aufnahme aller Vermögenswerte und Schulden, z. B. durch Messen, Zählen, Wiegen, Schätzen mit anschließender Bewertung						
b Muss zehn Jahre aufbewahrt werden						
c Das Eigenkapital des Unternehmens wird ausgewiesen.						
d Darstellung in Kontoform						
e Gliederung der Vermögenswerte in Anlage- und Umlaufvermögen						
f Jeder Vermögenswert wird nach Art, Menge und Wert beschrieben.						
g Die Staffelform wird zur Wertedarstellung genutzt.						
h Auch ohne Unterschrift(en) des/der Inhaber(s) gültig						
i Die Werte sind für einen bestimmten Tag (Datum) anzugeben.						
j Ist bei einer GmbH von allen Geschäftsführern zu unterschreiben.						

Aufgabe 4
Tragen Sie die gesuchten Begriffe ein.

a Die Seiten der Bilanz heißen ______________ und ______________ .

b Die Vermögenswerte stehen auf der ______________ der Bilanz.

c Die Passiva-Seite beginnt mit der Position ______________ .

d Die Mittelherkunft zeigt die ______________ der Bilanz.

e Die Aktiva-Seite der Bilanz zeigt die ______________ .

f Summe des Vermögens – Summe der Schulden = ______________ .

g Anlagevermögen + Umlaufvermögen – Eigenkapital = ______________ .

h Eigenkapital + Fremdkapital – Anlagevermögen = ______________ .

i Immaterielle Wirtschaftsgüter + Sachanlagen + Finanzanlagen = ______________ .

j Vorräte + Forderungen + Wertpapiere + flüssige Mittel = ______________ .

k Andere Begriffe für Schulden: ______________ oder ______________ .

Aufgabe 5

Die Maschinenfabrik Wolfgang Huber e. K., Köln, hat für zwei aufeinander folgende Geschäftsjahre folgende Inventurwerte ermittelt.

Inventar	20X1	20X2
Grundstücke und Bauten	€	€
unbebautes Grundstück, Porzer Str. 211	200.000,00	0,00
bebautes Grundstück, Porzer Str. 218	325.000,00	325.000,00
Fabrik- und Verwaltungsgebäude, Porzer Str. 218	650.000,00	610.000,00
Lagerhalle, Porzer Str. 218	350.000,00	330.000,00
Technische Anlagen und Maschinen lt. Anlagenverzeichnis, Anlage Nr. 1	614.000,00	780.000,00
Betriebs- und Geschäftsausstattung lt. Ausstattungsverzeichnissen (AV)		
gemäß Anlagen:		
Werkzeuge, AV Nr. 1, Anlage Nr. 2	60.000,00	40.000,00
Lager- und Transporteinrichtungen, AV Nr. 2, Anlage Nr. 3	120.000,00	80.000,00
Fuhrpark, AV Nr. 3, Anlage Nr. 4	45.000,00	180.000,00
Betriebsausstattung, AV Nr. 4, Anlage Nr. 5	82.000,00	143.000,00
Geschäftsausstattung, AV Nr. 5, Anlage Nr. 6	240.000,00	230.000,00
Roh-, Hilfs- und Betriebsstoffe, VV (Vorratsverzeichnis) Nr. 1, Anlage Nr. 7	220.000,00	235.000,00
unfertige Erzeugnisse, VV Nr. 2, Anlage Nr. 8	26.000,00	32.000,00
fertige Erzeugnisse, VV Nr. 3, Anlage Nr. 9	64.000,00	134.000,00
Handelswaren, VV Nr. 4, Anlage Nr. 10	12.600,00	8.500,00
Forderungen aus Lieferungen und Leistungen		
lt. Forderungsverzeichnis, Anlage Nr. 11	265.000,00	396.000,00
Kassenbestand (Bargeld)	22.000,00	18.400,00
Bankguthaben bei der		
– Deutschen Bank AG, Köln	84.000,00	32.000,00
– Bankguthaben bei der Stadtsparkasse Köln/Bonn	24.800,00	42.300,00
– Postbankguthaben bei der Postbank AG, Köln	12.600,00	18.800,00
langfristige Bankverbindlichkeiten		
Hypothek der Deutschen Bank AG, Köln	400.000,00	380.000,00
Darlehen der Stadtsparkasse Köln/Bonn	200.000,00	100.000,00
Verbindlichkeiten aus Lieferungen und Leistungen		
lt. Verbindlichkeitenverzeichnis, Anlage Nr. 12	356.000,00	372.000,00
sonstige Verbindlichkeiten gegenüber Finanzbehörden	36.000,00	42.000,00

a Erstellen Sie für jedes Geschäftsjahr ein Inventar und eine Bilanz.

b Ermitteln Sie die Veränderungen zwischen den beiden Geschäftsjahren in € für das Anlagevermögen, das Umlaufvermögen, die lang- und kurzfristigen Schulden sowie für das Eigenkapital.

c Nennen Sie für die Inventarposten Grundstücke und Bauten, technische Anlagen und Maschinen, Forderungen aus Lieferungen und Leistungen und langfristige Bankverbindlichkeiten mögliche Gründe für die jeweilige Werteveränderung.

SB ▸ Seite 78 ff. | Handlungsfeld 1, Kap. 8.1 und 8.2

Die ersten Geschäftsvorfälle der Fly Bike Werke GmbH

Situation

Werteveränderungen von Bilanzposten: Hier sollen Sie erste Geschäftsvorfälle der Fly Bike Werke GmbH kennen lernen und feststellen, welche Auswirkungen sie auf einzelne Bilanzposten haben.

Aktiva	Bilanzposten (vor Werteveränderung)		Passiva
Betriebs- und Geschäftsausstattung (BGA)	70.000,00	Eigenkapital	108.000,00
Rohstoffe	40.000,00	Langfr. Bankverbindlichkeiten	17.000,00
Forderungen a. L. L.	5.000,00	Verbindlichkeiten a. L. L.	15.000,00
Bankguthaben	25.000,00		
	140.000,00		140.000,00

Arbeitsaufträge

1. Geschäftsvorfall der Fly Bike Werke GmbH

Die Fly Bike Werke GmbH kauft für 5.000,00 € Rohstoffe ein und bezahlt die Lieferung per Bankscheck.

1 Wie verändert sich die Bilanz durch diesen Geschäftsvorfall? Tragen Sie Ihr Ergebnis in die nachfolgende Bilanz ein.

Aktiva	Bilanzposten (nach 1. Geschäftsvorfall)		Passiva
BGA		Eigenkapital	
Rohstoffe		Langfr. Bankverbindlichkeiten	
Forderungen a. L. L.		Verbindlichkeiten a. L. L.	
Bankguthaben			

2 Überlegen Sie bitte, wie Sie einem Freund, der keine Ahnung von Buchführung hat, erklären könnten, wie Sie auf diese Lösung gekommen sind. Versuchen Sie, Ihren Lösungsweg Schritt für Schritt zu formulieren.

Lösungsweg

Zuerst muss ich mir anschauen, welche ____________________ der Bilanz durch den Geschäftsvorfall betroffen sind.

Dann überlege ich mir, welche ____________________ der Bilanz durch den Geschäftsvorfall berührt werden.

Wenn ich das geklärt habe, schaue ich mir den Geschäftsvorfall nochmals an und überlege, wie sich der

Wert der einzelnen Posten der Bilanz ändert. Er wird entweder ____________________

oder ____________________.

Begriffe: größer, Seiten, kleiner, Posten

Das, was Sie gerade richtig erklärt haben, kann Ihnen helfen, alle Auswirkungen von Geschäftsvorfällen der Fly Bike Werke GmbH auf ihre Bilanzposten darzustellen. Um die ganze Sache einfacher zu machen, formulieren Sie nun drei Leitfragen, deren Antworten Ihnen bei allen Aufgaben zu diesem Thema helfen werden.

Leitfragen
1.
2.
3.

2. Geschäftsvorfall der Fly Bike Werke GmbH

Die Fly Bike Werke GmbH wandelt eine kurzfristige Verbindlichkeit in Höhe von 10.000,00 € in eine Darlehensschuld um.

3 Beantworten Sie zunächst die aufgestellten Leitfragen und tragen Sie erst dann die Veränderungen der einzelnen Posten in die Bilanz ein, die Sie nach dem ersten Geschäftsvorfall aufgestellt haben.

Antwort 1. Leitfrage:
Antwort 2. Leitfrage:
Antwort 3. Leitfrage:

Aktiva	Bilanzposten (nach 2. Geschäftsvorfall)		Passiva
BGA		Eigenkapital	
Rohstoffe		Langfr. Bankverbindlichkeiten	
Forderungen a. L. L.		Verbindlichkeiten a. L. L.	
Bankguthaben			

Geschäftsvorfälle 3–5 der Fly Bike Werke GmbH

- Kauf eines Schreibtisches gegen Bankscheck für 2.000,00 €.
- Ein Kunde bezahlt eine offene Rechnung durch eine Banküberweisung in Höhe von 1.500,00 €.
- Die Fly Bike Werke GmbH bezahlt eine Verbindlichkeit in Höhe von 4.000,00 € per Banküberweisung.

4 Beantworten Sie für sich erneut die obigen Leitfragen und erstellen Sie die Bilanz nach allen fünf Geschäftsvorfällen.

Aktiva	Bilanzposten (nach 5 Geschäftsvorfällen)		Passiva
BGA		Eigenkapital	
Rohstoffe		Langfr. Bankverbindlichkeiten	
Forderungen a. L. L.		Verbindlichkeiten a. L. L.	
Bankguthaben			

Arbeitsblatt 9.1 | Die vier Werteveränderungen

Jeder Geschäftsvorfall verändert mindestens 2 Bilanzposten.

Geschäftsvorfall
Kauf von Bürostühlen gegen Barzahlung, 900,00 €

Aktiva	Bilanz	Passiva
BGA ______	
Kasse ______	

= ______

Geschäftsvorfall
Umwandlung einer kurzfristigen Verbindlichkeit in ein langfristiges Darlehen, 50.000,00 €

Aktiva	Bilanz	Passiva
	Langfr. Bankvbk. ______
	Verbindl. a. L. L. ______

= ______

Bilanzsumme bleibt ______

______ tausch

______ tausch

Geschäftsvorfall
Ausgleich einer Lieferantenrechnung durch Banküberweisung, 9.500,00 €

Aktiva	Bilanz	Passiva
Bankguthaben ______	Verbindl. a. L. L. ______

= ______

Geschäftsvorfall
Kauf eines Lieferwagens auf Ziel, 48.000,00 €

Aktiva	Bilanz	Passiva
Fuhrpark ______	Verbindl. a. L. L. ______

= ______

Bilanzsumme ______ oder ______

Vermögens- und Kapital ______

Vermögens- und Kapital ______

Arbeitsblatt 9.2 | Werteveränderungen – ein Beispiel

Geschäftsvorfälle in €	Aktiva: Grundstücke u. Gebäude	Aktiva: Maschinen	Aktiva: BGA	Aktiva: Rohstoffe	Aktiva: Forderungen	Aktiva: Kasse	Aktiva: Bankguthaben	Bilanzwaage: Summe Aktiva	Bilanzwaage: Summe Passiva	Passiva: Eigenkapital	Passiva: Langfr. Bankverbindlichk.	Passiva: Verbindlichkeiten
Bilanz 1	650.000,00	20.000,00	120.000,00	380.000,00	160.000,00	24.000,00	82.000,00	1.436.000,00	1.436.000,00	382.000,00	800.000,00	254.000,00
1)				+ 20.000,00		– 20.000,00						
2)												
3)												
4)												
5)												
6)												
7)												
8)												
Bilanz 2												

Geschäftsvorfälle	€	Art der Werteveränderung
1) Rohstoffeinkauf gegen Barzahlung	20.000,00	Aktivtausch
2) Kauf einer Maschine gegen Banküberweisung	14.000,00	
3) Rohstoffeinkauf auf Ziel	40.000,00	
4) Barkauf eines Schreibtisches	2.000,00	
5) Banküberweisungen von Kunden	60.000,00	
6) Banküberweisungen an Lieferer	30.000,00	
7) Darlehensaufnahme gegen Bankgutschrift	50.000,00	
8) Kauf eines Grundstücks gegen Banklastschrift	50.000,00	

Arbeitsaufträge

1 Tragen Sie die Werteveränderung der Bilanzposten aufgrund der nebenstehenden Geschäftsvorfälle in die jeweilige Spalte mit Vorzeichen (+ oder –) ein.

2 Geben Sie für jeden Geschäftsvorfall die Art der Werteveränderung in der Bilanz an.

3 Berechnen Sie für jeden Bilanzposten die Summe der Spalte (Bilanz 2).

4 Erstellen Sie aus den Summen der Bilanzposten eine Bilanz in Kontoform.

Arbeitsblatt 9.3 | Buchen auf Bestandskonten

Buchungsregeln für Bestandskonten:

Anfangsbestand:	wird aus der Eröffnungsbilanz übernommen
Mehrungen:	erhöhen den Wert des Bestandskontos
Minderungen:	verringern den Wert des Bestandskontos
Schlussbestand:	wird in die Schlussbilanz übernommen, wenn er den Inventurwerten entspricht

Soll	Aktivkonto Haben
Anfangsbestand	

Soll	Passivkonto Haben
Schlussbestand	

Geschäftsvorfall: Rohstoffeinkauf auf Ziel, 5.000,00 €

Um einen Geschäftsvorfall richtig zu buchen, helfen folgende vier Vorüberlegungen:

1)

2)

3)

4)

Grundbuch:

an

Nr.	Soll	€	Haben	€
1)				

Hauptbuch:

Soll		Haben
AB	42.000,00	

Soll	Haben	
	AB	14.200,00

Arbeitsblatt 9.4 | Buchen im Grund- und Hauptbuch

Geschäftsvorfall	Welche Konten werden berührt?	Aktiv- (A) oder Passivkonto (P)?	Mehrung (Me) oder Minderung (Mi)?	Auf welcher Kontoseite ist zu buchen?
1) Barkauf eines neuen Schreibtisches, 900,00 €				
2) Umwandlung einer kurzfristigen Verbindlichkeit in ein langfristiges Darlehen, 2.000,00 €				
3) Kauf von Rohstoffen auf Ziel, 3.000,00 €				
4) Rückzahlung eines Darlehens durch Barzahlung, 1.000,00 €				

Soll		Haben

Soll		Haben

Soll	Kasse	Haben

Aktiva	Bilanz		Passiva
BGA	12.000,00	Eigenkapital	9.000,00
Rohstoffe	8.000,00	Darlehenssch.	10.000,00
Kasse	4.000,00	Verbindl. a. L. L.	5.000,00
	24.000,00		24.000,00

Aktiva	Bilanz		Passiva
BGA		Eigenkapital	
Rohstoffe		Darlehenssch.	
Kasse		Verbindl. a. L. L.	

Soll	Eigenkapital	Haben

Soll		Haben

Soll		Haben

Aufgaben

Aufgabe 1

Aktiva	Bilanz (vor Werteveränderungen)		Passiva
Grundstücke und Bauten	600.000,00	Eigenkapital	
TA und Maschinen	50.000,00	langfr. Bankvbk. (Darlehen)	500.000,00
Betriebs- und Geschäftsausstattung	150.000,00	Verbindlichkeiten a. L. L.	216.000,00
Rohstoffe	420.000,00		
Forderungen a. L. L.	120.000,00		
Kasse	12.000,00		
Bankguthaben	64.000,00		

Geschäftsvorfälle:

	€
1) Verkauf eines ungenutzten Grundstücks gegen Banküberweisung	40.000,00
2) Umwandlung einer kurzfristigen Verbindlichkeit in ein langfristiges Darlehen	66.000,00
3) Banküberweisungen an verschiedene Rohstofflieferer	16.000,00
4) Kauf einer Verpackungsmaschine auf Ziel	25.000,00
5) Darlehensaufnahme per Bankgutschrift	100.000,00
6) Kauf einer Lagerhalle auf Ziel	100.000,00
7) Banküberweisung an den Verkäufer der Lagerhalle	100.000,00
8) Verkauf einer gebrauchten Maschine auf Ziel	10.000,00

a Berechnen Sie für die Bilanz die Bilanzsumme und das Eigenkapital.

b Stellen Sie fest, welche Auswirkungen die Geschäftsvorfälle auf die oben genannten Bilanzposten haben. Nutzen Sie dazu die folgende Tabelle.

Nr.	Bilanzposten	Aktiva (A) oder Passiva (P)	Mehrung (Me) oder Minderung (Mi)	Buchung Soll/Haben	Werteveränderung in der Bilanz
1)	Bankguthaben	A	Me		Aktivtausch
	Grundstücke und Bauten	A	Mi		
2)					
3)					
4)					
5)					
6)					
7)					
8)					

c Erstellen Sie einen vollständigen Geschäftsgang mit Eröffnungs- und Schlussbilanz.

Aufgabe 2

Geben Sie die Art der Werteveränderung von Bilanzposten der Fly Bike Werke GmbH für nachfolgende Geschäftsvorfälle an.

Geschäftsvorfälle:	€
1) Einkauf von Handelswaren zum Weiterverkauf an Kunden auf Ziel	20.000,00
2) Zielkauf einer Schweißmaschine	40.000,00
3) Verkauf eines gebrauchten Dienstwagens auf Ziel	14.000,00
4) Kauf einer PC-Einheit auf Ziel	6.000,00
5) Teilweise Tilgung eines Grundschulddarlehens per Banküberweisung	10.000,00
6) Barabhebung vom Bankkonto für die Portokasse	200,00
7) Banküberweisung an einen Lieferer	20.000,00
8) Kundenüberweisung auf das Postbankkonto	6.000,00
9) Kauf eines Lkw auf Ziel	60.000,00
10) Verkauf eines ungenutzten Grundstückes gegen Banküberweisung	12.500,00

Aufgabe 3

Folgende Eröffnungsbilanz ist vorgegeben.

Aktiva	Eröffnungsbilanz		Passiva
Maschinen	30.000,00	Eigenkapital	140.000,00
Rohstoffe	150.000,00	Langfr. Bankverbindl.	40.000,00
Postbankguthaben	22.000,00	Verbindlichkeiten a. L. L.	22.000,00
	202.000,00		202.000,00

Beachten Sie die Reihenfolge der Arbeitsschritte im Schülerbuch (Erfassung eines Geschäftsganges von der Eröffnungs- bis zur Schlussbilanz in sieben Arbeitsschritten, Kapitel 8.2.2).

Geschäftsvorfälle:	Aufgabe **a** €	Aufgabe **b** €
1) Einkauf von Rohstoffen auf Ziel	4.500,00	3.200,00
2) Verkauf einer gebrauchten Maschine gegen Postbanküberweisung	900,00	1.200,00
3) Teilrückzahlung eines Bankdarlehens mit Postbanküberweisung	5.000,00	6.000,00
4) Postbanküberweisung an einen Lieferer zum Ausgleich einer Verbindlichkeit	3.200,00	1.900,00

Aufgabe 4

Folgende Anfangsbestände liegen vor; beginnen Sie mit der Erstellung der Eröffnungsbilanz.

Aktive Bestandskonten	€	Passive Bestandskonten	€
Grundstücke u. Bauten	380.000,00	Eigenkapital	359.700,00
Maschinen	145.000,00	Langfristige Bankverbindlichkeiten	310.000,00
Rohstoffe	162.500,00		
Forderungen a. L. L.	23.800,00	Verbindlichkeiten a. L. L.	56.800,00
Kasse	2.500,00		
Bankguthaben	12.700,00		

Geschäftsvorfälle:	Aufgabe **a** €	Aufgabe **b** €
1) Verkauf einer gebrauchten Maschine auf Ziel	34.500,00	22.700,00
2) Banküberweisung von einem Kunden zum Forderungsausgleich	3.800,00	7.200,00
3) Verkauf eines Grundstückes gegen Banküberweisung	30.000,00	12.500,00
4) Einkauf von Rohstoffen auf Ziel	11.500,00	9.700,00
5) Banküberweisung an einen Lieferer zum Ausgleich einer Verbindlichkeit	5.700,00	3.800,00
6) Einkauf einer Maschine auf Ziel	24.500,00	16.300,00
7) Teilrückzahlung einer Hypothek per Banküberweisung	6.000,00	8.000,00

Aufgabe 5
Erstellen Sie einen Geschäftsgang von der Eröffnungs- bis zur Schlussbilanz.

Aktive Bestandskonten	€	Passive Bestandskonten	€
Grundstücke u. Bauten	200.000,00	Eigenkapital	?
Maschinen	100.000,00	Langfristige Bankverbindlichkeiten	210.000,00
Fuhrpark	80.000,00		
Geschäftsausstattung	45.000,00	Verbindlichkeiten a. L. L.	69.500,00
Rohstoffe	90.000,00		
Forderungen a. L. L.	65.000,00		
Bankguthaben	25.000,00		
Kasse	5.500,00		

Geschäftsvorfälle:	€
1) Aufnahme eines Darlehens gegen Banküberweisung	250.000,00
2) Kauf eines Grundstücks gegen Banküberweisung	200.000,00
3) Kauf einer mobilen Lagerhalle mit Aufstellung gegen Banküberweisung	50.000,00
4) Kauf eines neuen Lkw auf Ziel	120.000,00
5) Einkauf von Rohstoffen auf Ziel	45.000,00
6) Verkauf eines gebrauchten Lkw gegen Banküberweisung	20.000,00
7) Verkauf gebrauchter PC-Einheiten auf Ziel	10.000,00
8) Banküberweisung von Kunden	65.000,00
9) Banküberweisung an Lieferer	45.000,00
10) Barkauf eines Büroschreibtisches	2.500,00

Aufgabe 6
Bilden Sie die einfachen Buchungssätze für nachfolgende Geschäftsvorfälle.

Geschäftsvorfälle:	€
1) Zielkauf eines Kopiergerätes	6.000,00
2) Ausgleich einer Verbindlichkeit durch Banküberweisung	12.000,00
3) Darlehenstilgung per Postbanküberweisung	30.000,00
4) Verkauf einer gebrauchten Maschine auf Ziel	4.000,00
5) Bankgutschriften für Überweisungen von Kunden	8.800,00
6) Handelswareneinkauf auf Ziel	6.200,00
7) Kauf einer Sitzgruppe für das Geschäftsführerzimmer auf Ziel	14.200,00
8) Darlehensaufnahme gegen Bankgutschrift	80.000,00
9) Umwandlung einer kurzfristigen Bankverbindlichkeit in ein langfristiges Darlehen	20.000,00
10) Überweisung vom Bankkonto auf das Postbankkonto	10.000,00
11) Barkauf einer Telefonanlage	1.200,00
12) Barabhebung vom Postbankkonto	500,00

Aufgabe 7
Geben Sie für die Geschäftsvorfälle der Aufgabe 6 jeweils die Art der Werteveränderung von Bilanzposten an.

Aufgabe 8
Bilden Sie die zusammengesetzten Buchungssätze:

Geschäftsvorfälle:	€
1) Kauf eines Pkw, Kaufpreis 30.000,00 €	
Barzahlung bei Übernahme	2.500,00
Restbetrag zahlbar innerhalb von 30 Tagen	27.500,00
2) Darlehenstilgung 20.000,00 €	
durch Banküberweisung	14.000,00
und durch Postbanküberweisung	6.000,00
3) Rechnungsausgleich durch Kundenzahlungen 11.600,00 €	
Barzahlung	1.600,00
Bankgutschrift	10.000,00

Lernsituation 10

SB ▶ Seite 87 ff. | Handlungsfeld 1, Kap. 8.3

Buchen nach Belegen

Situation

Eines Morgens findet Bettina Lotto, Auzubildende bei der Fly Bike Werke GmbH, verschiedene Belege auf ihrem Schreibtisch, die sie buchen soll. „Belege buchen?“, fragt sie Frau Taubert. „Na klar, Belege sind die Grundlage jeder Buchung, den Geschäftsvorfall müssen Sie daraus ableiten!“, antwortet Frau Taubert.

Beleg Nr. 1

Landessparkasse Oldenburg

IBAN	Kontoauszug	Auszug	Blatt
DE86280501000112326444	Landessparkasse Oldenburg	30	1

Buchungstag	Wert	Vorgang/Erläuterungen	Beträge in €
		Kontostand am 02.07.20XX	12.200,00 +
03.07.20XX	03.07.20XX	S-Geldautomat	200,00 –
03.07.20XX	03.07.20XX	Tilgungsrate für Darlehen Nr. 863377	1.000,00 –
03.07.20XX	03.07.20XX	Hans Köller e.K., Rostock Re.-Nr. 124 vom 30.06.20XX	4.640,00 –
		Kontostand am 03.07.20XX	6.360,00 +

Fly Bike Werke GmbH, Oldenburg

Beleg Nr. 2

AWB Aluminiumwerke AG, Bonn

AWB Aluminiumwerke · Sankt-Augustiner-Straße 30 · 53225 Bonn

Sankt-Augustiner-Straße 30
53225 Bonn
Tel.: 0228-46477-0
Fax: 0228-46477-11
E-Mail:
awb-mail@aluminiumwerke.de

Fly Bike Werke GmbH
Rostocker Straße 334
26121 Oldenburg

Rechnung-Nr.: 511 Rechnungs-Datum: 19.08.20XX

Artikel Nr.	Artikelbezeichnung für Aluminiumrohre	Menge in Metern	Einzelpreis in €	Gesamtpreis in €
40045225	Rundrohr 45 x 2,25	500	10,11	5.055,00
40025200	Rundrohr 25 x 2,00	500	4,49	2.245,00
		Rechnungsbetrag[1]:		7.300,00

Bankverbindung: SEB, IBAN DE87380101110077998246
Lieferung frei Lager Oldenburg, Zahlung innerhalb von 30 Tagen ohne Abzug.

Beleg Nr. 3

Werner Lippert · Buchenstr. 3 · 40221 Düsseldorf

Posteingang: *03.07.20XX*

Fly Bike Werke GmbH
Rostocker Str. 334
26121 Oldenburg

RECHNUNGSPRÜFUNG
Sachlich richtig Datum 04.07.20XX Nz Seidlitz
Rechnerisch richtig Datum 04.07.20XX Nz Seidlitz

RECHNUNG-NR.: 12
Rechnungs-Datum: 01.07.20XX
Bankverbindung: Postbank Essen
IBAN DE23360100103709789910

Artikel-Nr.:	Menge	Artikelbezeichnung	Einzel-preis/€	Gesamt-preis/€
1256	10	PC-Office-Tische, grau	750,00	7.500,00
1259	10	Erweiterungen für PC-Office-tische für Drucker, grau	60,00	600,00
		Rechnungsbetrag[1]		8.100,00

Zahlungsbedingungen: Zahlung sofort ohne Abzug. Die Lieferung und Aufstellung erfolgt durch die Spedition Herget gegen gesonderte Rechnung.

[1] Der Rechnungsbetrag ist umsatzsteuerpflichtig – siehe Schülerbuch, Kap. 10, und Lernsituation 15.

Arbeitsaufträge

1 Schauen Sie sich die Belege genau an. Welche Art von Belegen erkennen Sie? Welche Geschäftsvorfälle der Fly Bike Werke GmbH können Sie daraus ableiten? (Kontoauszug = 3 Geschäftsvorfälle)

2 Tragen Sie die notwendigen Buchungen in das Grundbuch ein.

Nr.	Soll	€	Haben	€
1)	Kasse	200,00	Bankguthaben	200,00
2)				
3)				
4)				
5)				

Arbeitsblatt 10.1 | Buchen nach Belegen

Vervollständigen Sie die unten stehende Übersicht mit den folgenden Belegarten, Geschäftsvorfällen und Konten. (Mehrfachverwendungen bei Belegarten und Konten sind zulässig.)
Rohstoffe, TA und Maschinen, Verkauf von gebrauchten Büromöbeln gegen Barzahlung, Kasse, Langfristige Bankverbindlichkeiten, Kontoauszug, Bankguthaben, Fremdbauteile, Barabhebung vom Bankkonto, Handelswaren, Kassenbeleg, Betriebsstoffe, Verkauf einer gebrauchten PC-Einheit auf Ziel, Ausgangsrechnung, Forderungen a. L. L., ein Kunde der Fly Bike Werke GmbH überweist auf das Bankkonto, Eingangsrechnung, Hilfsstoffe, Verbindlichkeiten a. L. L., Verkauf von gebrauchten Maschinen auf Ziel

Nr.	Belegart	Geschäftsvorfall	Konto der Sollbuchung	Konto der Habenbuchung
1		Einkauf von Lacken auf Ziel		
2	Ausgangsrechnung			TA und Maschinen
3		Barkauf von Schmierfetten für die Stanzmaschine		Kasse
4			Forderungen a. L. L.	Betriebs- und Geschäftsausstattung
5	Kontoauszug		Bankguthaben	
6		Kauf von Stahlrohren auf Ziel		Verbindlichkeiten a. L. L.
7		Kauf einer Rohrtrennanlage auf Ziel		
8	Kassenbeleg			Betriebs- und Geschäftsausstattung
9		Tilgung einer Darlehensschuld durch Banküberweisung		
10		Überweisung an den Rohstofflieferer Mannes AG		Bankguthaben
11	Eingangsrechnung	Kauf von Brems- und Schaltungskomponenten auf Ziel		Verbindlichkeiten a. L. L.
12	Kontoauszug		Kasse	Bankguthaben
13		Kauf von Fahrradbekleidung auf Ziel		

Aufgaben

Aufgabe 1
Bringen Sie die nachfolgenden Tätigkeiten der Belegbearbeitung in eine sinnvolle Reihenfolge (1–9).

- ☐ Buchung in chronologischer (zeitlicher) Reihenfolge (Grundbuch)
- ☐ Belege sortieren
- ☐ Vernichtung der Belege
- ☐ Kontierung des Beleges
- ☐ Buchung in sachlicher Ordnung auf Konten (Hauptbuch)
- ☐ Posteingangsstempel auf den Beleg
- ☐ Ablage der Belege
- ☐ Belegprüfung (ggf. sachliche und rechnerische Prüfung)
- ☐ Vergabe einer internen Belegnummer, ggf. Kunden- oder Lieferantennummer vermerken

Aufgabe 2
Die Fly Bike Werke GmbH erhält am 13.07.20XX nachfolgend abgebildeten Kontoauszug. Der Kontoauszug (Buchungsbeleg) ist die Grundlage für die Kontierung und die Buchung von drei Geschäftsvorfällen.

a Formulieren Sie für die drei Geschäftsvorfälle einen eindeutigen Text. Beachten Sie dabei, dass dieHofkauf AG ein Kunde und die AWB Aluminiumwerke AG ein Rohstofflieferer der Fly Bike Werke GmbH ist.
b Geben Sie für die drei Geschäftsvorfälle die jeweilige Kontierung und den Buchungssatz an.

Landessparkasse Oldenburg

IBAN		**Kontoauszug**	Auszug	Blatt
DE86280501000112326444		Landessparkasse Oldenburg	126	1
Buchungstag	Wert	Vorgang/Erläuterungen	Beträge in €	
		Kontostand am 12.07.20XX	32.430,00 +	
13.07.20XX	13.07.20XX	Barauszahlung	1.000,00 –	
13.07.20XX	13.07.20XX	Hofkauf AG, Köln Rechnung 312 vom 01.07.20XX	23.800,00 +	
13.07.20XX	13.07.20XX	AWB Aluminiumwerke AG, Bonn Rechnung 398 vom 20.06.20XX	11.900,00 –	
		Kontostand am 13.07.20XX	43.330,00 +	

Fly Bike Werke GmbH, Oldenburg

Aufgabe 3
Geben Sie für nachfolgende Kontierungen jeweils den zutreffenden Beleg und den jeweiligen Buchungssatz an.

Kontierung Nr. 1

Konto	Soll	Haben
Bankguthaben	23.800,00	
Forderungen a.L.L.		23.800,00
Gebucht: 01.08.20XX G120 Ta/La		

Kontierung Nr. 2

Konto	Soll	Haben
Fuhrpark	59.500,00	
Verbindlichkeiten a.L.L.		59.500,00
Gebucht: 01.08.20XX G121 Ta/La		

Kontierung Nr. 3

Konto	Soll	Haben
Kasse	1.785,00	
Geschäftsausstattung		1.785,00
Gebucht: 01.08.20XX G121 Ta/La		

Aufgabe 4

Erstellen Sie einen Geschäftsgang im Grund- und Hauptbuch.

Anfangsbestände der Bestandskonten	€
Grundstücke und Bauten	400.000,00
technische Anlagen und Maschinen	150.000,00
Fuhrpark	30.000,00
Geschäftsausstattung	900.000,00
Rohstoffe	60.000,00
Hilfsstoffe	20.000,00
Forderungen a. L. L.	35.000,00
Kasse	5.000,00
Bankguthaben	52.000,00
Eigenkapital	?
langfristige Bankverbindlichkeiten	500.000,00
Verbindlichkeiten a. L. L.	252.000,00

Nr.	Belegart	Geschäftsvorfälle	€
1)	Grundbuchauszug, Kontoauszug	Bankgutschrift für den Verkauf eines ungenutzten Grundstücks	50.000,00
2)	Kontoauszug	Bankgutschriften für Kundenüberweisungen	25.000,00
3)	Eingangsrechnung	Kauf eines Pkw für den Geschäftsführer auf Ziel	60.000,00
4)	Eingangsrechnungen	Zielkauf von Rohstoffen und Hilfsstoffen	25.000,00 10.000,00
5)	Ausgangsrechnung	Verkauf einer gebrauchten Maschine auf Ziel	22.000,00
6)	Kontoauszug	Banklastschrift für die Überweisung einer Darlehensrate	20.000,00
7)	Eingangsrechnung	Zielkauf einer Büroeinrichtung für den Geschäftsführer	32.000,00
8)	Kontoauszug	Banklastschriften für Überweisungen an Lieferer	45.000,00
9)	Quittung	Kauf eines Mobiltelefons gegen Barzahlung	900,00
10)	Quittung	Verkauf eines gebrauchten Büroschreibtisches (Barzahlung)	700,00

Aufgabe 5

Bilden Sie die Buchungssätze für die folgenden Geschäftsvorfälle:

Nr.	Belegart	Geschäftsvorfälle	Beiträge in €
1)	Eingangsrechnung	Hilfsstoffeinkauf auf Ziel	2.000,00
2)	Ausgangsrechnung	Verkauf eines gebrauchten Handys (Barzahlung)	50,00
3)	Kontoauszug	Bankgutschrift: Kundenüberweisung	2.700,00
4)	Eingangsrechnung	Kauf einer Telefonanlage auf Ziel	3.400,00
5)	Quittung	Barkauf eines Handys	900,00
6)	Quittung	Barkauf von Werkzeugen	2.500,00
7)	Kontoauszug	Banklastschrift: Überweisung an einen Lieferer	2.700,00
8)	Kassenbeleg	Barkauf eines gebrauchten Lkws	48.000,00
9)	Vertrag, Kontoauszug	Aufnahme eines Darlehens bei einer Bank mit Gutschrift auf dem Bankkonto	60.000,00
10)	Eingangsrechnung	Kauf einer Verpackungsmaschine für das Lager auf Ziel	14.500,00
11)	Ausgangsrechnung	Verkauf gebrauchter Büromöbel auf Ziel	6.000,00

Lernsituation 11

SB ▸ Seite 90 ff. | Handlungsfeld 1, Kap. 8.4

Bilanzen und Bilanzkonten

Situation

Herr Stein, Geschäftsführer der Stein GmbH in Bonn, hat für das Geschäftsjahresende 20X1 die nachfolgende Bilanz aufgestellt. Für den Beginn des Geschäftsjahres 20X2 müssen die Anfangsbestände auf die Bestandskonten übertragen und das Eröffnungsbilanzkonto erstellt werden.

Aktiva	Bilanz der Stein GmbH zum 31.12.20X1		Passiva
A. Anlagevermögen		**A. Eigenkapital**	661.550,00
1. Grundstücke und Bauten	520.000,00	**B. Verbindlichkeiten**	
2. TA und Maschinen	125.000,00	1. Langfristige Bankverbindlichkeiten	780.000,00
3. Betriebs- und Geschäftsausstattung	337.000,00	2. Verbindlichkeiten a. L. L.	64.600,00
B. Umlaufvermögen			
1. Rohstoffe	312.000,00		
2. Forderungen a. L. L.	124.000,00		
3. Kasse	5.260,00		
4. Bankguthaben	82.890,00		
	1.506.150,00		1.506.150,00

Bonn, 04.03.20X2 Klaus Stein

Grundbuch: Eröffnungsbuchungen

Nr.	Soll	€	Haben	€
1)				
2)				
3)				
4)				
5)				
6)				
7)				
8)				
9)				
10)				

Hauptbuch:

______	Eröffnungsbilanzkonto	______

Arbeitsblatt 11.1 | Bilanzen und Bilanzkonten

Ende des vorigen Geschäftsjahres:

Inventur

Inventar

______	**Schlussbilanz**	______
______ Bestandskonten		______ Bestandskonten

Beginn des Berichtsjahres:

______	**Eröffnungsbilanz**	______
______ Bestandskonten		______ Bestandskonten

______	**Eröffnungsbilanzkonto (EBK)**	______
______ Bestandskonten		______ Bestandskonten

Grundbuch: Eröffnungsbuchungen

______ Bestandskonten	an	EBK
EBK	an	______ Bestandskonten

Grundbuch: alle Geschäftsvorfälle des Berichtsjahres

Grundbuch: Abschlussbuchungen

SBK	an	______ Bestandskonten
______ Bestandskonten	an	SBK

Ende des Berichtsjahres:

Vorläufiger Abschluss im Hauptbuch; Abgleich der Sollwerte (Buchhaltung) mit den Istwerten (Inventur); ggf. Korrekturbuchungen im Grund- und Hauptbuch

______	**Schlussbilanzkonto (SBK)**	______
______ Bestandskonten		______ Bestandskonten

Inventur

Inventar

______	**Schlussbilanz**	______
______ Bestandskonten		______ Bestandskonten

Aufgaben

Aufgabe 1
Beschreiben Sie die Geschäftsvorfälle, die zu den nachfolgenden Buchungen auf dem Konto Kasse geführt haben.

S	Kasse		H
EBK	4.560,00	2) Verbindlichkeiten a. L. L.	2.300,00
1) Bankguthaben	24.500,00	3) TA und Maschinen	5.000,00
5) Fuhrpark	3.000,00	4) Rohstoffe	7.200,00
6) BGA	1.200,00	7) Postbankguthaben	2.000,00
8) Forderungen a. L. L.	5.000,00	SBK	21.760,00
	38.260,00		38.260,00

Aufgabe 2
Bilden Sie die Buchungssätze:

a Eröffnung Konto Kasse mit einem Anfangsbestand von 6.000,00 €
b Eröffnung Konto Darlehen mit einem Anfangsbestand von 200.000,00 €
c Abschluss Konto Verbindlichkeiten a. L. L. mit Endbestand von 64.000,00 €
d Abschluss Konto Fuhrpark mit einem Endbestand von 34.000,00 €
e Einkauf eines neuen Lastkraftwagens auf Ziel 75.000,00 €
f Verkauf eines gebrauchten Lastkraftwagens auf Ziel 12.000,00 €

Aufgabe 3
Vervollständigen Sie die nachfolgenden Aussagen durch Zuordnung der richtigen Begriffe.

a Sollbuchungen bewirken eine Mehrung des Wertes auf ______________.

b Die Eröffnungsbuchungen lauten immer EBK an ______________.

c Schlussbilanzwerte werden immer durch eine ______________ ermittelt.

d Das Eröffnungsbilanzkonto enthält dieselben Posten und Werte wie die ______________.

e Minderungen auf einem passiven Bestandskonto werden als ______________ erfasst.

f Verluste bewirken in der Bilanz eine ______________.

g Der Endbestand des Kontos Eigenkapital steht im SBK im ______________.

h Der Anfangsbestand des Kontos Forderungen steht im ______________.

i Die Aktiva einer Eröffnungsbilanz steht im EBK im ______________.

j Die Passiva einer Schlussbilanz steht im SBK im ______________.

k Die erste Angabe in einem Buchungssatz ist die ______________.

l Aktiva und Passiva sind Bezeichnungen für eine ______________.

m Inventurwerte des letzten Geschäftsjahres finden wir in der ______________.

Begriffe: Eigenkapitalminderung, Sollbuchung, Eröffnungsbilanz, Soll, Haben, Inventur, passive Bestandskonten, aktive Bestandskonten (Mehrfachnennungen sind möglich!)

Aufgabe 4
Folgendes Eröffnungsbilanzkonto ist vorgegeben.

Soll		Eröffnungsbilanzkonto	Haben
Eigenkapital	300.000,00	Grundstücke und Bauten	290.000,00
Langfristige Bankverbindlichkeiten	160.000,00	Technische Anlagen und Maschinen	60.000,00
Verbindlichkeiten a. L. L.	120.500,00	Betriebs- und Geschäftsausstattung	45.000,00
		Rohstoffe	90.000,00
		Forderungen a. L. L.	65.000,00
		Kasse	5.500,00
		Bankguthaben	25.000,00
	580.500,00		580.500,00

Nr.	Belegart	Geschäftsvorfälle	€
1)	Eingangsrechnung	Einkauf von Rohstoffen auf Ziel	85.000,00
2)	Vertrag, Kontoauszug	Aufnahme eines Darlehens gegen Banküberweisung	300.000,00
3)	Vertrag, Kontoauszug	Kauf eines Grundstückes gegen Banküberweisung	200.000,00
4)	Eingangsrechnung, Kontoauszug	Kauf einer Maschine gegen Banküberweisung	50.000,00
5)	Eingangsrechnung	Kauf von Büroeinrichtungen auf Ziel	20.000,00
6)	Ausgangsrechnung	Verkauf einer gebrauchten Maschine auf Ziel	20.000,00
7)	Kassenbeleg, Kontoauszug	Barabhebung vom Bankkonto	5.000,00
8)	Kontoauszug	Banküberweisung von Kunden	65.000,00
9)	Kontoauszug	Banküberweisung an Lieferer	55.000,00
10)	Quittung	Barkauf eines Bürodrehstuhls	1.500,00
11)	Eingangsrechnung, Kontoauszug	Banküberweisung nach Fertigstellung einer neuen Lagerhalle	50.000,00

Erstellen Sie das Grundbuch mit allen Eröffnungsbuchungen (über EBK), Buchungen der Geschäftsvorfälle und allen Abschlussbuchungen (über SBK). Erstellen Sie anschließend das Hauptbuch (EBK bis SBK).

SB ▸ Seite 93 ff. | Handlungsfeld 1, Kap. 8.5–8.8

Erfolge ermitteln

Situation

Die Fly Bike Werke GmbH hat im Rahmen eines Streckengeschäftes 150 Fahrradanhänger an die Matro AG in Essen liefern lassen. Der Verkäufer, die Fahrradteile International GmbH, hat die Transport- und Verpackungskosten übernommen.

Beleg Nr. 1

Fahrradteile International GmbH

Fahrradteile International GmbH, Borgwardstr. 16 28309 Bremen

Posteingang: 21.08.20XX

Fly Bike Werke GmbH
Rostocker Str. 334
26121 Oldenburg

Rechnungsprüfung	
Sachlich richtig	Rechnerisch richtig
Datum 21.08.20XX	Datum 21.08.20XX
Nz. Taubert	Nz. Taubert

Kundennummer: 10112
Ihre Bestellung Nr.: 76
Ihr Bestell-Datum: 09.07.20XX
Unsere Lieferschein-Nr.: 102
Unser Lieferdatum: 20.08.20XX

Ihr Ansprechpartner: Herr Itze
Tel. 0421- 83 09 1

Rechnung-Nr.: 102		Rechnungs-Datum: 20.08.20XX			
Artikel-Nr.	Artikelbezeichnung	Stückzahl	Einzelpreis €	Rabatt %	Gesamtpreis €
10100	Fahrradanhänger WXP-100 Ihre Modellbezeichnung „Kelly“	100	45,00	0,00	4.500,00
10300	Fahrradanhänger WXO-300 Ihre Modellbezeichnung „Max“	50	75,00	0,00	3.750,00
				Rechnungsbetrag [1]	8.250,00

Versandart: Lieferung frei Lager Mühlheim per LKW
Wir liefern direkt in Ihrem Auftrag an die Matro AG
Zwischenlager Mühlheim, Kruppstr. 60, 45472
Mühlheima.d.R.

Beleg Nr. 2

Fly Bike Werke GmbH

FBW GmbH • Rostocker Str. 334 • 26121 Oldenburg

Matro AG
Zentraleinkauf
Altenessener Straße 661
45472 Essen

Rechnung Nr. 612				
Bearbeiter	Kundennr.	Ihre Bestellung Nr.	Ihre Bestellung vom	Rechnungsdatum
Frau Dogan	40022	5982	15.08.20XX	22.08.20XX
Versandart/Freivermerk Lkw/frei Lager		Verpackungsart Kartonage		Geliefert am 22.08.20XX

Die Lieferung erfolgte im Auftrag an Ihr Zwischenlager in Mühlheim, Kruppstr. 60.

Pos.-Nr.	Artikel-Nr.	Artikelbezeichnung	Menge	Einzelpreis in €	Rabatt in %	Gesamtpreis in €
01	601	Fahrradanhänger Kelly	100	110,00	20,00	8.800,00
02	603	Fahrradanhänger Max	50	270,00	20,00	10.800,00
					Nettorechnungsbetrag in € [1]	19.600,00

[1] Der Rechnungsbetrag ist umsatzsteuerpflichtig – siehe Schülerbuch, Kap. 10, und Lernsituation 15.

Arbeitsauftrag

1 Buchen Sie den Ein- und Verkauf der Handelsware.
2 Ermitteln Sie den Rohgewinn aus diesem Geschäft.

Nr.	Soll	€	Haben	€
1)				
2)				

Arbeitsblatt 12.1 | Materialverbrauch 1: Inventurmethode (Bestandsvergleich)

Ablauf:

1 Der Anfangsbestand des Materialkontos wird auf das Bestandskonto übertragen.
2 Alle Einkäufe werden auf dem Bestandskonto im Soll gebucht.
Hinweis: Während der Abrechnungsperiode wird kein Materialverbrauch gebucht.
3 Der Endbestand für die Bestandskonten wird als Inventurwert vorgegeben.
4 Die Materialverbräuche werden rechnerisch als Differenz zwischen Anfangsbestand + Einkäufe – Endbestand auf den Bestandskonten ermittelt und auf die Aufwandskonten umgebucht.
5 Die Aufwandskonten werden abgeschlossen.

Grundbuch:

		€			€
1a)	Eröffnung Rohstoffe (AB)	5.000,00	1b)	Eröffnung Hilfsstoffe (AB)	2.000,00
2a)	Einkauf Rohstoffe auf Ziel	10.000,00	2b)	Einkauf Hilfsstoffe auf Ziel	5.000,00
3a)	Inventurbestand Rohstoffe	2.000,00	3b)	Inventurbestand Hilfsstoffe	2.500,00

Nr.	Soll	€	Haben	€
1a) 1b)				
2a) 2b)				
3a) 3b)				

Hauptbuch:

Bestandskonten

S **Rohstoffe** H

S **Hilfsstoffe** H

Aufwandskonten

S **Aufw. f. Rohstoffe** H

S **Aufw. f. Hilfsstoffe** H

Zu 4) Ermitteln Sie auf den Bestandskonten den jeweiligen Materialverbrauch und buchen Sie diesen um.
Zu 5) Schließen Sie die Aufwandskonten ab.

Grundbuch:

4a) Umbuchung Materialverbrauch Rohstoffe
5a) Abschluss Aufwendungen für Rohstoffe
4b) Umbuchung Materialverbrauch Hilfsstoffe
5b) Abschluss Aufwendungen für Hilfsstoffe

Nr.	Soll	€	Haben	€
4a) 4b)				
5a) 5b)				

Hauptbuch:

S **SBK** H

S **GuV-Konto** H

Arbeitsblatt 12.2 | Materialverbrauch 2: Skontrationsmethode (Bestandsfortschreibung)

Ablauf:

1 Der Anfangsbestand des Materialkontos wird auf das Bestandskonto übertragen.
2 Alle Einkäufe werden auf dem Bestandskonto im Soll gebucht.
3 Materialverbräuche werden durch Materialentnahmescheine (MES) erfasst.
Buchung: Aufwandskonto an Bestandskonto
4 Der Endbestand wird auf dem Bestandskonto rechnerisch ermittelt (und in der Inventur überprüft).
5 Der Materialverbrauch ergibt sich als Saldo auf dem Aufwandskonto.

Grundbuch:

		€			€
1a)	Eröffnung Rohstoffe (AB)	50.000,00	1b)	Eröffnung Hilfsstoffe (AB)	20.000,00
2a)	Einkauf Rohstoffe auf Ziel	100.000,00	2b)	Einkauf Hilfsstoffe auf Ziel	100.000,00
3a)	MES Rohstoffe	130.000,00	3b)	MES Hilfsstoffe	40.000,00

Nr.	Soll	€	Haben	€
1a) 1b)				
2a) 2b)				
3a) 3b)				

Hauptbuch:

Bestandskonten

Aufwandskonten

S	Rohstoffe	H

S	Aufw. f. Rohstoffe	H

S	Hilfsstoffe	H

S	Aufw. f. Hilfsstoffe	H

Zu 4) Ermitteln Sie auf den Bestandskonten die Endbestände und schließen Sie die Konten ab.
Zu 5) Ermitteln Sie auf den Erfolgskonten den Materialverbrauch und schließen Sie die Konten ab.

Grundbuch:

4a) Abschluss Rohstoffe
4b) Abschluss Hilfsstoffe
5a) Abschluss Aufwendungen für Rohstoffe
5b) Abschluss Aufwendungen für Hilfsstoffe

Nr.	Soll	€	Haben	€
4a) 4b)				
5a) 5b)				

Hauptbuch:

S	SBK	H

S	GuV-Konto	H

Arbeitsblatt 12.3 | Materialverbrauch 3: aufwandsorientierte Buchungstechnik (Just-in-Time-Verfahren)

Ablauf:

1 Der Anfangsbestand des Materialkontos wird auf das Bestandskonto übertragen.
2 Alle Einkäufe werden auf dem Aufwandskonto im Soll gebucht.
Hinweis: Während der Abrechnungsperiode werden Einkäufe als Aufwand erfasst.
3 Der Endbestand für die Bestandskonten wird als Inventurwert vorgegeben.
4 Die Materialbestandsveränderungen werden rechnerisch als Differenz zwischen Anfangsbestand – Endbestand auf den Bestandskonten ermittelt und auf die Aufwandskonten umgebucht.
AB > EB = Aufwandsmehrung; AB < EB = Aufwandsminderung
5 Die Aufwandskonten werden abgeschlossen.

Grundbuch:

		€			€
1a)	Eröffnung Rohstoffe (AB)	2.000,00	1b)	Eröffnung Hilfsstoffe (AB)	1.000,00
2a)	Einkauf Rohstoffe auf Ziel	15.000,00	2b)	Einkauf Hilfsstoffe auf Ziel	7.500,00
3a)	Inventurbestand Rohstoffe	1.200,00	3b)	Inventurbestand Hilfsstoffe	500,00

Nr.	Soll	€	Haben	€
1a) 1b)				
2a) 2b)				
3a) 3b)				

Hauptbuch:

Bestandskonten

S	Rohstoffe	H

S	Hilfsstoffe	H

Aufwandskonten

S	Aufw. f. Rohstoffe	H

S	Aufw. f. Hilfsstoffe	H

Zu 4) Ermitteln Sie auf den Bestandskonten die Bestandsveränderungen und buchen Sie diese um.
Zu 5) Schließen Sie die Aufwandskonten ab.

Grundbuch:

4a) Umbuchung Bestandsveränderung Rohstoffe
4b) Umbuchung Bestandsveränderung Hilfsstoffe
5a) Abschluss Aufwendungen für Rohstoffe
5b) Abschluss Aufwendungen für Hilfsstoffe

Nr.	Soll	€	Haben	€
4a) 4b)				
5a) 5b)				

Hauptbuch:

S	SBK	H

S	GuV-Konto	H

Arbeitsblatt 12.4 | Abschluss von Erfolgs- und Bestandskonten

Ertragskonten	an	______________
______________	an	Aufwandskonten
GuV-Konto (bei Gewinn)	an	______________
SBK	an	______________
______________	an	SBK

Schließen Sie die Konten ab: GuV-Konto oder SBK? Hinweis: Inventurbestand Rohstoffe 6.000,00 €

S — BGA — H

S		H	
EBK	50.000,00		
5) Ba	6.000,00		

S — Eigenkapital (EK) — H

S		H	
		EBK	44.000,00

S — Rohstoffe (Ro) — H

S		H	
EBK	7.000,00		

S — langfr. Bankverbindlichkeiten (LB) — H

S		H	
4) Ba	10.000,00	EBK	30.000,00

S — Bankguthaben (Ba) — H

S		H	
EBK	23.000,00	2) AfR	2.000,00
3) UfE	52.000,00	4) LB	10.000,00
7) ZE	500,00	5) BGA	6.000,00
8) UfE	6.000,00	6) Ge	20.000,00

S — Verbindlichkeiten a. L. L. (Ve) — H

S		H	
		EBK	6.000,00
		1) AfR	30.000,00

S — Aufwendungen f. Rohstoffe (AfR) — H

S		H	
1) Ve	30.000,00		
2) Ba	2.000,00		

S — Umsatzerlöse f. eigene Erzeugnisse (UfE) — H

S		H	
		3) Ba	52.000,00
		8) Ba	6.000,00

S — Gehälter (Ge) — H

S		H	
6) Ba	20.000,00		

S — Zinserträge (ZE) — H

S		H	
		7) Ba	500,00

S — SBK — H

S — GuV-Konto — H

Arbeitsblatt 12.5 | Das Bestandsveränderungskonto BVÄ – „das etwas andere Konto"

Buchungstechnik:
- Die Bestandskonten „Unfertige Erzeugnisse" und „Fertige Erzeugnisse" werden nur am Anfang und am Ende eines Geschäftsjahres gebucht (Gegenbuchung EBK bzw. SBK).
- Die Differenzen zwischen Anfangs- und Endbeständen sind die hier relevanten Bestandsveränderungen.
- Diese Bestandsveränderungen werden am Ende eines Geschäftsjahres auf das Erfolgskonto BVÄ umgebucht.

Aufwands- oder Ertragskonto?
- Die Bestandsmehrungen überwiegen → Ertragskonto
- Die Bestandsminderungen überwiegen → Aufwandskonto

Steckbrief BVÄ

Kontenart: Erfolgskonto
Abschluss: über das GuV-Konto
Besonderheit: Aufwands- ODER Ertragskonto

Beispiel: Bestandsmehrungen überwiegen

S	Unfertige Erzeugnisse (UE)		H
EBK	50.000,00	SBK	40.000,00

S	Fertige Erzeugnisse (FE)		H
EBK	20.000,00	SBK	60.000,00

Grundbuch:

1) Bestandsminderung Unfertige Erzeugnisse: ____________________

2) Bestandsmehrung Fertige Erzeugnisse: ____________________

Nr.	Soll	€	Haben	€
1)				
2)				

Hauptbuch:

S	Bestandsveränderungen (BVÄ)	H

Grundbuch:

3) Abschluss BVÄ über GuV: ____________________

Nr.	Soll	€	Haben	€
3)				

Hauptbuch:

S	GuV-Konto (GuV)	H

Das Bestandsveränderungskonto verändert in diesem Beispiel den Gewinn um ____________ €.

Aufgaben

Aufgabe 1

Bilden Sie die Buchungssätze für die nachfolgenden erfolgswirksamen Geschäftsvorfälle unter Beachtung der folgenden Erfolgskonten: Aufwendungen für Fremdbauteile, Aufwendungen für Rohstoffe, Büromaterial, Fremdinstandhaltung, Gehälter, Kfz-Steuer, Löhne, Mieten/Pachten, Mieterträge, Postgebühren/Telefon, Provisionserträge, Umsatzerlöse für eigene Erzeugnisse, Versicherungsbeiträge, Werbung, Zinsaufwendungen, Zinserträge

		€
1)	Gehaltszahlung per Banküberweisung	6.200,00
2)	Banklastschrift für Zinsen	510,00
3)	Barkauf von Büromaterial	120,00
4)	Banküberweisung an das Finanzamt für Kfz-Steuer	245,00
5)	Eingangsrechnung für die Gestaltung einer Werbeanzeige für eine Fachzeitschrift	1.900,00
6)	Reparatur eines Personalcomputers gegen Barzahlung	460,00
7)	Banküberweisung der Kfz-Haftpflichtversicherung	650,00
8)	Banküberweisung eines Lagerhallenmieters	2.000,00
9)	Barkauf von Briefmarken	50,00
10)	Bankgutschrift für Provisionen	2.300,00
11)	Banklastschrift für Telefongebühren	430,00
12)	Lohnzahlung, bar	14.200,00
13)	Kfz-Reparatur gegen Barzahlung	600,00
14)	Zinsgutschrift der Bank	500,00
15)	Banküberweisung an Vermieter	3.000,00
16)	Verbrauch von Fremdbauteilen in der Produktion (bei bestandsorientierter Buchung)	26.000,00
17)	Verkauf von fertigen Erzeugnissen gegen Banküberweisung	52.000,00
18)	Entnahme von Rohstoffen für die Produktion aus dem Lager (bei bestandsorientierter Buchung)	16.000,00

Aufgabe 2

Ermitteln Sie die Unternehmensdaten eines kleinen Fahrradherstellers:

a die gesamten Aufwendungen der Produktion,
b die Kosten je Stück,
c den Gewinnzuschlag in €, bezogen auf die Kosten,
d den Umsatzerlös (Verkaufspreis) je Stück,
e die gesamten Umsatzerlöse für die verkauften Fahrräder,
f die Bestandsminderung in Stück,
g die Bestandsminderung in €,
h den Gesamtgewinn der verkauften Fahrräder.

Berücksichtigen Sie die folgenden Angaben:

- gesamte Produktionsmenge: 2.400 Fahrräder,
- gesamte Absatzmenge: 2.450 Fahrräder (keine unfertigen Erzeugnisse),
- Gewinnzuschlag auf die Kosten = 30 %,
- Kosten des Lagerbestandes: 450,00 € je Stück

Gewinn- und Verlustkonto

Soll			Haben
Aufw. für Rohstoffe	92.600,00	Umsatzerlöse für eigene Erzeugnisse	
Aufw. für Fremdbauteile	186.000,00		
Aufw. für Hilfsstoffe	53.600,00		
Aufw. für Betriebsstoffe	51.200,00		
Löhne	348.600,00		
Gehälter	124.000,00		
weitere Aufwendungen	224.000,00		
Bestandsveränderungen			
Eigenkapital (Gewinn)			

Aufgabe 3

Erstellen Sie einen vollständigen Geschäftsgang. Anfangsbestände der Bestandskonten:

Aktive Bestandskonten	€	Passive Bestandskonten	€
Grundstücke und Bauten	360.000,00	Eigenkapital	600.000,00
Maschinen	250.000,00	langfristige Bankverbindlichkeiten	250.000,00
Betriebs- und Geschäftsausstattung	85.000,00		
Rohstoffe	35.000,00	Verbindlichkeiten a. L. L.	56.000,00
Hilfsstoffe	25.000,00		
Betriebsstoffe	12.500,00		
Forderungen a. L. L.	42.000,00		
Kasse	8.500,00		
Bankguthaben	88.000,00		

Erfolgskonten: Aufwendungen für Rohstoffe (Fertigungsmaterial), Aufwendungen für Hilfsstoffe, Aufwendungen für Betriebsstoffe, Fremdinstandhaltung, Mieten, Löhne und Gehälter, Umsatzerlöse für eigene Erzeugnisse, Provisionserträge
Eröffnungs- und Abschlusskonten: EBK, GuV-Konto, SBK

Nr.	Belegart	Geschäftsvorfälle	€
1)	Eingangsrechnungen	Zieleinkauf von Rohstoffen,	92.000,00
		Hilfsstoffen	34.500,00
		und Betriebsstoffen	12.600,00
2)	Kontoauszug mit Lastschrift	Tilgung eines Darlehens durch Banküberweisung	10.000,00
3)	Kontoauszug mit Gutschrift	Banküberweisungen von Kunden	38.000,00
4)	Eingangsrechnung	Reparatur einer Verpackungsmaschine auf Ziel	14.000,00
5)	Kontoauszug mit Lastschrift	Lohn- und Gehaltsauszahlungen	65.000,00
6)	Kontoauszug mit Lastschriften	Überweisungen an Lieferer	26.500,00
		Überweisung an Lagerhallenvermieter	12.000,00
7)	Ausgangsrechnungen	Verkauf aller produzierten Erzeugnisse auf Ziel	252.000.00
8)	Kassenbeleg	Verkauf eines gebrauchten Schreibtisches gegen Barzahlung	200,00
9)	Kassenbeleg	Für die Vermittlung eines Warengeschäftes erhalten wir eine Provision bar.	2.500,00

Inventurbestände:
Rohstoffe: 15.000,00 €; Hilfsstoffe: 37.000,00 €; Betriebsstoffe: 8.400 €

Aufgabe 4

a Ermitteln Sie den Materialverbrauch und den Wert der Bestandsveränderung.

	Anfangsbestände in €	Endbestände in €	Einkäufe in €	Material-/Wareneinsatz
1) Rohstoffe	40.000,00	60.000,00	120.000,00	
2) Hilfsstoffe	2.000,00	1.500,00	40.000,00	
3) Betriebsstoffe	1.200,00	1.000,00	16.000,00	
4) Fremdbauteile	8.000,00	12.500,00	240.000,00	
5) Handelswaren	4.200,00	6.000,00	41.800,00	

b Ermitteln Sie den Reingewinn, wenn weitere Aufwendungen in Höhe von 86.000,00 € gebucht worden sind. Die Umsatzerlöse für eigene Erzeugnisse betragen 612.500,00 €, die für Handelswaren 60.000,00 €.

c Berechnen Sie den Rohgewinn für Handelswaren in € und in Prozent.

Aufgabe 5
Erstellen Sie einen vollständigen Geschäftsgang im Grund- und Hauptbuch für ein Einzelunternehmen. Der Materialverbrauch von Roh- und Hilfsstoffen wird durch Materialentnahmescheine ermittelt. Die Verbrauchsermittlung der Betriebsstoffe erfolgt nach der Inventurmethode.

Hinweis:
Soll der Geschäftsgang vollständig aufwandsorientiert gebucht werden, muss der Geschäftsvorfall 4 gestrichen werden. Folgende Inventurbestände sind dann zusätzlich zu beachten: Rohstoffe 27.000,00 €, Hilfsstoffe 33.000,00 €.

Anfangsbestände der Bestandkonten:

Aktive Bestandskonten	€	Passive Bestandskonten	€
Grundstücke und Bauten	360.000,00	Eigenkapital	604.000,00
Maschinen	250.000,00	langfristige Bankverbindlichkeiten	250.000,00
Betriebs- und Geschäftsausstattung	81.000,00	Verbindlichkeiten a. L. L.	56.000,00
Rohstoffe	35.000,00		
Hilfsstoffe	25.000,00		
Betriebsstoffe	12.500,00		
Forderungen a. L. L.	42.000,00		
Bankguthaben	88.000,00		
Kasse	16.500,00		

Erfolgskonten: Aufwendungen für Rohstoffe (Fertigungsmaterial), Aufwendungen für Hilfsstoffe, Aufwendungen für Betriebsstoffe, Fremdinstandhaltung, Mieten/Pachten, Löhne, Umsatzerlöse für eigene Erzeugnisse, Provisionserträge
Eröffnungs- und Abschlusskonten: EBK, GuV-Konto, SBK

Nr.	Belegart	Geschäftsvorfälle	€
1)	Eingangsrechnungen	Einkauf von Rohstoffen Hilfsstoffen und Betriebsstoffen auf Ziel	84.000,00 36.500,00 14.600,00
2)	Kontoauszug mit Lastschrift	Tilgung eines Darlehens durch Banküberweisung	15.000,00
3)	Kontoauszug mit Gutschrift	Banküberweisungen von Kunden	36.000,00
4)	Materialentnahmescheine	Verbrauch von Rohstoffen und Verbrauch von Hilfsstoffen	92.000,00 28.500,00
5)	Eingangsrechnung	Reparatur einer Verpackungsmaschine auf Ziel	6.000,00
6)	Kontoauszug mit Lastschriften	Überweisungen an Lieferer Überweisung an Lagerhallenvermieter	34.500,00 5.000,00
7)	Ausgangsrechnungen	Verkauf aller Erzeugnisse auf Ziel	246.000,00
8)	Kassenbeleg	Verkauf eines gebrauchten Schreibtisches gegen Barzahlung	800,00
9)	Kassenbeleg	Für die Vermittlung eines Warengeschäftes erhalten wir eine Provision in Höhe von	6.500,00
10)	Kontoauszug mit Lastschrift	Lohnauszahlungen	48.000,00

Abschlussangaben:
A 1 Inventurbestand der Betriebsstoffe 8.400,00 €
A 2 Die Buchbestände der Roh- und Hilfsstoffe stimmen mit den entsprechenden Inventurbeständen überein.

Aufgabe 6
Ermitteln Sie den Erfolg:
Absatzleistung: 2.000 Erzeugnisse zu je 200,00 €
Lagerleistung: 500 Erzeugnisse zu je 120,00 €
Gesamtaufwand: 2.500 Erzeugnisse zu je 120,00 €

Aufgabe 7
Erstellen Sie einen Geschäftsgang im Grund- und Hauptbuch.

Hinweise:
Der Rohstoffeinkauf wird aufwandsorientiert gebucht.
- Hilfs- und Betriebsstoffeinkäufe werden bestandsorientiert erfasst.
- Der Hilfsstoffverbrauch wird durch Materialentnahmescheine ermittelt.
- Der Betriebsstoffverbrauch wird im Rahmen der Inventur errechnet und gebucht.

Soll der Geschäftsgang vollständig aufwandsorientiert gebucht werden, muss der Geschäftsvorfall 4 gestrichen werden. Folgender Inventurbestand ist dann zusätzlich zu beachten: Hilfsstoffe 8.000,00 €.

Anfangsbestände der Bestandkonten:

Aktive Bestandskonten	€	Passive Bestandskonten	€
Maschinen	120.000,00	Eigenkapital	200.000,00
Betriebs- und Geschäftsausstattung	60.000,00	langfristige Bankverbindlichkeiten	100.000,00
Rohstoffe	1.000,00		
Hilfsstoffe	12.000,00	Verbindlichkeiten a. L. L.	18.000,00
Betriebsstoffe	2.000,00		
Forderungen	44.000,00		
Bankguthaben	65.000,00		
Kasse	14.000,00		

Weitere einzurichtende Konten: EBK, Aufwendungen für Rohstoffe (Fertigungsmaterial), Aufwendungen für Hilfsstoffe, Aufwendungen für Betriebsstoffe, Löhne, Gehälter, Umsatzerlöse für eigene Erzeugnisse, Zinserträge, GuV-Konto, SBK

Nr.	Belegart	Geschäftsvorfälle	€
1)	Eingangsrechnung	Einkauf von Rohstoffen auf Ziel	60.000,00
2)	Ausgangsrechnung, Kassenbeleg	Verkauf einer gebrauchten Maschine gegen Barzahlung	20.000,00
3)	Eingangsrechnung, Kontoauszug	Einkauf von Hilfsstoffen gegen Banküberweisung	24.000,00
4)	Materialentnahmescheine	Hilfsstoffverbrauch	28.000,00
5)	Kontoauszug	Banküberweisungen für Löhne und Gehälter	14.000,00 8.500,00
6)	Kontoauszug	Bankgutschrift für Zinsen	2.500,00
7)	Eingangsrechnung	Zielkauf von Betriebsstoffen	6.000,00
8)	Ausgangsrechnung	Verkauf von eigenen Erzeugnissen auf Ziel	124.000,00
9)	Vertrag, Kontoauszug	Aufnahme eines Darlehens gegen Bankgutschrift	52.000,00
10)	Eingangsrechnung, Kontoauszug	Kauf einer neuen Büroeinrichtung gegen Banküberweisung	48.000,00

Abschlussangaben: Inventurbestand Rohstoffe 2.500,00 €; der Buchwert des Hilfsstoffbestandes stimmt mit dem Inventurwert überein; der Inventurwert der Betriebsstoffe beträgt 1.200,00 €.

Aufgabe 8
Erstellen Sie einen Geschäftsgang im Grund- und Hauptbuch. Der Materialeinkauf soll bestandsorientiert erfasst werden.

Anfangsbestände der Bestandskonten in €:

Maschinen	55.000,00	Unfertige Erzeugnisse	2.000,00
Betriebs- und Geschäftsausstattung	62.000,00	Fertige Erzeugnisse	4.000,00
Forderungen a. L. L.	24.000,00	Bankguthaben	62.000,00
Rohstoffe	4.000,00	Kasse	2.300,00
Hilfsstoffe	3.500,00	Eigenkapital	?
Betriebsstoffe	4.200,00	lgfr. Bankverbindlichkeiten	45.000,00
		Verbindlichkeiten a. L. L.	87.000,00

Weitere einzurichtende Konten: Aufwendungen für Rohstoffe, Aufwendungen für Hilfsstoffe, Aufwendungen für Betriebsstoffe, Löhne und Gehälter, Mietaufwendungen, Bestandsveränderungen (BVÄ), Zinsaufwendungen, Umsatzerlöse für eigene Erzeugnisse, EBK, GuV-Konto, SBK

Nr.	Geschäftsvorfälle	€
1)	Rohstoffeinkauf auf Ziel	44.000,00
2)	Banküberweisung an den Vermieter der Produktionsstätte	16.000,00
3)	Hilfsstoffeinkauf gegen Banküberweisung	8.700,00
4)	Kauf einer neuen Maschine auf Ziel	14.600,00
5)	Materialentnahmeschein für Hilfsstoffe	9.800,00
6)	Betriebsstoffeinkauf auf Ziel	4.600,00
7)	Verkauf eigener Erzeugnisse gegen Banküberweisung	162.000,00
8)	Verkauf einer gebrauchten Büroeinrichtung gegen Banküberweisung	2.500,00
9)	Banküberweisung für Löhne und Gehälter	42.000,00
10)	Banküberweisung an Lieferer	38.000,00
11)	Banküberweisung: – Zinszahlungen und – Tilgungszahlungen für ein Bankdarlehen	500,00 1.500,00
12)	Bankgutschrift für Kundenüberweisungen	12.500,00
13)	Verkauf einer gebrauchten Maschine auf Ziel	6.000,00
14)	Barabhebung vom Bankkonto	700,00

Hinweis:
Soll der Geschäftsgang vollständig aufwandsorientiert gebucht werden, muss der Geschäftsvorfall 5 gestrichen werden. Folgender Inventurbestand ist dann zusätzlich zu beachten: Hilfsstoffe 2.400,00 €.

Abschlussangaben: Inventurbestand Rohstoffe 4.600,00 €; Inventurbestand Betriebsstoffe 2.800,00 €; Inventurbestand unfertige Erzeugnisse 650,00 €; Inventurbestand fertige Erzeugnisse 5.200,00 €.

Aufgabe 9
Bilden Sie die Buchungssätze:

		€
1)	Bestandsminderung: Konto unfertige Erzeugnisse	22.000,00
2)	Bestandsmehrung: Konto fertige Erzeugnisse	32.000,00
3)	Auf dem Konto Bestandsveränderungen überwiegen die Bestandsminderungen.	114.000,00
4)	Auf dem Konto Bestandsveränderungen überwiegen die Bestandsmehrungen.	62.000,00
5)	Buchung der Bestandsveränderung: unfertige Erzeugnisse: - Anfangsbestand - Endbestand	 6.000,00 20.000,00
6)	Buchung der Bestandsveränderung: fertige Erzeugnisse: - Anfangsbestand - Endbestand	 36.000,00 18.000,00

Aufgabe 10

Bei der Inventur im Handelswarenlager wurden nachfolgende – als üblich zu betrachtende – Inventurdifferenzen bei Fahrradanhängern festgestellt. Wertminderungen sind nicht festgestellt worden.

Fahrradanhänger/Einstandspreise		Lagerbestandsliste	Inventurliste
601 Modell *Kelly*	60,00 €	4 Stück	4 Stück
602 Modell *Mini*	70,00 €	12 Stück	13 Stück
603 Modell *Max*	80,00 €	6 Stück	5 Stück
604 Modell *Kids*	110,00 €	16 Stück	15 Stück
605 Modell *Sven*	130,00 €	24 Stück	22 Stück

Ermitteln Sie für diese Handelswaren

a den Wert gemäß Lagerbuchführung,

b den Wert gemäß Inventur,

c den Wert der Inventurdifferenz.

Buchen Sie

d die Inventurdifferenz,

e den Abschluss des Kontos Handelswaren, wenn keine weiteren Handelswaren vorrätig sind.

Aufgabe 11

Bei der Inventur im Materiallager wurden nachfolgende – als üblich zu betrachtende – Inventurdifferenzen bei Fremdbauteilen festgestellt. Wertminderungen sind nicht festgestellt worden.

Fremdbauteile/Einstandspreise (Bremsen) je Stück		Lagerbestandsliste	Inventurliste
2500 City-SX	6,81 €	124 Stück	120 Stück
2520 Trek-TR	9,60 €	216 Stück	213 Stück
2540 Ma-TRX	17,40 €	60 Stück	65 Stück
2560 MTB XT	13,75 €	116 Stück	115 Stück
2570 MTB LX	15,05 €	240 Stück	232 Stück

Ermitteln Sie

a den Wert gemäß Lagerbuchführung,

b den Wert gemäß Inventur,

c den Wert der Inventurdifferenz.

Buchen Sie

d die Inventurdifferenz,

e den Abschluss des Kontos Fremdbauteile, wenn keine weiteren Fremdbauteile vorrätig sind.

Aufgabe 12

In der Inventur werden 214 Komponenten des Typs MTB LX (Räder und Schaltungen) gezählt. In der Lagerbuchführung sind ebenfalls diese 214 Komponenten mit einem Einstandspreis von 60,78 € je Komponente verzeichnet. Die Wiederbeschaffungskosten gemäß aktueller Preisliste des Lieferers *Tamino* betragen aufgrund einer Preissenkung wegen eines zukünftigen Modellwechsels zurzeit noch 51,66 €.

a Berechnen Sie die Wertminderung bei dieser Komponente.

b Buchen Sie diese übliche Wertminderung.

Lernsituation 13

SB ▸ Seite 112 ff. | Handlungsfeld 1, Kap. 9.2

Kontenplan

Situation

Herr Freitag ist zurzeit sehr zufrieden – sein Unternehmen wächst ständig (siehe Lernsituation 6). Sehr hilfreich dabei war seine eigene Webseite, über die er jetzt Sonderposten nur an Gewerbetreibende vertreibt. Darüber hinaus ist er auch Produzent geworden. Die Preise auf dem Weltmarkt für Computer-Bauteile sind so stark gesunken, dass es sich für ihn lohnt, Desktop-PCs zu produzieren. Natürlich „schrauben" seine neuen Mitarbeiter nur Fremdbauteile zusammen. Er beschäftigt jetzt drei Angestellte und drei Arbeiter – alle in Vollzeit und unbefristet!

Außer einem Firmenwagen, vier PC-Einheiten (selbst hergestellt!), einigen Büromöbeln und einer kleinen Werkstatteinrichtung (Tische, Werkzeuge, Testgeräte) besitzt er immer noch kein „hochwertiges" Anlagevermögen – die Lagerhalle mit Werkstatt und Bürotrakt ist nur gemietet. Natürlich hat Herr Freitag ein Bankkonto und kauft Handelswaren, Fremdbauteile, Hilfsstoffe und Betriebsstoffe „auf Rechnung". Verkäufe auf Ziel macht er zwar nicht gerne, das ist jetzt aber nicht mehr zu vermeiden. Da die Expansion viel Geld gekostet hat, ist er jetzt auch Kunde bei der ortsansässigen Sparkasse in deren Darlehensgeschäft.

Arbeitsauftrag

Erstellen Sie für Herrn Freitag einen Kontenplan, der für seine derzeitige Unternehmenssituation die wahrscheinlich notwendigen Konten auflistet. Es genügt die Angabe der Kontennummer.

Kontenplan Werner Freitag e. K.

Kontenklasse		Wahrscheinlich notwendige Konten
0	Sachanlagen	
1	Finanzanlagen	
2	Umlaufvermögen	
3	Eigenkapital	
4	Verbindlichkeiten	
5	Erträge	
6	Betriebliche Aufwendungen	
7	Weitere Aufwendungen	
8	Ergebnisrechnungen	

Arbeitsblatt 13.1 | Wichtige Konten im Überblick

Erste Stelle = Kontenklasse

Dritte Stelle = ______

Zweite Stelle = ______

Vierte Stelle = ______

Konto-Nr.				Kontenbezeichnung
0	5	1	0	Bebaute Grundstücke
0	7	2	0	
0	8	2	0	
0	8	4	0	
0	8	6	0	
0	8	7	0	
2	0	0	0	
2	0	1	0	
2	0	2	0	
2	0	3	0	
2	1	0	0	
2	2	0	0	
2	4	0	0	
				Bankguthaben
				Kasse
3	0	0	0	
				Langfristige Bankverbindlichkeiten (Darlehen, Hypotheken)
4	4	0	0	
5	0	0	0	
				Bestandsveränderungen
				Nebenerlöse (z. B. Mieterträge)
5	7	1	0	
6	0	0	0	
6	0	1	0	
6	0	2	0	
6	0	3	0	
6	2	0	0	
6	3	0	0	
				Mieten, Pachten
6	8	0	0	
7	5	1	0	
8	0	0	0	Eröffnungsbilanzkonto
8	0	1	0	
8	0	2	0	

Aufgaben

Aufgabe 1
Erläutern Sie die Geschäftsvorfälle, deren Buchungen Sie auf dem nachfolgenden Konto verfolgen können.

S		2800	H
1) 8000	24.000,00	3) 4400	4.600,00
2) 2400	2.300,00	4) 2880	500,00
6) 5100	6.900,00	5) 6880	200,00
		7) 8010	27.900,00
	33.200,00		33.200,00

Aufgabe 2
Folgendes Eröffnungsbilanzkonto ist vorgegeben:

S		8000	H
3000	116.500,00	0720	114.000,00
4250	84.000,00	0860	42.000,00
4400	25.700,00	0870	22.300,00
		2000	10.000,00
		2400	11.500,00
		2800	25.500,00
		2880	900,00
	226.200,00		226.200,00

Tragen Sie die Gegenbuchungen auf den Bestandskonten ein und buchen Sie die folgenden Geschäftsvorfälle unter Berücksichtigung des nachfolgenden Kontenplans mit Kontennummern: 0720, 0860, 0870, 2000, 2400, 2800, 2880, 3000, 4250, 4400, 5000, 5410, 6000, 6160, 6300, 6700, 8000, 8010, 8020.

Hinweis:
Der Rohstoffeinkauf kann bestands- oder aufwandsorientiert gebucht werden.

Nr.	Belegart	Geschäftsvorfälle	€
1)	Ausgangsrechnungen	Zielverkauf von eigenen Erzeugnissen	86.250,00
2)	Kontoauszug der Bank mit Lastschriften	Mietzahlung Gehaltsauszahlung	5.400,00 12.500,00
3)	Quittung	Reparatur einer Hebebühne gegen Barzahlung	690,00
4)	Eingangsrechnungen	Rohstoffeinkäufe auf Ziel	39.675,00
5)	Kontoauszug mit Gutschriften	Überweisungen von Kunden Provisionszahlungen	53.000,00 14.375,00
6)	Kontoauszug mit Lastschrift	Tilgung eines langfristigen Darlehens	10.000,00
7)	Eingangsrechnung	Kauf eines Personalcomputers auf Ziel	3.680,00

Abschlussangabe: Endbestand (Inventurbestand) Rohstoffe beträgt 8.000,00.

a Bilden Sie die Buchungssätze mit Kontennummern.
b Buchen Sie die Geschäftsvorfälle auf den Konten.
c Schließen Sie alle Konten ab und erstellen Sie das GuV-Konto und das SBK.

Aufgabe 3

Erstellen Sie einen Geschäftsgang im Grund- und Hauptbuch.

Anfangsbestände der Bestandskonten	€
0800 Betriebs- u. Geschäftsausstattung[1]	100.000,00
2000 Rohstoffe[2]	50.000,00
2400 Forderungen a. L. L.	40.000,00
2800 Bankguthaben	60.000,00
3000 Eigenkapital	105.000,00
4250 langfristige Bankverbindlichkeiten	120.000,00
4400 Verbindlichkeiten a. L. L.	25.000,00

[1] Sammelkonto [2] Der Rohstoffeinkauf kann bestands- oder aufwandsorientiert erfasst werden.

Weitere einzurichtende Konten: 5000 Umsatzerlöse für eigene Erzeugnisse, 6000 Aufwendungen für Rohstoffe, 6200 Löhne, 6300 Gehälter, 6800 Büromaterial, 6870 Werbung, 7510 Zinsaufwendungen, 8020 GuV-Konto, 8010 Schlussbilanzkonto.

Nr.	Belegart	Geschäftsvorfälle	€
1)	Eingangsrechnung	Rohstoffeinkauf auf Ziel	120.000,00
2)	Ausgangsrechnung, Kontoauszug	Erzeugnisverkauf gegen Banküberweisung	230.000,00
3)	Kontoauszug	Banklastschrift für Büromaterialeinkauf	500,00
4)	Eingangsrechnung	Kauf neuer Büromöbel auf Ziel	4.500,00
5)	Kontoauszug	Banklastschrift für Überweisungen an Lieferer	20.000,00
6)	Kontoauszug	Banklastschrift für Gehaltzahlungen 40.000,00 Banklastschrift für Lohnzahlungen 20.000,00	60.000,00
7)	Eingangsrechnung	Werbeanzeige in einer Fachzeitschrift	1.000,00
8)	Kontoauszug	Lastschrift für Darlehenstilgungsrate 5.000,00 Lastschrift für Darlehenszinsen 500,00	5.500,00
9)	Kontoauszug	Gutschrift für Überweisungen von Kunden	15.000,00

Abschlussangaben: Der Inventurbestand der Rohstoffe beträgt 40.000,00 €.

Aufgabe 4

Bilden Sie die Buchungssätze mit Kontennummern.

Nr.	Belegart	Geschäftsvorfälle	€
1)	Kontoauszug der Bank mit Lastschriften	Lagerhallenmiete Zinszahlungen Telefongebühren der Deutschen Telekom Löhne Gehälter	6.000,00 1.100,00 600,00 24.000,00 32.000,00
2)	Kontoauszug der Bank mit Gutschriften	Überweisungen von Kunden Zinsgutschrift der Bank Provisionszahlungen	34.000,00 600,00 12.600,00
3)	Abschluss der Konten	Rohstoffe Umsatzerlöse für eigene Erzeugnisse Zinsaufwendungen Provisionserträge GuV-Konto (bei Gewinn) GuV-Konto (bei Verlust) Fuhrpark Verbindlichkeiten a.L.L. Eigenkapital	134.000,00 262.000,00 3.600,00 9.600,00 66.000,00 12.300,00 122.000,00 98.000,00 334.000,00
4)	Eingangsrechnung	Wareneinkauf auf Ziel	44.000,00
5)	Ausgangsrechnung	Warenverkauf auf Ziel	86.000,00

SB ▸ Seite 115 ff. | Handlungsfeld 1, Kap. 9.3

Nebenbücher

Situation

Während Ihres Praktikums in der Verwaltung der Fly Bike Werke GmbH erhalten Sie folgenden Brief zur Bearbeitung.

Frikawerke
GmbH & Co. KG

Frikawerke, Gertenstr. 19, 58739 Wickede / Ruhr

Kunden-Nr.: 2211
Ansprechpartner: Herr Stoll
Tel.: 0237 7577563

Fly Bike Werke GmbH
Rostocker Str. 33
26121 Oldenburg

Wickede, den 28.12.20XX

Sehr geehrte Damen und Herren,

bitte lassen Sie uns schnellstmöglich eine Saldenliste Ihrer Verbindlichkeiten gegenüber unserem Hause zukommen, da wir diese zur Vervollständigung unserer Jahresabschlussunterlagen benötigen.

Mit freundlichen Grüßen

Konto-Nr.	Bezeichnung des Kreditorenkontos					Seite
4 4 0 1 5	Kreditor: Frikawerke GmbH & Co. KG					1

Nr.	Buchungsdatum	Beleg	Buchungstext	Betrag in € Soll	Betrag in € Haben	Saldo in € Soll	Saldo in € Haben
1)	20.10.20XX	ER 723	Fremdbauteileeinkauf		10.710,00		10.710,00
2)	25.10.20XX	GS 27	Gutschrift	220,15			10.489,85
3)	16.11.20XX	ER 815	Fremdbauteileeinkauf		15.660,40		
4)	25.11.20XX	BA 615	Zahlungsausgang	10.489,85			
5)	10.12.20XX	ER 908	Fremdbauteileeinkauf		12.524,75		
6)	15.12.20XX	GS 31	Gutschrift	321,30			
7)	16.12.20XX	BA 688	Zahlungsausgang	15.660,40			

Arbeitsaufträge

1 Vervollständigen Sie das vorliegende Kreditorenkonto. Welche Bedeutung hat der Saldo am 16.12.20XX
  a für die Fly Bike Werke GmbH,
  b für die Frikawerke GmbH & Co. KG, wenn im Jahr 20XX keine Buchungen mehr erfolgen?

2 Begründen Sie, warum auf diesem Konto Fremdbauteileeingänge im Haben und Gutschriften sowie Zahlungsausgänge im Soll gebucht werden.

3 Unterscheiden Sie Kreditoren- und Debitorenkonten. Warum werden diese Konten geführt?

4 Aus welchem Grund könnte die Frikawerke GmbH & Co. KG die Bestätigung der Saldenliste von der Fly Bike Werke GmbH benötigen?

Arbeitsblatt 14.1 | Grundbuch, Hauptbuch und Kontokorrentbuch

Geschäftsvorfall 1
Die Fly Bike Werke GmbH kauft Rohstoffe im Wert von 17.500,00 € bei der Mannes AG; Rechnungseingang (Buchungsdatum) am 17.09.20XX, Rechnungsnummer 412.

Grundbuch (bestandsorientierte Buchung):

Nr.	Soll	€	Haben	€
1)				

Hauptbuch:

S	2000 Rohstoffe	H

S	4400 Verbindlichkeiten a. L. L.	H

Buchung im Kreditorenkonto

Konto-Nr.	Bezeichnung des Kreditorenkontos	Seite
4 4 0 0 2	Kreditor: Mannes AG	1

Nr.	Buchungsdatum	Beleg	Buchungstext	Betrag in €		Saldo in €	
				Soll	Haben	Soll	Haben
1)							

Geschäftsvorfall 2
Die Fly Bike Werke GmbH liefert der Sachsenrad GmbH Handelswaren im Warenwert von 3.000,00 €; Rechnungsausgang (Buchungsdatum) am 17.05.20XX, Rechnungsnummer 12319.

Grundbuch:

Nr.	Soll	€	Haben	€
2)				

Hauptbuch:

S	2400 Forderungen a. L. L.	H

S	5100 Umsatzerlöse für Waren	H

Buchung im Debitorenkonto

Konto-Nr.	Bezeichnung des Debitorenkontos	Seite
2 4 0 0 9	Debitor: Sachsenrad GmbH	1

Nr.	Buchungsdatum	Beleg	Buchungstext	Betrag in €		Saldo in €	
				Soll	Haben	Soll	Haben
2)							

Aufgaben

Aufgabe 1
Erstellen Sie einen Geschäftsgang im Grund- und Hauptbuch mit vorläufigem Abschluss.

Hinweise:
- Der Rohstoffeinkauf soll aufwandsorientiert erfasst werden.
- Der Hilfsstoffeinkauf soll bestandsorientiert erfasst werden.

Soll der Geschäftsgang vollständig aufwandsorientiert gebucht werden, muss der Geschäftsvorfall 3 gestrichen werden. Folgender Inventurbestand ist dann zusätzlich zu beachten: Hilfsstoffe 4.000,00 €.

Anfangsbestände in €:

0700 Maschinen	100.000,00	3000 Eigenkapital	195.000,00
2000 Rohstoffe	5.000,00	4400 Verbindlichkeiten a. L. L. (siehe Kreditorenkonten)	23.000,00
2020 Hilfsstoffe	12.000,00		
2100 Unfertige Erzeugnisse	1.000,00		
2200 Fertige Erzeugnisse	2.000,00		
2400 Forderungen a. L. L. (siehe Debitorenkonto)	48.000,00		
2800 Bank	50.000,00		

Debitoren- und Kreditorenkonten:	Offene Posten in €	
Erzeugniskäufer: Debitor 24006, Bike GmbH	48.000,00	AR 412
Rohstofflieferer: Kreditor 44001, Stahlwerke AG	11.000,00	ER 35
Hilfsstofflieferer: Kreditor 44005, Farben International AG	12.000,00	ER 211

Weitere einzurichtende Konten:
5000 Umsatzerlöse f. e. E., 5200 Bestandsveränderungskonto, 6000 Aufwendungen für Rohstoffe, 6020 Aufwendungen für Hilfsstoffe, 6200 Löhne, 8010 SBK, 8020 GuV-Konto

Geschäftsvorfälle:	**€**
1) Eingangsrechnung: Rohstoffeinkauf auf Ziel bei der Stahlwerke AG (ER 67)	43.000,00
2) Eingangsrechnung: Hilfsstoffeinkauf auf Ziel bei der Farben International AG (ER 292)	20.000,00
3) Hilfsstoffverbrauch gemäß Materialentnahmeschein	28.000,00
4) Ausgangsrechnung: Verkauf von Erzeugnissen auf Ziel an die Bike GmbH (AR 511)	116.000,00
5) Kontoauszug: Lohnzahlung an Arbeitnehmer	22.000,00
6) Kontoauszug: Die Bike GmbH überweist auf unser Bankkonto (AR 412)	48.000,00
7) Kontoauszug: Banküberweisungen an die Stahlwerke AG (ER 35)	11.000,00
und an die Farben International AG (ER 211, ER 292)	32.000,00

Abschlussangaben:
Inventurbestände: Rohstoffe 2.500,00 €, Unfertige Erzeugnisse 1.500,00 €, Fertige Erzeugnisse 3.500,00 €

Aufgabe 2
Ermitteln Sie für obigen Geschäftsgang die noch offenen Posten am Jahresende

Debitoren- und Kreditorenkonten	Offene Posten in €
Erzeugniskäufer: Debitor 24006, Bike GmbH	
Rohstofflieferer: Kreditor 44001, Stahlwerke AG	
Hilfsstofflieferer: Kreditor 44005, Farben International AG	

SB ▸ Seite 118 ff. | Handlungsfeld 1, Kap. 10

Das System der Umsatzsteuer

Situation

Sie arbeiten zurzeit im Rechnungswesen der Fly Bike Werke GmbH und haben die Aufgabe erhalten, für den internen Gebrauch die Umsatzsteuerzahllast auf Grundlage der vorliegenden Belege zu ermitteln.

Beleg Nr. 1

Tamino Deutschland GmbH

Tamino Deutschland GmbH, Immermannstraße 24, 40210 Düsseldorf

Posteingang: 28.12.20X1

Fly Bike Werke GmbH
Rostocker Straße 334
26121 Oldenburg

Rechnungsprüfung	
Sachlich richtig	Rechnerisch richtig
Datum 28.12.20X1	Datum 28.12.20X1
Nz. Ta	Nz. Ta

Rechnung-Nr. 416

Bearbeiter	Kunden-Nr.	Ihre Bestellung Nr.	vom	Rechnungsdatum
Herr Freundlich	44001	216	20X1-11-04	20X1-12-27
Versandart/Freivermerk		**Verpackungsart**		**geliefert am**
per Lkw frei Haus		Kartons/Palette		20X1-12-27

Artikel-Nr.	Warenbezeichnung	Menge	Preis	Einheit	Gesamtpreis
2060	MTB XT Räder und Schaltungen	50	55,56 €	Set	2.778,00 €
2260	MTB XT Antrieb	50	17,05 €	Set	852,50 €
		Nettorechnungsbetrag			3.630,50 €
		+ 19 % Mehrwertsteuer			689,80 €
		Rechnungssumme			4.320,30 €

Bitte überweisen Sie unter Angabe der Rechnungsnummer auf das unten angegebene Konto
EUR 4.320,30 **bis:** 20X2-01-26 **oder EUR** 4.190,69 **bis:** 20X2-01-04

Beleg Nr. 2

Color GmbH
Ludwigshafen

Posteingang: 29.12.20X1

Color GmbH, Hafenstr. 125, 67061 Ludwigshafen

Fly Bike Werke GmbH
Rostocker Straße 334
26121 Oldenburg

Kunden-Nr.: 424
Ansprechpartner: Frau Reineke
Telefon: 0621 582664
Lieferschein-Nr.: 4292
Lieferdatum: 20X1-12-25
Rechnungsdatum: 20X1-12-28

Rechnungsprüfung	
Sachlich richtig	Rechnerisch richtig
Datum 29.12.20X1	Datum 29.12.20X1
Nz. Ta	Nz. Ta

Rechnung Nr.: 4292

Pos.	Artikel-Nr.	Artikelbezeichnung	Menge	Preis je Einheit	Gesamtpreis
1	900100	Klarlack	200 Liter	3,45 €	690,00 €
2	800200	Spezialgrundierung für Edelstähle	200 Liter	2,45 €	490,00 €
3	700100	Standardfarbe „gelb"	20 Liter	4,30 €	86,00 €
4	700821	Sonderfarbe „morror-polish"	120 Liter	6,00 €	720,00 €
5	702400	Sonderfarbe „lemon squash"	120 Liter	6,00 €	720,00 €

Warenwert	Verpackungskosten	Transportkosten	Nettorechnungsbetrag	Umsatzsteuer 19 %	Bruttorechnungsbetrag
2.706,00 €	–	–	2.706,00 €	514,14 €	3.220,14 €

Zahlungsziel 30 Tage, bei Zahlung innerhalb von 8 Tagen 2 % Skonto.

Fly Bike Werke GmbH

FBW GmbH • Rostocker Str. 334 • 26121 Oldenburg

Sachsenrad GmbH
Bayreuther Str. 20
01277 Dresden

Rechnung Nr. 968

Bearbeiter	Kundennr.	Ihre Bestellung Nr.	Ihre Bestellung vom	Rechnungsdatum
Herr Baumann	10009	13	15.12.20X1	27.12.20X1
Versandart/Freivermerk		Verpackungsart		Geliefert am
Lkw/frei Haus		Kartonage		27.12.20X1

Pos.-Nr.	Artikel-Nr.	Artikelbezeichnung	Menge	Einzelpreis in €	Rabatt in %	Gesamtpreis in €
01	201	Trekking Light	50	299,25	29,00	10.623,38
02	202	Trekking Free	10	350,00	27,50	2.537,50
					Nettorechnungsbetrag in €	13.160,88
					+19 % Umsatzsteuer in €	2.500,57
					Bruttorechnungsbetrag in €	15.661,45

Bitte überweisen Sie unter Angabe der Rechnungsnummer.

	Datum	Skonto	Skonto in €	Betrag in €
Innerhalb der Skontofrist bis:	04.01.20X2	2 %	313,23	15.348,22
Innerhalb der Zahlungsfrist bis:	26.01.20X2	–	–	15.661,45

Beleg Nr. 3

Fly Bike Werke GmbH

FBW GmbH • Rostocker Str. 334 • 26121 Oldenburg

Fahrrad & Motorrad GmbH
Alter Hellweg 46
44379 Dortmund

Rechnung Nr. 969

Bearbeiter	Kundennr.	Ihre Bestellung Nr.	Ihre Bestellung vom	Rechnungsdatum
Frau Ganser	10005	134	23.12.20X1	29.12.20X1
Versandart/Freivermerk		Verpackungsart		Geliefert am
Lkw/frei Haus		Kartonage		29.12.20X1

Pos.-Nr.	Artikel-Nr.	Artikelbezeichnung	Menge	Einzelpreis in €	Rabatt in %	Gesamtpreis in €
01	401	Renn Fast	12	1.260,00	29,00	10.735,20
02	402	Renn Superfast	5	2.205,00	27,50	7.993,13
					Nettorechnungsbetrag in €	18.728,33
					+19 % Umsatzsteuer in €	3.558,38
					Bruttorechnungsbetrag in €	22.286,71

Bitte überweisen Sie unter Angabe der Rechnungsnummer.

	Datum	Skonto	Skonto in €	Betrag in €
Innerhalb der Skontofrist bis:	06.01.20X2	2 %	445,73	21.840,98
Innerhalb der Zahlungsfrist bis:	28.01.20X2	–	–	22.286,71

Beleg Nr. 4

Eingangsrechnungen	
Beleg	gezahlte Vorsteuer
Summe	

Ausgangsrechnungen	
Beleg	erhaltene Umsatzsteuer
Summe	

Ermittlung der Zahllast	
erhaltene Umsatzsteuer	
– gezahlte Vorsteuer	
= Zahllast	

Arbeitsblatt 15.1 | Umsatzsteuer, Teil I

Arbeitsauftrag

1 Vervollständigen Sie die vorliegende Ausgangsrechnung der Fly Bike Werke GmbH.

2 Tragen Sie seitlich neben der Rechnung entsprechend den Pfeilen in die Kästchen ein

- **a** den Nettorechnungsbetrag
- **b** den Bruttorechnungsbetrag
- **c** den Betrag, den die Fly Bike Werke GmbH an das Finanzamt weiterleiten muss
- **d** den Skontobetrag (2 %)
- **e** den Betrag, den der Kunde an die Fly Bike Werke GmbH bei Abzug von 2 % Skonto bezahlen muss

Fly Bike Werke GmbH

FBW GmbH • Rostocker Str. 334 • 26121 Oldenburg

Zweirad GmbH
Herzogstraße 70
40251 Düsseldorf

Rechnung Nr. 921				
Bearbeiter	Kundennr.	Ihre Bestellung Nr.	Ihre Bestellung vom	Rechnungsdatum
Frau Ganser	10004	138	26.09.20XX	30.09.20XX
Versandart/Freivermerk Lkw/ab Werk		Verpackungsart Kartonage		Geliefert am 30.09.20XX

Pos.-Nr.	Artikel-Nr.	Artikelbezeichnung	Menge	Einzelpreis in €	Rabatt in %	Gesamtpreis in €
01	201	Trekking Light	40	299,25	29,00	8.498,70
02	202	Trekking Free	30	350,00	29,00	7.455,00
03	302	Mountain Constitution	51	598,50	30,00	21.366,45
04	303	Mountain Unlimited	20	997,50	29,00	14.164,50
05	401	Renn Fast	6	1.260,00	27,50	5.481,00
06	402	Renn Superfast	2	2.205,00	27,50	3.197,25
07		Fracht Lkw				581,91
				Nettorechnungsbetrag in €		a)
				+19 % Umsatzsteuer in €		c)
				Bruttorechnungsbetrag in €		b)

Bitte überweisen Sie unter Angabe der Rechnungsnummer.

	Datum	Skonto	Skonto in €	Betrag in €
Innerhalb der Skontofrist bis:	08.10.20XX	2 %	d)	e)
Innerhalb der Zahlungsfrist bis:	29.10.20XX	–	–	b)

a) ____

b) ____

c) ____

d) ____

e) ____

Rechnungsbegriffe		Prozentzahlen im Verhältnis zueinander
Nettorechnungsbetrag	≙	
	≙	+ 19 % (bzw. +7 %)
	≙	

3 Ermitteln Sie die Umsatzsteuerbeträge und die Brutto- bzw. Nettorechnungsbeträge in €.

Nettorechnungsbetrag in €	Umsatzsteuersatz	Umsatzsteuerbetrag in €	Bruttorechnungsbetrag in €
400,00	19 %		
5.000,00	19 %		
3.000,00	7 %		
6.300,00	7 %		

Bruttorechnungsbetrag in €	Umsatzsteuersatz	Umsatzsteuerbetrag in €	Nettorechnungsbetrag in €
5.950,00	19 %		
952,00	19 %		
4.280,00	7 %		
599,20	7 %		

Arbeitsblatt 15.2 | Abschluss der Umsatzsteuerkonten, Teil I Umsatzsteuer > Vorsteuer

Größere Unternehmen müssen monatlich die gebuchten Beträge auf ihren Umsatzsteuerkonten ermitteln und verrechnen. Im Normalfall übersteigt die von Kunden gezahlte Umsatzsteuer wertmäßig die an Lieferanten gezahlte Vorsteuer. Es entsteht eine Zahllast, die an das Finanzamt abgeführt (überwiesen) werden muss. Im Ausnahmefall ist allerdings auch ein Vorsteuerüberhang zu buchen.

- Aktives Bestandskonto Vorsteuer = Forderung an das Finanzamt
- Passives Bestandskonto Umsatzsteuer = Verbindlichkeit gegenüber dem Finanzamt

Fall 1: Die in einem Monat erhaltene Umsatzsteuer ist größer als die gezahlte Vorsteuer.

Abschlussangabe: Die Zahllast ist an das Finanzamt zu überweisen.

Hinweis: Die Zahllast wird für die Monate Januar bis November immer am 10. des Folgemonats an das Finanzamt überwiesen.

S	2600 Vorsteuer		H
2800	12.500,00		

S	4800 Umsatzsteuer		H
		2800	21.500,00

S	2800 Bankguthaben		H
8000	39.000,00		

Buchungen:
1) Verrechnung der Umsatzsteuerkonten
2) Banküberweisung der Zahllast

	Konto der Sollbuchung	€	an	Konto der Habenbuchung	€
1)					
2)					

Fall 2: Die im Monat Dezember erhaltene Umsatzsteuer ist größer die gezahlte Vorsteuer.

Abschlussangabe: Die Zahllast ist zu passivieren.

Hinweis: Die Zahllast des Monats Dezember wird erst am 10. Januar des Folgejahres an das Finanzamt überwiesen. Am 31.12. wird das passive Bestandskonto Umsatzsteuer (Verbindlichkeit gegenüber dem Finanzamt) in der Bilanz bei den Verbindlichkeiten ausgewiesen!

S	2600 Vorsteuer		H
2800	21.000,00		

S	4800 Umsatzsteuer		H
		2800	26.500,00

S	8010 SBK		H

Buchungen:
1) Verrechnung der Umsatzsteuerkonten
2) Passivierung der Zahllast

	Konto der Sollbuchung	€	an	Konto der Habenbuchung	€
1)					
2)					

Arbeitsblatt 15.3 | Abschluss der Umsatzsteuerkonten, Teil II
Vorsteuer > Umsatzsteuer

Fall 3: Die Summe der Vorsteuer ist größer als die Summe der Umsatzsteuer.

Abschlussangabe: Der Vorsteuerüberhang wird vom Finanzamt überwiesen.

Hinweis: Ein Vorsteuerüberhang in den Monaten Januar bis November wird immer am 10. des Folgemonats vom Finanzamt auf das Bankkonto des Betriebes überwiesen.

S	2600 Vorsteuer		H
2800	14.500,00		

S	4800 Umsatzsteuer		H
		2800	9.500,00

S	2800 Bankguthaben		H
8000	19.000,00		

Buchungen:
1) Verrechnung der Umsatzsteuerkonten
2) Banküberweisung des Vorsteuerüberhangs

	Konto der Sollbuchung	€	an	Konto der Habenbuchung	€
1)					
2)					

Fall 4: Die Summe der Vorsteuer ist größer als die Summe der Umsatzsteuer.

Abschlussangabe: Der Vorsteuerüberhang ist zu aktivieren.

Hinweis: Der Vorsteuerüberhang im Monat Dezember wird erst am 10. Januar vom Finanzamt überwiesen. Am 31.12. wird das aktive Bestandskonto Umsatzsteuer (Forderung gegenüber dem Finanzamt) in der Bilanz bei den Forderungen ausgewiesen.

S	2600 Vorsteuer		H
2800	19.500,00		

S	4800 Umsatzsteuer		H
		2800	16.500,00

S	8010 SBK		H

Buchungen:
1) Verrechnung der Umsatzsteuerkonten
2) Aktivierung des Vorsteuerüberhangs

	Konto der Sollbuchung	€	an	Konto der Habenbuchung	€
1)					
2)					

Folgesituation: Vorsteuer abziehbar?

Als Praktikant sind Sie zurzeit neu in der Rechnungseingangsstelle im Materialeinkauf der Fly Bike Werke GmbH eingesetzt. Das folgende Merkblatt hat man Ihnen schon mal vorab „in die Hand gedrückt". Jetzt sollen Sie eine Rechnung nach den formalen Anforderungen des Umsatzsteuerrechts ausstellen, aber auch rechnerisch überprüfen – die sachliche Prüfung hat die Rechnung schon bestanden.

Merkblatt: Rechnungen müssen folgende Angaben enthalten (§ 14 Abs. 4 Satz 1 UStG)

1. den vollständigen Namen und die vollständige Anschrift des leistenden Unternehmers, inklusive der im Handelsregister eingetragenen Rechtsform,
2. die Steuernummer oder die vom Bundeszentralamt für Steuern erteilte Umsatzsteuer-Identifikationsnummer des leistenden Unternehmers,
3. den vollständigen Namen und die vollständige Anschrift des Leistungsempfängers,
4. die fortlaufende Rechnungsnummer mit einer oder mehreren Zahlenreihen, die der Rechnungsaussteller zur Identifizierung der Rechnung einmalig vergibt,
5. das Ausstellungsdatum,
6. die Menge und Art (handelsübliche Bezeichnung) des Gegenstandes der Lieferung oder die Art und den Umfang der sonstigen Leistung,
7. den Zeitpunkt der Lieferung oder sonstigen Leistung; im Falle von Anzahlungen, die in der Endrechnung abgezogen werden, den Zeitpunkt der Vereinnahmung des Entgelts, sofern dieser feststeht und nicht mit dem Rechnungsdatum übereinstimmt,
8. das nach den Steuersätzen und einzelnen Steuerbefreiungen aufgeschlüsselte Entgelt für die Lieferung oder sonstige Leistung sowie jede im Voraus vereinbarte Minderung des Entgelts, sofern diese nicht bereits im Entgelt berücksichtigt ist,
9. den anzuwendenden Steuersatz sowie den auf das Entgelt entfallenden Steuerbetrag oder im Fall einer Steuerbefreiung einen Hinweis darauf ...

AWB Aluminiumwerke AG, Bonn

AWB Aluminiumwerke · Sankt-Augustiner-Straße 30 · 53225 Bonn

Sankt-Augustiner-Straße 30
53225 Bonn

Tel.: 0228-46477-0
Fax: 0228-46477-11
E-Mail:
awb-mail@aluminiumwerke.de
Ansprechparter: Herr Köllen

Fly Bike Werke GmbH
Rostocker Straße 334
26121 Oldenburg

Rechnung-Nr.: 444

Lieferdatum 12.08.20XX
Rechnungsdatum: 14.08.20XX

Artikel Nr.	Artikelbezeichnung für Aluminiumrohre	Menge in Metern	Einzelpreis in €	Gesamtpreis in €
40045225	Rundrohr 45 x 2,25	1 200	10,11	12.132,00
		– 12,5 % Rabatt		1.455,84
		= Nettowarenwert		10.676,16
		+ Umsatzsteuer		2.028,47
		= Bruttorechnungsbetrag		12.704,63

Lieferung ab Lager Bonn, Zahlung innerhalb von 30 Tagen ohne Abzug.
Skontofrist 8 Tage, Skontosatz 2 % auf den Nettowarenwert.

Bankverbindung: SEB, IBAN DE87380101110077998246

Arbeitsaufträge

1 Prüfen Sie die oben abgebildete Eingangsrechnung rechnerisch, korrigieren Sie ggf. festgestellte Fehler und ermitteln Sie den richtigen Überweisungsbetrag.

2 Unterscheiden Sie die rechnerische von der sachlichen Rechnungsprüfung.

3 Prüfen Sie, ob diese Rechnung alle Erfordernisse des Umsatzsteuerrechts erfüllt, die zum Vorsteuerabzug berechtigen, und geben Sie ggf. an, welche Angabe/n fehlt/fehlen.

Aufgaben

Aufgabe 1

Ein Forstbetrieb verkauft Holz für netto 100,00 € an eine Tischlerei. Diese stellt daraus einen Tisch her und verkauft diesen zum Nettowarenwert von 400,00 € an einen Möbelgroßhändler. Ein Einrichtungshaus erwirbt von diesem Händler den Tisch für netto 600,00 € und verkauft ihn für netto 1.000,00 € an einen Endverbraucher. Auf jeder Stufe ist mit Umsatzsteuer in Höhe von 19 % zu rechnen.

a Berechnen Sie mithilfe der Tabellen für jede Wirtschaftsstufe die abzuführende Zahllast.

	Forstbetrieb	Tischlerei	Möbelgroßhändler	Fachgeschäft für Möbel	Endverbraucher
Nettoverkaufspreis (= Warenwert)					Bruttopreis
+ Umsatzsteuer					USt
= Bruttoverkaufspreis (= Ladenverkaufspreis)					Nettopreis
erhaltene Umsatzsteuer					
– gezahlte Umsatzsteuer (= Vorsteuer)					
= abzuführende Zahllast					summierte Zahllast aller Unternehmen

b Warum heißt die Umsatzsteuer auch Mehrwertsteuer?

c Berechnen Sie den Mehrwert und die Besteuerung des Mehrwerts.

	Forstbetrieb	Tischlerei	Möbelgroßhändler	Fachgeschäft für Möbel	Endverbraucher
erarbeiteter Mehrwert je Wirtschaftsstufe (= Nettoverkaufspreis – Nettoeinkaufspreis)					Summe
Besteuerung des Mehrwerts mit 19 % (= Zahllast)					Summe

Aufgabe 2

Erläutern Sie in eigenen Worten, wieso die Umsatzsteuer aus Unternehmersicht ein durchlaufender Posten ist und keinen Einfluss auf den Erfolg des Unternehmens hat.

Aufgabe 3

An der Kasse vieler Geschäfte sieht man eines der nebenstehenden Schilder.
Was bedeuten sie? Erläutern Sie den Hintergrund.

Auslaufendes Zeichen

Neues Zeichen

Aufgabe 4

Ein Industrieunternehmen hat im Monat Dezember eines Geschäftsjahres Vorsteuern in Höhe von 232.000,00 € gebucht. Auf dem Konto Umsatzsteuer sind 312.000,00 € erfasst worden. Geben Sie die Buchungssätze zum Abschluss beider Konten an.

Aufgabe 5

Ermitteln Sie die Höhe der Umsatzsteuer der Geschäftsvorfälle und buchen Sie die Geschäftsvorfälle im Grundbuch (Buchungssätze). Richten Sie außerdem im Hauptbuch (Ausschnitt) Konten für Vorsteuer und Umsatzsteuer ein, buchen Sie auf diesen Konten die Umsatzsteuer beim Ein- und Verkauf und schließen Sie diese Konten ab.

1) **Eingangsrechnung:**	€
Rohstoffeinkauf auf Ziel	42.000,00
+ 19 % Umsatzsteuer	
= Bruttorechnungsbetrag	
2) **Kontoauszug mit Lastschriften:**	
Hilfsstoffeinkauf und	15.000,00
Betriebsstoffeinkauf	20.000,00
+ Umsatzsteuer	
= Bruttorechnungsbetrag (Überweisungsbetrag)	
Hinweis: Hilfsstoffe 19 % USt, Betriebsstoffe 7 % USt	
3) **Ausgangsrechnung:**	
Verkauf von eigenen Erzeugnissen auf Ziel	
+ 19 % Umsatzsteuer	
= Bruttorechnungsbetrag	142.800,00

Aufgabe 6

Bilden Sie die Buchungssätze für die nachfolgenden Geschäftsvorfälle:

1) Eingangsrechnung: Zielkauf einer Maschine		€
Nettowert		4.200,00
+ 19 % Umsatzsteuer		
= Bruttowert		
2) Eingangsrechnung: Druckkosten für die Erstellung eines Werbekataloges, Nettorechnungsbetrag		2.600,00
+ 19 % Umsatzsteuer		
= Bruttorechnungsbetrag		
3) Kontoauszug mit Lastschrift: Banküberweisung der Lagerhallenmiete		1.200,00
4) Kontoauszug mit Gutschrift: Gutschrift der Bank für Zinsen		840,00
5) Eingangsrechnung: Provisionsabrechnung eines Handelsvertreters, Nettovertriebsprovision		1.800,00
+ 19 % Umsatzsteuer		
= Bruttovertriebsprovision		
6) Kontoauszug mit Lastschrift: Abbuchung der Telefonrechnung durch die Telekom		
Gesprächsgebühren	870,00 €	
Telefonanlage	80,00 €	950,00
+ 19 % Umsatzsteuer		
= Abbuchungsbetrag		

Aufgabe 7

Erstellen Sie einen vollständigen Geschäftsgang im Grund- und Hauptbuch:
- Der Rohstoffeinkauf wird aufwandsorientiert erfasst.
- Der Fremdbauteileeinkauf wird bestandsorientiert erfasst.
- Die Konten Maschinen und Betriebs- und Geschäftsausstattung werden als Sammelkonten geführt.

Hinweis:

Soll der Geschäftsgang vollständig aufwandsorientiert gebucht werden, muss der Geschäftsvorfall 4 gestrichen werden. Folgender Inventurbestand ist dann zusätzlich zu beachten: Fremdbauteile 27.400,00 €.

Anfangsbestände:

Aktive Bestandskonten	€	Passive Bestandskonten	€
0700 Maschinen	60.000,00	3000 Eigenkapital	243.200,00
0800 Betriebs- und Geschäftsausstattung	120.000,00	4250 langfristige Bankverbindlichkeiten	20.000,00
2000 Rohstoffe	4.600,00	4400 Verbindlichkeiten a. L. L.	26.000,00
2010 Fremdbauteile	43.400,00	4800 Umsatzsteuer	8.000,00
2400 Forderungen a. L. L.	32.000,00		
2800 Bankguthaben	34.000,00		
2880 Kasse	3.200,00		

Weitere einzurichtende Konten:
2600 Vorsteuer, 5000 Umsatzerlöse für eigene Erzeugnisse, 5400 Mieterträge, 5710 Zinserträge, 6000 Aufwendungen für Rohstoffe, 6010 Aufwendungen für Fremdbauteile, 6160 Fremdinstandhaltung, 6800 Büromaterial, 8010 SBK, 8020 GuV-Konto

Nr.	Belegart	Geschäftsvorfälle	€
1)	Kontoauszug mit Lastschrift	Überweisung der Zahllast des Vormonats	8.000,00
2)	Eingangsrechnung	Rohstoffeinkauf auf Ziel + 19 % Umsatzsteuer = Rechnungsbetrag	60.000,00 11.400,00 71.400,00
3)	Eingangsrechnung	Fremdbauteileeinkauf auf Ziel + 19 % Umsatzsteuer = Rechnungsbetrag	20.000,00 3.800,00 23.800,00
4)	Materialentnahmescheine	Fremdbauteileverbrauch	36.000,00
5)	Ausgangsrechnung	Verkauf von Erzeugnissen auf Ziel, netto + 19 % Umsatzsteuer = Rechnungsbetrag	134.000,00 25.460,00 159.460,00
6)	Kontoauszug mit Bankgutschrift	Zinszahlung	500,00
7)	Eingangsrechnung	Reparatur einer Produktionsmaschine + 19 % Umsatzsteuer = Rechnungsbetrag	2.200,00 418,00 2.618,00
8)	Quittung	Barkauf von Büromaterial + 19 % Umsatzsteuer = Rechnungsbetrag	200,00 38,00 238,00
9)	Kontoauszug mit Bankgutschrift	Mietzahlung für die Untervermietung ungenutzter Büroräume	1.000,00
10)	Kontoauszug mit Banklastschrift	Darlehenstilgung	2.500,00

Abschlussangaben:
- Der Inventurbestand der Rohstoffe beträgt 2.500,00 €; alle anderen Bestände stimmen mit den Inventurwerten überein.
- Die Zahllast ist zu passivieren.

Lernsituation 16

Wissen ☑ Fertigkeiten ☐ Sozialkompetenz ☐ Selbstständigkeit ☑

SB ▸ Seite 61–125 | Handlungsfeld 1, Kap. 6–10

Beleggeschäftsgang

Situation

Das neue Geschäftsjahr hat gerade erst begonnen. Hans Peters, der Geschäftsführer der Fly Bike Werke GmbH, erwartet die Ergebnisse des vorangegangenen Jahres. Eine Saldenliste zum 26.12. liegt bereits für alle Konten vor. In der Buchhaltung sind aber einige noch nicht gebuchte Belege des alten Geschäftsjahres liegen geblieben. Viele Kontensalden werden sich also noch ändern!

Hinweis:
Wenn Sie den Beleggeschäftsvorgang aufwandsorientiert buchen wollen, entfallen die Buchungen für die Belege 14 und 15 (Materialentnahmescheine).

Fly Bike Werke GmbH

Kontenplan (Hauptbuchkonten) mit Saldenliste zum 26.12.20X1

Kto-Nr.	Kontenbezeichnungen	Saldo/ Soll €	Saldo/ Haben €	Kto-Nr.	Kontenbezeichnungen	Saldo/ Soll €
0500	Grundstücke u. Bauten	612.850,00		6000	Aufw. für Rohstoffe	718.260,00
0700	TA u. Maschinen	131.870,00		6010	Aufw. für Fremdbauteile	2.241.434,00
0800	Betriebs- und G.-Ausst.	95.807,50		6020	Aufw. für Hilfsstoffe	181.988,00
2000	Rohstoffe	32.000,00		6030	Aufw. für Betriebsstoffe	175.000,00
2010	Fremdbauteile	182.911,00		6050	Energie	24.744,45
2020	Hilfsstoffe	14.089,00		6080	Aufw. für Waren	188.000,00
2030	Betriebsstoffe	2.500,00		6160	Fremdinstandhaltung	40.112,00
2100	unfertige Erzeugnisse	40.000,00		6200	Löhne	688.900,00
2200	fertige Erzeugnisse	46.500,00		6300	Gehälter	1.561.100,00
2400	Forderungen a. L. L.	764.001,00		6520	Abschreibungen	565.412,35
2600	Vorsteuer	10.071,92		6700	Mieten/Pachten	82.400,00
2800	Bankguthaben	307.963,22		6800	Büromaterial	21.973,02
2880	Kasse	3.986,20		6820	Postgebühren	13.792,66
3000	Eigenkapital		700.000,00	6870	Werbung	215.450,00
4250	langfr. Bankvbk.		602.000,00	7000	Betriebliche Steuern	2.500,00
4400	Verbindlichkeiten a. L. L.		905.166,32	7510	Zinsaufwendungen	47.628,00
4800	Umsatzsteuer		36.508,25	7700	Steuern v. E. u. E.	82.115,50
5000	Umsatzerlöse f. e. E		6.844.085,26			
5200	Bestandsveränderungen		–			
5300	Aktivierte Eigenleistungen		3.600,00			
5700	Mieterträge		4.000,00			

Fly Bike Werke GmbH

Offene-Posten-Liste Debitoren 26.12.20X1

Konto	Debitoren	Belege	Soll €	Haben €
24001	Radbauer GmbH			
24005	Fahrrad & Motorrad GmbH			
24009	Sachsenrad GmbH			
24010	EGZ Einkaufsgenossenschaft	AR 973	85.891,00	
24021	Hofkauf AG	AR 972	16.980,00	
24099	Sonstige Debitoren [1]	div.	661.130,00	
Saldo Sachkonto Forderungen a. L. L.			764.001,00	

[1] Für alle Debitorenkonten, die im Beleggeschäftsgang nicht gebucht werden

Fly Bike Werke GmbH

Offene-Posten-Liste Kreditoren 26.12.20X1

Konto	Kreditoren	Belege	Soll €	Haben €
44008	Color GmbH	ER 4211		2.460,00
44009	Tamino Dtld. GmbH			
44015	Frikawerke GmbH & Co. KG			
44024	Druckerei & Design W. Krause			14.640,00
44030	apv GmbH	ER 3211		34.316,49
44099	Sonstige Kreditoren [2]	div.		853.749,83
Saldo Sachkonto Verbindlichkeiten a. L. L.				905.166,32

[2] Für Kreditorenkonten, die im Beleggeschäftsgang nicht gebucht werden, oder für Einkäufe des Beleggeschäftsganges, denen kein Kreditorenkonto zugeordnet ist.

Buchen Sie die abgebildeten Belege im Grund- und Hauptbuch unter Beachtung der Saldenliste vom 26.12.20X1 und ermitteln Sie den vorläufigen Gewinn für die Fly Bike Werke GmbH.

Hinweis: Sie können den Beleggeschäftsgang manuell oder mit dem Finanzbuchhaltungsprogramm Ihrer Schule bearbeiten. Debitoren- und Kreditorenkonten können, müssen jedoch nicht geführt werden, falls Ihr Finanzbuchhaltungsprogramm dies zulässt.

Beleg Nr. 1

Fly Bike Werke GmbH

FBW GmbH • Rostocker Str. 334 • 26121 Oldenburg

Radbauer AG
Augsburger Str. 21
80335 München

Rechnung Nr. 957

Bearbeiter	Kundennr.	Ihre Bestellung Nr.	Ihre Bestellung vom	Rechnungsdatum
Herr Baumann Tel. 0441 88592-12	10001	248	15.12.20X1	19.12.20X1
Versandart/Freivermerk Lkw/frei Lager		Verpackungsart Kartonage		Geliefert am 19.12.20X1

Pos.-Nr.	Artikel-Nr.	Artikelbezeichnung	Menge	Einzelpreis in €	Rabatt in %	Gesamtpreis in €
1	101	City Glide	40	245,00	29,00	6.598,00
2	302	Mountain Constitution	25	598,50	29,00	10.623,38
					Nettorechnungsbetrag in €	17.581,38
					+19 % Umsatzsteuer in €	3.340,46
					Bruttorechnungsbetrag in €	20.921,84

Bitte überweisen Sie unter Angabe der Rechnungsnummer.

	Datum	Skonto	Skonto in €	Betrag in €
Innerhalb der Skontofrist bis:	27.12.20X1	2 %	418,44	20.503,40
Innerhalb der Zahlungsfrist bis:	18.01.20X2	–	–	20.921,84

Beleg Nr. 2

Fly Bike Werke GmbH

FBW GmbH • Rostocker Str. 334 • 26121 Oldenburg

Sachsenrad GmbH
Bayreuther Str. 20
01277 Dresden

Rechnung Nr. 958

Bearbeiter	Kundennr.	Ihre Bestellung Nr.	Ihre Bestellung vom	Rechnungsdatum
Herr Baumann Tel. 0441 88592-12	10009	633	15.12.20X1	19.12.20X1
Versandart/Freivermerk Lkw/frei Lager		Verpackungsart Kartonage		Geliefert am 19.12.20X1

Pos.-Nr.	Artikel-Nr.	Artikelbezeichnung	Menge	Einzelpreis in €	Rabatt in %	Gesamtpreis in €
1	201	Trekking Light	50	299,25	29,00	10.623,38
2	202	Trekking Free	10	350,00	27,50	2.537,50
					Nettorechnungsbetrag in €	13.160,88
					+19 % Umsatzsteuer in €	2.500,57
					Bruttorechnungsbetrag in €	15.661,45

Bitte überweisen Sie unter Angabe der Rechnungsnummer.

	Datum	Skonto	Skonto in €	Betrag in €
Innerhalb der Skontofrist bis:	27.12.20X1	2 %	313,23	15.348,22
Innerhalb der Zahlungsfrist bis:	18.01.20X2	–	–	15.661,45

Beleg Nr. 3

Fly Bike Werke GmbH

FBW GmbH • Rostocker Str. 334 • 26121 Oldenburg

Fahrrad & Motorrad GmbH
Alter Hellweg 46
44379 Dortmund

Rechnung Nr. 959

Bearbeiter	Kundennr.	Ihre Bestellung Nr.	Ihre Bestellung vom	Rechnungsdatum
Herr Baumann Tel. 0441 88592-12	10005	166	16.12.20X1	19.12.20X1
Versandart/Freivermerk Lkw/frei Lager		Verpackungsart Kartonage		Geliefert am 19.12.20X1

Pos.-Nr.	Artikel-Nr.	Artikelbezeichnung	Menge	Einzelpreis in €	Rabatt in %	Gesamtpreis in €
1	401	Renn Fast	12	1.260,00	29,00	10.735,20
2	402	Renn Superfast	5	2.205,00	27,50	7.993,13
					Nettorechnungsbetrag in €	18.728,33
					+19 % Umsatzsteuer in €	3.558,38
					Bruttorechnungsbetrag in €	22.286,71

Bitte überweisen Sie unter Angabe der Rechnungsnummer.

	Datum	Skonto	Skonto in €	Betrag in €
Innerhalb der Skontofrist bis:	27.12.20X1	2 %	445,73	21.840,98
Innerhalb der Zahlungsfrist bis:	18.01.20X2	–	–	22.286,71

Beleg Nr. 4

Tamino Deutschland GmbH

Tamino Deutschland GmbH, Immermannstraße 24, 40210 Düsseldorf

Posteingang: 28.12.20X1

Fly Bike Werke GmbH
Rostocker Straße 334
26121 Oldenburg

Rechnungsprüfung	
Sachlich richtig	Rechnerisch richtig
Datum 28.12.20X1	Datum 28.12.20X1
Nz. Ta	Nz. Ta

Rechnung-Nr. 416

Bearbeiter	Kunden-Nr.	Ihre Bestellung Nr.	vom	Rechnungsdatum
Herr Freundlich	44001	216	04.11.20X1	27.12.20X1
Versandart/Freivermerk		**Verpackungsart**		**geliefert am**
per Lkw frei Haus		Kartons/Palette		27.12.20X1

Artikel-Nr.	Warenbezeichnung	Menge	Preis	Einheit	Gesamtpreis
2060	MTB XT Räder und Schaltungen	500	55,56 €	Set	27.780,00 €
2260	MTB XT Antrieb	500	17,05 €	Set	8.525,00 €

Nettorechnungsbetrag	36.305,00 €
+ 19 % Mehrwertsteuer	6.897,95 €
Rechnungssumme	43.202,95 €

Bitte überweisen Sie unter Angabe der Rechnungsnummer auf das unten angegebene Konto

€ 43.202,95 **bis:** 26.01.20X2 **oder** € 41.906,86 **bis:** 04.01.20X2

Beleg Nr. 5

Color GmbH
Ludwigshafen

Posteingang: 29.12.20X1

Color GmbH, Hafenstr. 125, 67061 Ludwigshafen

Fly Bike Werke GmbH
Rostocker Straße 334
26121 Oldenburg

Kunden-Nr.: 424
Ansprechpartner: Frau Reineke
Telefon: 0621 582664
Lieferschein-Nr.: 4292
Lieferdatum: 27.12.20X1
Rechnungsdatum: 27.12.20X1

Rechnungsprüfung	
Sachlich richtig	Rechnerisch richtig
Datum 29.12.20X1	Datum 29.12.20X1
Nz. Ta	Nz. Ta

Rechnung Nr.: 4292

Pos.	Artikel-Nr.	Artikelbezeichnung	Menge	Preis je Einheit	Gesamtpreis
1	900100	Klarlack	200 Liter	3,45 €	690,00 €
2	800200	Spezialgrundierung für Edelstähle	200 Liter	2,45 €	490,00 €
3	700100	Standardfarbe „gelb"	20 Liter	4,30 €	86,00 €
4	700821	Sonderfarbe „morror-polish"	120 Liter	6,00 €	720,00 €
5	702400	Sonderfarbe „lemon squash"	120 Liter	6,00 €	720,00 €

Warenwert	Verpackungskosten	Transportkosten	Nettorechnungsbetrag	Umsatzsteuer 19 %	Bruttorechnungsbetrag
2.706,00 €	–	–	2.706,00 €	514,14 €	3.220,14 €

Zahlungsziel 30 Tage, bei Zahlung innerhalb von 8 Tagen 2 % Skonto.

Beleg Nr. 6

Postfiliale Shop in Shop
26121 Oldenburg
2977499 3899 28.12.20X1

* 150,00 €

Postwertzeichen ohne Zuschlag

Vielen Dank für Ihren Besuch.

Ihre Postfiliale Shop in Shop

Unsere Mitarbeiter
beraten Sie gern.

Beleg Nr. 7

Mandorf Tank GmbH
Reiner Mandorf
Rostocker Str. 102
Tel.: 0441 885359

*52,88 Liter SÄULE NR 10	
*Super Blfr. A	66,10 €
TOTAL	66,10 €
MWST 19,00 %	10,55 €
NETTO	55,55 €
Gegeben	70,00 €
Zurück	3,90 €

29.12.20XX * 12:03 * A10 * K 29

VIELEN DANK
GUTE FAHRT

Beleg Nr. 8

Frikawerke
GmbH & Co. KG

Frikawerke, Gertenstr. 19, 58739 Wickede / Ruhr

Fly Bike Werke GmbH
Rostocker Str. 334
26121 Oldenburg

Posteingang: 29.12.20X1

Kunden-Nr.: 2211
Ansprechpartner: Herr Stoll
Tel.: 0237 7577563
Ihre Bestellung Nr. 234
Bestellungsdatum: 19.11.20X1
Lieferschein-Nr.: 1611
Lieferdatum: 28.12.20X1
Rechnungsdatum: 28.12.20X1

Rechnungsprüfung	
Sachlich richtig	Rechnerisch richtig
Datum 29.12.20X1	Datum 29.12.20X1
Nz. Ta	Nz. Ta

Rechnung Nr.: 1611

Set-Nr. Fly Bke	Artikel-Nr.	Artikelbezeichnung	Menge	Preis je Set	Gesamtpreis
5060	50060	MTB XT Lenkung	500	11,09 €	5.545,00 €
5070	50070	MTB XT Lenkung	500	14,30 €	7.150,00 €

Warenwert	Verpackungskosten	Transportkosten	Nettorechnungsbetrag	Umsatzsteuer 19 %	Bruttorechnungsbetrag
12.695,00 €	–	–	12.695,00 €	2.412,05 €	15.107,05 €

Zahlungsziel 14 Tage ohne Abzug

Beleg Nr. 9

W E R B E A G E N T U R **BBDOP** D Ü S S E L D O R F

Werbeagentur BBDOP, Rheinstr. 14, 40221 Düsseldorf

Fly Bike Werke GmbH
Rostocker Straße 334
26121 Oldenburg

Posteingang: 28.12.20X1

RECHNUNG-NR.: 221 RECHNUNGSDATUM: 27.12.20X1

Sehr geehrter Herr Peters!

Für unsere Bemühungen bei der Gestaltung Ihres Verkaufskataloges berechnen wir Ihnen wie vereinbart:

Beratungshonorar	7.500,00 €
+ 19 % Umsatzsteuer	1.425,00 €
Rechnungsbetrag	8.925,00 €

Wir erwarten die Überweisung auf unser Konto bei der Stadtsparkasse Düsseldorf, IBAN DE53300501100067070686

Mit freundlichen Grüßen

Werbeagentur BBDOP

i.A. Reisert
(Reisert)

Rechnungsprüfung	
Sachlich richtig	Rechnerisch richtig
Datum 29.12.20X1	Datum 29.12.20X1
Nz. Ta	Nz. Ta

Beleg Nr. 10

Wolfgang Kleist
Büromaterial Geschenkartikel

Elberfelder Str. 105
26121 Oldenburg
Tel.: 0441/1264401

Käufer: Fly Bike Werke *Datum:* 28.12.02X1

Anz.	*Artikel*	*Preis*	€	*Cent*
10	Schnellhefter	1,00	10	00
2	Heftklammern (100 Stück)	2,50	5	00
Nebenstehenden Betrag dankend erhalten			15	00

Im Betrag sind 19 *%* = 2,39 € *USt enthalten.*

Verk.		
KI	*37547-17*	*Bei Irrtum oder Umtausch bitte diesen Kassenzettel vorlegen*

Beleg Nr. 11

Role – ColorCopy und Printshop
Rostocker Str. 196
26121 Oldenburg – Tel.: 04 41/73 86 40

QUITTUNG für: Fly Bike Werke GmbH

Datum: 28.12.20X1 *16:08*

Pos	*Menge*	*Bezeichnung*	*Vk-Preis*	*Ges.-Preis*	*USt*
1	228	s/w Fotokopien	0,075	17,10	1
		Endsumme	€	17,10	
		Gegeben (bar)	€	20,00	
		Zurück	€	2,90	

Umsatzsteueranteil:
USt = 1 = 19,00 % = € 2,73

Betrag dankend erhalten

Rollmann

Beleg Nr. 12

Quittung € 238 Ct 00

Nr. einschl. 19 %USt/€ 38,00

zweihundertachtunddreißig Cent wie oben
€ in Worten

von Fly Bike Werke

für Reparatur Personalcomputer
Peters

dankend erhalten

Oldenburg den 28.12.20X1

PC Schnelldienst
Unterschrift des Empfängers Wagner

Zweckform Quittung

Beleg Nr. 13

Deutsche Telekom
Ihre Rechnung

Deutsche Telekom AG, Niederlassung
26121 Oldenburg
42 428561–112 12.20X1 0,56
044188510

FLY BIKE WERKE GMBH
ROSTOCKER STR. 334
26121 OLDENBURG

0441 13-4562

Rechnungsdatum	28.12.20X1
Rechnungsmonat	DEZEMBER 20X1
Kundennummer	
Bitte immer angeben Buchungskonto	044188510
Seite	
	0441 13-222
Bei Rückfragen Telefon	
Telefax	

	Artikel oder Leistung	Menge bzw. Einheit	Nettoeinzel-betrag €	Nettogesamt-betrag €	USt-in %
	Monatliche Beträge				
10110	Telefonanschluss ISDN	5	26,40	132,00	19
	Beträge für Verbindungen vom 19.11.20X1 bis 18.12.20X1				
17315	City-Verbindungen	17 190	0,0264	453,82	19
17327	Fernverbindungen	2 103	0,0396	479,88	19
17368	Verbindungen zum Mobilfunknetz	210	0,1983	41,64	19
	Zusammenstellung der Beträge				
	Nettobetrag			1.107,34	
	Umsatzsteuer 19 %			210,39	
	Rechnungsbetrag			1.317,73	

Den Betrag von € 1.317,73 wird von Ihrem Konto bei der Landessparkasse Oldenburg IBAN DE86280501000112326444, abgebucht.

Hausanschrift Bankverbindung Deutsche Telekom AG, Niederlassung
Rostocker Straße 2, 26121 Oldenburg
Buchungsstelle der Telekom in 26121 Oldenburg, Postfach

Hinweis:
Die Belege Nr. 14 und 15 sind nur bei bestandsorientierter Buchungstechnik zu buchen.

Beleg Nr. 14

Fly Bike Werke GmbH
Materialentnahmeschein für Fremdbauteile

Lagerbuchhaltung
Kostenstelle: 23
Gebucht: Schneider
Datum: 28.12.20X1

Nr. 1212		**Datum: 28.12.20X1**			**Montageband: 2**	
Set-Nr.	**Komponentenbezeichnung**	**Menge**	**Auftrags-Nr.**	**Kunde**	**Preis**	**Wert**
2010	City SX-Räder, City SX-Kettenschaltung	100	123	Zweirad GmbH	40,71 €	4.071,00 €
2210	City SX-Antrieb	100	123	Zweirad GmbH	8,40 €	840,00 €
					Summe:	4.911,00 €

Beleg Nr. 15

Fly Bike Werke GmbH
Materialentnahmeschein für Lacke

Lagerbuchhaltung
Kostenstelle: 12
Gebucht: Schneider
Datum: 28.12.20X1

Nr. 512		**Datum: 28.12.20X1**			**Lackierautomat**	
Art-Nr.	**Komponentenbezeichnung**	**Menge**	**Auftrags-Nr.**	**Kunde**	**Preis**	**Wert**
900100	Klarlack	50			3,45 €	172,50 €
2210	Spezialgrundierung	50			2,45 €	122,50 €
Entnahme durch: *Larsen*					Summe:	295,00 €

Beleg Nr. 16

Computer GmbH Kahr-Str. 42 26121 Oldenburg

Fly Bike Werke GmbH
Rostocker Str. 334
26121 Oldenburg

Posteingang: *28.12.20X1*

Rechnungsprüfung	
Sachlich richtig	Rechnerisch richtig
Datum *28.12.20X1*	Datum *28.12.20X1*
Nz. *Ta*	Nz. *Ta*

Ihre Zeichen, Ihre Nachricht vom	Unser Zeichen, unsere Nachricht vom	Telefon, Name	Datum
th 20.12.20X1	pe-we	0441 86543 Peter	27.12.20X1

Rechnung-Nr.: 233

Sehr geehrte Damen und Herren,
aufgrund Ihrer Bestellung Nr. 413 lieferten wir Ihnen am 23.12.20X1 folgende Artikel:

Artikel-Nr.:	Menge	Artikelbezeichnung	Einzelpreis in €	Gesamtpreis in €
1000	1	Proxon P-Ultra	1.200,00	1.200,00
2300	1	2. Festplatte, Aufpreis	200,00	200,00
4100	1	TFT Monitor Ultra	450,00	450,00
		Zwischensumme		1.850,00
		– 15 % Firmenrabatt		277,50
		Zwischensumme		1.572,50
0100		Lieferungs- und Aufstellungskosten		100,00
0200		Installation des Betriebssystems		25,00
		Nettopreis für das Gesamtsystem		1.697,50
		+ 19 % Umsatzsteuer		322,53
		Bruttopreis		2.020,03

Beleg Nr. 17

Landessparkasse Oldenburg

IBAN		Kontoauszug	Auszug	Blatt
DE86280501000112326444		Landessparkasse Oldenburg	211	1
Buchungstag	Wert	Vorgang/Erläuterungen	Beträge in €	
		Kontostand am 28.12.20X1	307.963,22 +	
29.12.20X1	29.12.20X1	Barauszahlung	1.000,00 –	
29.12.20X1	29.12.20X1	Hofkauf AG, Köln, Rechnung 972 vom 28.11.20X1	16.980,00 +	
29.12.20X1	29.12.20X1	Deutsche Telekom Rechnung 12.X1	1.317,73 –	
29.12.20X1	29.12.20X1	Color GmbH, Rechnung 4211 vom 30.11.20X1	2.460,00 –	
29.12.20X1	29.12.20X1	Lagerhallenmiete Dezember 20X1	1.600,00 –	
		Kontostand am 29.12.20X1	318.565,49 +	

Fly Bike Werke GmbH, Oldenburg

Beleg Nr. 18

Landessparkasse Oldenburg

IBAN		Kontoauszug	Auszug	Blatt
DE86280501000112326444		Landessparkasse Oldenburg	212	1
Buchungstag	Wert	Vorgang/Erläuterungen	Beträge in €	
		Kontostand am 29.12.20X1	318.565,49 +	
30.12.20X1	30.12.20X1	APV Augsburg, Rechnung 3211 vom 28.11.20X1	34.316,49 –	
30.12.20X1	30.12.20X1	Druckerei & Design Wolfgang Krause, Rechnung 412 vom 14.12.20X1	14.640,00 –	
30.12.20X1	30.12.20X1	EGZ Einkaufsgenossenschaft Rechnung 973 vom 30.11.20X1	85.891,00 +	
		Kontostand am 30.12.20X1	355.500,00 +	

Fly Bike Werke GmbH, Oldenburg

Beleg Nr. 19

Fly Bike Werke GmbH

Endbestände der Vorräte gemäß Lagerbuchhaltung

Vorratskonten		**€**
2000	Rohstoffe	56.000,00
2010	Vorprodukte Fremdbauteile	217.000,00
2020	Hilfsstoffe	12.500,00
2030	Betriebsstoffe	2.500,00
2100	unfertige Erzeugnisse	48.000,00
2200	fertige Erzeugnisse	144.000,00
	Summe Vorratskonten	480.000,00

Werte geprüft: Schneider 31.12.20X1

Beleg Nr. 20

Fly Bike Werke GmbH

Buchungsanweisung Nr. 22: Die Zahllast ist zu passivieren.

Wert geprüft: Taubert 31.12.20X1

SB ▸ Seite 126 ff. | Handlungsfeld 1, Kap. 11

Unternehmensleitbild

Situation

Obwohl die Fly Bike Werke GmbH schon seit Jahrzehnten wirtschaftlich erfolgreich auf dem Markt besteht, konnte sie nie eine bedeutende Marktposition erringen. Die Fly Bike Werke haben deshalb bei einem Marktforschungsinstitut eine Imagestudie in Auftrag gegeben. Das Marktforschungsinstitut befragte daraufhin sowohl Händler als auch repräsentativ ausgewählte Verbraucher mithilfe des folgenden Fragenkatalogs:

Imagestudie Fly Bike Werke GmbH
Befragungszeitraum 17.02.20XX bis 04.03.20XX

	trifft voll zu ++	trifft eher zu +	trifft eher nicht zu –	trifft gar nicht zu – –
Sofern Unternehmen und Produkte bekannt ...				
Die Produkte sind qualitativ hochwertig.				
Die Produkte sind technisch innovativ.				
Das Preis-Leistungs-Verhältnis überzeugt mich.				
Die Auslieferung erfolgt fristgerecht.				
Die Ersatzteilversorgung ist gesichert.				
Das Unternehmen ist ökologisch orientiert.				
Das Unternehmen bietet gute Arbeitsbedingungen.				
Das Unternehmen engagiert sich sozial.				
Das Unternehmen fördert Frauen.				
Das Unternehmen informiert die Öffentlichkeit.				

Einige Wochen später übersendet das Marktforschungsinstitut folgende Auswertungen:

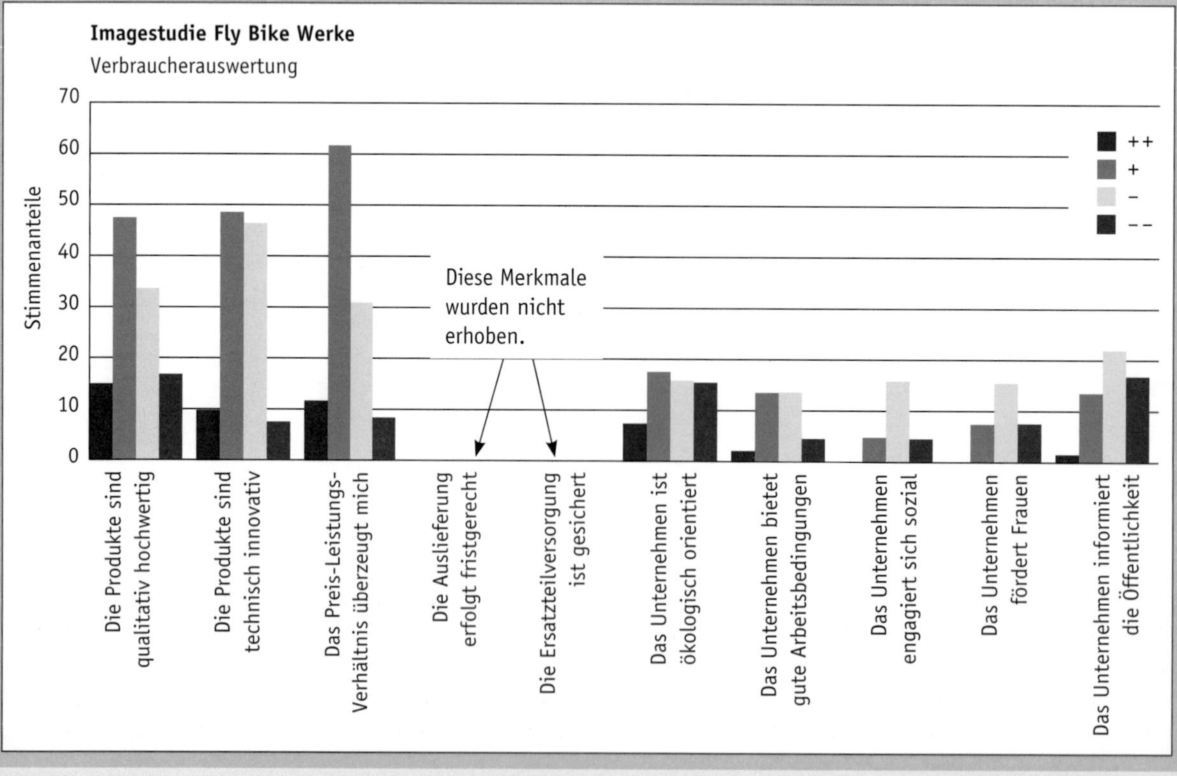

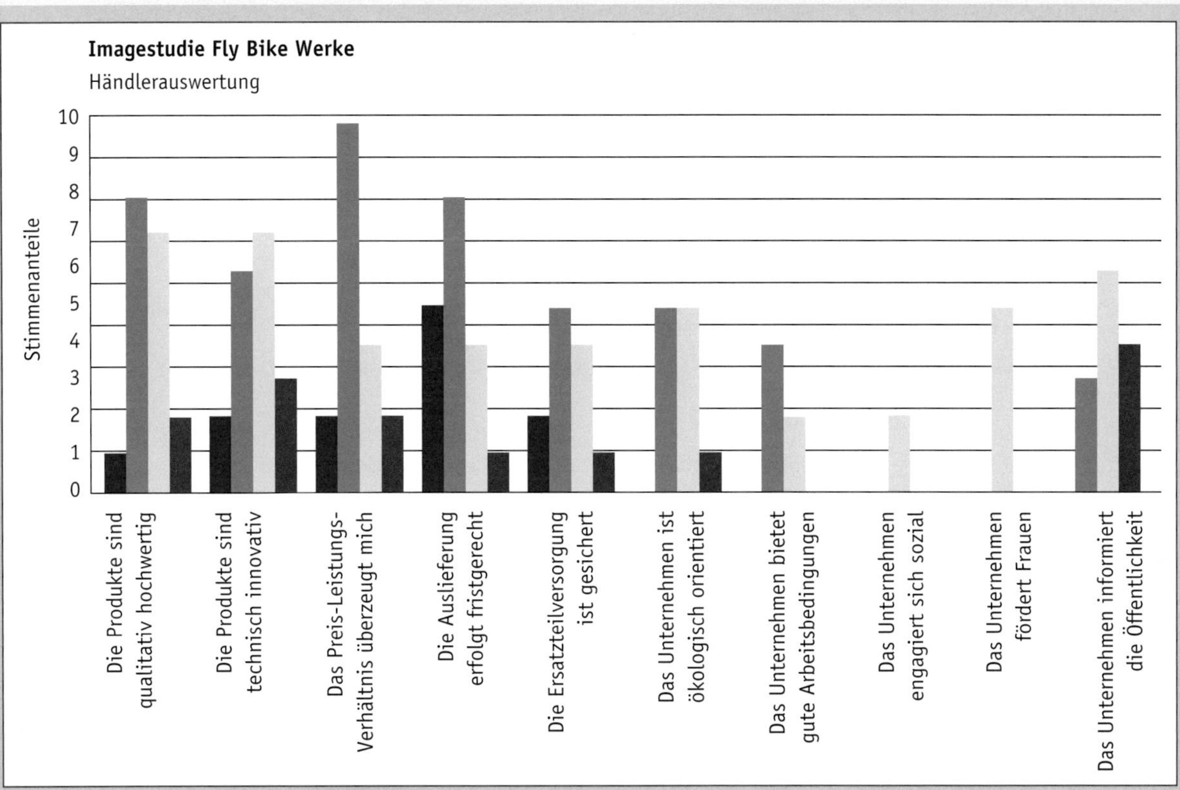

Aufgrund einiger Aussageschwächen der vorhergehenden Befragung beschließt die Geschäftsführung, ergänzend auch die eigenen Mitarbeiter zum Unternehmen zu befragen. Produktbezogene Fragen werden hier ausgeklammert.

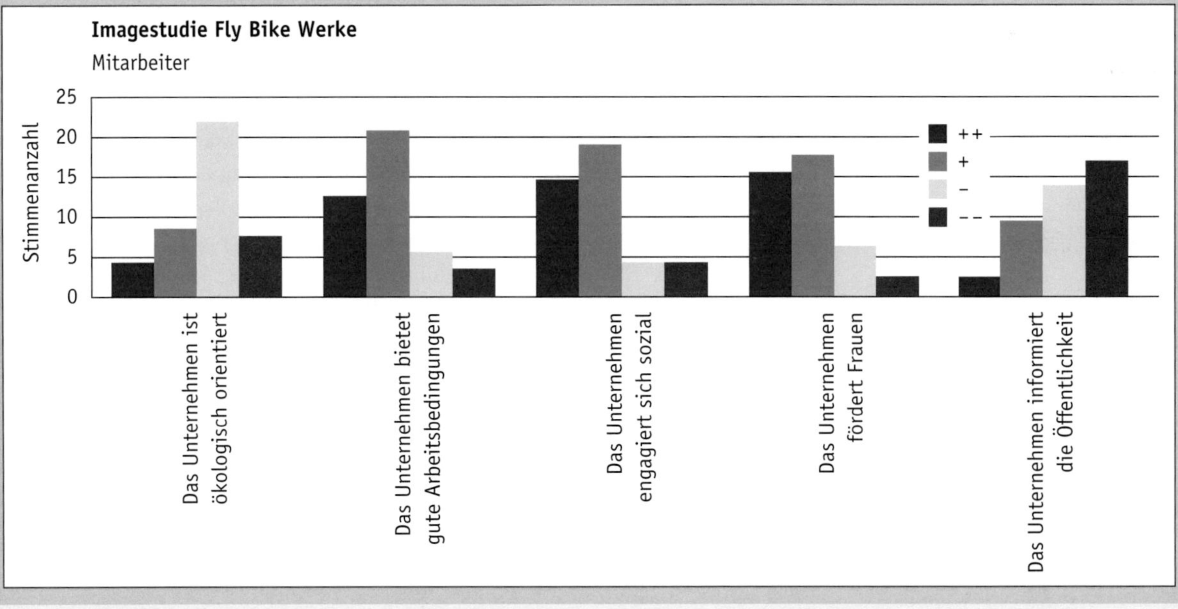

Arbeitsaufträge

1 Was fällt Ihnen an den Untersuchungsergebnissen von Verbrauchern und Händlern besonders auf? Achten Sie dabei auf die Verteilung der Antworten bei den einzelnen Fragen, auf die Anzahl der Antworten und die unterschiedlichen Reaktionen von Händlern und Verbrauchern.

2 Leiten Sie aus den Ergebnissen zu Auftrag 1 die Imagestärken und Imageschwächen der Fly Bike Werke GmbH ab.

3 Inwieweit stimmt das Außenbild vom Unternehmen mit dem Selbstbild seiner Belegschaft überein? Welche Folgerungen lassen sich aus dieser Einschätzung ableiten?

Folgesituation

Die Erhebung und ihre Ergebnisse haben die Geschäftsführung in ihrem Vorhaben bestärkt, das Image des Unternehmens deutlich zu schärfen. Deshalb soll von Belegschaft und Geschäftsführung gemeinsam ein Unternehmensleitbild entwickelt und der interessierten Öffentlichkeit vorgestellt werden. Weil die Fly Bike Werke GmbH auf diesem Gebiet keine Erfahrung besitzt, hat man sich einige mehr oder weniger geeignete Muster beschafft:

RAV

LEITBILD der Rhein-Ahr-Verkehrs GmbH

Als öffentlicher Verkehrsbetrieb engagieren wir uns für die Mobilität der Menschen in unserer Heimat.

Wir ...

- bieten Möglichkeiten des Zusammentreffens aller Bürger an fast jedem Ort unserer Region,
- gewährleisten Betrieben, Arbeitnehmern und Schülern einen zuverlässigen und sicheren Fahrweg,
- überzeugen durch Pünktlichkeit und Komfort unserer Fahrzeuge,
- sind ein bedeutender Arbeitgeber, der seiner sozialen Verantwortung durch Schaffung zahlreicher Ausbildungsplätze gerecht wird,
- fühlen uns der Erhaltung einer gesunden Umwelt durch emissionsarme Verkehrsmittel verpflichtet und betreiben fünf Solarstrom-Tankstellen,
- sehen uns als Team in der Verantwortung für unsere Fahrgäste und fördern eigenständiges Denken und Motivation unserer Mitarbeiter,
- investieren ständig in den Ausbau des öffentlichen Personennahverkehrs (ÖPNV),
- unterstützen Bürgerinitiativen und Vereine bei Kulturprojekten,
- sind Gründungsmitglied im „Verkehrsverbund Mittelrhein" und sorgen damit für eine attraktive Verknüpfung von Verkehrswegen in die umliegenden Ballungsgebiete.

ZEPPELIN UNTERNEHMENSLEITBILD

Das vorliegende, neue Unternehmensleitbild des Zeppelin Industriebereichs und seiner Tochterunternehmen ist ein Leitfaden, der das Selbstverständnis und die Ziele des Unternehmens beschreibt.

- Wir planen und liefern Anlagen für das Lagern, Fördern, Dosieren, Verwiegen und Mischen von hochwertigen Schüttgütern weltweit.
- Die herausragende Qualität und der Technologievorsprung unserer Produkte sichern unseren Markterfolg.
- Kernkompetenz ist das Engineering und die Fertigung von kundenspezifischen Komplettanlagen und Komponenten.
- Zum höchsten Nutzen unserer Kunden sichern wir unsere unabhängige Marktstellung durch Wertorientierung. Dazu streben wir eine Rendite über dem Branchendurchschnitt an.
- Wir setzen auf ein kontinuierliches Wachstum und eine stetige Entwicklung der Produkt- und Geschäftsfelder im Sinne maximaler Kundenorientierung. In unseren Geschäftsfeldern haben wir eine führende Marktposition.
- Wichtigste Erfolgsfaktoren sind hochqualifizierte, motivierte und leistungsorientierte Mitarbeiter.
- Gesundheit und Sicherheit sowie der Schutz der Umwelt sind integrale Bestandteile unserer Aktivitäten.

Quelle: http://www.zeppelin-industry.de/fileadmin/user_upload/pdf/company/DE/Unternehmensleitbild_D.pdf, S. 5

Nun geht man daran, die drei grundlegenden Aussagen eines Leitbildes zu erarbeiten. Achten Sie bei den Formulierungen, z. B. durch Vergleich mit den Leitbildmustern, genau darauf, dass sich die Aussagen von denen anderer Unternehmen deutlich genug abheben.

Arbeitsaufträge

1 Beschreiben Sie die Mission der Fly Bike Werke GmbH. („Wozu gibt es uns?“)

2 Notieren Sie die Visionen der Fly Bike Werke GmbH. („Was wollen wir erreichen?“)

3 Wählen Sie die darzustellenden Werte aus. („Was sind die unverwechselbaren Kennzeichen unseres Handelns?“)

4 Formulieren Sie nun für die Fly Bike Werke GmbH ein Unternehmensleitbild, das der Öffentlichkeit vorgestellt werden soll. Treffen Sie hierfür zwischen sechs und zehn Aussagen.

Arbeitsblatt 17.1 | Corporate Identity

Nach der Erstellung ihres Unternehmensleitbildes stehen die Fly Bike Werke vor der Frage, mit welchen Maßnahmen sie die Verfolgung dieser Grundsätze symbolisieren kann. Im Folgenden soll dies anhand von zwei möglichen Leitbildaussagen abgeklärt werden:

Unternehmensleitbild

(Auszug)

Wir gewährleisten durch unser Handeln den Erhalt natürlicher Ressourcen.
Wir benötigen kreative und eigenverantwortliche Mitarbeiter als Säule des Geschäftserfolgs.

Überlegen Sie, mit welchen Maßnahmen Sie in der Öffentlichkeit eine Harmonie zu diesen beiden Leitbildern herstellen können:

	Umweltbewusstsein	eigenverantwortliche Mitarbeiter
Maßnahmen im Bereich „Corporate Behaviour“		
Maßnahmen im Bereich „Corporate Design“		
Maßnahmen im Bereich „Corporate Communications“		

Lernsituation 18

SB ▸ Seite 129 ff. | Handlungsfeld 1, Kap. 12

Unternehmensziele analysieren

Situation

Die Gesellschafter der Fly Bike Werke GmbH treffen sich zur alljährlichen Gesellschafterhauptversammlung im Konferenzraum. Als Gesellschafter nehmen Herr Jan Ullmann und Herr Björn Ries teil sowie Herr Hans Peters als Geschäftsführer. Auf der heutigen Tagesordnung der Gesellschafterversammlung steht folgende Frage ganz oben: Welche Unternehmensziele verfolgt die Fly Bike Werke GmbH in den kommenden Jahren?

Auf der Gesellschafterversammlung stellt sich schnell heraus, dass sich die Teilnehmer bzgl. des Hauptzieles schnell einig sind. Als Hauptziel legen sie die Gewinnerzielung fest.

Aber bereits bei der Festlegung der Teilziele bzw. der Entscheidung, wie das Hauptziel erreicht werden soll, können sich die Gesellschafter nicht so ohne weiteres einigen. In der Diskussion zu diesem Tagesordnungspunkt stellt sich schnell heraus, dass die Gesellschafter und der Geschäftsführer ganz unterschiedliche Zielvorstellungen verfolgen. Sicherlich hängen diese unterschiedlichen Zielvorstellungen von den persönlichen Einstellungen und Zukunftsvorstellungen der Beteiligten ab.

- Herr Ullmann hat drei erwachsene Kinder, die bereits studieren und von denen mindestens zwei planen, später einmal aktiv ins Unternehmen einzusteigen. Des Weiteren kennt Herr Ullmann viele Mitarbeiter persönlich und schon seit vielen Jahren. An ihnen ist er immer sehr interessiert und möchte seiner Verantwortung als Arbeitgeber stets nachkommen.
- Herr Ries ist seit langem aktiv bei den „Grünen“ in der lokalen Umweltpolitik tätig. Ihm ist es wichtig, seine Ideen vom nachhaltigen Wirtschaften auch in die Tat umzusetzen, sprich diese in „seinem Unternehmen“ zu leben.
- Herr Peters ist angestellter Geschäftsführer, dessen Leistung laut seinem Arbeitsvertrag an der jeweiligen Zielerreichung gemessen wird. Er leistet sich einige teure Hobbys, z.B. reitet er, spielt Golf und besitzt eine Yacht in St. Tropez. Sein größter Wunsch ist es, in die Tour de France mit einzusteigen. Ihm gefällt seine Arbeit und er möchte diese noch viele Jahre ausführen. Er mahnt die Gesellschafter jedoch jedes Jahr an, dass die Fly Bike Werke GmbH ein sehr kleines Unternehmen ist, das sich dringend vergrößern muss, um am Markt weiterhin bestehen zu können.

Arbeitsaufträge

1 Welche persönlichen Ziele haben die Teilnehmer der Gesellschafterversammlung? Ordnen Sie die vorgegebenen Unternehmensziele auf Arbeitsblatt 18.1 den drei Teilnehmern zu und finden sie jeweils einen Oberbegriff für die jeweils zugewiesenen Ziele.

2 Stellen Sie bei den Zielen der Fly Bike Werke GmbH fest, wo komplementäre und wo konkurrierende oder indifferente Zielbeziehungen vorliegen, indem Sie stets zwei Ziele gegenüberstellen.

Arbeitsblatt 18.1 | Ziele und Zielbeziehungen

1. Betriebsklima verbessern
2. Umsatz steigern
3. Projekt: Rücknahme von Altfahrrädern, die an Waisen in Afrika verschenkt werden
4. Gewinn steigern
5. Rentabilität steigern
6. Abfallvermeidung und Abfalltrennung
7. Kompetenz der Mitarbeiter erhöhen
8. Kosten senken
9. Einkaufspreise senken
10. finanzielle Unabhängigkeit
11. hohe Eigenkapitalquote
12. neue Kunden gewinnen
13. Mitarbeiterzufriedenheit erhöhen
14. Einsatz von recycelbaren Rohstoffen
15. Kundenbindung verstärken
16. Kundenzufriedenheit erhöhen
17. Bekanntheitsgrad steigern
18. effiziente Nutzung der Rohstoffe und der eingesetzten Energie
19. Produktqualität erhöhen
20. innovative Produkte anbieten
21. umweltfreundliche Produkte entwickeln
22. Marktanteil erhöhen
23. Marktführer werden
24. gutes Image halten bzw. verbessern
25. niedrige Fluktuation (Häufigkeit der Neubesetzung von Arbeitsplätzen)
26. Arbeitsplatzsicherheit erhöhen

Ziele der Fly Bike Werke GmbH

	Herr Ullmann	Herr Ries	Herr Peters
persönliche Ziele (lt. Situationsbeschreibung)			
zugewiesene Ziele (Nr. des Ziels aus der Auflistung angeben; siehe oben)			
Oberbegriff für die zugewiesenen Ziele (lt. Fachtext)			

- komplementäre Ziele (3 Beispiele)

- konkurrierende Ziele (3 Beispiele)

- indifferente Ziele (3 Beispiele)

Aufgaben

Aufgabe 1

Damit die Zielerreichung kontrolliert und gemessen werden kann, müssen Ziele operationalisiert werden. Hierfür müssen bereits bei der Zielformulierung das angestrebte Ausmaß, der Zeitbezug sowie die zugehörige Zielmessgröße berücksichtigen werden. Beispiel: Das Ziel „neue Kunden gewinnen" wird folgendermaßen präzisiert: „Innerhalb eines Jahres (Zeitbezug) sollen 300 (Ausmaß) neue Kunden (Messgrößen) gewonnen werden." Überlegen Sie geeignete Messgrößen für folgende Unternehmensziele:

Unternehmensziel	Messgröße
– Kundenbindung erhöhen	
– Kundenzufriedenheit steigern	
– Produktqualität erhöhen	
– Kompetenz der Mitarbeiter erhöhen	
– Umsatz erhöhen	

Aufgabe 2

Weitere mögliche Ziele, die von Unternehmen verfolgt werden können:

[1] Identitätsziele (Eigenbild der Unternehmung nach innen)

[2] Imageziele (Eigenbild der Unternehmung nach außen)

[3] Sicherheitsziele

[4] Machtziele

[5] soziale Ziele

[6] ökologische Ziele

Ordnen Sie die oben stehenden Ziele den nachfolgend beschriebenen Maßnahmen zu, indem Sie jeweils die Ziffer des Ziels vor der jeweiligen Maßnahme eintragen.

[ ] Zur Verbesserung des Betriebsklimas werden regelmäßig Betriebsausflüge im Auftrag der Geschäftsleitung organisiert und vom Unternehmen bezahlt.

[ ] Um den eigenen Marktanteil stetig auszuweiten, wird versucht, kleinere Konkurrenten auf dem Absatzmarkt aufzukaufen.

[ ] Ein Unternehmen konzentriert seine Werbemaßnahmen auf den Motorsport (z. B. Formel 1).

[ ] Zur Vermeidung der Illiquidität (Zahlungsunfähigkeit) werden auf den Bankkonten immer erhebliche, sofort verfügbare Guthaben gehalten.

[ ] Um den Reinheitsgrad des Abwassers zu erhöhen, wird eine weitere Reinigungsstufe in die unternehmenseigene Kläranlage eingebaut.

[ ] Eine Werbeagentur wird beauftragt, ein neues, dynamisch wirkendes Firmenlogo (für Briefköpfe, Produktverpackungen, Werbung usw.) zu entwickeln.

[ ] Investitionen aller Art (neue Maschinen, Gebäude usw.) werden nur am Stammsitz des Unternehmens durchgeführt.

[ ] Wertverluste im Unternehmensvermögen (z. B. wegen Abnutzung, technischen Fortschritts usw.) werden durch Ersatzinvestitionen stetig ausgeglichen.

[ ] Das Unternehmen spendet regelmäßig größere Geldbeträge an eine politische Partei.

[ ] In regelmäßig abgehaltenen Besprechungen werden die Mitarbeiter aufgefordert, Verbesserungsvorschläge zu machen.

[ ] Alle Mitarbeiter mit Kundenkontakten werden regelmäßig geschult (Auftreten, Verhalten, Freundlichkeit usw.).

Aufgabe 3

Ein Industrieunternehmen der Metallverarbeitung produziert und verkauft Fahrradanhänger. Mit Beginn des zweiten Geschäftsjahres werden zusätzliche Maschinen in Betrieb genommen. Drei Teilzeitarbeitsplätze in der Produktion werden nach Ausscheiden der Mitarbeiter nicht mehr neu besetzt. Für zwei aufeinander folgende Geschäftsjahre werden nachfolgende Werte ermittelt:

	1. Jahr	2. Jahr
Produktions- und Absatzmenge in Stück	12.000	14.000
Nettoverkaufserlöse je Stück in €	150,00	150,00
Materialkosten in €	400.000,00	460.000,00
Personalkosten in €	600.000,00	580.000,00
Weitere Kosten (z. B. Mieten, Zinsen) in €	300.000,00	340.000,00
Arbeitsstunden in der Produktion	40.000	38.000
Durchschnittlich eingesetztes Kapital in €	2.500.000,00	2.800.000,00

a Geben Sie die Formeln und die Ergebnisse für zwei Jahre an.

b Wie sind die Veränderungen zu bewerten?

Formalziel	Formel	Ergebnis 1. Jahr	Ergebnis 2. Jahr
Gewinn			
Wirtschaftlichkeit			
Arbeitsproduktivität			
Rentabilität			

Hinweis: Alle Ergebnisse, falls notwendig, auf zwei Nachkommastellen kaufmännisch runden!

SB ▸ Seite 133 ff. | Handlungsfeld 1, Kap. 13

Führungsstile

Ich Chef, Du nix

Authentisch
Seit mehr als 20 Jahren arbeitet K+S-Vorstandschef Norbert Steiner im selben Unternehmen. Neben Ehrgeiz und Expertise hat er sich vor allem seine Authentizität bewahrt – und die verlangt er auch von seinen Führungskräften.

Cholerisch
Fachlich brillant, menschlich schwierig – das ist Hewlett-Packard-Chef Léo Apotheker[1]. Als SAP-Boss scheiterte er auch an den Mitarbeitern und dem autoritär-cholerischen Führungsstil.

Visionär
Karl-Heinz Streibich, CEO der Software AG, gibt seinen Mitarbeitern nicht nur Ziele für das nächste Jahr. Er gibt ihnen sogar ganz vorbildlich Ziele für die kommende Dekade.

Diktatorisch
Insidern zufolge verzeiht Ulrich Marseille (Marseille-Kliniken) Fehler nur selten und führt bisweilen diktatorisch Regime – inklusive öffentlicher Demontage in Besprechungen.

Umgänglich
Uneitel, umgänglich, loyal – so wird Lufthansa-Chef Christoph Franz von seinen Mitarbeitern geschildert. Franz höre stets zu und sei offen für Kritik.

Vorsichtig
Siemens-Chef Peter Löscher nahm die Unternehmensbereiche nach seinem Amtsantritt schnell an die kürzere Leine und überraschte mit hartem Durchgreifen, doch nicht ohne die nötige Vorsicht: „Ich muss erst einmal die Menschen kennen lernen."

Konsequent
Vom inzwischen pensionierten GE-Boss Jack Welch stammt die so genannte 20-70-10-Regel: Die besten 20 Prozent der Mitarbeiter gehören mit Boni belohnt, die mittleren 70 Prozent gefördert, die schlechtesten zehn Prozent gefeuert. Eine extreme Form der Leistungsbewertung – aber das Prinzip ist richtig.

Handfest
Als Johannes Teyssen bei Eon aufschlug, kündigte sich schnell ein neuer Führungsstil an. Er glänzte mit dem guten Draht zur Belegschaft und dem Bemühen zum „Wir"-Gefühl. Doch im Moment hat der Eon-Chef mit Umbau und Entlassungen zu kämpfen – und mit strategischen Fehlern, die er zugibt.

Distanziert
RWE-Vorstandschef Jürgen Großmann, der 2012 das Unternehmen verlässt, musste sich nicht zuletzt mit verärgerten Mitarbeitern herumschlagen. Das lag vor allem an seinen einsamen Entscheidungen und seinem ruppigen Führungsstil. Von „Lehmschicht" spricht er, wenn er seine Kollegen in der Führungsetage meint. Zitat: „Ein Spalier von Applaudierenden, das brauche ich nicht."

Gnadenlos
Kein Firmenlenker hat die gnadenlose Logik des Herrschens so verinnerlicht wie VW-Aufsichtsratschef Ferdinand Piëch. Sein Verhältnis zu Angestellten und Mitarbeitern war immer schwierig. Er selber dazu: „Sie gewinnen keinen Überlebenskampf mit Freundlichkeit."

Quelle: „Ich Chef, du nix: Wie Topmanager ihre Unternehmen führen" auf www.handelsblatt.com vom 19.08.2011; [1] Leo Apotheker ist seit September 2011 nicht mehr Chef von HP.

Arbeitsauftrag

Der Artikel stellt verschiedene Möglichkeiten dar, ein Unternehmen zu führen.

1 Identifizieren Sie anhand der Aussagen des Artikels zunächst den von der jeweiligen Führungskraft bevorzugten Führungsstil.
2 Welcher Firmenchef leitet sein Unternehmen Ihrer Meinung nach besonders erfolgreich? Begründen Sie diese Ansicht.

Arbeitsblatt 19.1 | Führungsstile und Führungstechniken

Erläutern Sie, was Führungsstile sind, und stellen Sie zwei Grundrichtungen gegenüber.

Erläuterung:

Merkmale des **autoritären** Führungsstils	Merkmale des **demokratischen** Führungsstils

Erläutern Sie, was Führungstechniken sind, und nennen und beschreiben Sie die klassischen Führungstechniken.

Erläuterung:

Führungstechnik	**Erläuterung (stichpunktartig)**
Management by Exception	

Aufgaben

Aufgabe 1

1 In einer Leitungssitzung möchte Herr Peters mit Frau Linden und den Abteilungsleitern ein einheitliches Führungskonzept vereinbaren. Die Führungskräfte in der Fly Bike Werke GmbH bevorzugen unterschiedliche Stile:
- Oliver Thüne (Abteilungsleiter Einkauf/Logistik) pflegt einen informierenden Führungsstil.
- Der Führungsstil von Marco Rother (Abteilungsleiter Produktion) ist beratend.
- In Christoph Steffes' Abteilung (Verwaltung) herrscht ein demokratischer Führungsstil.
- Ralf Gerland (Abteilungsleiter Vertrieb) führt seine Mitarbeiter mithilfe eines partizipativen Führungsstils.

a Sie als Klasse sollen nun die Sitzung vorbereiten. Bilden Sie vier Gruppen und wählen Sie die Führungskraft aus, die Sie unterstützen möchten. Suchen Sie danach Argumente für den von Ihnen gewünschten Führungsstil bzw. Argumente gegen die anderen Prinzipien.

b Simulieren Sie die Sitzung in Form eines Rollenspiels, zu dem jede Gruppe einen Vertreter („Abteilungsleiter") schickt. Der Lehrer („Herr Peters") moderiert das Gespräch.

c Beschließen Sie in der Sitzung den gemeinsamen Führungsstil.

Aufgabe 2

Personalführung ist wichtig, weil Mitarbeiter- und Unternehmensinteressen in der Praxis oft stark voneinander abweichen. Beschreiben Sie diesen Konflikt

a hinsichtlich der abzuliefernden Arbeitsleistung (quantitativ und qualitativ),

b hinsichtlich einer pünktlichen Arbeitsaufnahme,

c hinsichtlich der Bereitschaft zu Mehrarbeit, Nachtarbeit und Wochenenddiensten,

d hinsichtlich der Bereitschaft zum Beachten von Dienstanweisungen.

Aufgabe 3

Durch den Einsatz klassischer Führungstechniken kann der Lenkungsaufwand deutlich reduziert werden. Wieso fördern die Techniken meist auch die Arbeitszufriedenheit der Mitarbeiter?

Aufgabe 4

Viele Verhaltensweisen von Vorgesetzten lassen sich nur schwer einer Lehrbuchtechnik zuordnen. Betrachten Sie deshalb im Folgenden die humoristische Ergänzung aus der Büro-Erlebniswelt.

- **Management by Nilpferd:** Auftauchen, Maul aufreißen, wieder untertauchen!
- **Management by Känguru:** Mit leerem Beutel große Sprünge machen.
- **Management by Moses:** Volk in die Wüste schicken und auf Wunder warten.
- **Management by Dübel:** Lücke erkennen, schnell „reinquetschen" und sofort breit machen.
- **Management by Champignon:** Mitarbeiter im Dunkeln lassen, von Zeit zu Zeit mit Mist bestreuen und, wenn sich Köpfe zeigen, sofort absäbeln.
- **Management by Crocodile:** Bis zum Hals im Dreck stecken, aber das Maul groß aufreißen.
- **Management by Chromosom:** Führungsqualifikation ausschließlich durch Vererbung.
- **Management by Helicopter:** Über allem schweben, von Zeit zu Zeit auf den Boden kommen, viel Staub aufwirbeln und dann wieder ab in die Wolken.

Quelle: Zeit zu leben Verlags- und Trainingsgesellschaft mbH, Lüneburg; www.zeitzuleben.de

a Verstecken sich hinter diesen spöttischen Beschreibungen nicht doch auch Elemente klassischer Führungsstile? Zeigen Sie Gemeinsamkeiten auf.

b Welche der aufgezeigten Verhaltensweisen könnte für die Unternehmensführung durchaus auch eine positive Wirkung entfalten?

SB ▸ Seite 136 ff. | Handlungsfeld 1, Kap. 14

Konfliktmanagement

Situation

Frau Taubert, eine Mitarbeiterin aus der Abteilung Verwaltung der Fly Bike Werke GmbH, ist unzufrieden: Ihr zehn Jahre jüngerer Kollege, Herr Müller, wurde zum stellvertretenden Abteilungsleiter befördert, obwohl er in den Augen von Frau Taubert weniger für das neue Verantwortungsgebiet geeignet ist als sie. Obwohl sie familiär mit zwei Kindern sehr gefordert ist, gibt sie in ihrem Beruf alles, auch wenn sie immer pünktlich Feierabend machen muss. Ihr alleinstehender Kollege hingegen arbeitet aus ihrer Sicht unstrukturiert und braucht auch fachlich oft ihre Unterstützung. Gut, dafür bleibt er oft länger im Büro als sie, aber trotzdem! Wieso sieht ihr Vorgesetzter das nicht? Da sie keine Lust hat, ihren Frust darüber einfach herunterzuschlucken, möchte sie mit ihrem Vorgesetzten, Herrn Steffes, ein Konfliktgespräch führen. Schließlich möchte sie wieder motiviert ihre Arbeit erledigen, aber das fällt ihr im Moment schwer. Das Problem ist nur, dass sie sich unsicher ist, wie man eigentlich ein solches Gespräch führt und wie man sich darauf vorbereitet, schließlich möchte sie ein positives Gesprächsergebnis erzielen.

Arbeitsaufträge

1 Welche ökonomischen und welche sozialen Unternehmensziele sind von der Personalentscheidung betroffen? In welcher Beziehung stehen diese Ziele zueinander? Diskutieren Sie!

2 Bereiten Sie das Konfliktgespräch als Rollenspiel vor und führen Sie es anschließend durch. Nutzen Sie die folgenden Hinweise zur Vorbereitung:

Rolle von Frau Taubert

- **a** Versetzen Sie sich in die Rolle von Frau Taubert. Lesen Sie dazu die Rollenkarte auf der nächsten Seite.
- **b** Bereiten Sie sich auf ein Gespräch mit Herrn Steffes vor und beachten Sie dabei die Tipps für ein Konfliktgespräch. Machen Sie sich Notizen, was Sie im Gespräch beachten und sagen möchten.

Rolle von Herrn Steffes

- **a** Versetzen Sie sich in die Rolle von Herrn Steffes. Lesen Sie dazu die Rollenkarte auf der nächsten Seite.
- **b** Bereiten Sie sich auf ein Gespräch mit Frau Taubert vor und beachten Sie dabei die Tipps für ein Konfliktgespräch. Machen Sie sich Notizen, was Sie im Gespräch beachten und sagen möchten.

Beobachter

- **a** Teilen Sie sich auf in zwei Gruppen. Eine Gruppe beobachtet Frau Tauber und die andere Herrn Steffes.
- **b** Machen Sie sich während des Gesprächs Notizen, was Ihnen auffällt.
- **c** Geben Sie ein Feedback. Was hat Ihnen gefallen? Was hätten die Gesprächspartner anders machen können?

Rollenkarten

Rollenkarte Frau Taubert

- Sie ist seit 15 Jahren im Unternehmen.
- Durch verschiedene Fortbildungen ist sie fachlich fit.
- Familiär bedingt muss sie immer pünktlich Feierabend machen, dafür arbeitet sie bis dahin umso effektiver, konzentrierter und sie ist sehr gut organisiert.
- Sie sucht eine neue fachliche Herausforderung, daher käme ihr die Beförderung sehr gelegen.
- Gelegentlich fehlt sie, wenn ihre Kinder krank sind. Ihr Mann ist im Außendienst tätig und kann die Kinderbetreuung nicht übernehmen.
- Die liegen gebliebene Arbeit im Büro holt sie aber immer schnell wieder auf.

Rollenkarte Herr Steffes

- Er braucht aufgrund der wachsenden Abteilung dringend einen Stellvertreter.
- Die zu erledigende Arbeit häuft sich.
- Er akzeptiert, dass Frau Taubert immer pünktlich los muss, aber er ist froh, dass Herr Müller bei Termindruck länger bleiben kann.
- Er möchte den jungen Kollegen fördern und beruflich aufbauen.
- Ihm ist es wichtig, seine fähige Kollegin, Frau Taubert, aufgrund ihrer familiären Situation nicht zu überfordern.
- Er geht davon aus, dass Frau Taubert froh ist, nicht noch mehr beruflichen Stress zu haben.
- Er schätzt Frau Taubert und ihre Arbeitsweise.
- Für die Position hätte er sie sogar berücksichtigt, wusste aber nicht, dass Frau Taubert überhaupt Interesse hat.

Tipps für ein Konfliktgespräch

Vorbereitung
- Anlass klären: Um was geht es (Thema)? Übe ich Kritik, werde ich kritisiert?
- Thema klären: Wie ist meine Meinung zu dem Thema? Wie lauten meine Argumente? Wie wird mein Gesprächspartner die Situation sehen?
- Bedürfnisse und Ziele klären: Was möchte ich erreichen?

Durchführung
- Signalisieren Sie Gesprächsbereitschaft. Achten Sie auf Mimik und Körpersprache während des Gesprächs („aktiv" zuhören).
- Lassen Sie Ihren Gesprächspartner ausreden.
- Verwenden Sie Ich-Formulierungen („Ich-Botschaften").
- Bleiben Sie sachlich! Vermeiden Sie „Killerphrasen" (z.B. „Das ist doch Quatsch!", „Jetzt übertreiben Sie aber!", „So wird das nichts!").

Ausblick
- Überlegen Sie, welche Lösungen möglich sind. Sagen Sie, was Sie selbst beitragen können und was Sie vom Gesprächspartner erwarten.
- Treffen Sie eine Vereinbarung für die Zukunft.

Weitere Hinweise für gelungene Kommunikation finden Sie im Schülerbuch!

Arbeitsblatt 20.1 | Was ist ein Konflikt?

Im Folgenden werden verschiedene Situationen genannt.

Entscheiden Sie, ob es sich dabei um einen Konflikt handelt oder nicht. Im Schülerbuch wird erläutert, was man genau unter einem Konflikt versteht. Wenn Sie sich nicht entscheiden können, wählen Sie die Position dazwischen.

Sie sollten während der Entscheidungsfindung nicht mit anderen sprechen!

Situation	Konflikt		
	Ja	Unentschlossen	Nein
1. Susanna ist außergewöhnlich füllig. Aufgrund ihrer Körpermaße wird sie von Rick immer gehänselt.			
2. Carina und Eike wollen sich gemeinsam auf die nächste Klassenarbeit vorbereiten. Tim möchte sich anschließen, doch die beiden lehnen ab.			
3. Im Sportunterricht treten die beiden Freunde Julian und David im 100-Meter-Lauf gegeneinander an. Julian will auf jeden Fall gewinnen.			
4. Sandy und Alex sind in Mathematik die Besten. Sie machen sich über die anderen lustig, die Mathematik nicht so schnell verstehen.			
5. Ahmed hat sich teure Schuhe geleistet. In der Pausenhalle der Schule tritt ihm eine Schülerin mit ihren Stöckelschuhen auf seine neuen Schuhe.			
6. Obwohl bei einem Boxkampf beide Gegner stark bluten, kämpfen sie weiter.			
7. In der Pause werfen sich Sören und Patrick einen Apfel zu. Plötzlich wird Tina getroffen und tut sich weh.			
8. Ahmed ist 17 Jahre alt. Gegen Ahmeds Willen verlangt dessen Vater, dass sein Sohn um 23 Uhr zu Hause ist.			

Aufgaben

Übung zur Formulierung von „Ich"-Botschaften
In allen Gesprächssituationen sollte beachtet werden, dass durch unterschwellige Zurechtweisungen, Racheakte oder Machtkämpfe ein Gespräch ganz schnell blockiert werden kann. Deshalb sollten in Gesprächen und Diskussionen so genannte „Du"-Botschaften („Du musst lauter sprechen!") vermieden werden, da sie oft aggressiv und beleidigend wirken und damit den Konflikt verschärfen.

Förderlich in Konfliktsituationen ist es, von sich selbst zu sprechen. Diese so genannten „Ich"-Botschaften (z. B. „Ich verstehe dich ziemlich schlecht!") haben den Vorteil, dass sie nicht beleidigend oder verletzend sind und damit dazu beitragen, die Spannung abzubauen und Konflikte zu lösen.

In den folgenden Situationen haben die Betroffenen mit einer „Du"-Botschaft reagiert. Die Konfliktsituation ist daraufhin weiter eskaliert. Versetzen Sie sich in die Situation der Betroffenen und formulieren Sie als Alternative eine „Ich"-Botschaft nach folgendem Schema:
„Ich bin ______ (Nennung des Gefühls),
wenn du ______ (Nennung des Auslösers),
weil ______ (Begründung) und
ich möchte ______ (Erwartung)."

„Du"-Botschaft	Alternative: „Ich"-Botschaft
1 Tim hat sich mit Sofia verabredet. Er kommt 40 Minuten nach der verabredeten Uhrzeit. Sofia: „Du kommst immer zu spät!"	
2 Die Ausbilderin gibt Nina ihr Berichtsheft zurück: „Sie können noch nicht einmal einen ordentlichen Bericht verfassen und Sie müssen sich dringend um Ihre Rechtschreibung kümmern!"	
3 Der Vorgesetzte äußert sich gegenüber einem Mitarbeiter: „Immer muss man Ihnen die Dinge zweimal erklären!"	

SB ▸ Seite 139 | Handlungsfeld 1, Kap. 15

Aufgaben des Controllings

Situation

Die Ruhrwerke GmbH, ein Lieferant der Fly Bike Werke GmbH, benutzt seit mehreren Jahren die kurzfristige Erfolgsrechnung als wirtschaftlichen Wegweiser, um über die Deckungsbeitragsrechnung verlässliches Zahlenmaterial für betriebswirtschaftliche Entscheidungen zu erhalten.
Beim diesjährigen Branchentreffen der Fahrradindustrie erfuhr der Geschäftsführer der Ruhrwerke GmbH, Herr Clausen, aus einer Reihe von Gesprächen, dass viele Mitbewerber betriebswirtschaftlich erheblich weiter sind als sein Unternehmen. Viele Unternehmen leisten sich nun neben einer reinen Finanzbuchhaltung auch eine eigene Controllingabteilung. In diesem Zusammenhang wird Herr Clausen auf eine Stellenanzeige eines Mitbewerbers aufmerksam, der für sein Unternehmen einen Controller einstellen will.
Herr Clausen ist mittlerweile davon überzeugt, dass auch die Ruhrwerke GmbH dringend einen Controller braucht – nicht nur wegen der Mitbewerber.

Die TOCS GmbH ist ein 1964 gegründetes Familienunternehmen. Der Name TOCS steht in ganz Deutschland für Fahrräder der Extraklasse. Spitzenqualität, innovative Technik und Marktorientierung kennzeichnen unseren Erfolg ebenso wie hoch motivierte Mitarbeiter. Anspruchsvolle Wachstumsziele über unsere gesamte Produktpalette erfordern die Verstärkung unseres Teams um einen/eine

Fachhochschulabsolventen/in
für den Bereich Controlling

Ihre zukünftige Tätigkeit

Ihr Tätigkeitsrahmen reicht von betriebswirtschaftlichen Aufgabenstellungen wie der allgemeinen Unternehmensplanung bis hin zur Mitwirkung bei der Identifizierung von Unternehmenszielen. Sie erstellen Situationsanalysen, Soll-/Ist-Vergleiche und Abweichungsanalysen und entwickeln bei Bedarf Maßnahmen zur Gegensteuerung. Zu Ihren Aufgaben gehört darüber hinaus auch die Planung genereller Maßnahmen zur Zielerreichung. Zusammen mit einem kleinen, engagierten Team wirken Sie an der Gestaltung der unternehmerischen Zielsetzung mit und überwachen die Zielerreichung. Sie tragen zur Bewältigung von Detailproblemen bei und erhalten gleichzeitig Einblick in den Prozess der übergeordneten strategischen Entscheidungsfindung in einem expandierenden Unternehmen. Dabei erhalten Sie die Möglichkeit, sich zu profilieren und für spätere kaufmännische Leitungsfunktionen im Unternehmen zu qualifizieren.

Ihr Anforderungsprofil

Die fachlichen Voraussetzungen ...

Arbeitsaufträge

1 Hat Herr Clausen Recht, dass auch die Ruhrwerke GmbH eine Controlling Abteilung bzw. einen Controller benötigt? Begründen Sie Ihre Entscheidung!

2 Erläutern Sie die Aufgaben des Controllings bzw. des Controllers im Unternehmen. Nutzen Sie hierzu auch die vorliegende Stellenanzeige!

Arbeitsblatt 21.1 | Begriff und Aufgaben des Controllings

Was verstehen Sie unter Controlling? Machen Sie sich anhand der folgenden Übersichten noch einmal klar, welche Aufgaben das Controlling im Unternehmen erfüllt.

Controlling
=
Begriffsdefinition: ________
____
____

Ziele des Controllings				
Übergeordnetes Ziel: ________ ________ ________ ________ ________ – Gewinn – Liquidität	Ansatzpunkte zur Zielerreichung/nachgeordnete Ziele			
	________ ________	Effizienzsteigerung	________ ________	________ ________

Aufgaben des Controllings				
Identifizierung von Unternehmens-zielen	________ ________ ________	________ ________ ________	Soll-/Ist-Vergleich	________ ________ ________

Unternehmensziele			
________	________	Soziale Ziele	________
– Gewinn	– ________	– ________	– ________
– Umsatz	– Leistungsangebot	– ________	– Erhalt der natürlichen Ressourcen

SB ▸ Seite 147 ff. | Handlungsfeld 2, Kap. 2

Bezugsquellenermittlung und Angebotsvergleich

Hausmitteilung

Fly Bike Werke GmbH

Absender	Empfänger	mit der Bitte um
☐ Geschäftsführung	☐ Geschäftsführung	☐ Kenntnisnahme
☒ Zentralsekretariat	☐ Zentralsekretariat	☒ Erledigung
☐ Controlling	☐ Controlling	☐ Stellungnahme
☐ Einkauf/Logistik	☒ Einkauf/Logistik	
☐ Produktion	☐ Produktion	
☐ Verwaltung	☐ Verwaltung	
☐ Vertrieb	☐ Vertrieb	
☒ Frau/~~Herr~~ Fee	☒ Frau/~~Herr~~ Nemitz-Müller	

Liebe Frau Nemitz-Müller,
die DAX AG teilt uns heute Preiserhöhungen für Kettenschaltungen mit (siehe beiliegendes Schreiben). Die neuen Preise entsprechen bei Weitem nicht mehr unseren geplanten Einstandspreisen. Bitte holen Sie für eine vorhergesehene Bestellung bei anderen in Frage kommenden Lieferanten Angebote ein.
Viele Grüße
A. Fee

DAX AG
Düsseldorf

DAX AG • Rudolf-Diesel-Str. 25 • 47424 Düsseldorf

Fly Bike Werke GmbH
Rostocker Str. 334
26121 Oldenburg

Posteingang: 12.03.20XX

Ihr Zeichen, Ihre Nachricht vom	Unser Zeichen, unsere Nachricht vom	Telefon, Name	Datum
	sas	0211-8017326 Herr Sachse	11.03.20XX

Preisänderung

Sehr geehrte Damen und Herren,

aufgrund der gestiegenen Metallpreise auf dem Weltmarkt müssen wir ab sofort die Preise für unsere Erzeugnisse erhöhen:

Artikel-Nr.	Artikelbezeichnung	neuer Preis pro Einheit
10110	Trekking-TR-Antrieb Kettenschaltung	40,00 €

Unsere Liefer- und Zahlungsbedingungen sind unverändert geblieben. Wir bitten um Ihr Verständnis und hoffen auf weitere gute Zusammenarbeit.

Mit freundlichen Grüßen

DAX AG

i.A. P. Sachse

Sachse

Arbeitsaufträge

1 Ermitteln Sie mithilfe des Lieferantenverzeichnisses auf S. 14 weitere in Frage kommende Lieferanten für die benötigten Kettenschaltungen.
2 Nennen Sie Möglichkeiten, um außerhalb des eigenen Unternehmens Bezugsquellen zu finden.
3 Schreiben Sie eine Anfrage über 1.100 Kettenschaltungen an einen Lieferanten Ihrer Wahl.

Folgesituation 1: Quantitativer Angebotsvergleich

Für die dringend benötigten 1.100 Kettenschaltungen sind inzwischen drei Angebote von verschiedenen Herstellern in der Einkaufsabteilung der Fly Bike Werke GmbH angekommen.

Angebote Kettenschaltungen

An... Nemitz-Müller, Ann-Kathrin
Cc...
Betreff: Angebote Kettenschaltungen

Liebe Frau Nemitz-Müller,

die von Ihnen ermittelten Hersteller, die als neue Lieferanten von Kettenschaltungen in Frage kommen, haben mir inzwischen Angebote vorgelegt. Bitte prüfen Sie, welcher unter quantitativen Gesichtspunkten am günstigsten anbietet. Anbei die uns unterbreiteten Konditionen.

Angebot 1:
Die Tamino Inc., Japan, bietet Kettenschaltungen zum Listenpreis von 30,00 Euro an. Bei einer Bestellung bis 1000 Schaltungen bietet dieser Hersteller 10 % Mengenrabatt. Bei einer Bestellung über 1000 Schaltungen erhöht sich der Rabatt auf 12 %. Geliefert wird frei Hafen Hamburg. Der deutsche Zoll erhebt einen *Einfuhrzoll* in Höhe von 5 % auf den Warenwert. Die *Transportkosten* einer Spedition vom Freihafen zur Fabrik betragen 3.000,00 Euro. Der Anbieter gewährt Skonto in Höhe von 2 % auf den Warenwert, wenn die Zahlung innerhalb von 8 Tagen erfolgt.

Angebot 2:
Der deutsche Hersteller Fox KG bietet Kettenschaltungen zum Listenpreis von 38,00 Euro an. Fahrradhersteller erhalten grundsätzlich 20 % Herstellerrabatt und 3 % Skonto bei Zahlung innerhalb von 10 Tagen nach Rechnungseingang. *Verpackungskosten* 5,00 Euro je 100 Kettenschaltungen. Bei Lieferung frei Empfängerbahnhof entstehen *Transportkosten* (Rollgeld Abfuhr) in Höhe von 250 Euro.

Angebot 3:
Der italienische Produzent Tutto Bici S.A. bietet Kettenschaltungen zum Preis von 31,00 Euro an. Bei der gegebenen Absatzmenge gewährt er 5 % Mengenrabatt und 2 % Skonto bei Zahlung innerhalb von 8 Tagen. Die Schaltungen befinden sich in einem Auslieferungslager in Deutschland. Für die Anlieferung an den Produktionsort des Herstellers berechnet er eine *Frachtpauschale* in Höhe von 2 % auf den Warenwert.

Beste Grüße
Oliver Thüne

Arbeitsauftrag

Ermitteln Sie zunächst den preisgünstigsten Anbieter. Nutzen Sie dazu das Arbeitsblatt 22.1 oder ein Tabellenkalkulationsprogramm.

Hinweise:
Waren(netto)wert = Preis der Ware nach Rabattabzug (Zieleinkaufspreis)
Bezugskosten = Einfuhrzoll, Transportkosten, Verpackungskosten, Frachtpauschale

Arbeitsblatt 22.1 | Quantitativer Angebotsvergleich

	A	B	C	D	E	F	G
1	Artikel Nr.			Artikelbezeichnung			
2	Menge			Einheit			
3	Lieferant						
4		%	Betrag	%	Betrag	%	Betrag
5	Listeneinkaufspreis	Einzelpreis		Einzelpreis		Einzelpreis	
6		Gesamtpreis		Gesamtpreis		Gesamtpreis	
7	– Lieferantenrabatt						
8	= Zieleinkaufspreis (=Warennettowert)						
9	– Lieferantenskonto						
10	= Bareinkaufspreis						
11	+ Bezugskosten						
12	= Bezugspreis/Einstandspreis						
13	sonstiges						
14	günstigster Lieferant						
15	Datum			Sachbearbeiter			

Folgesituation 2: Qualitativer Angebotsvergleich

Auf der Suche nach einem neuen Lieferanten für Kettenschaltungen führt Frau Nemitz-Müller nach dem quantitativen nun auch einen qualitativen Angebotsvergleich durch. Dazu hat sie zunächst die relevanten Informationen aus der Lieferantendatei ausgedruckt:

Lieferant	Besondere Vorkommnisse
Tamino Inc.	Es lagen insgesamt vier Bestellungen vor. Bei der Bestellung vom 29.1.20XX konnte der Termin trotz vorliegender Auftragsbestätigung und mehrfacher Mahnung nicht eingehalten werden. Es musste bei einem anderen Lieferanten eingekauft werden, um unseren eigenen Lieferverpflichtungen nachkommen zu können. Im Gegenzug gewährte uns der Lieferant bei der folgenden Bestellung einen Sonderrabatt. Bei den anderen Bestellungen gab es keine besonderen Vorkommnisse.

Hinweis:
Über die Tuto Bici S.A. liegen keine Informationen vor.

In der letzten Ausgabe der Fachzeitschrift „Bike & More" fand Frau Nemitz-Müller zudem den folgenden Artikel:

Qualitätszertifizierung bei Fox

SIEGBURG - Die Fox KG, mittelständischer Zulieferer der Zweiradindustrie, ist seit längerem um Qualitätssicherung bemüht – und das mit Erfolg: Die Qualitätssicherungsmaßnahmen des Unternehmens wurden jetzt durch das Zertifikat eines unabhängigen Prüfers nach DIN ISO 9000 ff. belohnt.
„Auch unsere Kunden werden zunehmend zu qualitätsbewussten Einkäufern und verlangen die Einhaltung höchster Qualitätsanforderungen – und das zu Recht. Sie wollen nach Möglichkeit schon im Vorfeld sichergehen, dass sie qualitativ hochwertige Produkte fertigen können", so der Geschäftsführer der Fox KG, Hartmut Lindenbaum. „Um uns als Zulieferer auch längerfristig behaupten zu können, war die Zertifizierung nach der ISO 9000-Norm nur die logische Konsequenz. Qualitätssicherung kostet zwar viel Geld, ist in Zeiten eines verschärften Wettbewerbes aber absolut notwendig."

Damit demonstriert die Fox KG einmal mehr ihre Bemühungen, als ernst zu nehmender Mitbewerber wahrgenommen zu werden. Vor allem im Segment Kettenschaltungen, die höchste Qualitätsansprüche erfüllen müssen, will die Fox KG auch in diesem Jahr ihre Marktanteile ausbauen. Das Qualitätszertifikat dürfte hierfür ein Schritt in die richtige Richtung sein.

Arbeitsauftrag

Erstellen Sie unter Berücksichtigung der vorliegenden Informationen einen qualitativen Angebotsvergleich für die drei infrage kommenden Anbieter. Nutzen Sie dazu das Arbeitsblatt 22.2.

Arbeitsblatt 22.2 | Qualitativer Angebotsvergleich

Kriterien	Gewichtungsfaktor	Leistung des Lieferanten ______		Leistung des Lieferanten ______		Leistung des Lieferanten ______	
		Punkte	Punkte · Faktor	Punkte	Punkte · Faktor	Punkte	Punkte · Faktor
Preis							
Qualität der Ware							
Lieferfrist							
Termintreue							
Verhalten bei Reklamationen							
Gesamtwert							

Bewertungsschlüssel:
Ausgangspunkt für die Bewertung ist die Normalpunktzahl (5). Sie ist immer dann zu vergeben, wenn keine Informationen vorliegen bzw. sich im Rahmen der Geschäftsbeziehungen keine Besonderheiten ergaben. Bei positiven Beobachtungen erfolgt eine Aufwertung bis zur maximalen Punktzahl 9, bei negativen Beobachtungen erfolgt eine Abwertung bis zur minimalen Punktzahl 1.

Aufgaben

Aufgabe 1

Herr Köhler, Einkäufer der Technologies GmbH, benötigt kurzfristig 120 elektronische Bauteile zum 03.01. Ihm liegen folgende Angebote vor:

Angebot 1
Electronics KG
Stückpreis 12,20 €,
3 % Rabatt ab 100 Stück,
2 % Skonto

Angebot 2
Unix GmbH
Stückpreis 12,00 €,
2 % Rabatt ab 150 Stück,
2 % Skonto

Angebot 3
Schneider & Co. KG
Stückpreis 11,80 €,
2 % Rabatt,
1 % Skonto

Angebot 4
Kinsel OHG
Stückpreis 11,50 €,
2 % Rabatt ab 200 Stück,
1 % Skonto,
Lieferung frühestens am 07.03.

Zusatzinformationen

Die Zahlungsbedingungen der einzelnen Lieferer lauten:

Electronics KG	2 %	10 Tage	30 Tage netto
UNIX GmbH	2 %	20 Tage	30 Tage netto
Schneider & Co. KG	1 %	7 Tage	20 Tage netto
Kinsel OHG	1 %	10 Tage	30 Tage netto

Bei allen Lieferern entstehen Frachtkosten in Höhe von 30,00 €, die Schneider & Co. KG berechnet zusätzlich 45,00 € für die Verpackung. Mit der Kinsel OHG könnte ein Fixkauf (garantierter Liefertermin) abgeschlossen werden. Alle anderen drei Anbieter behalten sich einen Spielraum beim Liefertermin von bis zu 10 Tagen vor.

Mit der Electronics KG werden schon seit Jahren Geschäfte abgeschlossen. Bei der UNIX GmbH gab es schon dreimal Lieferungsverzüge und zweimal Beanstandungen bei der Qualität der gelieferten Ware. Mit der Schneider & Co. KG und der Kinsel OHG gab es bisher noch keine Geschäftsbeziehungen.

a Für welches Angebot würden Sie sich unter rein preislichen Aspekten entscheiden?

b Welche weiteren Aspekte müssen bei einer Entscheidung für oder gegen ein Angebot noch berücksichtigt werden?

Aufgabe 2

Da in der Fly Bike Werke GmbH die Materialkosten ca. 50 % der Gesamtkosten ausmachen, soll sich stärker auf die Beschaffungsmarktforschung konzentriert werden, um Kosten der Materialbeschaffung zu senken.

a Es soll ein neuer Lieferant für Fahrradbeleuchtung gesucht werden. Auf welche Informationsquellen kann man bei der Suche zurückgreifen?

b Erläutern Sie, welche Informationen benötigt werden, um für einen möglichen Lieferanten eine Bewertung durchführen zu können.

Aufgabe 3

Die Hecht Filterbau AG stellt Wechselfilter für die Automobilproduktion her. Die zur Herstellung benötigten Flachdichtungen werden als Fremdbauteile von Lieferanten bezogen. Der Bedarf an Flachdichtungen wird lt. Beschaffungsplanung für sechs Monate mit 180.000 Stück ermittelt. Aufgrund verschiedener Anfragen und einer Vorauswahl von Angeboten ist einer der beiden nachstehenden Lieferanten auszuwählen:

	Merkle GmbH	Barth KG
Listeneinkaufspreis	8,00 € je 100 Stück	70,00 € je 1.000 Stück
Rabatt	- 10 % ab einer Lieferung von 5.000 Stück - 20 % ab einer Lieferung von 150.000 Stück	-
Zahlungsbedingungen	zahlbar innerhalb von 10 Tagen unter Abzug von 3 % Skonto, 30 Tage Ziel für 180.000 Stück	zahlbar innerhalb von 15 Tagen unter Abzug von 2 % Skonto, 60 Tage Ziel
Lieferungsbedingungen	Transportkosten 150,00 €	frei Haus

a Für welches Angebot sollte das Unternehmen sich entscheiden, wenn ausschließlich nach rechnerischen Gesichtspunkten entschieden wird? Gehen Sie von einem Planungszeitraum von sechs Monaten aus. Begründen Sie Ihre Entscheidung rechnerisch.

b Vergleichen Sie die Zahlungsbedingungen beider Firmen miteinander und entscheiden Sie, welche Bedingung unter den Gesichtspunkten der Verzinsung die günstigere für den Käufer ist. Begründen Sie Ihre Entscheidung rechnerisch und verbal.

c Nennen und beschreiben Sie drei weitere Gesichtspunkte, die bei einem Lieferantenvergleich berücksichtigt werden sollten.

d Der Lieferantenvergleich ist auf der Grundlage einer wertanalytischen Vorgehensweise zu ermitteln. Beschreiben Sie die einzelnen Schritte dieser Vorgehensweise am vorliegenden Beispiel.

Aufgabe 4

Ein Kunde bezahlt durch Überweisungsauftrag eine Rechnung über 2.500,– € abzüglich 2 % Skonto. Die Zahlungsbedingungen des Lieferanten lauten: „2 % Skonto bei Zahlung innerhalb von 12 Tagen, netto zahlbar innerhalb von 30 Tagen." Um den Skontoabzug in Anspruch nehmen zu können, müsste der Kunde einen Kredit aufnehmen. Wie viel Zinsen berechnete ihm die Bank (in € und in Prozent p. a.), wenn er einen Finanzierungsgewinn von 42,65 € hatte?

Aufgabe 5

Ein Unternehmen bezieht zwei Drehbänke. Die Drehbänke haben folgende Netto-Listenpreise:

- Typ 1 42.750,00 € (400 kg)
- Typ 2 80.250,00 € (600 kg)

Auf den Listenpreis erhält der Großhändler 20 % Rabatt; netto 30 Tage/Zahlung innerhalb von 10 Tagen 2 % Skonto. Die Frachtrechnung des Spediteurs beträgt für beide Drehbänke 265,00 € netto. Die Versicherungsprämie beträgt 60,30 €. Berechnen Sie die Bezugspreise für beide Drehbänke.

Hinweis: Die Aufteilung der Frachtkosten erfolgt nach Gewicht und die Aufteilung der Versicherungsprämie nach dem Wert.

Aufgabe 6

Für das Modell Light/Trekking werden in der Fly Bike Werke GmbH im Rahmen eines Großauftrages Bremsen benötigt.
Herr Thüne will im Rahmen einer Nutzwertanalyse eine Lieferantenauswahl vornehmen, um zwischen fünf möglichen Lieferanten den für die Fly Bike Werke GmbH günstigsten auszuwählen.

a Geben Sie eine Definition für die Nutzwertanalyse.

b Entscheiden Sie sich für vier Kriterien, nach denen die Nutzwertanalyse durchgeführt werden soll.

c Welche der von Ihnen ausgewählten Kriterien lassen sich zahlenmäßig ausdrücken, welche nicht?

d Nehmen Sie eine Gewichtung der Kriterien vor.

e Erläutern Sie, was im Rahmen einer Teilnutzenbestimmung festgelegt werden soll.

f Wie wird der für die Fly Bike Werke GmbH günstigste Lieferant gefunden?

g Erläutern Sie zwei Vorteile, die mit der Durchführung einer Nutzwertanalyse verbunden sind.

Aufgabe 7
Ordnen Sie die Begriffe des Kalkulationsschemas den nachfolgenden Beschreibungen zu.

	Preisnachlass für den Rechnungsausgleich innerhalb einer vorgegebenen Frist
	Kosten des Materials (der Ware) bis zum Eingang im Betrieb
	Preis des Lieferers laut Katalog
	Preis, der bei Ausnutzung der Zahlungsfrist für das Material (die Ware) an den Lieferer gezahlt werden muss, wenn kein Einkaufsmittler beauftragt wurde
	Kosten der Lieferung, die der Käufer zu tragen hat (z. B. Verpackungskosten, Transportkosten, Zölle, Versicherungen usw.). Dabei ist es ohne Bedeutung, wer diese Kosten in Rechnung stellt.
	Preis, der bei Zahlung innerhalb der Skontofrist für das Material (die Ware) an den Lieferer gezahlt werden muss, wenn kein Einkaufsmittler beauftragt wurde
	Preisnachlass aus besonderem Anlass oder im Rahmen üblicher Vertragsvereinbarungen

1 = Listeneinkaufspreis, 2 = Liefererrabatt, 3 = Zieleinkaufspreis, 4 = Liefererskonto, 5 = Bareinkaufspreis, 6 = Bezugskosten, 7 = Einstandspreis/Bezugspreis

Aufgabe 8
Führen Sie einen quantitativen Angebotsvergleich für 2.000 m Stahlrohr durch.

Lieferant	Frankenstahl GmbH & Co. KG		Metallwerke GmbH		Mannes AG		Stahlwerke Tissen AG	
	%	€	%	€	%	€	%	€
Listeneinkaufspreis pro m		3,50		3,00		2,89		2,80
Einkaufsmenge		2.000 m		2.000 m		2.000 m		2.000 m
Listeneinkaufspreis der Einkaufsmenge								
Lieferantenrabatt	20		15		12,5		10	
Zieleinkaufspreis (Warennettowert)								
Lieferantenskonto	5		2		2,5		3	
Bareinkaufspreis								
Bezugskosten (vom Warennettowert)	7		0		4		2	
Bezugspreis der Einkaufsmenge								
Bezugspreis pro m								

SB ▸ Seite 155 ff. | Handlungsfeld 2, Kap. 3

Ziele der Beschaffung

Hausmitteilung

Fly Bike Werke GmbH

Absender	Empfänger	mit der Bitte um
☒ Geschäftsführung	☐ Geschäftsführung	☐ Kenntnisnahme
☐ Zentralsekretariat	☐ Zentralsekretariat	☒ Erledigung
☐ Controlling	☐ Controlling	☐ Stellungnahme
☐ Einkauf/Logistik	☐ Einkauf/Logistik	
☐ Produktion	☐ Produktion	
☐ Verwaltung	☐ Verwaltung	
☐ Vertrieb	☒ Vertrieb	
☒ ~~Frau~~/Herr *Peters*	☐ Frau/Herr	

Unser Mitbewerber geht beim Artikel „Jacket STEFF superfast" in die Preisoffensive. Bei uns kostet eine entsprechende Jacke unabhängig von der Größe 49,95 Euro. Warum kann unser Konkurrent den entsprechenden Artikel für 44,95 Euro anbieten? Wir müssen unbedingt mit unserem Lieferanten neu verhandeln! Welchen Rabatt auf ihren Listenpreis müsste uns die Cycle Tools Import GmbH einräumen, damit wir bei einer Abnahmemenge von 50 Jacken zum gleichen Listenpreis anbieten können wie unsere Konkurrenten? Bitte beachten Sie, dass wir bei dieser Warengruppe aktuell folgende Zuschlagsätze zu Grunde legen: Handlungskosten: 25 %, Gewinnzuschlag 15 %, Kundenskonto 3 %, Vertriebsprovision 5 %, Kundenrabatt 25 %.
Peters

Arbeitsauftrag

Unterstützen Sie die Mitarbeiter im Vertrieb bei der Preisplanung und beantworten Sie die Fragen von Herrn Peters. Verwenden Sie für Ihre Kalkulation das Arbeitsblatt 23.1.

Auszug aus dem Verzeichnis Warengruppe 703 Jacket STEFF superfast (Preis pro Stück)

Artikel-Nr.	Bezeichnung	Größe	Preis in €
703S	Jacket STEFF superfast	S	49,95
703M	Jacket STEFF superfast	M	49,95
703L	Jacket STEFF superfast	L	49,95
703XL	Jacket STEFF superfast	XL	49,95
703XXL	Jacket STEFF superfast	XXL	49,95

Letzter Einkauf bei der Cycle Tools Import GmbH

CYCLE TOOLS IMPORT GMBH

Cycle Tools Import GmbH · Am Sandtorkai 30 · 20457 Hamburg

Fly Bike Werke GmbH
Rostocker Str. 334
26121 Oldenburg

Rechnung Nr. R1509

Pos.-Nr.	Artikel-Nr.	Bezeichnung	Menge	Preis/Einheit €	Rabatt	Gesamtpreis €
1	25015	Jacket superfast L	50	28,59	15 %	
		Warenwert				1.215,08
		Versandpauschale				20,00
		Nettorechnungsbetrag				1.235,08
		+19 % Umsatzsteuer				234,67
		Bruttowarenwert				1.469,75

Zahlungsziel 30 Tage; 3 % Skonto bei Zahlung innerhalb von 8 Tagen

Arbeitsblatt 23.1 | Preisplanung

Rückwärtskalkulation mit altem Lieferantenrabatt

Kalkulationsschema		%		Berechnung	Betrag in €
	Listeneinkaufspreis				
	Lieferantenrabatt				
	Zieleinkaufspreis				
	Lieferantenskonto				
	Bareinkaufspreis				
	Bezugskosten				
	Bezugspreis				
	Handlungskosten				
	Selbstkosten				
	Gewinnzuschlag				
	Barverkaufspreis				
	Kundenskonto				
	Vertriebsprovision				
	Zielverkaufspreis				
	Kundenrabatt				
	Listenverkaufspreis				49,95

Rückwärtskalkulation mit neuem Lieferantenrabatt/Rabattforderung

Kalkulationsschema		%		Berechnung	Betrag in €
	Listeneinkaufspreis				
	Lieferantenrabatt				
	Zieleinkaufspreis				
	Lieferantenskonto				
	Bareinkaufspreis				
	Bezugskosten				
	Bezugspreis				
	Handlungskosten				
	Selbstkosten				
	Gewinnzuschlag				
	Barverkaufspreis				
	Kundenskonto				
	Vertriebsprovision				
	Zielverkaufspreis				
	Kundenrabatt				
	Listenverkaufspreis				44,95

Folgesituation:
Nachhaltigkeit in der Beschaffung

Der Umweltbeauftragte Herr Thüne plant, in der nächsten Abteilungsleiterkonferenz das Thema „Umweltschutz im Unternehmen" als Tagesordnungspunkt anzusetzen. Ihm schwebt die Teilnahme am Wettbewerb „preis umwelt unternehmen: Nordwest" im kommenden Jahr vor. Doch bevor es so weit ist, braucht Herr Thüne vier Projektvorschläge für die kommende Abteilungsleiterkonferenz. Das attraktivste Projekt soll zunächst weiter ausgearbeitet und dann beim Wettbewerb eingereicht werden.

preis umwelt unternehmen: Nordwest

Eine Initiative für die Metropolregion Bremen-Oldenburg

62.500 Euro Preisgeld für Projekte mit hoher Umwelt- und Klimaschutzwirkung

Mit 62.500 Euro Preisgeld ausgestattet, prämiert der vom Bremer Senator für Umwelt, Bau und Verkehr initiierte und von den beiden Förderbanken der Länder Bremen und Niedersachsen sowie der Metropolregion Bremen-Oldenburg getragene „preis umwelt unternehmen: Nordwest" die besten Klima- und Umweltschutzmaßnahmen im Nordwesten.

Neben dem Hauptpreis gibt es Auszeichnungen für Innovationen im Bereich der „Logistik", „Partnerschaft zwischen Wissenschaft und Wirtschaft" und in der von der Klimaschutzagentur „energiekonsens" geförderten Kategorie „Energie".

In einem mehrstufigen, anonymisierten Bewertungsverfahren beurteilen 18 Expertinnen und Experten aus unterschiedlichen Fachdisziplinen die eingereichten Projekte. Gesucht werden betriebliche Lösungen, die in den Bereichen Umweltschutz, Energieeffizienz, Ressourcenschonung und Nachhaltigkeit richtungsweisend sind.

Quelle: http://www.preis-umwelt-unternehmen.de

Arbeitsaufträge

1 Sammeln Sie Ideen zur Umsetzung von Umweltprojekten für jede Abteilung der Fly Bike Werke GmbH (z. B. www.beschaffung-info.de). Fertigen Sie in Arbeitsblatt 23.2 eine Mind-Map an.

2 Skizzieren und präsentieren Sie je eine Grobplanung für ein Projekt im Bereich Einkauf/Logistik zur Teilnahme am Wettbewerb. Verwenden Sie ebenfalls Arbeitsblatt 23.2.
- **a** Vergeben Sie einen Arbeitstitel und formulieren Sie eine Zielsetzung für Ihr bevorzugtes Projekt.
- **b** Erarbeiten Sie ein Grobkonzept. Nehmen Sie dabei hauptsächlich Bezug auf die zu lösende Umweltproblematik im Unternehmen, die Zielsetzung Ihres Vorhabens und dessen Durchführung.
- **c** Zeigen Sie mögliche Probleme bzw. Hürden bei der Umsetzung auf.

Arbeitsblatt 23.2 | Umweltprojekt der Fly Bike Werke GmbH

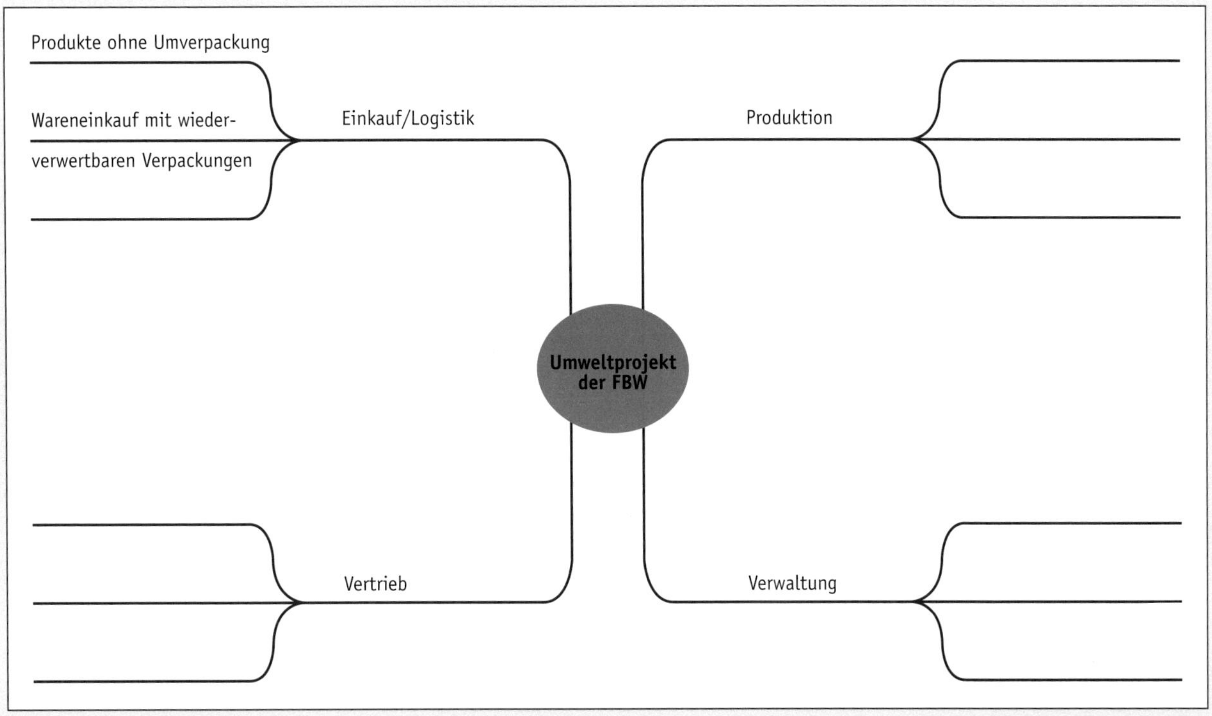

Projekt	Abteilung Einkauf/Logistik
Arbeitstitel	
Hauptziel des Projektes	
Ansatzpunkte/ konkrete Maßnahmen	
Mögliche Probleme	

Aufgaben

Aufgabe 1
Ermitteln Sie die Bezugspreise. Folgende Zuschlagssätze sind zu berücksichtigen:

Zuschlagssätze in %	Artikel 1	Artikel 2	Artikel 3
Handlungskosten-zuschlag	15,0	20,0	5,0
Gewinnzuschlag	20,0	10,0	30,0
Kundenskonto	3,0	2,0	2,5
Vertriebsprovision	5,0	3,0	2,0
Kundenrabatt	25,0	12,5	7,5
Listenverkaufspreis in €	24,00	12,00	8,00

Aufgabe 2
Die Kalkulation für zwei Artikel ist zu erstellen:

	Artikel 1	Artikel 2
Listenverkaufspreis	18,00 €	30,00 €
Kalkulationsfaktor	2,4	2,5
Handlungskostenzuschlag	60 %	50 %
Kundenskonto	3 %	3 %

Mengenrabattstaffel:

Abnahmemenge	Rabattsatz
ab 25 Stück	10 %
ab 100 Stück	20 %
ab 200 Stück	25 %

Erstellen Sie die Kalkulation und ermitteln Sie
- **a** den Selbstkostenpreis für 1 Stück.
- **b** den Gewinnzuschlag bei Abnahme von 50 Stück durch einen Kunden, der Skonto ausnutzt.
- **c** den Rechnungsbetrag für einen Kunden, der 190 Stück benötigt, aber 200 Stück kauft.
- **d** den Zahlungseingang bei Abnahme von 200 Stück durch einen Kunden, der Skonto ausnutzt.
- **e** die benötigte Stückzahl, ab der es sich lohnt, 25, 100 bzw. 200 Stück abzunehmen.

Aufgabe 3
Eine Ware ist zu einem Barverkaufspreis von maximal 120,00 € verkäuflich. Wie hoch darf der Listeneinkaufspreis sein, wenn folgende Vorgaben gelten?

Gewinn	15 %
Handlungskosten	12,5 %
Bezugskosten	5,00 €
Lieferantenskonto	3 %
Lieferantenrabatt	7,5 %

Aufgabe 4
Ein Käufer bietet für eine Ware 1.200,00 €. Wie hoch darf der Listeneinkaufspreis sein, wenn die bekannten Kalkulationsprozentsätze eingehalten werden sollen und die angegebenen Bezugskosten tatsächlich anfallen?

Lieferantenrabatt	15 %
Lieferantenskonto	3 %
Bezugskosten	58,72 €
Handlungskosten	25 %
Gewinn	50 %
Kundenskonto	3 %
Kundenrabatt	10 %
Listenverkaufspreis	1.200,00 €

Aufgabe 5
- **a** Recherchieren Sie Waren, die fair gehandelt werden.
- **b** Sowohl fair gehandelte als auch nachhaltige Waren sind oft teurer als die konventionellen Gegenstücke. Suchen Sie Gründe dafür, warum dies so ist.
- **c** Warum sind viele Menschen bereit, den etwas höheren Preis für nachhaltige und/oder fair gehandelte Waren zu bezahlen?
- **d** Eine besondere Stellung bei nachhaltigen Waren nehmen sogenannte „Bio"-Waren ein. Informieren Sie sich über die unterschiedlichen Lebensbedingungen von Hühnern
  - **da** in Käfighaltung
  - **db** in Bodenhaltung
  - **dc** in Freilandhaltung und
  - **dd** in Biohaltung.
- **e** Informieren Sie sich über weitere Biosiegel und ihre Unterschiede.

Lernsituation 24

SB ▸ Seite 157 ff. | Handlungsfeld 2, Kap. 4

Beschaffungsverfahren und Just in Time

Situation

Der Hersteller Schön von elektrischen Haushaltsgeräten hat in letzter Zeit mit Gewinneinbußen zu kämpfen. Die Hauptkonkurrenz kann zu günstigeren Konditionen anbieten. Da im Produktionsablauf bereits stark rationalisiert wurde, überlegt man sich nun in einer Sondersitzung andere Möglichkeiten der Kosteneinsparung. Herr Bieler weist darauf hin, dass die Konkurrenz durch das Just-in-Time-System (JIT) Kosten einsparen konnte, da Kapitalbindungs- und Lagerhaltungskosten reduziert wurden. Es wird jetzt überlegt, ob Just in Time auch bei der eigenen Firma eingeführt werden soll. Das Hauptprodukt der Firma sind Waschmaschinen.

Es wurden bisher 2.000 Waschmaschinen pro Tag produziert. Eine Just-in-Time-Anlieferung soll für die Teile der Haushaltsgeräte vorgenommen werden, die volumenmäßig die größte Lagerkapazität beanspruchen. Der Zulieferbedarf betrug für die Waschmaschinen jeweils 2.000 Trommeln aus Edelstahl, 2.000 Getriebemotoren und 2.000 Gehäuse. Im Lager befanden sich bisher Vorräte für ca. 2 Wochen bzw. 10 Arbeitstage, d. h. 20.000 Trommeln aus Edelstahl, 20.000 Getriebe und 20.000 Gehäuse. Die Trommeln wurden bisher durch 25 Lkw pro Woche angeliefert, wobei ein Lkw 400 Stück transportierte; die Getriebemotoren wurden zur Hälfte durch die Deutsche Bahn und zur anderen Hälfte durch 5 Lkw mit jeweils 1.000 Getriebemotoren geliefert; die Gehäuse wurden pro Woche durch 20 Lkw mit jeweils 500 Gehäusen geliefert.

Durch JIT gäbe es nur einen Materialpuffer für wenige Stunden, aber kein größeres Lager.

Vorräte bei JIT:
- 1.500 Getriebemotoren – Anlieferung ca. alle 2 Stunden durch Lkw mit jeweils 500 Getriebemotoren
- 1.000 Trommeln – Anlieferung von 125 Trommeln alle 30 Minuten per Lkw
- 1.000 Gehäuse – stündliche Anlieferung von 250 Gehäusen

Arbeitsauftrag

Welche Auswirkungen hat die JIT-Einführung für die Beteiligten? Erarbeiten Sie in Gruppen die Konsequenzen der Just-in-Time-Konzeption
1. für die Herstellerfirma,
2. für die Zulieferer und
3. für den Transport und die Umwelt.

Stellen Sie das Ergebnis Ihrer Überlegungen in Arbeitsblatt 24.1 dar.

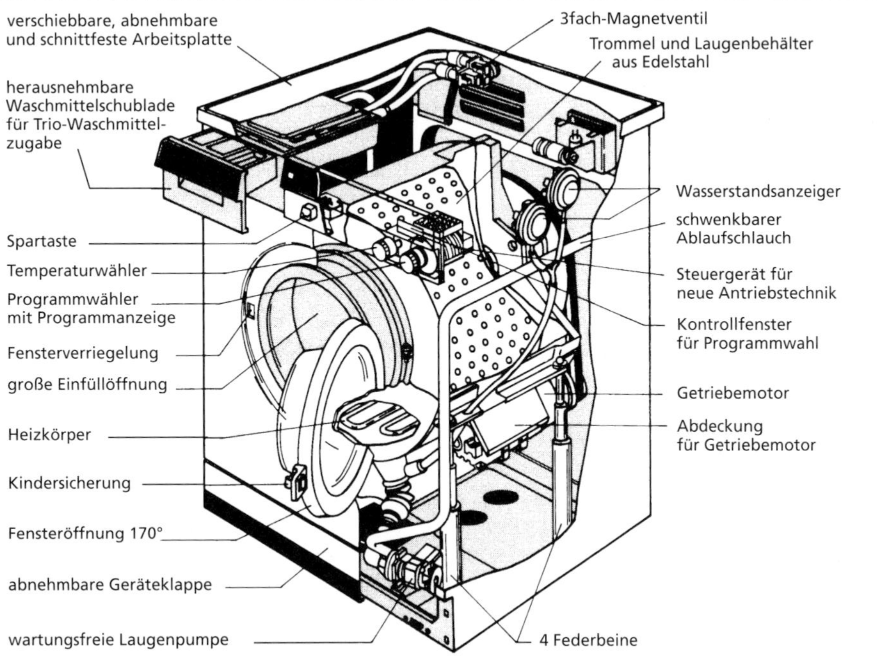

Quelle: Kurt Wicht, Elektrische Haushaltsgeräte, Essen 1981, S. 180

Arbeitsblatt 24.1 | Just in Time

Konsequenzen für die Herstellerfirma Schön	
Konsequenzen für die Zulieferer	
Konsequenzen für den Transport und die Umwelt	

Aufgaben

Aufgabe 1
Das Just-in-Time-Verfahren wird häufig lediglich als ein Verfahren der fertigungssynchronen Beschaffung gesehen. Erläutern Sie, welche Zielsetzungen Just in Time bei der Abwicklung von Produktionsprozessen unterstützen kann.

Aufgabe 2
In der Fly Bike Werke GmbH soll für einen Teil der zu beschaffenden Werkstoffe das Just-in-Time-Verfahren eingeführt werden. Dazu ist es erforderlich, die Werkstoffe herauszufinden, die für eine Just-in-Time-Anlieferung geeignet sind.

a Erläutern Sie, auf welche Weise dies geschehen kann.
b Erläutern Sie zwei organisatorische und zwei technische Voraussetzungen, um das Just-in-Time-Prinzip zu realisieren.
c Die Realisierung des Just-in-Time-Verfahrens setzt voraus, dass die Fly Bike Werke JIT-fähige Lieferanten finden. Erläutern Sie zwei Voraussetzungen, die JIT-fähige Lieferanten erfüllen müssen.
d JIT-Verträge sind Fixgeschäfte. Erläutern Sie diese Vertragsart.
e Das Just-in-Time-Verfahren kann aus gesamtwirtschaftlicher Sicht, insbesondere aus der Sicht des Endverbrauchers mit Vor- bzw. Nachteilen verbunden sein. Erläutern Sie je einen Vor- und einen Nachteil.

Aufgabe 3
Die folgenden Abbildungen zeigen die Verläufe der Lagerbestände zweier Materialien.

a Welche Verfahren der Bestellorganisation sind hier zur Anwendung gekommen?
b Welche Vor- und Nachteile weisen diese Verfahren im Vergleich zueinander auf?

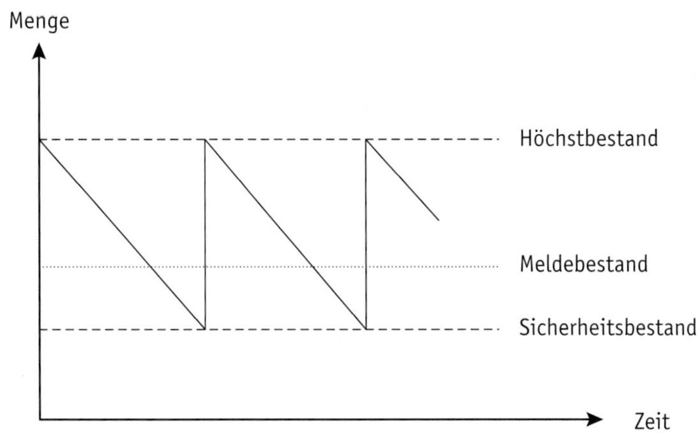

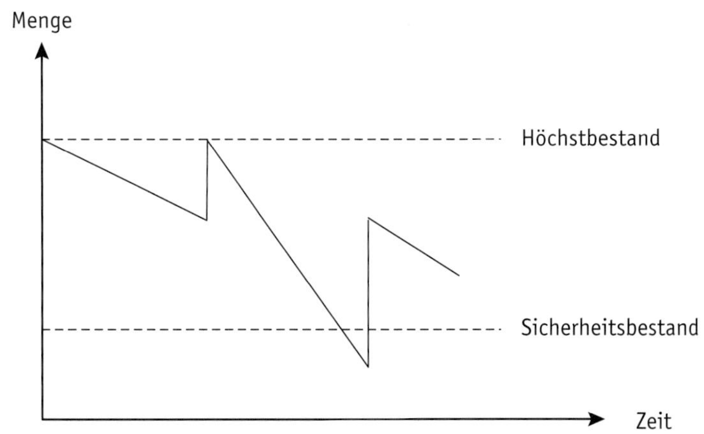

Aufgabe 4

Von einem Kopierpapier werden arbeitstäglich durchschnittlich vierzig Kartons abgesetzt. Auf einer Palette befinden sich 200 Kartons. Der Mindestbestand beträgt eine Palette.

Der Stammlieferant ist in der Lage, innerhalb von 2 Arbeitstagen die benötigten Mengen zu liefern.

Der Höchstbestand beträgt 6 Paletten und reicht für 25 Arbeitstage.

Zurzeit (Zeitpunkt 0) befinden sich 280 Kartons auf Lager – es ist rechtzeitig bestellt worden.

a Stellen Sie die Lagerbestandsbewegungen in der Grafik dar.
b Ermitteln Sie den Meldebestand.

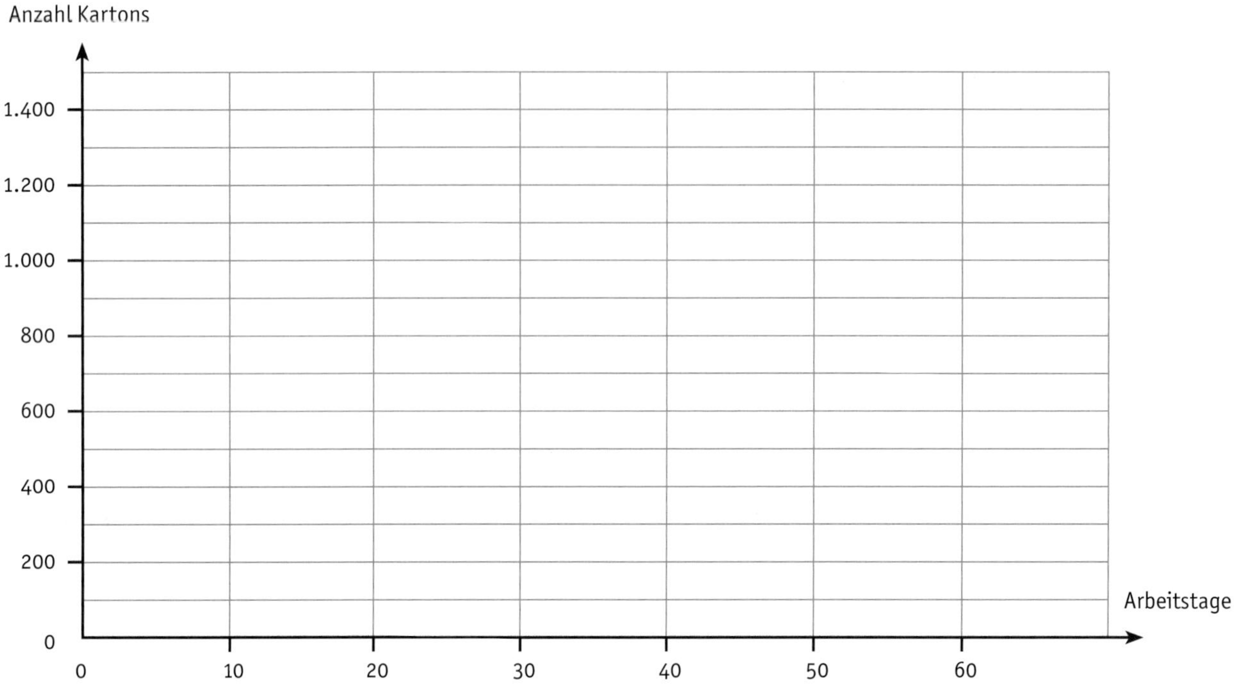

Aufgabe 5

Ermitteln Sie anhand nachfolgender Grafik zur Veränderung des Lagerbestandes eines Artikels

a den Wochenabsatz,
b den Mindestbestand,
c den Höchstbestand,
d die Liefermenge,
e die Lieferzeit,
f den Meldebestand.

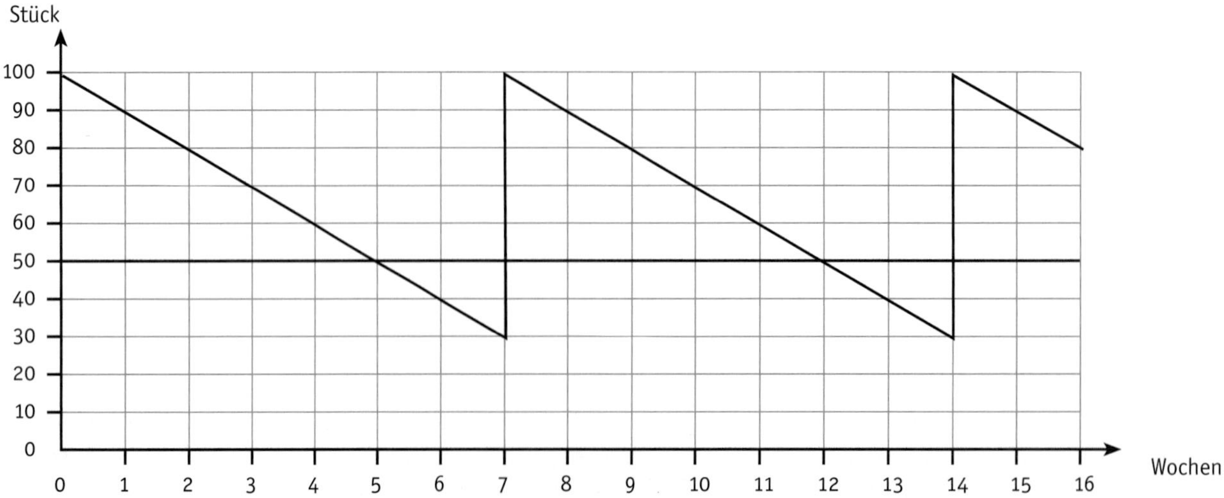

SB ▸ Seite 163 ff. | Handlungsfeld 2, Kap. 5

Eigenfertigung oder Fremdbezug (Make or Buy)

Hausmitteilung

Fly Bike Werke GmbH

Absender	Empfänger	mit der Bitte um
☒ Geschäftsführung	☐ Geschäftsführung	☐ Kenntnisnahme
☐ Zentralsekretariat	☐ Zentralsekretariat	☒ Erledigung
☐ Controlling	☐ Controlling	☐ Stellungnahme
☐ Einkauf/Logistik	☐ Einkauf/Logistik	
☐ Produktion	☐ Produktion	
☐ Verwaltung	☒ Verwaltung	
☐ Vertrieb	☐ Vertrieb	
☒ ~~Frau~~/Herr *Peters*	☒ ~~Frau~~/Herr *Steffes*	

Lieber Herr Steffes,

vor kurzem ging das beigefügte Schreiben der DAX AG ein. Da der andere Lieferant Tamino Inc. die Räder noch teurer anbietet, bitte ich zu überprüfen, ob es nicht günstiger ist, Vorder- und Hinterräder zukünftig selber herzustellen. Ich habe bereits Angebote für die benötigten Komponenten einholen lassen und erwarte baldigst Ihren begründeten Entscheidungsvorschlag. Neben den Materialkosten, die aus den beigefügten Angeboten hervorgehen, ist mit ***Fertigungskosten*** *in Höhe von* ***2,30 Euro pro Rad*** *zu rechnen. Außerdem sind* ***fixe Kosten*** *in Höhe von* ***50.000 Euro*** *zu berücksichtigen.*

Peters

DAX AG
Düsseldorf

DAX AG ▪ Rudolf-Diesel-Str. 25 ▪ 47424 Düsseldorf

Posteingang: 14.05.20XX

Fly Bike Werke GmbH
Rostocker Str. 334
26121 Oldenburg

Ihr Zeichen, Ihre Nachricht vom	Unser Zeichen, unsere Nachricht vom	Telefon, Name	Datum
	sas	0211-8017326 Herr Sachse	13.05.20XX

Preisänderung

Sehr geehrter Herr Thüne,

bedauerlicherweise müssen wir Ihnen mitteilen, dass wir die Preise für unsere Vorder- und Hinterräder aufgrund der gestiegenen Lohnkosten auf 22,95 Euro (Lieferung frei Haus) erhöhen müssen. Wir hoffenweiterhin auf gute Zusammenarbeit und sagen Ihnen schon jetzt höchste Qualitätsstandards zu.

DAX AG
i.A. *D. Sachse*
Sachse

Arbeitsauftrag

Unterstützen Sie Herrn Steffes bei der Entscheidung. Nutzen Sie die Hinweise auf der nächsten Seite sowie Arbeitsblätter 25.1 und 25.2. (Beachten Sie: Die variablen Stückkosten der Eigenfertigung ergeben sich aus der Summe der Fertigungskosten und der Materialkosten je Rad. Beim Fremdbezug gilt hier der neue Preis der DAX AG.)

Materialkosten bei Eigenfertigung

Wir danken für Ihre Anfrage und bieten Ihnen an (Preisangaben je Stück):

1) Felge: 4,70 Euro
2) Speiche: 0,11 Euro
3) Nabe: 1,95 Euro

Wir freuen uns, Ihnen als langjährigem Kunden folgendes Angebot unterbreiten zu können:

- Schlauch: 0,95 Euro/Stück
- Mantel: 3,35 Euro/Stück

Teilverwendungsnachweis

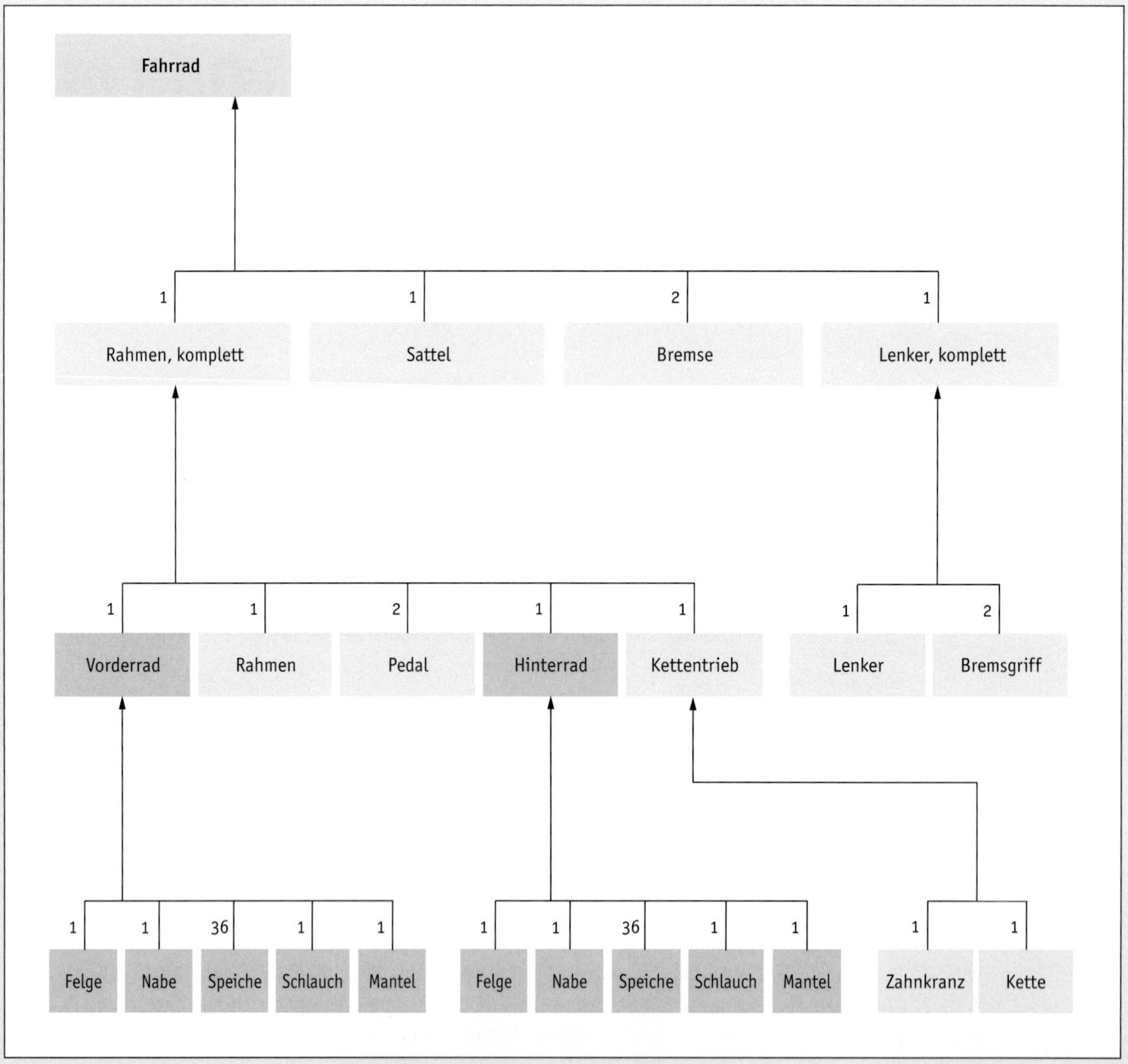

Arbeitsblatt 25.1 | Ermittlung der kritischen Menge

Übersicht 1: Rechenweg

Kosten der Eigenfertigung	=	Kosten des Fremdbezuges
Kfix + kvar • x	=	kvar • x
	=	
	=	
	=	

Übersicht 2: Grafische Darstellung

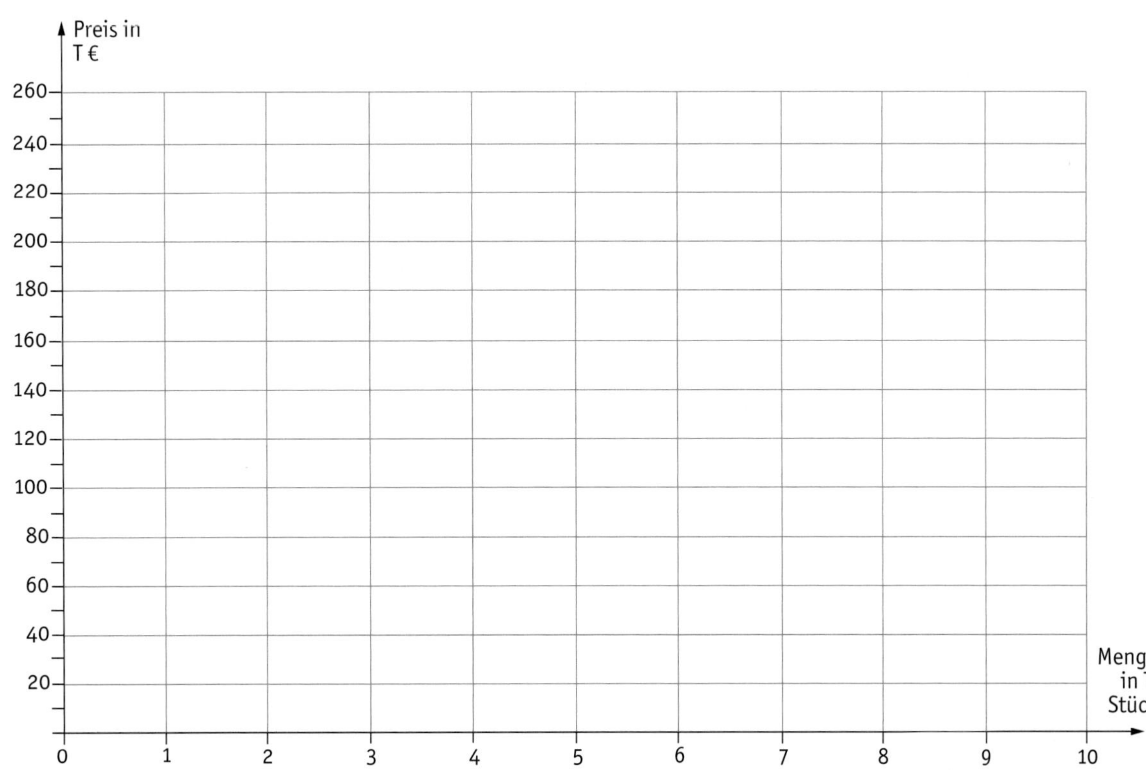

Arbeitsblatt 25.2 | Nutzwertanalyse

Kriterien	Gewichtungsfaktor	Eigenfertigung		Fremdbezug	
		Punkte	Punkte · Faktor	Punkte	Punkte · Faktor
Preis					
Qualität der Ware					
Einflussnahme auf die Produktgestaltung					
Termintreue					
Verantwortung gegenüber den eigenen Mitarbeitern					
Gesamtwert	X				

Bewertungsschlüssel:
Ausgangspunkt für die Bewertung ist die Normalpunktzahl (5). Sie ist immer dann zu vergeben, wenn keine Informationen vorliegen bzw. sich im Rahmen der Geschäftsbeziehungen keine Besonderheiten ergaben. Bei positiven Beobachtungen erfolgt eine Aufwertung bis zur maximalen Punktzahl 9, bei negativen Beobachtungen erfolgt eine Abwertung bis zur minimalen Punktzahl 1.

Aufgaben

Aufgabe 1

Eigenfertigung oder Fremdbezug?

Sie sind in der Fertigungsplanung eines großen PC-Herstellers tätig.

Zurzeit fertigt Ihr Unternehmen 15.000 Hochleistungsrechner pro Quartal. Dabei fallen pro Jahr 7,5 Mio. € an Fixkosten sowie 900 € an Herstellungskosten an. Ein Zulieferbetrieb aus dem „Tigerstaat" Taiwan bietet einen gleichwertigen PC für 400 € (inkl. Transport- und Versicherungskosten) an. Sie nehmen das Angebot zum Anlass, für die nächste Abteilungsbesprechung eine Entscheidungsvorlage mit dem Thema „Eigenfertigung oder Fremdbezug" zu erstellen.

a Soll Ihr Unternehmen aus Kostengründen die PCs weiter selber produzieren oder diese von dem taiwanesischen Zulieferbetrieb beziehen? Stellen Sie Ihr Arbeitsergebnis auch in Form einer Grafik dar.

b Welche Faktoren – abgesehen von den Kosten – sind bei der Entscheidung über den Fremdbezug noch anzustellen?

c „Die Entscheidung für einen Fremdbezug ist eine langfristige Angelegenheit." Begründen Sie diese Behauptung.

d Im Zusammenhang mit der Entscheidung zwischen Eigenfertigung und Fremdbezug fällt häufig auch das Stichwort Outsourcing. Was versteht man unter Outsourcing? Nennen Sie Beispiele für Outsourcing in einem Industrieunternehmen. Ordnen Sie diese in die Gruppen „nichtproduktiver Bereich" und „produktiver Bereich" ein.

Aufgabe 2

Beschriften Sie das Diagramm

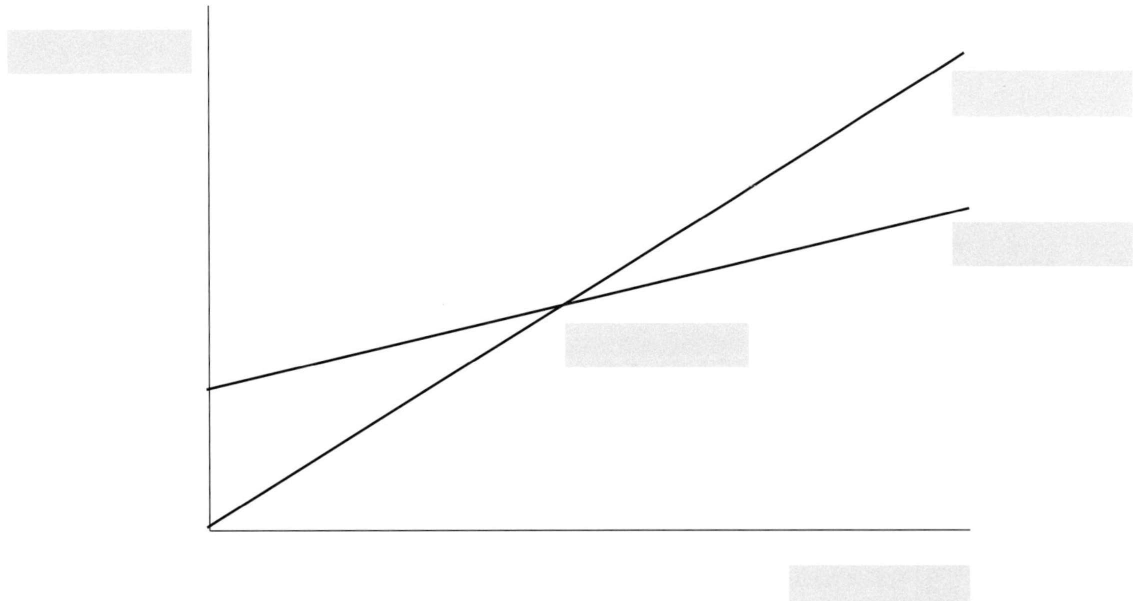

Aufgabe 3

Ein Produzent von Schreibgeräten steht nach einer Preiserhöhung des bisherigen Lieferanten vor der Frage, ob die Federn der Füllfederhalter zukünftig nicht selbst hergestellt werden sollten. Der Bezugspreis der Federn beträgt zukünftig 5 € pro Stück. An Fertigungskosten sind 1,70 € zu berücksichtigen, an Materialkosten 1,40 €. An Fixkosten fallen 25.000 € an.

a Berechnen Sie, ob eine Umstellung auf Eigenfertigung lohnt, wenn jährlich 10.000 Stück produziert werden.

b Ermitteln Sie rechnerisch und grafisch, ab welcher Produktionsmenge eine Umstellung auf Eigenfertigung lohnt.

SB ▸ Seite 165 ff. | Handlungsfeld 2, Kap. 6

Optimale Bestellmenge und Beschaffungsvorgang

Situation

Das Unternehmen Rofix AG benötigt für seine Produktion einen speziellen Klemmverbinder, den nur ein Großhändler auf dem Markt anbietet, mit einem Gesamtjahresbedarf von 12.000 Stück. Dabei wird von einem regelmäßigen Verbrauch ausgegangen. Das Unternehmen hat die Möglichkeit, zwischen folgenden Bestellmöglichkeiten zu wählen:

- monatlich
- alle zwei Monate
- nach jedem Quartal
- dreimal im Jahr
- halbjährlich
- jährlich

Quelle: NORMACONNECT VPP Profilschelle aus dem Verbindungstechnik-Sortiment der NORMA Group

Hauff & Co. GmbH
Sanitärgroßhandel

Hauff & Co. • Feldstr. 6 • 61352 Bad Homburg

Rofix AG
Ruhrallee 236
45136 Essen

Ihr Zeichen, Ihre Nachricht vom	Unser Zeichen, unsere Nachricht vom	Telefon, Name	Datum
UM, 09.05.20XX		06172-8011-2936 Frau Sauer	13.05.20XX

Angebot

Sehr geehrte Damen und Herren,

wir bieten Ihnen unseren Klemmverbinder Häck 201 zu folgenden Konditionen an: Listenpreis: 5,97 Euro pro Stück abzüglich eines Treuerabatts von 10 %. Ab einer jährlichen Abnahmemenge von 10.000 Stück bieten wir zudem einen Bonus in Höhe von 4 % auf den Zieleinkaufspreis an. Die Zahlungsbedingungen lauten 30 Tage auf Ziel, bei Zahlung innerhalb von 10 Tagen gewähren wir 3 % Skonto. Für Transport und Transportversicherung stellen wir pauschal 120,00 Euro[1] pro Lieferung in Rechnung, da wir den Artikel unabhängig von der bestellten Menge mit unserem Spezialfahrzeug anliefern.

Wir hoffen, dass Ihnen unser Angebot zusagt.

[1] Die pauschalen Transportkosten der Rofix AG sind als externe Bestellkosten den internen Bestellkosten hinzuzurechnen.

HASSEL
UNTERNEHMENSBERATUNG

Mandant: Rofix AG
Interne Kostenevaluierung 20XX

- Kosten der Lagerhaltung: 10 % des durchschnittlichen Lagerbestandes
- Bestellkosten intern: 180 Euro pro Bestellung

Arbeitsauftrag

Ermitteln Sie die optimale Bestellmenge für die Rofix AG und stellen Sie den Zusammenhang grafisch dar. Verwenden Sie Arbeitsblatt 26.1.

Arbeitsblatt 26.1 | Optimale Bestellmenge

Bestellungen pro Jahr	1x	2x	3x	4x	6x	12x
Bestellmenge						
Bestellkosten (in €)						
Lagerkosten (in €)						
Gesamtkosten (in €)						

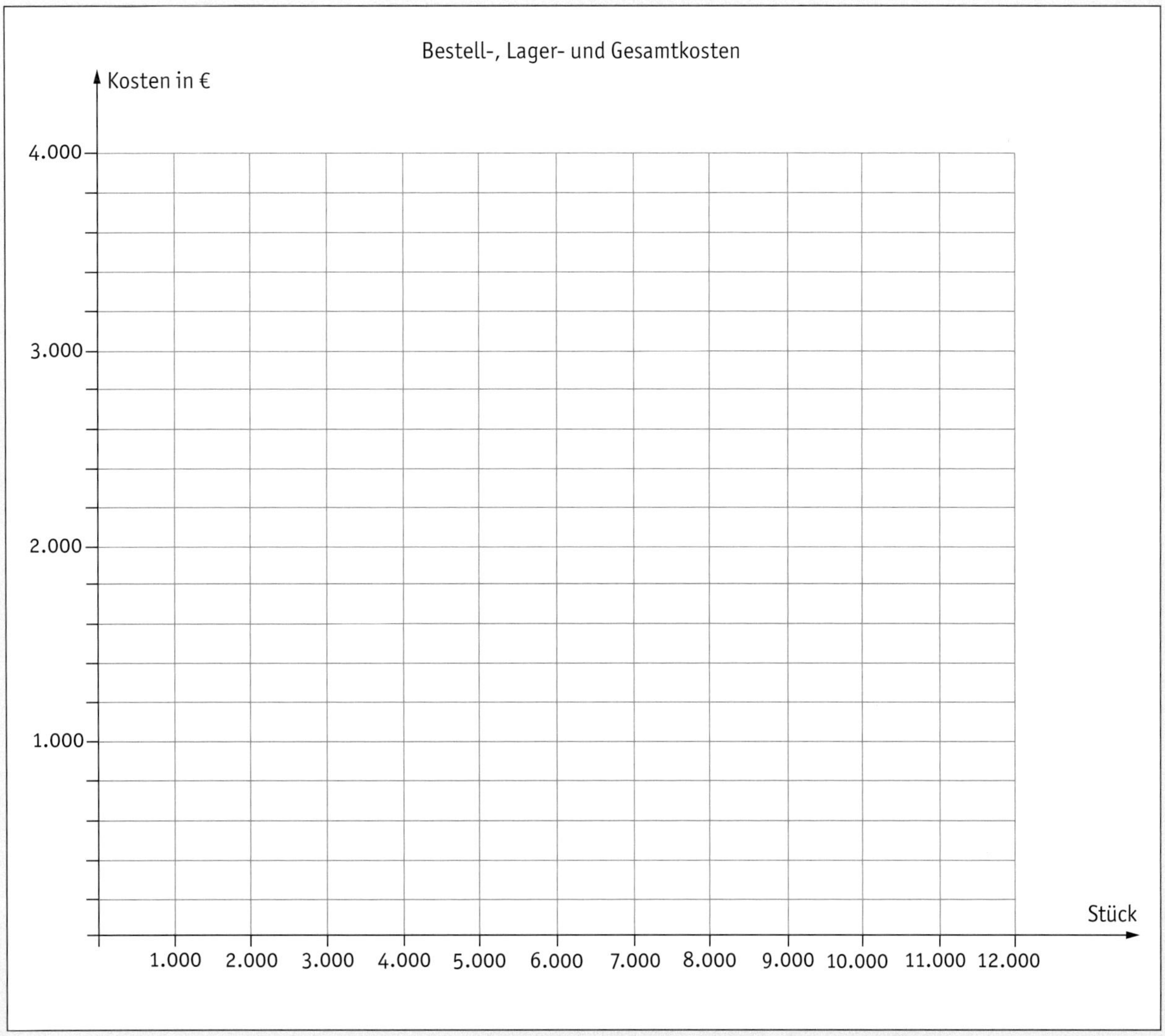

Aufgaben

Aufgabe 1

Für Bremsgriffe liegen in der Fly Bike Werke GmbH folgende Kostenwerte vor:

Bestell-menge	Lagerhaltungs-kosten in €	Bestell-kosten in €	Gesamt-kosten in €
50	60,00	300,00	
100	120,00	150,00	
150	180,00	75,00	
200	240,00	37,50	

a Errechnen Sie mithilfe der Zahlen die optimale Bestellmenge.

b Stellen Sie die optimale Bestellmenge grafisch dar (Diagramm rechte Spalte).

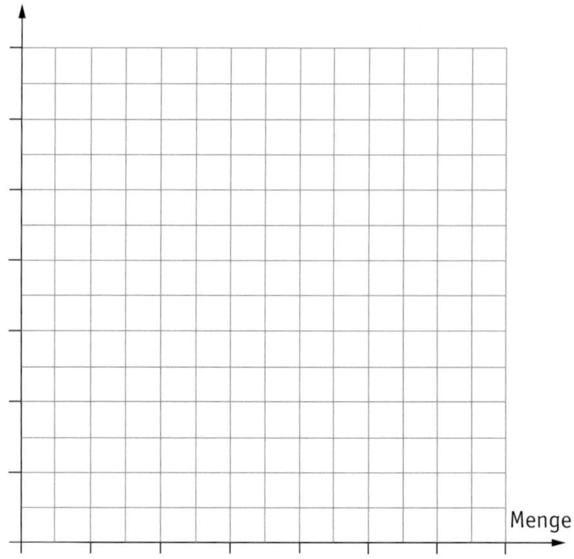

Aufgabe 2

Für den Artikel 4020 Beleuchtung möchte die Geschäftsleitung der Fly Bike Werke Möglichkeiten zur Kostensenkung im Beschaffungsbereich prüfen. In diesem Zusammenhang soll geprüft werden, ob durch die Beschaffung nach dem Modell der optimalen Bestellmenge Kosten gesenkt werden können.
Folgende Daten wurden dazu von der Controllingabteilung zusammengestellt (Screenshot unten).
In Rücksprache mit dem Lieferanten Cycle Tools International Union können folgende Bestellhäufigkeiten bezogen auf den benötigten Jahresbedarf von 15.000 Stück realisiert werden: 1 Bestellung/Jahr, 3 Bestellungen/Jahr, 8 Bestellungen/Jahr, 12 Bestellungen/Jahr, 17 Bestellungen/Jahr, 20 Bestellungen/Jahr.

a Entwerfen Sie eine Tabelle zur Berechnung der optimalen Bestellmenge.

b Berechnen Sie die optimale Bestellmenge mithilfe der Tabelle.

c Erstellen Sie eine Grafik mit folgenden Kurven:
- Bestellkosten
- Lagerkosten
- Gesamtkosten

d Beurteilen Sie abschließend das verwendete Modell der optimalen Bestellmenge kritisch.

Aufgabe 3

Im Rahmen der verbrauchsorientierten Disposition soll die optimale Bestellmenge für einen Repetierfaktor ermittelt werden.

a Berechnen Sie die optimale Bestellmenge mithilfe der Tabellenkalkulation. Die Tabelle wurde bereits begonnen (siehe rechte Spalte). Notieren Sie die notwendigen Formeln für die grau unterlegten Zellen unter Angabe der jeweiligen Zelladresse.

b Ermitteln Sie die mathematisch exakte optimale Bestellmenge und interpretieren Sie das Ergebnis in Hinblick auf dessen betriebsrealistische Umsetzung.

c Beurteilen Sie das Modell zur Ermittlung der optimalen Bestellmenge kritisch.

Datei Bearbeiten Ansicht Einfügen Format Extras Daten Fenster ?

	A	B	C	D	E	F	G	H
1	**Ermittlung der optimalen Bestellmenge**							
2								
3	Jahresbedarf in Stück				3000	Stück		
4	Kosten je Bestellung in €				200	€		
5	Lagerhaltungskostensatz vom Ø Lagerwert:				20	Prozent		
6	Einstandspreis in €/Stck.				100	€		
7								
8								
9	Bestell-	Bestell-	Ø Lager-	Bestell-	Lager-	Gesamt-		
10	häufigkeit	menge	bestand	kosten	kosten	kosten		Minimum
11	1							Gesamtkosten
12	8							
13	12							
14	17							
15	20							
16	28							

Aufgabe 4

Ordnen Sie den Phasen des Beschaffungsvorgangs jeweils typische Tätigkeiten in einem Industriebetrieb zu.

Phasen des Beschaffungsvorgangs	Typische Tätigkeiten während dieser Phasen in einem Industriebetrieb
Planung	
Durchführungsaufgaben	
Kontrollaufgaben	

SB ▸ Seite 173 ff. | Handlungsfeld 2, Kap. 7

ABC-Analyse und Lagerhaltung

Situation

Im Rahmen einer Softwareerweiterung möchte die Fly Bike Werke GmbH die ABC-Analyse auf Basis von Modelldaten testen. Der zuständige Controller Herr Steffes exportiert dazu die Modelldaten aus dem ERP-System.

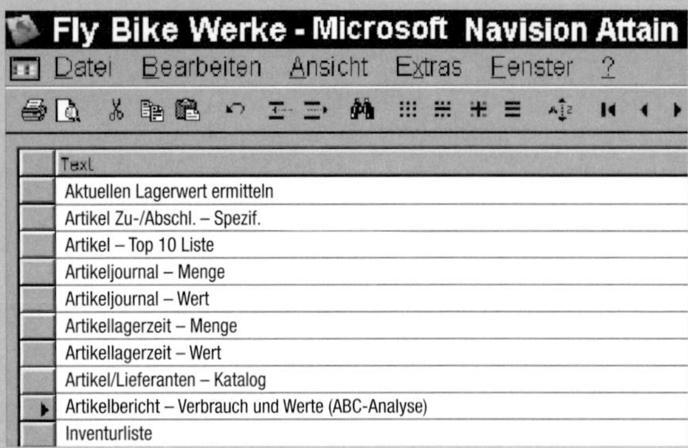

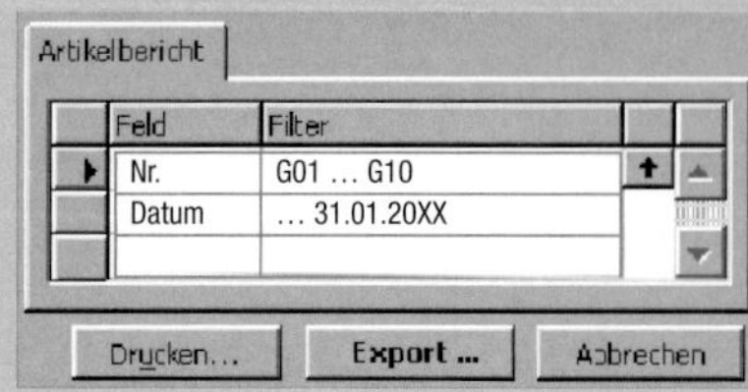

Die exportierten Modelldaten lädt Herr Steffes in ein Tabellenkalkulationsprogramm. Er gestaltet anschließend eine Tabelle zur Ermittlung der ABC-Analyse.

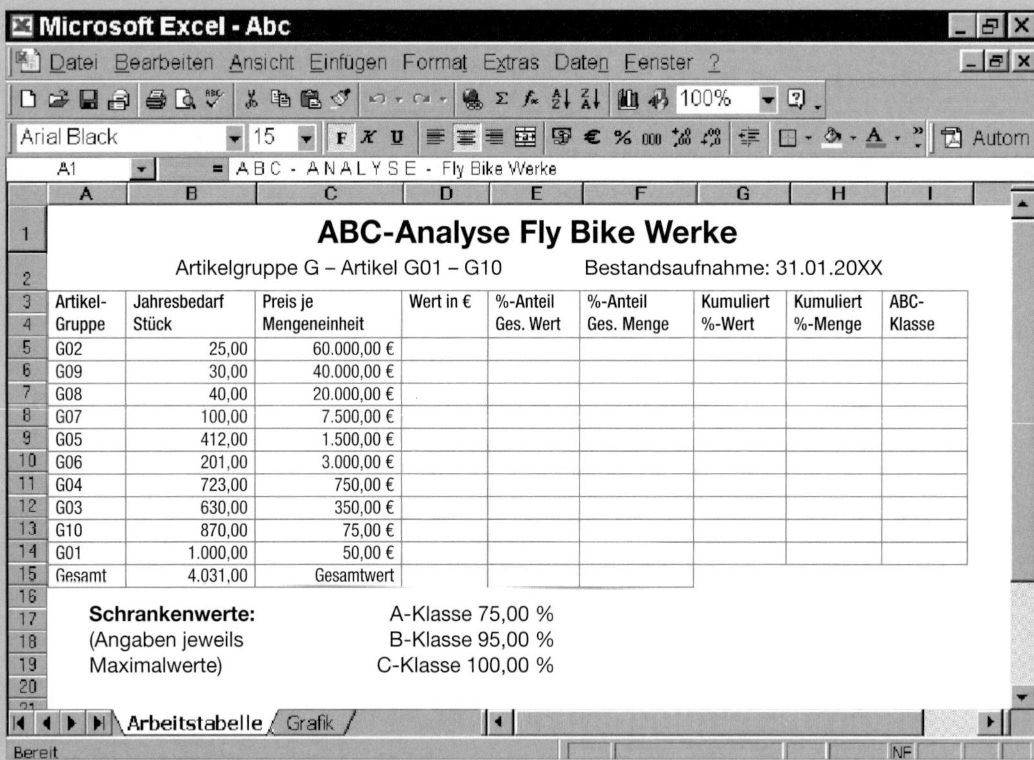

ABC-Analyse Fly Bike Werke

Artikelgruppe G – Artikel G01 – G10 Bestandsaufnahme: 31.01.20XX

Artikel-Gruppe	Jahresbedarf Stück	Preis je Mengeneinheit	Wert in €	%-Anteil Ges. Wert	%-Anteil Ges. Menge	Kumuliert %-Wert	Kumuliert %-Menge	ABC-Klasse
G02	25,00	60.000,00 €						
G09	30,00	40.000,00 €						
G08	40,00	20.000,00 €						
G07	100,00	7.500,00 €						
G05	412,00	1.500,00 €						
G06	201,00	3.000,00 €						
G04	723,00	750,00 €						
G03	630,00	350,00 €						
G10	870,00	75,00 €						
G01	1.000,00	50,00 €						
Gesamt	4.031,00	Gesamtwert						

Schrankenwerte: (Angaben jeweils Maximalwerte)
A-Klasse 75,00 %
B-Klasse 95,00 %
C-Klasse 100,00 %

Hinweis: Die Modelldaten haben keinen Bezug zu den realen Werten der Fly Bike Werke GmbH. Sie dienen lediglich zu Testzwecken.

Arbeitsaufträge

1 Begründen Sie, warum Herr Steffes die Durchführung einer ABC-Analyse vorschlägt.
2 Erstellen Sie eine komplette ABC-Analyse mit allen entsprechenden Werten nach dem von Herrn Steffes gewählten Tabellenaufbau. Erstellen Sie diese Werte entweder manuell oder mithilfe eines Tabellenkalkulationsprogrammes.
3 Stellen Sie die in 2) durchgeführte ABC-Analyse grafisch dar.
4 Leiten Sie relevante Aussagen für die Materialdisposition aus der ABC-Analyse ab.

Folgesituation: Tätigkeiten im Lager

Hausmitteilung

Fly Bike Werke GmbH

Absender	Empfänger	mit der Bitte um
[X] Geschäftsführung	[ ] Geschäftsführung	[ ] Kenntnisnahme
[ ] Zentralsekretariat	[ ] Zentralsekretariat	[ ] Erledigung
[ ] Controlling	[ ] Controlling	[X] Stellungnahme
[ ] Einkauf/Logistik	[ ] Einkauf/Logistik	
[ ] Produktion	[ ] Produktion	
[ ] Verwaltung	[ ] Verwaltung	
[ ] Vertrieb	[ ] Vertrieb	
[X] ~~Frau~~/Herr *Peters*	[X] ~~Frau/Herr~~ *Alle Auszubildenden im ersten Ausbildungsjahr*	

Liebe Auszubildende!

In der nächsten Woche erwarten wir traditionsgemäß einige Schüler der 11. Jahrgangsstufe des Helmholtz-Gymnasiums, die ein vierwöchiges Praktikum in unserem Betrieb beginnen. Unter anderem möchten sich unsere Praktikanten über unser modernes Lagersystem informieren.
Die Führung durch das Lager werde ich persönlich übernehmen. Um den Praktikanten eine Orientierung über die Tätigkeiten im Lager zu verschaffen, bitte ich Sie eine kurze Präsentation vorzubereiten.

Vielen Dank für Ihre Mitarbeit bei der Betreuung der Praktikanten!

Peters

Arbeitsauftrag

Bearbeiten Sie den Auftrag von Herrn Peters in Gruppenarbeit oder Partnerarbeit:
- Informieren Sie sich über die Tätigkeiten und Arbeitsabläufe im Lager.
- Erklären Sie die Tätigkeiten und Abläufe jeweils kurz (siehe Arbeitsblatt 27.1).
- Nutzen Sie Plakate, eine Projektor-Folie oder die Tafel für Ihre Präsentation.
- Präsentieren Sie Ihr Arbeitsergebnis vor Ihrer Schulklasse.

Arbeitsblatt 27.1 | Tätigkeiten im Lager

Lager				
			Kommissionierung	
				• überprüfen, ob die gepackte Ware in Art und Menge mit dem Auftrag des Kunden übereinstimmt und den Qualitätsanforderungen genügt • Ware wird warengerecht für den Versand verpackt und zum Kunden geschickt

Anlieferung

Auslieferung

Aufgaben

Aufgabe 1

Erstellen Sie nach folgenden Angaben eine ABC-Analyse:

A 70 %

B 25 %

C 5 % des Jahresverbrauchswerts

Material	Jahresverbrauch in Stück	Einstandspreis je Stück in €	Jahresverbrauchswert in €	Rang nach Jahresverbrauchswert	Material nach Rangordnung	Jahresverbrauchswert nach Rangordnung in €	Jahresverbrauch		Gruppeneinteilung
							Wert in % kum.	Menge in % kum.	
A	4.000	6							
B	1.000	120							
C	12.000	1							
D	200	1.000							
E	10	4.000							
F	680	2.000							
G	1.000	1.800							
H	100	200							
I	3.000	600							
J	20	9.000							
K	5.000	200							
L	25.000	3							
M	8.000	200							
N	100	9.000							

Aufgabe 2

Stellen Sie die Ergebnisse dieser Aufgabe grafisch dar.

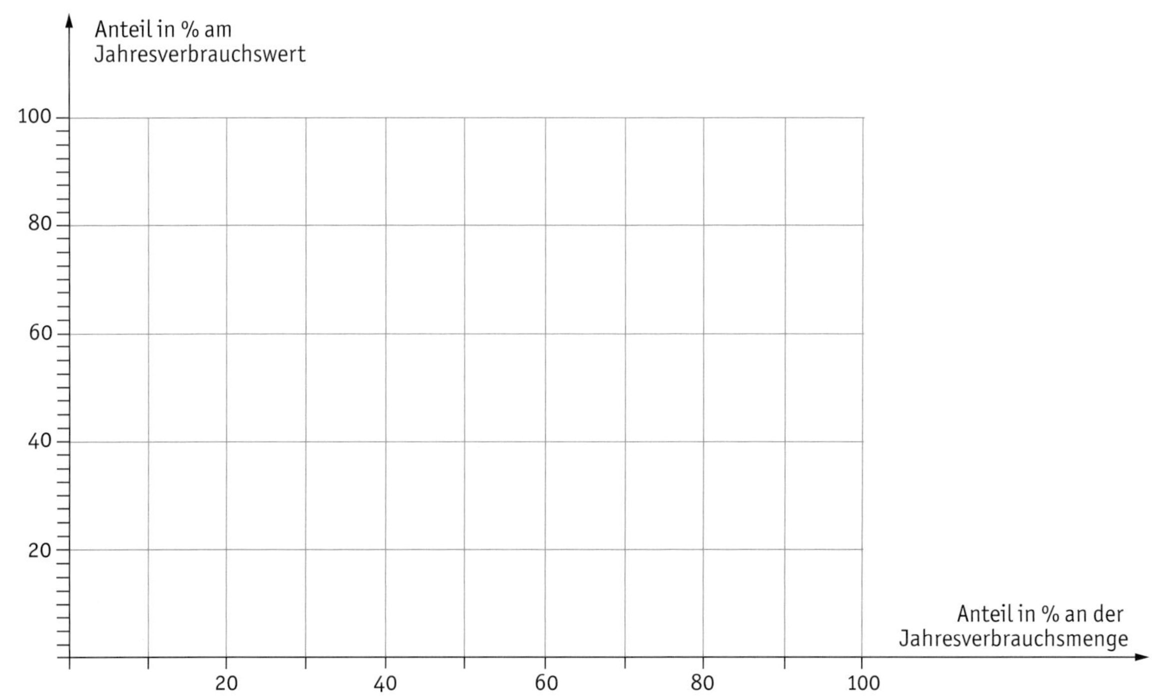

Aufgabe 3
Eine Bedarfsanalyse der Werkstoffe (M1 bis M6) des Nebenlagers ergab folgende Ergebnisse:

Materialnummer	Jahresbedarf (Stück)	Wert (€/Stück)
M1	6.150	13,00
M2	8.200	1,00
M3	7.380	36,00
M4	12.300	3,00
M5	2.050	33,00
M6	4.920	41,00

Führen Sie eine ABC-Analyse in tabellarischer Form durch. Beachten Sie dabei die folgenden Angaben zu den Schranken:
- A-Schranke: bis 75 % des Jahreswertes
- B-Schranke: bis 95 % des Jahreswertes
- C-Schranke: über 95 % des Jahreswertes

Aufgabe 4
Erklären Sie die Begriffe Lifo, Fifo und Hifo anhand je eines Beispiels.

Aufgabe 5
Unterscheiden Sie die serielle und parallele Kommissionierung.

Aufgabe 6
a Ermitteln Sie anhand der vorliegenden Einkaufsstatistik der Warengruppe 3 die Einkaufswerte für die einzelnen Artikel.
b Führen Sie danach eine ABC-Analyse durch. Dabei sollten die
- A-Artikel zusammen etwa 65 %,
- B-Artikel zusammen etwa 25 % und
- C-Artikel dem Rest

des Gesamteinkaufswertes der Warengruppe 3 entsprechen.
Nutzen Sie dazu die Tabelle auf der folgenden Seite.

Warengruppe 3 Einkaufsstatistik					
Artikel-Nr.	Einkaufsmenge in Stück	Einstandspreis in €/Stück	Einkaufswert in €	Anteil am Gesamteinkaufswert in %	Rang
30111	1.394	7,70			
30121	1.169	3,62			
30131	2.300	7,85			
30141	719	13,24			
30211	957	12,90			
30221	648	13,05			
30311	14.860	5,43			
30321	4.030	6,43			
30331	10.360	6,82			
30341	8.005	9,13			
30411	3.025	23,87			
30412	841	23,87			
30413	3.150	23,87			
30511	5.968	5,35			
30521	3.006	6,74			
30531	15.310	5,39			
30532	1.065	11,74			
30541	934	12,70			
30611	3.000	7,16			
30612	2.000	9,39			
30613	1.700	10,82			
Summen	84.441			100,00	

Auswertung (Aufgabe 6)

Warengruppe 3 ABC-Analyse				
Rang	Artikel Nr.	Anteil am Gesamteinkaufswert in %	kumulierter Anteil am Gesamteinkaufswert in %	Kategorie
1				A
2				
3				
4				
5				
6				
7				
8				
9				
10				
11				
12				
13				
14				
15				
16				
17				
18				
19				
20				
21				C
Summen		100,00	100,00	

Aufgabe 7

Bei der Image Werbemittel GmbH beträgt der Mindestbestand für den Artikel Nr. 10331 (Din-A4-Hüllen) 15.000 Stück, der Höchstbestand 50.000 Stück.

- **a** Erklären Sie, welchen Zweck der Mindestbestand erfüllt.
- **b** In welchen Fällen darf bzw. muss der Mindestbestand angetastet werden?
- **c** Warum wird ein Höchstbestand festgelegt?
- **d** Welche negativen Folgen hat es, wenn der Höchstbestand zu niedrig angesetzt wird?
- **e** Welche Folgen hat ein zu hoher Mindestbestand?
- **f** Errechnen Sie den Meldebestand, wenn der Lieferant Ozean AG 6 Tage für die Lieferung benötigt und täglich im Durchschnitt 250 DIN-A4-Hüllen abgesetzt werden.
- **g** Welchen Zweck erfüllt der Meldebestand?

Wissen ☐ Sozialkompetenz ☑
Fertigkeiten ☑ Selbstständigkeit ☐

SB ▸ Seite 181 | Handlungsfeld 2, Kap. 7.5

Alternative Beschaffungswege

Situation

Herr Peters, Geschäftsführer der Fly Bike Werke GmbH, hat Herrn Thüne, Leiter der Einkaufsabteilung, mal wieder zur Besprechung in sein Büro gebeten. „Das von Ihrer Abteilung erarbeitete Konzept zur Verbesserung der Materialbeschaffungsprozesse gefällt mir schon recht gut", beginnt Herr Peters, „aber ich sehe da noch viel mehr Potenzial für unser Unternehmen. Zurzeit beschaffen wir unsere Materialien fast ausschließlich bei anderen Herstellern. Und das weltweit. Klar, dass die Mengenrabatte sich in Grenzen halten und die Transportkosten einen Teil unseres Gewinnes auffressen. Von Lieferverzögerungen auf den langen Transportwegen mal ganz zu schweigen. Wir müssen mal über den Tellerrand hinausgucken: Einkaufskooperation, Nutzung spezialisierter Zwischenhändler, Beschaffung in der Region – so wird in anderen Branchen gearbeitet und so können auch wir effizienter beschaffen. Machen Sie sich bitte bis nächste Woche schlau und berichten Sie mir dann!"

Herr Thüne macht sich umgehend ans Werk und recherchiert:

Einkaufsgemeinschaft
- Zusammenschluss von Unternehmen, die von allen benötigte Waren, Roh-, Hilfs- und Betriebsstoffe gemeinsam beschaffen
- erhalten dadurch beim Verkäufer bessere Konditionen, z. B. Mengenrabatte

Produktionsverbindungsgroßhandel
- Spezialisierung innerhalb des Groß- und Außenhandels
- kaufen bei einem oder mehreren Produzenten halbfertige Erzeugnisse ein, um sie dann an Produzenten auf der folgenden Produktionsstufe weiterzuverkaufen
- übernehmen die klassischen Handelsfunktionen, insbesondere Raum- und Zeitüberbrückung (Lagerung)

Local Sourcing
- bewusst wird bei Lieferanten in der Nähe des eigenen Unternehmens eingekauft
- vermindert nicht nur das Risiko von Produktionsausfällen wegen Lieferverzögerungen, sondern hat sich in Deutschland inzwischen zu einem Trend entwickelt, insbesondere im Bereich der Lebensmittel

Arbeitsaufträge

1 Helfen Sie Herrn Thüne und ermitteln Sie in Partnerarbeit Chancen und Risiken der genannten Beschaffungswege für die Fly Bike Werke GmbH. Nutzen Sie ggf. das Internet. Verwenden Sie für Ihre Ergebnisse das Arbeitsblatt 28.1.

2 Ermitteln Sie weitere alternative Beschaffungswege und überprüfen Sie diese auf ihre Eignung für die Fly Bike Werke GmbH.

Arbeitsblatt 28.1 | Alternative Beschaffungswege

Beschaffungsweg	Chancen	Risiken
Einkaufs-gemeinschaft		
Produktions-verbindungs-großhandel		
Local Sourcing		

SB ▸ Seite 182 ff. | Handlungsfeld 2, Kap. 8

Materialeinkauf mit Bezugskosten und Nachlässen

Situation

In der Buchhaltung der Fly Bike Werke GmbH liegen folgende Belege zur Bearbeitung vor.

Beleg Nr. 1

Color GmbH
Ludwigshafen

Color GmbH, Hafenstr. 125, 67061 Ludwigshafen

Fly Bike Werke GmbH
Rostocker Str. 334
26121 Oldenburg

Kunden-Nr.: 424
Ansprechpartner: Frau Reineke
Telefon: 0621-582664
Lieferschein-Nr. 4829
Lieferdatum: 24.06.20XX
Rechnungsdatum: 28.06.20XX

Rechnung Nr. 3615

Pos.	Artikel-Nr.	Artikelbezeichnung	Menge	Preis je Einheit	Gesamtpreis
1	900100	Klarlack	400 Liter	3,45 €	1.380,00 €
2	800200	Spezialgrundierung für Edelstähle	400 Liter	2,45 €	980,00 €
3	700100	Standardfarbe „gelb"	75 Liter	4,30 €	322,50 €

Warenwert	Verpackungskosten	Transportkosten	Nettorechnungsbetrag	Umsatzsteuer 19 %	Bruttorechnungsbetrag
2.682,50 €	50,00 €	200,00 €	2.932,50 €	557,18 €	3.489,68 €

Zahlungsziel 30 Tage, bei Zahlung innerhalb von 8 Tagen 2 % Skonto auf den Bruttorechnungsbetrag

Beleg Nr. 2

Color GmbH
Ludwigshafen

Color GmbH, Hafenstr. 125, 67061 Ludwigshafen

Fly Bike Werke GmbH
Rostocker Str. 334
26121 Oldenburg

Kunden-Nr.: 424
Ansprechpartner: Frau Reineke
Telefon: 0621 582664
Lieferschein-Nr.: 4829
Lieferdatum: 24.06.20XX
Rechnungsdatum: 28.06.20XX
Gutschrifts-Datum: 01.07.20XX

Gutschrift zu Rechnung Nr. 3615

Sehr geehrter Herr Thüne,

aufgrund Ihrer Mängelrüge nehmen wir unseren Artikel 700100 Standardfarbe „gelb" vollständig zurück und werden Ihnen in den nächsten Tagen den Artikel nach Ihrem Farbmuster auf neue Rechnung zusenden. Auf unseren Artikel 900100 Klarlack gewähren wir Ihnen einen Preisnachlass in Höhe von 10 % (siehe angehängte Gutschrift). Unsere Transport- und Verpackungskosten können Sie ebenfalls um 10 % kürzen.

Ermittlung der Nettogutschriftsbeträge	
Rücksendung	______ €
Preisnachlass	______ €
Kürzung Transport- und Verpackungskosten	______ €
Summe	______ €

Beleg Nr. 3

Landessparkasse Oldenburg

IBAN	Kontoauszug	Auszug	Blatt
DE86280501000112326444	Landessparkasse Oldenburg	67	1

Buchungstag	Wert	Vorgang/Erläuterungen	Beträge in EUR
		Kontostand am 12.01.20XX	32.430,00 +
06.07.20XX	06.07.20XX	Color GmbH, Ludwigshafen Rechnung 3615 vom 28.06.20XX abzüglich Gutschrift vom 01.07.20XX und 2% Skonto	2.853,69 –
		Kontostand am 06.07.20XX	29.576,31 +

Fly Bike Werke GmbH, Oldenburg

Arbeitsaufträge

1 Buchen Sie die Belege im Grund- und Hauptbuch. Verwenden Sie dafür Arbeitsblatt 29.1.
2 Ermitteln Sie den Nettowert dieser Hilfsstoffe nach Rechnungsausgleich.
3 Wie hoch ist der Vorsteuerabzug, den die Fly Bike Werke GmbH durch diesen Einkauf geltend machen kann?

Arbeitsblatt 29.1 | Materialeinkauf mit Bezugskosten und Nachlässen

Grundbuch:

1) Hilfsstoffeinkauf auf Ziel (aufwandsorientiert)
2) Gutschrift des Hilfsstofflieferanten
3) Banküberweisung an den Hilfsstofflieferanten unter Ausnutzung von 2 % Skonto
4) Umbuchung Bezugskosten
5) Umbuchung Nachlässe

Nr.	Soll	€	Haben	€
1)				
2)				
3)				
4)				
5)				

Hauptbuch:

S	6020 Aufwendungen für Hilfsstoffe	H

S	2600 Vorsteuer	H

S	6021 Bezugskosten für Hilfsstoffe	H

S	2800 Bankguthaben	H
SV	32.430,00	

S	6022 Nachlässe für Hilfsstoffe	H

S	4400 Verbindlichkeiten a. L. L.	H

Berechnungen	Nettobetrag = 100 %	Umsatzsteuer = 19 %	Bruttobetrag = 119 %
Rechnungseingang			
– Gutschrift Hilfsstoffe			
= Rechnungsbetrag nach Gutschrift			
– 2 % Skonto			
= Zahlungsbetrag			

Arbeitsblatt 29.2 | Einkauf von Handelswaren

Sie arbeiten zurzeit im Rechnungswesen der Fly Bike Werke GmbH. Mit Beginn des heutigen Arbeitstages liegt Ihnen folgende Rechnung vor.

Führen Sie die Buchungen (mit Kontenabschluss) durch.

1) Kauf auf Ziel
2) Umbuchung Bezugskosten
3) Abschluss Aufwandskonto

Fahrradteile International GmbH

Fahrradteile International GmbH, Borgwardstr. 16 28309 Bremen

Fly Bike Werke GmbH
Rostocker Str. 334
26121 Oldenburg

Kundennummer:	10112
Ihre Bestellung Nr.:	98
Ihr Bestell-Datum:	09.09.20XX
Unsere Lieferschein-Nr.:	109
Unser Lieferdatum:	20.09.20XX

Ihr Ansprechpartner: Herr Itze
Tel. 0421- 83 09 1

Rechnung-Nr.: 102 **Rechnungs-Datum: 20.09.20XX**

Artikel-Nr.	Artikelbezeichnung	Stückzahl	Einzelpreis €	Rabatt %	Gesamtpreis €
10100	Fahrradanhänger WXP-100 Ihre Modellbezeichnung „Kelly"	150	45,00	15,00	5.737,50
10300	Fahrradanhänger WXO-300 Ihre Modellbezeichnung „Max"	75	75,00	15,00	4.781,25
10998	Transportkostenpauschale				250,00
10999	Verpackungskostenpauschale				562,50
				Nettorechnungsbetrag	11.331,25
				zzgl. 19 % Umsatzsteuer	2.152,94
				Bruttorechnungsbetrag	13.484,19

Versandart: per LKW
Transport- und Verpackungskosten (Pauschale je Stück 2,50 Euro) sind vom Kunden zusätzlich zu zahlen.

Der Rechnungsbetrag ist innerhalb von 10 Tagen mit 2 % Skontoabzug oder innerhalb von 30 Tagen ohne Abzug zu überweisen.

Berechnung der Anschaffungskosten für den Wareneinkauf bei Rechnungseingang	
Einkaufspreis ohne Umsatzsteuer	12.375,00 €
– Anschaffungspreisminderungen	– €
+ Anschaffungsnebenkosten	+ €
= Anschaffungskosten	= €

Grundbuch (aufwandsorientierte Buchung): 1) Eingangsrechnung, 2) Umbuchung, 3) Abschluss

Nr.	Soll	€	Haben	€
1)				
2)				
3)				

Hauptbuch:

S 6080 Aufwendungen für Waren H

S 6081 Bezugskosten für Waren H

S 8020 GuV-Konto H

Aufgaben

Aufgabe 1

1 Buchen Sie nachfolgende Eingangsrechnungen für die Fly Bike Werke GmbH bestands- oder aufwandsorientiert.

a Eingangsrechnung für Speziallacke von der Farbenfabrik Beyer AG, Kreditor 44007

Eingangsrechnung für Hilfsstoffe

	€
Nettorechnungsbetrag	12.600,00
+ 19 % Umsatzsteuer	2.394,00
= Bruttorechnungsbetrag	14.994,00

b Eingangsrechnung für Aluminiumrohre von der AWB Aluminiumwerke AG, Kreditor 44003

Eingangsrechnung mit Sofortrabatt (Rohstoffe)

	€
Listeneinkaufspreis	15.200,00
– 10 % Rabatt	1.520,00
= Nettorechnungsbetrag	13.680,00
+ 19 % Umsatzsteuer	2.599,20
= Bruttorechnungsbetrag	16.279,20

c Eingangsrechnung für Stülpkartons von der APV GmbH, Kreditor 44030

Eingangsrechnung mit Sofortrabatt und Bezugskosten (Verpackungsmaterial)

	€
Listeneinkaufspreis	5.600,00
– 5 % Rabatt	280,00
+ Transport- und Verpackungskosten	360,00
= Nettorechnungsbetrag	5.680,00
+ 19 % Umsatzsteuer	1.079,20
= Bruttorechnungsbetrag	6.759,20

Aufgabe 2

Buchen Sie die Eingangsrechnung der Stahlwerke Tissen AG, Kreditor 44001, für die Fly Bike Werke GmbH bestands- und aufwandsorientiert.

Eingangsrechnung mit Sofortrabatt und Bezugskosten (Rohstoffe)

Rechnungsauszug (Rechnung Nr. 2124)

Artikel-Nr.	Artikelbezeichnung	Menge in Meter	Preis je lfm	Gesamtpreis
1034020	Stahlrohr 34 x 2 mm	1000	4,00 €	4.000,00 €
			–15 % Rabatt	600,00 €
			+ Transportkostenanteil	300,00 €
			= Nettorechnungsbetrag	3.700,00 €
			+ 19 % Umsatzsteuer	703,00 €
			= Bruttorechnungsbetrag	4.403,00 €

Aufgabe 3

Einkauf von Hilfsstoffen auf Ziel, Kreditor 44288, Nettowert 2.500,00 € zzgl. 19 % Umsatzsteuer. Bei der Hilfsstoffprüfung wird festgestellt, dass die Qualität der Hilfsstoffe nicht vollständig der vertraglich vereinbarten Qualität entspricht, jedoch noch innerhalb der von der Produktion geforderten Toleranzgrenzen liegt. Nach einer Mängelrüge gewährt der Hilfsstofflieferer 15 % Preisminderung und erstellt eine entsprechende Gutschrift. Der Restbetrag wird unter Abzug von 3 % Skonto per Bank überwiesen.

Hilfsstoffeinkauf mit Gutschrift nach Mängelrüge und Lieferantenskonto

Buchen Sie

a den Hilfsstoffeinkauf auf Ziel,

b die Gutschrift des Lieferers und

c den Rechnungsausgleich per Banküberweisung.

Aufgabe 4

Einkauf von Rohstoffen auf Ziel, Kreditor 44122, Nettowert 4.600,00 € zzgl. 19 % Umsatzsteuer. Bei der Rohstoffprüfung wird festgestellt, dass 50 % der Rohstoffe unbrauchbar sind. Der Mangel wird unverzüglich gerügt und vom Lieferer anerkannt. Der Lieferer lässt die Rohstoffe sofort abholen und erstellt eine entsprechende Gutschrift. Der Restbetrag wird unter Abzug von 2 % Skonto an den Lieferer per Bank überwiesen.

Rohstoffeinkauf mit Rücksendung und Lieferantenskonto

Buchen Sie
a den Rohstoffeinkauf auf Ziel,
b die Gutschrift des Lieferers und
c den Rechnungsausgleich per Banküberweisung.

Aufgabe 5

Buchen Sie den Bonus des Kreditors 44366 für Betriebsstoffeinkäufe im 1. Quartal 20XX.

Liefererbonus

Bonusabrechnung (Auszug)

Bonus 1. Quartal 20XX

Nettoumsätze vom 20XX-01-01 bis zum 20XX-03-31		22.600,00 €
	Bonussatz 1,5 %	339,00 €
	+ 19 % Umsatzsteuer	64,41 €
	= Gutschriftsbetrag 1. Quartal 20XX	403,41 €

Aufgabe 6

Buchen Sie die nachfolgenden Geschäftsvorfälle.
Kreditoren-Nr. des Rohstofflieferers: 44117, Kreditoren-Nr. des Hilfsstofflieferers: 44312.

Geschäftsvorfälle	Nettowert (€)	19 % USt	Bruttowert (€)
1) Rohstoffeinkauf auf Ziel	22.000,00	4.180,00	26.180,00
2) Hilfsstoffeinkauf auf Ziel Listenpreis 20.000,00 € abzüglich 10 % Rabatt	18.000,00	3.420,00	21.420,00
3) Barzahlung der Frachtkosten für Hilfsstoffeinkauf	500,00	95,00	595,00
4) Gutschrift für Rücksendung an den Rohstofflieferer (Fall 1)	11.000,00	2.090,00	13.090,00
5) Bonusgutschrift des Rohstofflieferers	1.000,00	190,00	1.190,00
6) Preisnachlass: Gutschrift wegen Qualitätsmangels des Hilfsstofflieferers (Fall 2)	2.200,00	418,00	2.618,00
7) Kontoauszug: Überweisung an den Rohstofflieferer, Rechnungsbetrag 5.950,00 €, Skonto 3 %	Überweisungsbetrag inkl. USt 5.771,50 €		

Lernsituation 30

SB ▸ Seite 189 | Handlungsfeld 2, Kap. 9.1

Kosten der Lagerhaltung

Situation

Die Spiel & Freizeit GmbH, ein Produzent von Campingartikeln, will wie alle Unternehmen ihren Gewinn steigern. Sind kurzfristig der Verkauf größerer Mengen und/oder der Verkauf zu höheren Preisen am Absatzmarkt dieses Unternehmens nicht durchsetzbar, so müssen Kostensenkungen zur angestrebten Gewinnerhöhung führen. Dem Geschäftsführer, Herrn Freitag, erscheinen insbesondere die Kosten der Lagerhaltung zu hoch.

Arbeitsaufträge

1 Ermitteln Sie für die Spiel & Freizeit GmbH die jährlichen Kosten der Lagerhaltung.

2 Formulieren Sie drei Maßnahmen, mit denen die Kosten der Lagerhaltung für die Spiel & Freizeit GmbH nachhaltig gesenkt werden könnten.

Angaben zur Kostenberechnung	Kosten pro Jahr in €
Kalkulatorische Abschreibungen[1] $\left(\frac{WK}{ND}\right)$ Die Wiederbeschaffungskosten (WK) der Lagerhalle betragen 2.000.000,00 €; die Nutzungsdauer (ND) beträgt 25 Jahre. Die Wiederbeschaffungskosten der Lagereinrichtungen betragen 400.000,00 €; die Nutzungsdauer beträgt 16 Jahre. Die Wiederbeschaffungskosten der Transportmittel beträgt 200.000,00 €; die Nutzungsdauer beträgt 8 Jahre.	
Kalkulatorische Zinsen[2] (Kalkulatorischer Zinssatz: 8 %; KZinssatz) bezogen auf die Hälfte der Anschaffungswerte. $\left(\frac{AW}{2} \cdot \text{KZinssatz}\right)$ Anschaffungswert (AW) der Lagerhalle 1.600.000,00 € Anschaffungswert der Lagereinrichtungen 360.000,00 € Anschaffungswert der Transportmittel 190.000,00 €	
Die monatliche **Pacht** des Lagergrundstückes beträgt 2.000,00 €.	
Die **Reinigungskosten** berechnet eine Fremdfirma mit 600,00 € im Monat.	
Für **Instandsetzungen** werden im Jahr 10.000,00 € kalkuliert.	
Die **Energiekosten** (Heizung, Beleuchtung usw.) betragen monatlich durchschnittlich 1.500,00 €.	
Die **Gebäudeversicherung** berechnet einen Jahresbeitrag in Höhe von 0,5 % des Anschaffungswertes der Lagerhalle.	
Die **Personalkosten** (Gehälter, Löhne, Personalnebenkosten) betragen pro Monat 12.200,00 € bei 13 Auszahlungen pro Jahr.	
Die **Kostenumlage** der zentralen EDV-Abteilung beträgt für die Lagerbestandsführung monatlich 2.000,00 €.	
Der **durchschnittliche Lagerbestand** (= Lagerwert) betrug im abgelaufenen Geschäftsjahr 4.200.000,00 €: Die **Versicherungskosten** (Brand- und Wasserschäden) des Lagerbestandes betragen jährlich 0,3 % des durchschnittlichen Lagerwertes. **Wertverluste** durch Diebstahl, Verderb, Schwund und Veraltern werden mit 0,5 % des durchschnittlichen Lagerbestandes kalkuliert. Der **Lagerzinssatz** beträgt 8 % vom Lagerbestand.	
Gesamte Kosten der Lagerhaltung:	

[1] Die jährlichen kalkulatorischen Abschreibungen werden durch die Division der ermittelten Wiederbeschaffungskosten durch die betriebsindividuelle Nutzungsdauer ermittelt. [2] Die jährlichen kalkulatorischen Zinsen werden vom durchschnittlich eingesetzten Kapital ermittelt. Dies entspricht der Hälfte der Anschaffungswerte.

Arbeitsblatt 30.1 | Lagerkosten

Kosten entstehen für			
Betriebsmittel z. B. • • • • • • •	__________ z. B. • Versicherung • Wertverlust, z. B. durch Diebstahl oder Schwund • Lagerzins	**Personal** z. B. • Löhne • Gehälter • Sozialaufwendungen	**Verwaltung** z. B. • • •

Mögliche Maßnahmen zur Kostensenkung			

Aufgaben

Aufgabe 1

Nennen Sie

a fixe Kosten (unabhängig von der Lagermenge/des Lagerwertes) der Lagerhaltung,

b variable Kosten (abhängig von der Lagermenge/des Lagerwertes) der Lagerhaltung,

c je zwei Möglichkeiten zur Einsparung von fixen und variablen Lagerkosten.

Aufgabe 2

Nennen Sie Risikobereiche einer umfassenden Lagerhaltung.

Aufgabe 3

Durch konsequente Verhandlungen mit einem Lieferer wird eine tägliche Just-in-Time-Lieferung vereinbart. Bei einem Einkaufswert von 250.000,00 € pro Monat wird eine Preiserhöhung in Höhe von 2 % akzeptiert. Durch diese Maßnahme sinken die Zinsen für das im Lager gebundene Kapital[1] von 3,5 % auf 1,75 %. Die nicht mehr benötigte Lagerkapazität kann für 32.000,00 € im Monat vermietet werden.

a Berechnen Sie die jährliche Kosteneinsparung der Lagerhaltung.

b Welche Risiken entstehen durch diese Liefervereinbarung?

[1] halber Einkaufswert

Lernsituation 31

SB ▸ Seite 190 ff. | Handlungsfeld 2, Kap. 9.2

Lagerkennzahlen

Hausmitteilung

Fly Bike Werke GmbH

Absender	Empfänger	mit der Bitte um
☐ Geschäftsführung	☐ Geschäftsführung	☐ Kenntnisnahme
☐ Zentralsekretariat	☐ Zentralsekretariat	☒ Erledigung
☐ Controlling	☐ Controlling	☐ Stellungnahme
☐ Einkauf/Logistik	☒ Einkauf/Logistik	
☐ Produktion	☐ Produktion	
☐ Verwaltung	☐ Verwaltung	
☒ Vertrieb	☐ Vertrieb	
☒ ~~Frau~~/Herr Gerland	☒ ~~Frau~~/Herr Schneider	

Lieber Herr Schneider,

für den Jahresabschluss des vergangenen Geschäftsjahres benötige ich zur Warengruppe 701x Fahrradshirts STEFF superfast die Bewertung der Lagerbestände zu Einstandspreisen. Im Rahmen unserer Bilanzpolitik bitte ich um eine Bewertung nach folgenden Methoden:

- Gewogener Durchschnitt
- Fifo (First in – first out)
- Lifo (Last in – first out)

Für unsere Betriebsstatistik benötige ich außerdem die folgenden Kennzahlen:

- durchschnittlicher Lagerbestand (mengenmäßig)
- Umschlagshäufigkeit (mengenmäßig)
- durchschnittliche Lagerdauer

M. Gerland

Arbeitsaufträge

1 Herr Schneider beauftragt Sie, die gewünschten Zahlen zu ermitteln. Nutzen Sie dazu die beigefügten Lagerdateien (siehe S. 180) und tragen Sie Ihre Ergebnisse in das Arbeitsblatt 31.1 ein.

2 Vergleichen Sie die Ergebnisse der verschiedenen Methoden. Welche Auswirkungen haben die verschiedenen Preise bei der Bewertung des Vorratsvermögens in der Bilanz der Fly Bike Werke GmbH?

3 Zu welchem Zweck werden die angegebenen Lagerkennzahlen benötigt?

4 Prüfen Sie die errechneten Kennzahlen kritisch hinsichtlich ihres Aussagewerts:

a Unter welchen Bedingungen erscheint Ihnen die Berechnung der Kennzahlen sinnvoll? Stellen Sie hierbei Überlegungen zur Branche des Unternehmens, zu den Nachfragezeitpunkten und zu den Berechnungsformeln der Kennzahlen an.

a Warum ist es u. U. sinnvoll, die Kennzahlen „durchschnittlicher Lagerbestand“ und „Umschlagshäufigkeit“ wertmäßig zu berechnen?

Lagerdatei

Fly Bike Werke GmbH

Artikelnummer		Artikelbezeichnung		Meldebestand		Höchstbestand	
701S		STEFF Shirt „S“					
		Erzeugnisbewegung		Lagerbestand		Bedarf gemeldet	
Datum	Beleg Nr.	Zugang	Abgang	aktueller Ist-Bestand	Einstands-preis	Menge	Datum
02.01.20XX	Inventur-best.			32	17,50		
06.06.20XX	ELS	300			14,50		
06.08.20XX	ALS		280				
15.10.20XX	ELS	50			19,50		
22.10.20XX	ALS		49				
31.12.20XX				53			

Lagerdatei

Fly Bike Werke GmbH

Artikelnummer		Artikelbezeichnung		Meldebestand		Höchstbestand	
701M		STEFF Shirt „M“					
		Erzeugnisbewegung		Lagerbestand		Bedarf gemeldet	
Datum	Beleg Nr.	Zugang	Abgang	aktueller Ist-Bestand	Einstands-preis	Menge	Datum
02.01.20XX	Inventur-best.			6	17,50		
15.03.20XX	ELS	10			17,50		
02.04.20XX	ALS		4				
17.07.20XX	ALS		7				
03.09.20XX	ELS	10			19,50		
11.11.20XX	ALS		8				
31.12.20XX				7			

Lagerdatei

Fly Bike Werke GmbH

Artikelnummer		Artikelbezeichnung		Meldebestand		Höchstbestand	
701L		STEFF Shirt „L“					
		Erzeugnisbewegung		Lagerbestand		Bedarf gemeldet	
Datum	Beleg Nr.	Zugang	Abgang	aktueller Ist-Bestand	Einstands-preis	Menge	Datum
02.01.20XX	Inventur-best.			50	18,50		
20.01.20XX	ELS	20			17,50		
01.02.20XX	ALS		25				
02.02.20XX	ALS		14				
25.05.20XX	ELS	30			18,50		
26.05.20XX	ALS		21				
28.07.20XX	ALS		17				
08.08.20XX	ELS	40			19,50		
10.08.20XX	ALS		15				
12.09.20XX	ALS		22				
21.10.20XX	ELS	30			19,50		
24.11.20XX			25				
31.12.20XX				31			

Lagerdatei

Fly Bike Werke GmbH

Artikelnummer		Artikelbezeichnung		Meldebestand		Höchstbestand	
701XL		STEFF Shirt „XL“					
		Erzeugnisbewegung		Lagerbestand		Bedarf gemeldet	
Datum	Beleg Nr.	Zugang	Abgang	aktueller Ist-Bestand	Einstands-preis	Menge	Datum
02.01.20XX	Inven-turbest.			50	17,50		
22.04.20XX	ELS	38			17,50		
03.05.20XX	ALS		40				
12.07.20XX	ELS	40			18,00		
20.07.20XX	ALS		25				
15.08.20XX	ALS		10				
14.09.20XX	ELS	40			19,50		
01.11.20XX	ALS		45				
15.12.20XX	ELS	40			19,50		
31.12.20XX				88			

Lagerdatei

Fly Bike Werke GmbH

Artikelnummer		Artikelbezeichnung		Meldebestand		Höchstbestand	
701XXL		STEFF Shirt „XXL“					
		Erzeugnisbewegung		Lagerbestand		Bedarf gemeldet	
Datum	Beleg Nr.	Zugang	Abgang	aktueller Ist-Bestand	Einstands-preis	Menge	Datum
02.01.20XX	Inven-turbest.			28	18,50		
28.02.20XX	ELS	40			18,50		
02.03.20XX	ALS		27				
16.04.20XX	ALS		12				
05.05.20XX	ELS	40			17,50		
20.07.20XX	ALS		25				
12.09.20XX	ALS		5				
08.11.20XX	ELS	40			19,00		
19.11.20XX	ALS		25				
16.12.20XX	ALS		27				
31.12.20XX				27			

Arbeitsblatt 31.1 | Bewertung der Lagerbestände

	Bewertung der Lagerbestände (Werte je Stück)			Lagerkennzahlen (auf Mengenbasis)		
Artikel Nr.	gewogener Durchschnitt	Fifo	Lifo	durchschnittlicher Lagerbestand [1]	Umschlags-häufigkeit (UH)	durchschnittliche Lagerdauer
Fahrradshirts STEFF superfast	$\frac{\text{Gesamtwert}}{\text{Gesamtmenge}}$	First in first out	Last in first out	$\frac{AB + 12 \cdot EB}{13}$	$\frac{\text{Jahresverbrauch}}{\text{ø Lagerbestand}}$	$\frac{360}{UH}$
701S						
701M						
701L						
701XL						
701XXL						

[1] Menge ganzzahlig aufrunden

Folgesituation

Hausmitteilung

Fly Bike Werke GmbH

Absender	Empfänger	mit der Bitte um
[X] Geschäftsführung	[ ] Geschäftsführung	[ ] Kenntnisnahme
[ ] Zentralsekretariat	[ ] Zentralsekretariat	[X] Erledigung
[ ] Controlling	[ ] Controlling	[ ] Stellungnahme
[ ] Einkauf/Logistik	[X] Einkauf/Logistik	
[ ] Produktion	[ ] Produktion	
[ ] Verwaltung	[ ] Verwaltung	
[ ] Vertrieb	[ ] Vertrieb	
[X] ~~Frau~~/Herr Peters	[X] ~~Frau~~/Herr Schneider	

Lieber Herr Schneider,

von unserem Unternehmensberater erhielt ich die Branchenkennzahlen zur Lagerhaltung des vergangenen Geschäftsjahres (siehe unten). Für eine Sortiments- und Beschaffungsplanung bitte ich um einen Vergleich mit den entsprechenden Kennzahlen unseres Hauses.

Peters

Arbeitsaufträge

1 Übernehmen Sie die ermittelten Lagerumschlaghäufigkeiten in die unten stehende Tabelle und erstellen Sie den gewünschten Vergleich. Stellen Sie zur Verdeutlichung die Entwicklung grafisch dar.

2 Welche Empfehlungen können Sie der Geschäftsleitung im Rahmen der Lagerhaltung und zu einer allgemeinen Sortiments- und Beschaffungsplanung geben?

Artikel Nr.	Umschlagshäufigkeit	Umschlagshäufigkeit Vorperiode	Differenz	Umschlagshäufigkeit Branche	Differenz
Fahrradshirts STEFF superfast					
701S		2		6	
701M		4		6	
701L		6		6	
701XL		5		6	
701XXL		4		6	

Arbeitsblatt 31.2 | Lagerbewegungskennzahlen

Umschlagshäufigkeit

- Formel:
  Umschlagshäufigkeit = $\dfrac{\text{\_\_\_\_\_\_\_\_\_\_\_\_\_\_\_\_\_\_\_\_}}{\text{durchschnittlicher Lagerbestand}}$
- Erklärung:
  Die Umschlagshäufigkeit gibt an, wie oft der durchschnittliche Lagerbestand pro Jahr verkauft wird.

____

- Formel:
  ______________________________ = $\dfrac{360}{\text{Umschlagshäufigkeit}}$
- Erklärung:
  Die ______________________________ gibt an,
  wie lange die Waren im Durchschnitt im Lager liegen.

Lagerzinssatz

- Formel:
  Lagerzinssatz = $\dfrac{\text{\_\_\_\_\_\_\_\_\_\_\_\_\_\_\_\_\_\_\_\_}}{360}$
  ______________________________ = Zinssatz, der für Geldanlagen z. B. bei Banken gezahlt wird
- Erklärung:
  Der Lagerzinssatz gibt an, ______________________________
  ______________________________.

____

- Formel:
  ______________________________ = $\dfrac{\text{Wert des durchschnittlichen Lagerbestands} \cdot \text{Lagerzinssatz}}{\text{\_\_\_\_\_\_\_\_\_\_\_\_\_\_\_\_\_\_\_\_}}$
- Erklärung:
  Die ______________________________ geben an, wie hoch der
  ______________________________ durch das in dem Lagerbestand gebundene
  ______________________________ ist.

Arbeitsblatt 31.3 | Lagerbestands- und Lagerbewegungskennzahlen

zu großer Lagerbestand

- entzieht dem Unternehmen Liquidität
- ______
- ______

zu kleiner Lagerbestand

- ______
- ______
- ______

Hilfsmittel bei der Optimierung des Lagerbestandes

Lagerbestandszahlen

- Meldebestand
- ______
- ______
- ______

Lagerbewegungszahlen

- ______
- ______
- ______
- ______

Zusammenhang zwischen den Lagerkennzahlen

durchschnittlicher Lagerbestand

Je höher der Mindest- und/oder Höchstbestand, desto

______

ist der durchschnittliche Lagerbestand.

→

Umschlagshäufigkeit

Je

______

______

______

desto

______

______

______

→

durchschnittliche Lagerdauer

$$\frac{360}{\text{Umschlagshäufigkeit}}$$

Je

______

______

______

desto

______

______

______

→

durchschnittlicher Lagerzinssatz

Je

______

______

______

desto

______

______

______

Aufgaben

Aufgabe 1

Ermitteln Sie aufgrund der folgenden Angaben im Auftrag von Herrn Schneider folgende Lagerkennzahlen:

a den durchschnittlichen Verbrauch/Kalenderwoche
b den durchschnittlichen Lagerbestandswert
c die Lagerdauer
d die Zinsen für das durchschnittlich im Lager gebundene Kapital.

Die ERP-Software Microsoft Navision Attain gibt folgende Lagerbestandsentwicklung für das Jahr 20XX aus:

- Artikel: 7020 – Sattel Trek TR, Sattelzug D
- Höchstbestand: 4.500 Stück — Bericht Nr. 22391
- Meldebestand: 2.500 Stück — MS Navision Attain
- Einstandspreis: 5,36 €/Stück — Seite -1-

Tag	Eingang (Stück)	Ausgang (Stück)	Bestand (Stück)
01.01.			3.200
19.01.		600	2.600
10.02.		700	1.900
05.03.		850	1.050
25.03.	2.400		3.450
28.03.		800	2.650
20.04.		750	1.900
15.05.		600	1.300
01.06.	2.400		3.700
04.06.		550	3.150
26.06.		700	2.450
18.07.		800	1.650
06.08.	2.400		4.050
10.08.		900	3.150
05.09.		800	2.350
27.09.		800	1.550
19.10.	2.400		3.950
20.10.		850	3.100
08.11.		700	2.400
23.11.		750	1.650
10.12.		900	750
18.12.	2.400		3.150
31.12.			3.150

Das Controlling hat in diesem Zusammenhang auf Anforderung folgende Daten ermittelt:

Kostenreport Nr. 2231

- Artikel: 7020 – Sattel Trek TR
- Kalkulatorischer Zinssatz für gebundenes Kapital: 12 %
- Verbrauchsperioden: 48 Wochen/Jahr

Aufgabe 2

Der durchschnittliche Lagerbestand zählt zu den zentralen Kennzahlen einer wirtschaftlichen Lagerhaltung. Erläutern Sie drei Maßnahmen, durch die der durchschnittliche Lagerbestand gesenkt werden kann.

Aufgabe 3

Erläutern Sie die Bedeutung von Kennzahlen für eine wirtschaftliche Betriebsführung.

Aufgabe 4

Beschreiben Sie drei wichtige Anforderungen, die Kennzahlen erfüllen sollten.

Aufgabe 5

In den Fly Bike Werken wird bei der Lagerhaltung u. a. das Festplatzsystem angewendet. Erläutern Sie dieses System.
Nennen Sie im Anschluss an Ihre Erläuterungen ein weiteres System der Lagerhaltung, das alternativ zum Einsatz kommen könnte, und beurteilen Sie kurz dieses Lagerhaltungssystem.

SB ▸ Seite 196 ff. | Handlungsfeld 3, Kap. 2

Produktentstehungs- und -entwicklungsprozess

Situation

Herr Peters kommt völlig begeistert von der in Köln stattfindenden internationalen Motorrad-, Roller- und Fahrradmesse. Hybrid-Fahrräder sind aktuell der absolute Verkaufsschlager auf dem Markt für E-Bikes. Bei einem Hybrid-Fahrrad – auch Pedelec genannt – wird der Antrieb durch Muskelkraft mit einem Antrieb durch einen Elektromotor kombiniert. Geht die Fahrt bergab, nutzt ein Hybrid-Fahrrad die Rollenergie, um den Akku wieder aufzuladen. Zielgruppe der Pedelecs sind Genussradler und Alltagsfahrer, die sich das Leben ein wenig leichter machen möchten. Die Marktpreise liegen zwischen 1.000,00 € und 4.000,00 €. Herr Peters möchte umgehend prüfen lassen, ob die Fly Bike Werke auch so ein Hybrid-Fahrrad anbieten können.

Hybrid-Fahrrad mit Generator auf der Radmesse

Elektro-Hybrid-Fahrräder sind nicht mehr neu, es gibt sie seit einigen Jahren. Auf der Fahrradmesse IFMA habe ich mich breitschlagen lassen, eins Probe zu fahren. Das Elektro-Hybrid-Fahrrad von Flying-Cranes aus der Schweiz überzeugt mit einer Verbesserung: Wird der Elektromotor nicht benutzt, dann lädt er wieder. Dieses Konzept nutzen alle Hybrid-Autos (Stichwort: Bremsenergie), bei Fahrrädern wurde es meines Wissens nach jedoch bisher nicht eingesetzt. Ich nahm also mit etwas Zurückhaltung das Elektro-Fahrrad und fuhr über den Ausprobier-Parcours, der die halbe Halle füllte: Es hat auf Anhieb solchen Spaß gemacht, damit zu fahren, dass ich mir nun vorstellen kann, so ein Fahrrad zu besitzen und zu benutzen. Das Elektro-Fahrrad fährt sich wundervoll leicht. Man merkt nicht (hört und fühlt nicht), dass ein Elektromotor helfend eingreift, man merkt nur, dass man sehr schnell auf ein angenehmes Reisetempo kommt und dass man am Berg (es war ein kleiner aufgebaut) mit der gleichen Kraft weitertreten kann. Um das Aufladen des Generators zu bemerken, sollte ich auf der Bergabseite nicht trampeln, der anspringende Generator macht sich durch leichtes Bremsen bemerkbar. Offensichtlich lädt der Generator auch, wenn man rollt, denn nach einigen Runden (konnte mich nicht von dem Rad trennen) habe ich das Rad mit höherem Batteriestand zurückgegeben, als ich es erhalten habe. (...) Wenn man so ein Elektro-Fahrrad hat, dann hat man keine Entschuldigung mehr: „der Berg zur Arbeit ist zu steil“, „ich werde verschwitzt ankommen“ und „das Rad sieht aus wie ein Oma-Fahrrad“. Das Letzte stimmt zwar, wird aber niemanden interessieren, am wenigsten diejenigen Mountain-Biker, die man gerade überholt hat. (...)

Quelle: http://www.energiespar-rechner.de/2008/11/03/energie/hybrid-fahrrad-mit-generator-auf-der-radmesse, Stand: 12.11.2012

Arbeitsaufträge

1 Studieren Sie den Artikel und sammeln Sie Erwartungen und Wünsche von Konsumenten in Bezug auf Hybrid-Fahrräder (E-Bikes).

2 Ergänzen Sie Ihre Auflistung um selbst recherchierte Informationen, z. B. durch Interviews mit Freunden und Verwandten.

3 Industrielle Hersteller von Konsumprodukten müssen sich bei jeder Produktentwicklung genau überlegen, ob sie die Wünsche der (End-)Kunden tatsächlich in jedem einzelnen Punkt realisieren können und wollen. Von welchen Überlegungen werden sich industrielle Anbieter dabei leiten lassen?

4 Die Fly Bike Werke verfügen selbst nicht über die technischen und finanziellen Voraussetzungen, eine eigene Forschungsabteilung zu betreiben. Nennen Sie externe Einrichtungen, die Forschungserkenntnisse für die Fly Bike Werke liefern könnten. Unterscheiden Sie dabei zwischen Erkenntnissen in Bezug auf Materialien und Fertigungstechnologien, auf Produkte sowie auf Kunden und Mitbewerber.

5 Produkte werden häufig nicht vollständig neu, sondern aus bereits bestehenden Produkten weiterentwickelt. Welche generellen Argumente sprechen für eine komplette Neuentwicklung des Hybrid-Fahrrades, welche Argumente für eine Weiterentwicklung auf Basis bereits bestehender Fahrradmodelle?

Arbeitsblatt 32.1 | Rechtsschutz von Erzeugnissen und Fertigungsverfahren

Die Fly Bike Werke möchten ihr neues Hybrid-Fahrrad natürlich vor allzu dreister Nachahmung schützen. Studieren Sie die Gesetzesauszüge sorgfältig und prüfen Sie, inwieweit sie geeignet sind, das neue Produkt zu schützen.

Patentgesetz (Auszüge)
§1 Patente werden für Erfindungen auf allen Gebieten der Technik erteilt, sofern sie neu sind, auf einer erfinderischen Tätigkeit beruhen und gewerblich anwendbar sind.
§3 Eine Erfindung gilt als neu, wenn sie nicht zum Stand der Technik gehört.
§5 Eine Erfindung gilt als gewerblich anwendbar, wenn ihr Gegenstand auf irgendeinem gewerblichen Gebiet einschließlich der Landwirtschaft hergestellt oder benutzt werden kann.
§16 Das Patent dauert zwanzig Jahre, die mit dem Tag beginnen, der auf die Anmeldung der Erfindung folgt.

Gesetz über den Schutz von Marken und sonstigen Kennzeichen („Markengesetz“ – Auszüge)
§1 Nach diesem Gesetz werden geschützt: 1. Marken, 2. geschäftliche Bezeichnungen, 3. geographische Herkunftsangaben.
§3 Als Marke können alle Zeichen, insbesondere Wörter einschließlich Personennamen, Abbildungen, Buchstaben, Zahlen, Hörzeichen, dreidimensionale Gestaltungen einschließlich der Form einer Ware oder ihrer Verpackung sowie sonstige Aufmachungen einschließlich Farben und Farbzusammenstellungen geschützt werden, die geeignet sind, Waren oder Dienstleistungen eines Unternehmens von denjenigen anderer Unternehmen zu unterscheiden.
§5 Als geschäftliche Bezeichnungen werden Unternehmenskennzeichen und Werktitel geschützt.

Gesetz über den rechtlichen Schutz von Mustern und Modellen („Geschmacksmustergesetz“ – Auszüge)
§1 Im Sinne dieses Gesetzes
1. ist ein Muster die zwei- oder dreidimensionale Erscheinungsform eines ganzen Erzeugnisses oder eines Teils davon, die sich insbesondere aus den Merkmalen der Linien, Konturen, Farben, der Gestalt, Oberflächenstruktur oder der Werkstoffe des Erzeugnisses selbst oder seiner Verzierung ergibt;
2. ist ein Erzeugnis jeder industrielle oder handwerkliche Gegenstand, einschließlich Verpackung, Ausstattung, grafischer Symbole und typografischer Schriftzeichen sowie von Einzelteilen, die zu einem komplexen Erzeugnis zusammengebaut werden sollen; ein Computerprogramm gilt nicht als Erzeugnis.
§2
(1) Als Geschmacksmuster wird ein Muster geschützt, das neu ist und Eigenart hat.
(2) Ein Muster gilt als neu, wenn vor dem Anmeldetag kein identisches Muster offenbart worden ist. Muster gelten als identisch, wenn sich ihre Merkmale nur in unwesentlichen Einzelheiten unterscheiden.
§27
(1) Der Schutz entsteht mit der Eintragung in das Register.
(2) Die Schutzdauer des Geschmacksmusters beträgt 25 Jahre, gerechnet ab dem Anmeldetag.

	Patentgesetz	Geschmacksmustergesetz	Markengesetz
Was genau wird geschützt?			
Voraussetzungen			
Situation für das Hybrid-Rad der Fly Bike Werke			

Aufgaben

Aufgabe 1

Konstrukteure und Designer müssen bei ihrer Arbeit umfangreiche ökologische Bedürfnisse und staatliche Auflagen berücksichtigen. Als ökoeffizient gelten Produkte nur dann, wenn sie während ihres gesamten Produktlebens, also der Produktion, der späteren Verwendung durch den Nutzer sowie der anschließenden Entsorgung, mit einem minimalen Verbrauch natürlicher Ressourcen auskommen. Man spricht in diesem Zusammenhang auch von „Life-Cycle-Engineering". Unterbreiten Sie konkrete Vorschläge, wie der Verbrauch von Ressourcen und der Ausstoß von Schadstoffen während

a der Produktion der Hybrid-Räder,
b der Benutzung durch die Fahrradkunden,
c der späteren Entsorgung der Räder reduziert werden kann.

Demontiert, aber nicht wertlos: Ausgediente Fahrzeuge liefern wertvolle Rohstoffe.

Zu Ihrer Information:

Gebrauchte Elektrogeräte dürfen gemäß europäischen Vorgaben (1) nicht zum unsortierten Hausmüll gegeben werden.

Das Symbol der Abfalltonne auf Rädern weist auf die Notwendig keit der getrennten Sammlung hin. Bitte geben Sie dieses Gerät, wenn es nicht mehr genutzt wird, in diehier für vorgesehenen Systeme der Getrenntsammlung.

In Deutschland sind Sie gesetzlich (2) verpflichtet, ein Altgerät einer vom unsortierten Hausmüll getrennten Erfassung zuzuführen. Die Kommunen haben hierzu Sammelstellen eingerichtet, an denen Altgeräte aus privaten Haushalten Ihres Gebietes für Sie kostenfrei entgegengenommen werden.

Bitte informieren Sie sich über Ihren lokalen Abfallkalender oder die in Ihrem Gebiet zur Verfügung stehenden Möglichkeiten der Rückgabe oder Sammlung von Altgeräten.

(1) Richtlinie 2002/96/EG des Europäischen Parlaments und des Rates über Elektro- und Elektronik-Altgeräte
(2) Gesetz über das Inverkehrbringen, die Rücknahme und die umweltverträgliche Entsorgung von Elektro- und Elektronikgeräten (Elektro- und Elektronikgerätegesetz – ElektroG)

„Beipackzettel" eines Elektrogerätes

Aufgabe 2

Gelungenes Design zeichnet sich dadurch aus, dass es sowohl technisch zweckmäßig als auch geschmacklich und künstlerisch vollendet gestaltet ist. Der zentrale Lehrsatz des Produktdesigns lautet: „form follows function". Nur ein Produkt, das den Geschmack der Käufer trifft, wird einen Markt finden können. Gutes Aussehen allein reicht jedoch nicht aus, vor allem muss das Produkt seinen eigentlichen Zweck erfüllen. Wählen Sie von den industriell gefertigten Produkten, die Sie heute mit sich führen (Bekleidung, Schuhe, Armbanduhr, Schmuck, Elektronikgeräte o.Ä.), eines aus, das Ihnen besonders am Herzen liegt – quasi Ihr Lieblingsprodukt. Analysieren Sie dieses Produkt in Bezug auf die soeben beschriebenen Ansprüche an industrielles Design. Folgt hier die Form der Funktion? Berichten Sie von Ihren Forschungsergebnissen.

Aufgabe 3

Überprüfen Sie die folgenden (Produkt-)Innovationen im Hinblick auf ihre Patentfähigkeit. Begründen Sie jeweils Ihre Entscheidung.

a das neue Egoshooter-Programm „Kill Billy 5"
b ein Impfstoff gegen den aktuellen Grippeerreger
c eine Konzeptstudie für die nächste Modellreihe des BMW 3er Coupé
d ein Kapuzenpulli in den aktuellen Trendfarben mit drei weißen Streifen auf dem Ärmel
e ein neuartiges lasergestütztes Verfahren zur Herstellung von Maschinenbauteilen („rapid tooling")
f ein hoch schlagfester transparenter Glasfaserwerkstoff, der Kristallglas ersetzen kann

Sofern Sie zu einem negativen Urteil gekommen sind: Gibt es ein anderes Schutzrecht, das hier greifen könnte?

SB ▸ Seite 196 ff. | Handlungsfeld 3, Kap. 2.1

Ideen generieren und Leistungskonzepte entwerfen

Hausmitteilung

Fly Bike Werke GmbH

Absender	Empfänger	mit der Bitte um
[X] Geschäftsführung	[ ] Geschäftsführung	[ ] Kenntnisnahme
[ ] Zentralsekretariat	[ ] Zentralsekretariat	[ ] Erledigung
[ ] Controlling	[ ] Controlling	[X] Stellungnahme
[ ] Einkauf/Logistik	[ ] Einkauf/Logistik	
[ ] Produktion	[X] Produktion	
[ ] Verwaltung	[ ] Verwaltung	
[ ] Vertrieb	[X] Vertrieb	
[X] ~~Frau~~/Herr Peters	[ ] Frau/Herr	

Liebe Kolleginnen und Kollegen aus Produktion und Vertrieb,

anbei erhalten Sie die Tagungsunterlagen für unseren Workshop „Ideenschmiede zur Produktentwicklung" am kommenden Donnerstag.

In Anbetracht der Absatzentwicklung der letzten zwei Jahre müssen wir die Zukunft unserer Handelswaren diskutieren. Beginnen möchte ich mit unseren Bekleidungsangeboten. Wir sollten dringend überlegen, ob wir unsere Shirts und Shorts aus der Kollektion STEFF superfast auch in der kommenden Frühjahrssaison noch im Sortiment belassen wollen.
Wie können wir die Absatzentwicklung in dem Bereich positiv beeinflussen? Sind wir überhaupt noch aktuell - wie sehen die Trends in der Branche aus? Brauchen wir erweiterte Funktionalitäten, ergänzende Modelle oder völlig neue Bekleidungsartikel?
Als Grundlage für unsere Entscheidung benötigen wir dringend Vorschläge aus dem Bereich der Produktentwicklung.

Als Ergebnis des anstehenden Workshops erwarte ich Ihre Vorschläge inklusive einer schriftlichen Begründung.

Mit freundlichen Grüßen

H. Peters

Auszug aus dem Fahrradbekleidungssortiment der Fly Bike Werke

Fahrradbekleidung der Fly Bike Werke

Shirt STEFF superfast
Bikepolo mit kurzem Reißverschluss und 1 Reißverschlusstasche hinten; anatomische Nahtführung; aus atmungsaktivem Mesh, 100 % Polyester.

Farbe: blau;
Größe: S–XXL

UVP: **39,95 €**

Shorts STEFF superfast
Bikeshorts aus elastischem Material, 100 % Polyamid, mit elastischem Kordelzugbund, 2 Reißverschlusstaschen und 1 Gesäßtasche; Reflektorlogo.

Farbe: schwarz
Größe: S–XXL

UVP: **59,95 €**

Workshop „Ideenschmiede zur Produktentwicklung“

Arbeitsaufträge

Wie möchten Sie das Angebot an Fahrradbekleidung verändern?

Nutzen Sie zur Ideengenerierung die Kreativitätstechnik „6-3-5-Methode“: Sechs Personen sammeln jeweils drei Ideen innerhalb von fünf Minuten.

6-3-5-Methode

Schritt 1
Bilden Sie Arbeitsgruppen aus (idealerweise) sechs Teilnehmern. Lesen Sie die Hausmitteilung auf Seite 189. Formulieren Sie gemeinsam das Problem, schreiben Sie es auf und legen Sie es für alle Gruppenmitglieder sichtbar aus!

Schritt 2
Bearbeiten Sie gemeinsam das Arbeitsblatt 33.1. Dazu trägt jedes Teammitglied innerhalb von fünf Minuten drei Geschäftsideen in sein Arbeitsblatt ein. Dies können sowohl Weiterentwicklungen, Ergänzungen, Kombinationen oder Verbesserungen bestehender Ideen, als auch völlig neue Einfälle sein.

Tipp: Lesen Sie zuvor die Leitfragen der Osborn-Checkliste im Schülerbuch auf Seite 198–199.

Nach Ablauf der fünf Minuten gibt jeder Teilnehmer sein Arbeitsblatt an den Nachbarn zur rechten Seite weiter und bekommt das Arbeitsblatt seines Nachbarn zur linken Seite. Dieses wird wiederum innerhalb von fünf Minuten um drei weitere Ideen vervollständigt. Der Vorgang wird so oft wiederholt, bis auf jedem Arbeitsblatt 18 Ideen stehen und jeder Teilnehmer sein ursprüngliches Arbeitsblatt wieder erhält. Falls Ihnen nach einiger Zeit keine neuen Ideen einfallen, können Sie die auf dem vorliegenden Arbeitsblatt bereits aufgeschriebene Idee verbessern, verändern oder erweitern.

Schritt 3
Im Anschluss an die Bearbeitungszeit wertet jede Gruppe für sich die gesammelten Ideen aus. Legen Sie Kriterien zur Bewertung fest (beispielsweise Marktrelevanz, Originalität, Umsetzbarkeit, Vorzüge, Schwächen usw.).

Schritt 4
Wählen Sie die beste Idee aus und bereiten Sie eine Kurzvorstellung mit Begründung vor. Verwenden Sie hierfür Arbeitsblatt 33.2. Jede Gruppe präsentiert ihre Ergebnisse der Geschäftsleitung.

Arbeitsblatt 33.1 | 6-3-5-Methode

Name	Idee 1	Idee 2	Idee 3

Arbeitsblatt 33.2 | Neue Ideen für die Fly Bike Werke Frühjahrskollektion

Kurzvorstellung für die Geschäftsführung

1) Wir empfehlen folgende Produktentwicklung(en):

____

____,

weil ____

____

2) Folgende Leitfragen/Überlegungen liegen unserem Vorschlag zugrunde:

____

____

____

3) Und so soll das aussehen: (Skizze, Beschreibung, Preisvorschlag, ggf. separates Blatt verwenden)

SB ▸ Seite 204 ff. | Handlungsfeld 3, Kap. 3.1

Produktionsprogrammplanung

Situation

Die Fly Bike Werke sind mit dem besonderen Problem konfrontiert, dass ihre Absatzzahlen im Jahresverlauf relativ stark schwanken. Schönes Wetter im Frühling lockt regelmäßig zahlreiche Fahrradkunden in die Fachgeschäfte, so dass die Verkaufszahlen nach den relativ umsatzschwachen Wintermonaten ab dem März eines Jahres stark ansteigen. Dies gilt ganz besonders für Fahrräder mit einer betont sportlichen Note, also Rennräder und hochwertige Mountainbikes. Die Kinderräder weisen zudem noch einmal eine deutliche Absatzspitze im Weihnachtsgeschäft auf.

Die Großkunden der Fly Bike Werke – Großhändler und Einzelhändler – schließen mit ihren Lieferanten meist Rahmenverträge ab, in denen sie ihre Abnahmemengen für ein Jahr im Vorhinein festlegen. Mit jeweils vier bis sechs Wochen Vorlauf zum tatsächlichen Verkauf an die Endabnehmer rufen diese Großkunden dann ihre konkreten Abnahmemengen für einen Monat ab. Der Vertriebsleiter, Herr Gerland, legt hierzu die folgenden Auszüge aus der Absatzstatistik der Fly Bike Werke vor:

	Jan.	Febr.	März	April	Mai	Juni	Juli	Aug.	Sept.	Okt.	Nov.	Dez.
Gesamtabsatz in Stück (Durchschnitt der letzten 5 Jahre)	920	1.070	1.380	1.640	1.610	1.510	1.290	1.140	1.090	970	910	850
Davon: Rennräder in Stück	84	185	235	245	205	163	123	94	62	55	48	35
Davon: Kinderräder in Stück	98	145	265	305	236	201	128	143	245	349	326	80

Die Produktionskapazitäten der Fly Bike Werke sind so ausgelegt, dass pro Monat bis zu 1.350 Fahrradrahmen geschweißt und mit den zugekauften Komponenten zu versandfertigen Fahrrädern montiert werden können.

Arbeitaufträge

1 Zeichnen Sie in das Diagramm 1 in Arbeitsblatt 34.1 drei Grafen ein:
a die Absatzmenge insgesamt
b die Absatzmenge Rennräder
c die Absatzmenge Kinderfahrräder
(Alternative: Stellen Sie die Absatzdaten mithilfe eines Tabellenkalkulationsprogramms grafisch dar.)

2 Zeichnen Sie nun die monatliche maximale Produktionsmenge (die so genannte Kapazitätslinie) in das Diagramm 2 ein. Gehen Sie dazu nach einem der im Schülerbuch vorgestellten Verfahren zur zeitlichen und mengenmäßigen Abstimmung vor (marktorientierte Fertigung, auftragsorientierte Fertigung oder Programmfertigung, siehe Schülerbuch Seite 206).

3 Überlegen Sie sich weiterhin, wie hoch die tatsächlichen monatlichen Produktionsmengen der Fly Bike Werke sein sollten, und zeichnen Sie diese nach dem gleichen Verfahren in das zweite Diagramm ein.

4 Legen Sie ebenfalls fest, in welchen Monaten wie viele Renn- und Kinderfahrräder produziert werden sollten. Zeichnen Sie auch diese ein.

5 Bewerten Sie die von Ihnen vorgeschlagene Planungsalternative. Vergleichen Sie dazu Ihren Vorschlag mit denen Ihrer Mitschüler und diskutieren Sie die jeweiligen Vor- und Nachteile.

Arbeitsblatt 34.1 | Quantitative Programmplanung

Diagramm 1

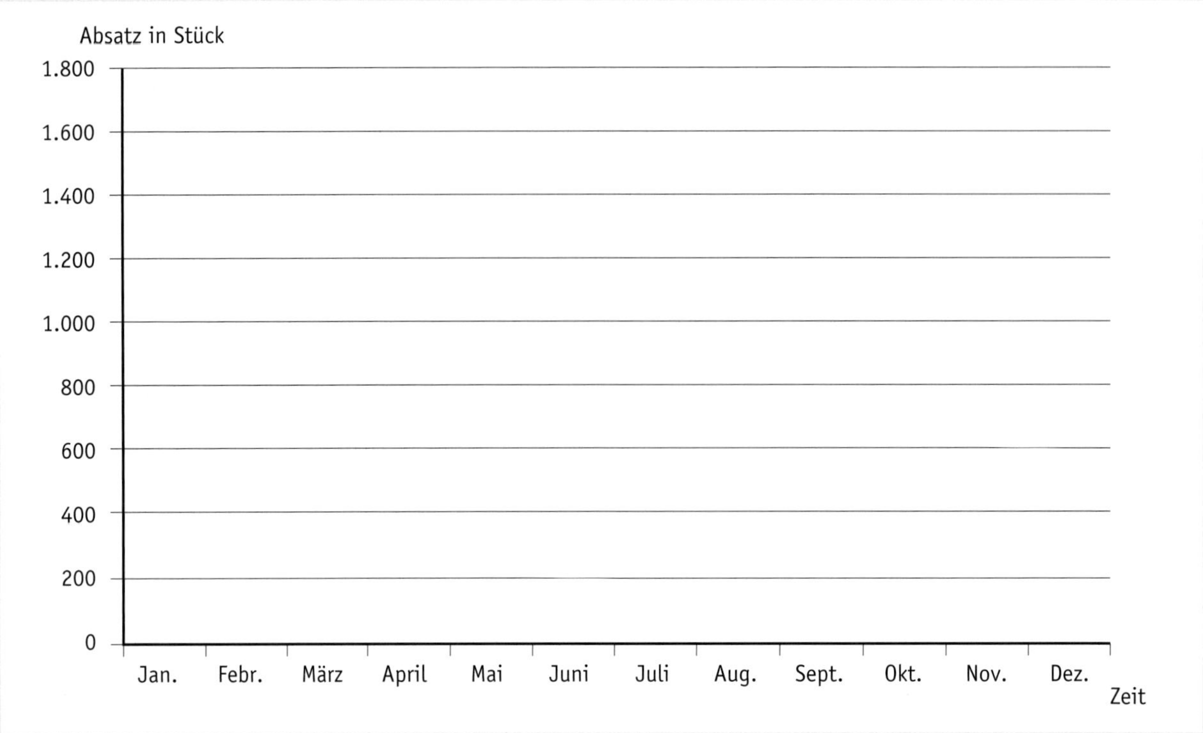

Diagramm 2

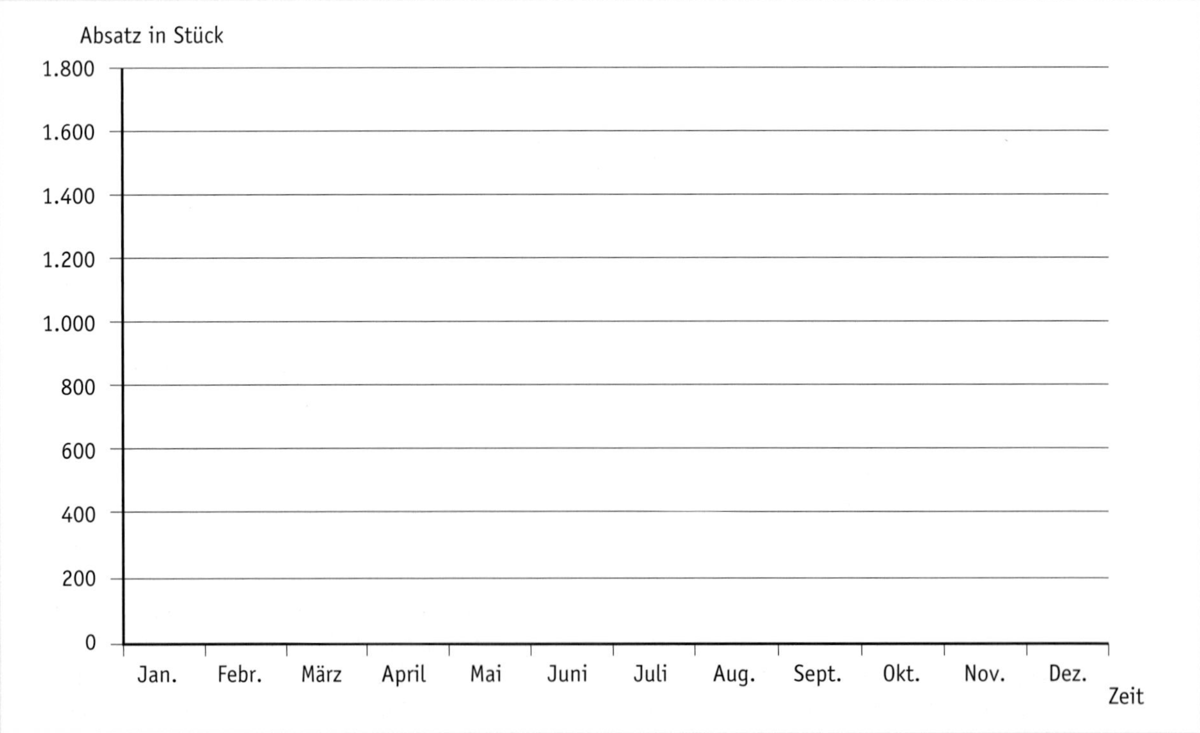

Aufgaben

Aufgabe 1

a Wie unterscheiden sich das Absatzprogramm und das Produktionsprogramm der Fly Bike Werke? Nutzen Sie zur Information die Unternehmensvorstellung ab Seite 5.

b Unterscheiden Sie an Beispielen aus den Fly Bike Werken die Begriffe Programmbreite und Programmtiefe.

c Nennen Sie je zwei Argumente für und gegen ein tiefes Produktionsprogramm und wägen Sie diese gegeneinander ab.

Aufgabe 2

Welche Marktentwicklungen lassen sich aus der folgenden Zeitungsmeldung vom Sommer 2010 herauslesen?

Kleinwagen von Ford kommt aus Rumänien

Köln. Ende 2010 soll er auf den Markt kommen – der neue Kleinwagen von Ford. Dazu wurde eigens ein Werk im rumänischen Craiova errichtet. Für Ford handelt es sich dabei um ein „white space vehicle", also um eine Fahrzeugkategorie, die so bisher noch nicht angeboten wurde. Branchenkenner vermuten dahinter eine Reaktion auf den großen Erfolg des Dacia Logan, der für gerade einmal 7.500,00 € angeboten wurde. Zwar wird der Dacia Logan in der Stufenheck-Variante zukünftig in Europa nicht mehr angeboten werden, doch der golfklassengroße Sandero (ab 6.900,00 €) und der Kombi Logan MCV (ab 9.900,00 €) verkaufen sich prächtig.

Quelle: Autorentext

Aufgabe 3

Die Geschäftsleitung eines Werkzeugherstellers hat die Entwicklung der Fertigungs- und Absatzmengen im Zeitablauf untersuchen und darstellen lassen. Die nachfolgende Grafik zeigt das Ergebnis dieser Untersuchungen:

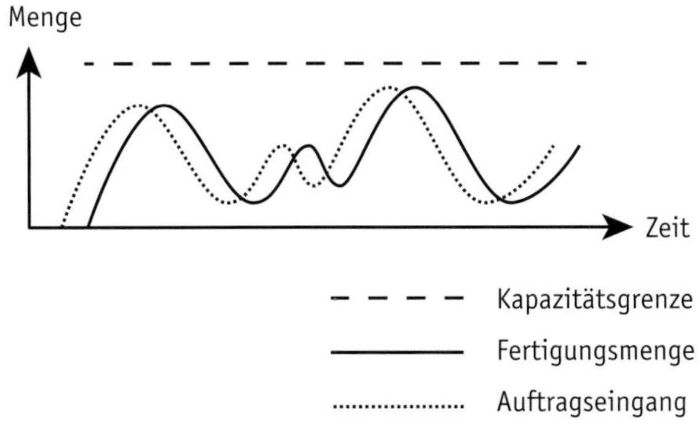

a Erläutern Sie jeweils zwei Vor- und Nachteile des dargestellten Zusammenhangs zwischen Auftragseingang und Fertigungsmenge.

b Machen Sie zwei Vorschläge, wie die von Ihnen genannten Nachteile ausgeglichen werden können.

Aufgabe 4

Ein Maschinenbaubetrieb fertigt seine Produkte vorwiegend auftragsorientiert. Der anfallende Arbeitsaufwand kann dabei – je nach Auftragslage – stark schwanken.

a Unterbreiten Sie jeweils drei Vorschläge, wie der Betrieb kurzfristig steigenden oder sinkenden Arbeitsaufwand bewältigen kann.

b Welchem Ihrer Vorschläge geben Sie den Vorzug?

Aufgabe 5

Die Merkur AG in Hamburg hat sich darauf spezialisiert, die deutschen Discount-Handelsketten ALDI (Nord), Lidl und Penny mit Obstkonserven, z. B. Kirschen, Pfirsichen, Aprikosen und Birnen in Dosen und Gläsern, zu beliefern. Auch wenn die Geschäftsentwicklung der letzten Jahre durch die ständige Expansion der Discount-Märkte durchaus positiv war, bereiten dem Vorstand der Merkur AG Zeitungsmeldungen wie die folgende große Sorgen:

Preiskrieg im Lebensmitteleinzelhandel

Hamburg. Schon zum dritten Mal haben die Einzelhandelskonzerne in diesem Jahr eine Preissenkungsrunde durchgeführt. Allen voran die Lebensmittel-Discounter ALDI und Lidl: Hier sanken die Preise für einfache Lebensmittel wie Frischmilch, Mehl, Zucker und Konserven um bis zu 20%. Wo soll das noch hinführen, fragen sich viele. Allein die so genannten „Convenience"-Produkte, also hochwertige Fertigprodukte, die dem Käufer ein besonderes Konsumerlebnis versprechen, konnten ihre Preise stabil halten oder sogar erhöhen.

Quelle: Autorentext

Als Mitglied des Marketingteams werden Sie gebeten, im Rahmen eines Meetings mit der Geschäftsleitung zu folgenden Fragen Stellung zu nehmen:

a Wie stellt sich die derzeitige Marktposition der Merkur AG dar?

b Wie ist diese vor dem Hintergrund der Entwicklungen im deutschen Lebensmitteleinzelhandel (siehe Zeitungsartikel) zu beurteilen?

c Welche Vorschläge für eine Neupositionierung der Merkur AG können Sie unterbreiten? Welche Chancen, aber auch welche Risiken sehen Sie dabei?

d Das bisherige Produktionsprogramm der Merkur AG lässt sich so beschreiben:
- eher schmal: Es werden ausschließlich Obstkonserven in Dosen und Gläsern produziert.
- eher flach: Die relativ wenigen verschiedenen Obstsorten werden meist nur in einer oder zwei unterschiedlichen Verpackungsgrößen angeboten.

Welche Vorteile und welche Nachteile bietet ein relativ schmales und flaches Produktionsprogramm?

e Machen Sie begründete Vorschläge für eine Erhöhung der Programmbreite bzw. -tiefe der Merkur AG.

SB ▸ Seite 208 ff. | Handlungsfeld 3, Kap. 3.2

Erzeugnis- und Bedarfsplanung

Situation

Die Büro AG stellt einen Bleistiftanspitzer mit anschraubbarem Auffangbehälter her.

- Auffangbehälter und Anspitzhalter (Deckel) bestehen aus Plastik. Die beiden Formen werden aus Plastikgranulat gepresst.
- Die Spitzerklinge wird mit einer Schraube auf einen Klingenhalter geschraubt (ergibt eine Baugruppe).
- Der Klingenhalter samt aufgeschraubter Spitzerklinge wird mit zwei Schrauben am Anspitzhalter (Deckel) befestigt (ergibt eine weitere Baugruppe).
- Spitzerklinge und Klingenhalter werden aus Gussmetall gegossen bzw. gestanzt.

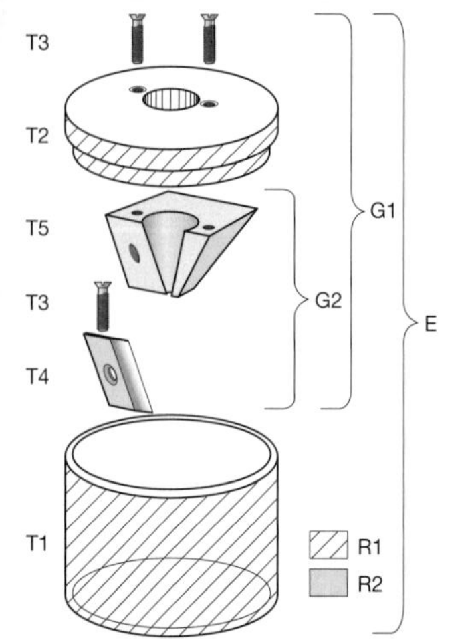

Legende
E: Erzeugnis (kompletter Anspitzer)
G1: Baugruppe aus Anspitzhalter (Deckel) und Klingenhalter
G2: Baugruppe aus Klingenhalter und Spitzerklinge
T1: Auffangbehälter aus Plastik
T2: Anspitzhalter (Deckel) aus Plastik
T3: Schrauben (insg. 3) in G1 und G2 verwendet
T4: Spitzerklinge aus Gussmetall
T5: Klingenhalter aus Gussmetall
R1: Plastikgranulat
R2: Gussmetall

Arbeitsaufträge

1 Erstellen Sie eine Erzeugnisstruktur. Berücksichtigen Sie die jeweiligen Mengenangaben (Beispiel: T1 1 Stück).

E

2 Erstellen Sie auf der Grundlage dieser Erzeugnisstruktur eine Strukturstückliste. (Tabelle 1)
3 Ermitteln Sie den Teilebedarf für T1 bis T5, wenn 300 Bleistiftanspitzer produziert werden sollen. (Tabelle 2)

Tabelle 1

Erzeugnis E		
Fertigungsstufe	**Baugruppe/Teile/Rohstoffe**	**Menge**

Tabelle 2

Teilebedarf für 300 Stück von E	
Teileart	**Menge**

4 Beschreiben Sie die Unterschiede zwischen einer Mengen-, einer Struktur- und einer Baukastenstückliste.

Grundformen der Stückliste	
Mengenstückliste	– – –
Strukturstückliste	– –
Baukastenstückliste	– – –

Arbeitsblatt 35.1 | Bedarfs- und Mengenplanung

Der Primärbedarf für den Bleistiftanspitzer der Büro AG im Planungszeitraum ergibt sich aus der nachfolgenden Aufstellung:

Periode	Mai	Juni	Juli	August	Sept.
Bedarf	150	250	350	300	250

Führen Sie eine terminierte Nettobedarfsrechnung für das Teil T3 unter Berücksichtigung folgender Daten durch. Verwenden Sie zur Durchführung der Berechnung die unten stehende Tabelle.

Ausschuss für die Produktion		20 %
Reservierungen	April	450 Stück
	Juli	600 Stück
offene Bestellungen	April	1.500 Stück
	Juli	2.000 Stück
aktueller Lagerbestand	März	1.500 Stück
Vorlaufverschiebung in jeder Fertigungsstufe		1 Monat

Tabelle

Periode	März	April	Mai	Juni	Juli	August	Sept.
Primärbedarf 1							
+ Ausschuss 20 % (i. H.)							
= Primärbedarf 2							
Bruttosekundärbedarf T3							
– Lagerbestand							
+ Reservierungen							
– Offene Bestellungen							
= Nettosekundärbedarf							

i. H. = im Hundert

Hinweise: Beim Ausschuss muss stets aufgerundet werden, sonst ist bei Dezimalergebnissen später die Gesamtmenge zu klein. Ein negativer Nettosekundärbedarf bedeutet, dass keine Bestellung ausgelöst werden muss.

Aufgaben

Aufgabe 1

Aus der Komponentenliste des Modells Light sind folgende Teile zu entnehmen:

Set-Nr. Fly Bike	Komponenten-gruppen	Damen Trek TR	Teile	Anbieter	Einstandspreis geplant in €
3020	Bereifung	Trek TR-Bereifung	Felgenband, grau, 2 St. Reifen, TR-All Terrain 2 St. Schlauch mit Ventil 2 St.	Continent Schwalle	7,40

Die Lagerbestandsrechnung gibt die nachstehenden Informationen:

	Lagerbestand	Bestellbestand	Vormerkbestand	Sicherheitsbestand
Reifen	160	100	120	100
Schlauch	140	120	180	100

Berechnen Sie den Nettosekundärbedarf für Reifen und Schläuche für einen Auftrag über 170 Trekkingräder.

Aufgabe 2

Die Büromaschinen-AG stellt leistungsfähige Kopierer her, die sie vorwiegend an den Fachhandel und an Unternehmen verkauft. Die Entwicklung der Absatzzahlen des letzten Jahres ergibt sich aus der nachstehenden Tabelle. Das Unternehmen will den Primärbedarf für das Jahr X2 ermitteln.

Absatz von Kopier-Automaten im Jahr 20X1 (in Tausend Stück)											
Jan	Feb	März	Apr	Mai	Jun	Jul	Aug	Sep	Okt	Nov	Dez
20	19	17	21	24	23	27	25	28	31	33	37

a Wie ist der Primärbedarf definiert?

b Warum ist es für das Unternehmen so wichtig, den Primärbedarf des folgenden Jahres möglichst genau zu ermitteln?

c Beschreiben Sie drei externe Faktoren, die Einfluss auf den Primärbedarf des nächsten Jahres haben können.

Aufgabe 3

Ein Hersteller von Werkzeugmaschinen benötigt von dem Teil M3278 (Verschraubung) folgenden Bruttobedarf:

Periode:	1	2	3
Bruttobedarf:	400	800	700

Hinzu kommen in jeder Periode 15 % Zusatzbedarf für Ausschuss/Ersatzbedarf. Der Lagerbestand beträgt momentan (Periode 1) 1.500 Stück. Davon sind in der Periode 1 für den Auftrag Nr. 741-1R 550 Stück reserviert. In Periode 3 sind für den Auftrag Nr. 329-3R 50 Stück reserviert. Weitere Reservierungen sind in den drei Perioden nicht vorhanden. Aus Fertigungsaufträgen sind in den Perioden 2 und 3 jeweils 200 Stück, aus Bestellungen in der Periode 1 und 2 jeweils 100 Stück Zugang fest zu erwarten. In jeder Periode ist aus Sicherheitsgründen ein nicht anzutastender Mindestbestand (= eiserne Reserve) von 100 Stück am Lager zu halten. Aus lager- und liefertechnischen Gründen ist eine Vorlaufverschiebung von einer Periode zu berücksichtigen.

a Erläutern Sie, was man unter einer Vorlaufverschiebung versteht.

b Berechnen Sie den Nettobedarf der drei Perioden unter Berücksichtigung der erforderlichen Vorlaufverschiebung.

c Wie wirkt sich die Berücksichtigung bzw. das Halten eines Mindestbestandes auf den Nettobedarf aus?

SB ▸ Seite 215 ff. | Handlungsfeld 3, Kap. 4

Kapazitätsplanung

Situation

Die Trekkingräder der Fly Bike Werke sollen serienmäßig mit Trinkflaschen in einer entsprechenden Halterung ausgestattet werden. Diese Fremdbezugsteile werden von der Kunststoffwerke AG in Bremen, kurz KWK, gefertigt. Die Trinkflaschen bestehen aus recyclingfähigem PE-Kunststoff und werden mit einem Dekorschriftzug versehen. Bei der Planung der Auftragszeiten und möglichen Liefertermine hat die Arbeitsvorbereitung der KWK bislang allerdings noch nicht berücksichtigt, dass die benötigten Betriebsmittel und Arbeitsplätze möglicherweise bereits mit anderen Fertigungsaufträgen belegt sind und nicht sofort zur Verfügung stehen. Die Belastungsübersicht für die als Nächstes zu planende 22. Kalenderwoche weist für die zur Fertigung der Trinkflaschen notwendigen Arbeitsplätze folgende Größen aus. Außerdem liegt folgender Arbeitsplan für die Fertigung der Trinkflaschen vor.

Kapazitätsbelastungsübersicht 22. Betriebskalenderwoche (Ausschnitt)

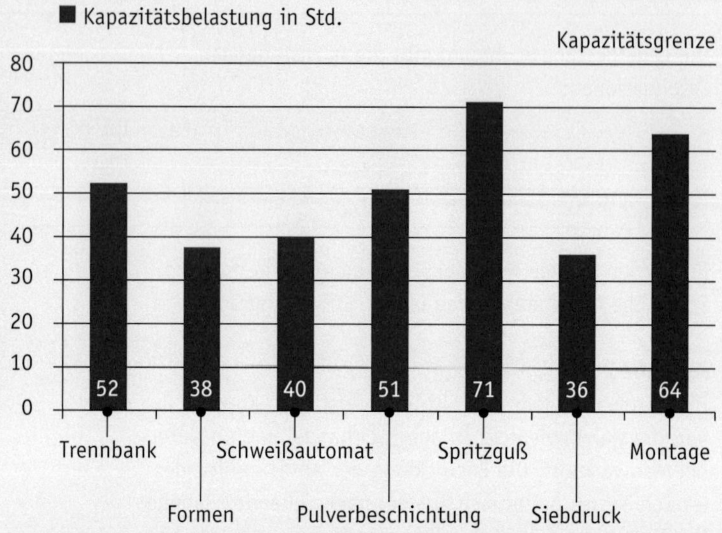

Arbeitsplan A 474						KWK AG
Teil-Nr. 2.110 Trinkflasche Motiv Fly Bikes						**Losgröße: 5000**
AVG	Arbeitsvorgangstext	Arbeitsplatz	Rüstzeit (Min.)	Stückzeit (Min.)	Bearbeitungszeit (Min.)	Lohngruppe
010	Flaschenkorpus spritzgießen*	Spritzgussautomat	50	0,20	1.050	III
020	Flaschendeckel spritzgießen*	Spritzgussautomat	50	0,14	750	III
030	Mundstück für Flaschendeckel spritzgießen*	Spritzgussautomat	50	0,08	450	III
040	Flaschenkorpus mit Dekor bedrucken	Siebdruck	100	0,25	1.350	III
050	Trinkflasche montieren	Montageplatz	50	0,11	600	III

* Die Reihenfolge der ersten drei Arbeitsvorgänge ist grundsätzlich beliebig.

Arbeitsaufträge

1 Prüfen Sie, ob in der 22. Planungswoche hinreichende Kapazitäten für die Fertigung der Trinkflasche Motiv „Fly Bikes" zur Verfügung stehen. Nutzen Sie dazu die im Arbeitsplan A 474 hinterlegten Bearbeitungszeiten. Achten Sie bei Ihren Berechnungen auf die unterschiedlichen Zeiteinheiten.

2 Angenommen, die vorhandenen Kapazitäten würden nicht für alle Arbeitsgänge ausreichen. Welche Möglichkeiten bestehen, die Trinkflaschen trotzdem in der kommenden Woche fertigzustellen?

Folgesituation: Maschinenbelegung

Sofern die Kapazitätsplanung hinreichende Kapazitäten ergeben hat, kann die zeitliche Grobplanung durch eine terminliche Feinplanung, die Maschinenbelegung, ergänzt werden. Hierzu bedient man sich der Balkendiagrammtechnik. Man spricht in diesem Zusammenhang vom „Einlasten eines Auftrages", wenn die vorhandenen Maschinen mit neuen Fertigungsaufträgen belegt werden. Die Fertigung der Flaschenhalterungen soll als Fertigungsauftrag FA 470, die Fertigung der Trinkflaschen als Fertigungsauftrag FA 474 zur Ausführung kommen. Zu berücksichtigen sind die Vorgaben aus den Arbeitsplänen auf dieser und der vorangehenden Seite.

Arbeitsplan A 470						**KWK AG**
Teil-Nr. 2.111 Flaschenhalterung, Alu, schwarz						**Losgröße: 5000**
AVG	Arbeitsvorgangstext	Arbeitsplatz	Rüstzeit (Min.)	Stückzeit (Min.)	Bearbeitungszeit (Min.)	Lohngruppe
010	Aludraht auf 650 mm ablängen und entgraten	Trennbank	100	0,05	600*	IV
020	Aludraht gem. Teilezeichnung in Form biegen	Formen	100	0,05	600*	III
030	Naht schweißen und zwei Bügel mit Montagefuß verschweißen	Schweißautomat	100	0,16	900	IV
040	Flaschenhalterung pulverbeschichten	Pulverbeschichtung	50	0,08	450	III

* Die Stückzahl je Aludraht ist mit der Stückzahl 10.000 zu multiplizieren, da je Halterung zwei Bügel abzulängen sind.

Arbeitsaufträge

1 Nehmen Sie eine Einlastung der Fertigungsaufträge FA 470 und FA 474 in den nachstehend abgebildeten Maschinenbelegungsplan vor. Starten Sie zum frühesten Zeitpunkt und bestimmen Sie den frühesten Liefertermin. Beachten Sie, dass ein Kästchen 2,5 Stunden abbildet. (Hinweis: Durch Verschieben von weniger dringlichen Aufträgen wurden hinreichende Kapazitäten im Engpass Spritzgießen geschaffen.)

<table>
<tr><th rowspan="2">Arbeitsplatz</th><th colspan="32">22. Betriebskalenderwoche: Belegzeiten (in Stunden)</th></tr>
<tr><th colspan="4">10</th><th colspan="4">20</th><th colspan="4">30</th><th colspan="4">40</th><th colspan="4">50</th><th colspan="4">60</th><th colspan="4">70</th><th colspan="4">80</th></tr>
<tr><td>Trennbank</td><td></td><td></td><td></td><td></td><td></td><td></td><td></td><td></td><td></td><td></td><td></td><td></td><td colspan="10">FA 402</td><td colspan="10">FA 465</td></tr>
<tr><td>Formen</td><td></td><td></td><td></td><td></td><td></td><td></td><td></td><td></td><td></td><td></td><td></td><td></td><td></td><td></td><td></td><td></td><td colspan="16">FA 430</td></tr>
<tr><td>Schweißautomat</td><td></td><td></td><td></td><td></td><td></td><td></td><td colspan="5">FA 466</td><td></td><td></td><td></td><td></td><td></td><td></td><td></td><td></td><td></td><td colspan="12">FA 402</td></tr>
<tr><td>Pulverbeschicht.</td><td colspan="8">FA 418</td><td colspan="8">FA 424</td><td></td><td></td><td></td><td></td><td></td><td></td><td></td><td></td><td></td><td></td><td></td><td></td><td></td><td></td><td></td><td></td></tr>
<tr><td>Spritzgussautomat</td><td></td><td></td><td></td><td></td><td></td><td></td><td></td><td></td><td></td><td></td><td></td><td></td><td></td><td></td><td></td><td></td><td colspan="10">FA 467</td><td colspan="6">FA 459</td></tr>
<tr><td>Siebdruck</td><td colspan="10">FA 408</td><td></td><td></td><td></td><td></td><td></td><td></td><td></td><td></td><td></td><td></td><td></td><td></td><td></td><td></td><td colspan="4">FA 419</td><td></td><td></td><td></td><td></td></tr>
<tr><td>Montage</td><td colspan="16">FA 448</td><td colspan="10">FA 467</td><td></td><td></td><td></td><td></td><td></td><td></td></tr>
</table>

FA 402 = bereits eingelasteter Fertigungsauftrag (z. B. FA 402)

2 Planen Sie nun die Fertigungsaufträge FA 470 und FA 474 rückwärtsterminiert ein. D.h., ausgehend von einem bestimmten Endtermin wird der späteste Starttermin berechnet. Alle Arbeitsgänge sollen bis zum Ende der 22. Betriebskalenderwoche abgeschlossen sein.

<table>
<tr><th rowspan="2">Arbeitsplatz</th><th colspan="32">22. Betriebskalenderwoche: Belegzeiten (in Stunden)</th></tr>
<tr><th colspan="4">10</th><th colspan="4">20</th><th colspan="4">30</th><th colspan="4">40</th><th colspan="4">50</th><th colspan="4">60</th><th colspan="4">70</th><th colspan="4">80</th></tr>
<tr><td>Trennbank</td><td></td><td></td><td></td><td></td><td></td><td></td><td></td><td></td><td></td><td></td><td></td><td></td><td colspan="10">FA 402</td><td colspan="10">FA 465</td></tr>
<tr><td>Formen</td><td></td><td></td><td></td><td></td><td></td><td></td><td></td><td></td><td></td><td></td><td></td><td></td><td></td><td></td><td></td><td></td><td colspan="16">FA 430</td></tr>
<tr><td>Schweißautomat</td><td></td><td></td><td></td><td></td><td></td><td></td><td colspan="5">FA 466</td><td></td><td></td><td></td><td></td><td></td><td></td><td></td><td></td><td></td><td colspan="12">FA 402</td></tr>
<tr><td>Pulverbeschicht.</td><td colspan="8">FA 418</td><td colspan="8">FA 424</td><td></td><td></td><td></td><td></td><td></td><td></td><td></td><td></td><td></td><td></td><td></td><td></td><td></td><td></td><td></td><td></td></tr>
<tr><td>Spritzgussautomat</td><td></td><td></td><td></td><td></td><td></td><td></td><td></td><td></td><td></td><td></td><td></td><td></td><td></td><td></td><td></td><td></td><td colspan="10">FA 467</td><td colspan="6">FA 459</td></tr>
<tr><td>Siebdruck</td><td colspan="10">FA 408</td><td></td><td></td><td></td><td></td><td></td><td></td><td></td><td></td><td></td><td></td><td></td><td></td><td></td><td></td><td colspan="4">FA 419</td><td></td><td></td><td></td><td></td></tr>
<tr><td>Montage</td><td colspan="16">FA 448</td><td colspan="10">FA 467</td><td></td><td></td><td></td><td></td><td></td><td></td></tr>
</table>

FA 402 = bereits eingelasteter Fertigungsauftrag (z. B. FA 402)

Aufgaben

Aufgabe 1

Einem Hersteller von Kunststoffrohren liegen für das erste Quartal eines Jahres folgende Kundenaufträge vor:

Kunde	Rohrdurchmesser (mm)	Menge (lfd. Meter)	Liefertermin
A	220	50.000	01.03. d.J.
B	300	10.500	15.03. d.J.
C	280	28.000	15.02. d.J.
D	220	10.000	20.02. d.J.
E	300	25.500	01.04. d.J.
F	280	47.000	01.02. d.J.

a Fassen Sie diese externen Kundenaufträge zu drei internen Fertigungsaufträgen (FA 01 bis 03) zusammen. Berücksichtigen Sie dabei die nachstehenden Fertigungszeiten je lfd. Meter. (Rüstzeiten bleiben unberücksichtigt.)

Fertigungsaufträge

Auftrags-Nr.	Rohrdurchmesser (mm)	Menge (lfd. Meter)	Auftragszeit (Stunden)
FA 01			
FA 02			
FA 03			

Fertigungszeiten

Rohrdurchmesser (mm)	Minuten pro lfd. Meter
220–230	0,2
240–250	0,25
260–270	0,3
280–290	0,4
300–320	0,5

b Aus welchen Gründen werden externe Kundenaufträge zu internen Fertigungsaufträgen zusammengefasst?

c Auf der für die Ausführung der drei Fertigungsaufträge vorgesehenen Extrudiermaschine EM8 stehen pro Monat 500 Stunden zur Verfügung. Belegen Sie vorwärtsterminiert die Maschine EM8. Beachten Sie dabei die gewünschten Liefertermine.

Monat	Januar					Februar					März				
Maschinenstunden	100	200	300	400	500	100	200	300	400	500	100	200	300	400	500
FA 01															
FA 02															
FA 03															

Aufgabe 2
In einem Industriebetrieb ist für die nachfolgenden Aufträge FA 01 bis FA 04 eine Maschinenbelegung auf den Maschinen M 01 bis M 03 durchzuführen. Die Reihenfolge der Bearbeitung auf den einzelnen Maschinen und die einzelnen Ausführungszeiten sind wie folgt:

Aufträge	Arbeitsgangfolge auf den Maschinen und Ausführungszeiten (in Std.)		
FA 01	M 01 25 Std.	M 03 5 Std.	M 02 15 Std.
FA 02	M 02 30 Std.	M 01 15 Std.	M 03 10 Std.
FA 03	M 03 25 Std.	M 02 20 Std.	M 01 10 Std.
FA 04	M 03 10 Std.	M 01 25 Std.	M 02 5 Std.

In der betreffenden Planungswoche stehen pro Maschine jeweils 80 Maschinenstunden zur Verfügung.

Führen Sie sowohl vorwärts- als auch rückwärtsterminiert eine optimale – d. h. Leerzeiten nach Möglichkeit vermeidende und die Durchlaufzeiten minimierende – Maschinenbelegung durch. (Überlappungen der zu einem Auftrag gehörenden Arbeitsgänge sollen vermieden werden.)

a Vorwärtsterminierte Maschinenbelegung:

Maschine/Stunde	5	10	15	20	25	30	35	40	45	50	55	60	65	70	75	80
M 01																
M 02																
M 03																

b Rückwärtsterminierte Maschinenbelegung:

Maschine/Stunde	5	10	15	20	25	30	35	40	45	50	55	60	65	70	75	80
M 01																
M 02																
M 03																

c Beurteilen Sie die von Ihnen gefundenen Lösungen im Hinblick auf die Ausnutzung der vorhandenen Kapazitäten.

Aufgabe 3
Ein Industriebetrieb benötigt für die Fertigung seines Produktes P die zugekauften Bauteile A, B und C. Beurteilen Sie, wie sich die Bestände des Produktes P und die Bestände der Zukaufteile A bis C verändern, wenn

a ein Kundenauftrag in einen Fertigungsauftrag für Produkt P umgewandelt wird,
b der Fertigungsauftrag zur Ausführung freigegeben wird,
c der Fertigungsauftrag abgeschlossen und fertiggemeldet wird.

Tragen Sie Ihre Überlegungen in die nachstehende Tabelle ein.

Teilschritte	Verfügbare Bestände A–C	Effektive Bestände A–C	Verfügbare Bestände P	Effektive Bestände P
Auftragsumwandlung				
Auftragsfreigabe zur Durchführung				
Auftragsabschluss/ Fertigmeldung				

Lernsituation 37

Wissen ☑ Fertigkeiten ☑ Sozialkompetenz ☐ Selbstständigkeit ☑

SB ▸ Seite 222 ff. | Handlungsfeld 3, Kap. 5

Industrielle Fertigungsverfahren

Situation

Der größte Teil der Produktionsanlagen ist bei den Fly Bike Werken räumlich nach dem Prinzip der Fließfertigung organisiert. Hier werden die City-, Trekking- und Kinderräder sowie die Mountainbikes in Serien mittlerer Größe hergestellt. Die Mitarbeiter fertigen dabei die Rahmen und Radgabeln selbst und komplettieren sie mit den fremdbezogenen Komponentengruppen (Schaltung, Bremsen, Antrieb usw.) zu versandfertigen Fahrrädern.
Für die Produktion von hochpreisigen Profi-Rennrädern, die auf die sehr individuellen Bedürfnisse der Käufer abgestimmt sind und die nur auf Bestellung angefertigt werden (Einzelfertigung), ist zudem ein kleinerer Bereich als Werkstattfertigung organisiert.

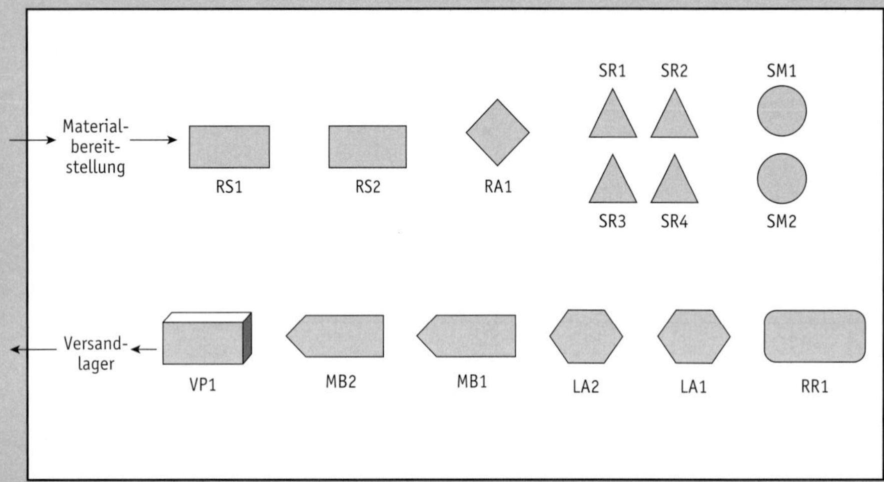

Fließfertigung der Fly Bike Werke (schematische Darstellung)

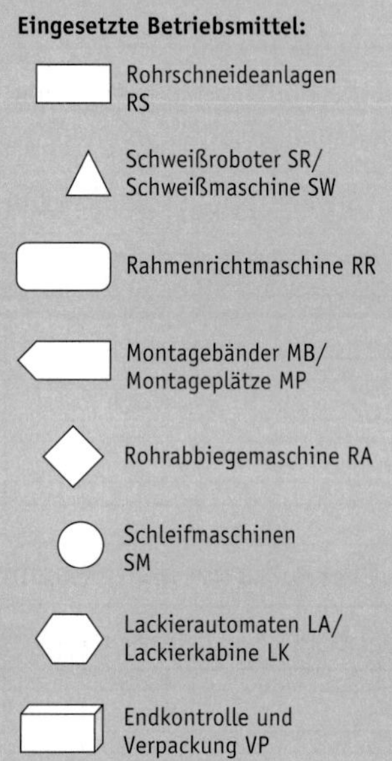

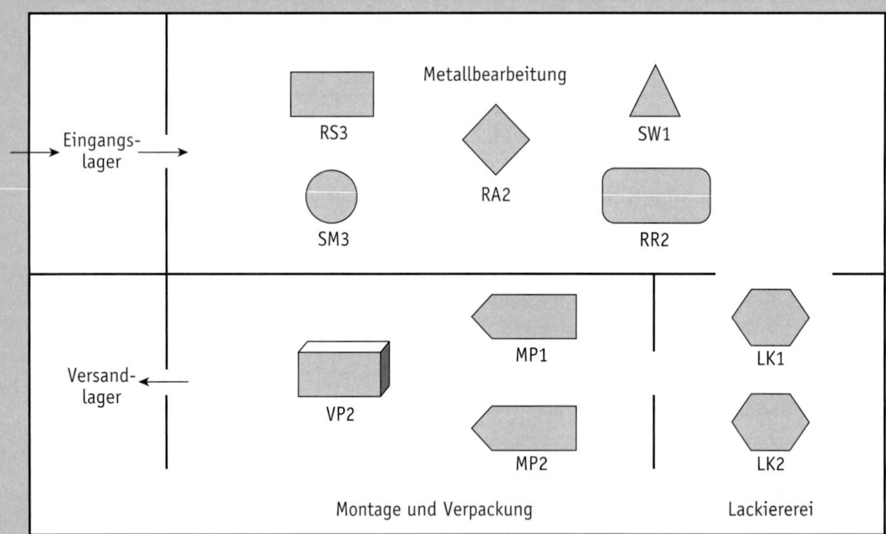

Werkstattfertigung der Fly Bike Werke (schematische Darstellung)

Arbeitsaufträge

1 Komplettieren Sie die schematische Darstellung der Fließfertigung, indem Sie den Materialfluss (Weg der Werkstücke von einem Betriebsmittel zum nächsten) mit Pfeilen einzeichnen. Orientieren Sie sich dabei an der Arbeitsvorgangsliste für das City-Rad Glide (Art.-Nr. 101) auf der nächsten Seite.

2 Vervollständigen Sie auch die Darstellung der Werkstattfertigung am Beispiel der nachstehenden Arbeitsvorgangsliste für das Rennrad Superfast (Art.-Nr. 402).

Arbeitsvorgangsliste Art.-Nr. 101 City-Rad Glide		
Vorgangsnr.	**Vorgangsbeschreibung**	**Betriebsmittel**
10	Stahlrohr für Rahmen und Radgabel grob ablängen	RS1
20	Stahlrohr für Rahmen und Radgabel fein ablängen	RS2
30	Stahlrohr in Form biegen	RA1
40	Rahmen schweißen	SR1, SR2
50	Radgabel schweißen	SR3, SR4
60	Schweißnähte an Rahmen glätten	SM1
70	Schweißnähte an Radgabel glätten	SM2
80	Rahmen und Gabel richten	RR1
90	Rahmen und Gabel grundlackieren	LA1
100	Rahmen und Gabel decklackieren	LA2
110	Rahmen dekorieren; Rahmen, Gabel, Antrieb, Räder, Schaltung und Lenkung montieren	MB1
120	Vormontiertes Rad mit Gepäckträger, Bremsen, Sattel und Beleuchtung komplettieren	MB2
130	Funktionsprüfung und Verpackung	VP1

Arbeitsvorgangsliste Art.-Nr. 402 Rennrad Superfast		
Vorgangsnr.	**Vorgangsbeschreibung**	**Betriebsmittel**
10	Alurohr für Rahmen ablängen	RS3
20	Alurohr für Rahmen entgraten	SM3
30	Alurohr für Rahmen in Form biegen	RA2
40	Rahmen schweißen	SW1
50	Schweißnähte an Rahmen glätten	SM3
60	Rahmen richten	RR2
70	Alurohr für Radgabel ablängen	RS3
80	Alurohr für Radgabel entgraten	SM3
90	Alurohr für Radgabel in Form biegen	RA2
100	Radgabel schweißen	SW1
110	Schweißnähte an Radgabel glätten	SM3
120	Radgabel richten	RR2
130	Rahmen und Gabel grundlackieren	LK1
140	Rahmen und Gabel decklackieren	LK2
150	Rahmen und Gabel effektlackieren	LK1
160	Rahmen dekorieren, Rahmen, Gabel, Antrieb, Räder, Schaltung und Lenkung montieren	MP1
170	Vormontiertes Rad mit Bremsen und Sattel komplettieren	MP2
180	Funktionsprüfung und Verpackung	VP2

Arbeitsblatt 37.1 | Werkstatt- und Fließfertigung vergleichen

Erarbeiten Sie die wesentlichen Kennzeichen der Werkstatt- und der Fließfertigung. Tragen Sie Ihre Arbeitsergebnisse in die folgende Tabelle ein:

Merkmale	Werkstattfertigung	Fließfertigung
Räumliche Anordnung der Maschinen und Arbeitsplätze		
Weg der Werkstücke (Materialfluss)		
Durchlaufzeiten der Produkte		
Organisationsaufwand		
Breite und Tiefe des Produktionsprogramms		
Einsatz von Facharbeitern und Angelernten/Höhe der Lohnkosten pro Mitarbeiter		
Lagerbestände/Kapitalbindung im Umlaufvermögen		
Herstellkosten pro Stück		
Flexibilität bei Marktänderungen		
Typische Industriebranchen für diesen Organisationstyp		

Arbeitsblatt 37.2 | Fertigungsorganisation bei den Fly Bike Werken

Der Produktionsleiter der Fly Bike Werke, Dipl.-Ing. Rother, stellt grundsätzliche Überlegungen zur Fertigungsorganisation an. Ihn beschäftigt die Frage, ob es zweckmäßig ist, zwei so verschiedene Organisationsformen wie die Fließ- und Werkstattfertigung nebeneinander zu betreiben. Er bittet Sie, ihn bei der Beantwortung seiner Fragen zu unterstützen.

1 Sollten die Fly Bike Werke einen der beiden Organisationstypen ihrer Fertigung zugunsten des anderen aufgeben? Begründen Sie Ihre Einschätzung ausführlich.

2 Herr Rother hatte kürzlich in einer ingenieurtechnischen Fachzeitschrift einen euphorischen Artikel über die Vorzüge der Gruppenfertigung gelesen. Leider wurden betriebswirtschaftliche Aspekte in dem Artikel kaum behandelt. Er bittet Sie daher, ihm auch hier mit Ihrem kaufmännischen Sachverstand behilflich zu sein. Informieren Sie sich über das Konzept der Gruppenfertigung. Stellen Sie dann die wesentlichen Kennzeichen und betriebswirtschaftlichen Vorteile der Gruppenfertigung gegenüber der Werkstatt- und der Fließfertigung in Stichworten heraus.

3 Könnte das Konzept der Gruppenfertigung für die Fly Bike Werke ein brauchbarer Kompromiss zwischen Werkstatt und Fließfertigung sein? Begründen Sie Ihre Einschätzung und weisen Sie dabei auch auf mögliche Risiken hin.

4 Wie könnte eine am Konzept der Gruppenfertigung orientierte Produktion bei den Fly Bike Werken aussehen? Orientieren Sie sich an den vorstehenden Skizzen und am Schülerbuch und fertigen Sie eine entsprechende Layout-Skizze an. Nutzen Sie dazu den nachfolgenden Vordruck.

Eingesetzte Betriebsmittel:

- Rohrschneideanlagen RS1 und RS2
- Rohrabbiegemaschine RA1
- Schweißroboter SR1 bis SR4
- Schleifmaschinen SM1 und SM2
- Rahmenrichtmaschine RR1
- Lackierautomaten LA1 und LA2
- Montagebänder MB1 und MB2
- Endkontrolle und Verpackung VP1
- → Materialfluss (Weg der Werkstücke)

Arbeitsblatt 37.3 | Optimale Losgröße

Die KWK AG fertigt Trinkflaschen und Halterungen, die die Fly Bike Werke als Fremdbauteile für ihre Trekkingräder beziehen. Bei der KWK sind die konkreten Fertigungsmengen (Losgrößen) für die Flaschenhalterungen festzulegen. Hierfür finden sowohl konkret vorliegende Kundenaufträge als auch Schätzungen zukünftiger, am Markt noch zu realisierender Absatzmengen Berücksichtigung.

Die Arbeitsvorbereitung der KWK hatte die Losgröße in Höhe der konkreten Kundenbestellung festgelegt, um unnötige Lagerkosten für zu viel gefertigte Produkte zu vermeiden. Die Fly Bike Werke hatten 5.000 Stück bestellt. Nun soll überprüft werden, ob die Losgröße von 5.000 Stück wirtschaftlich sinnvoll ist. Sollten nachträgliche Kundenaufträge eingehen, würden Kosten der Umrüstung der Maschinen anfallen, um weitere Halterungen fertigen zu können. Diese kalkulatorischen Kosten für das Umrüsten belaufen sich auf insgesamt 500,00 € je Los.

Die Marketingabteilung geht davon aus, dass in den nächsten 12 Monaten 80.000 Stück der Trinkflaschenhalterungen an verschiedene Kunden verkauft werden können. Bis zu ihrer Auslieferung an die Abnehmer lagern die Flaschenhalterungen bei der KWK, was Lagerkosten verursacht. Der Einfachheit halber soll ein gleichmäßiger Lagerabgang unterstellt werden. Die kalkulatorischen Lagerkosten werden mit 0,05 € je Stück des durchschnittlichen Lagerbestandes angesetzt.

1 Überlegen Sie zunächst, wie der durchschnittliche Lagerbestand und die Anzahl der Umrüstungen von der gewählten Losgröße abhängen.
2 Berechnen Sie mithilfe der nachstehenden Tabelle die Lagerkosten, die Umrüstkosten und die Gesamtkosten der verschiedenen Planungsalternativen. Welche Losgröße ist unter Kostengesichtspunkten optimal?

Bestimmung der optimalen Losgröße					
Anzahl der Fertigungslose	Losgröße	Durchschn. Lagerbestand	Lagerkosten gesamt in €	Rüstkosten gesamt in €	Gesamtkosten in €
1					
2					
3					
4					
5					

3 Stellen Sie die Entwicklung der Lagerkosten, der Rüstkosten und der Gesamtkosten in Abhängigkeit von der Losgröße auf einem separaten Blatt in einer Grafik dar. Wo lässt sich die optimale Losgröße in Ihrer Grafik ablesen?
4 Beschreiben Sie mit Ihren Worten den grundsätzlichen Zusammenhang der Lagerkosten, der Umrüstkosten und der Gesamtkosten in Abhängigkeit von der Losgröße.
5 Erläutern Sie denkbare betriebliche Gründe, bewusst von der kostenminimalen Losgröße abzuweichen.

Aufgaben

Aufgabe 1
Die Fließfertigung ist heute der weitaus häufigste Organisationstyp industrieller Fertigung. Innerhalb der Fließfertigung haben sich daher verschiedene (Unter-)Arten herausgebildet. Ergänzen Sie hierzu den nachstehenden Text. Verwenden Sie die folgenden Begriffe:

Straßen- oder Linienfertigung, sonstige Fördermittel, in dauernder Folge, Fließbandfertigung, gering, Taktzeit, „Bandabriss", Zwischenläger, Massen- oder Großserienfertigung, Zwangslauffertigung, Fluss- oder Objektprinzip, Zeitzwang, Stückkosten

Für die Fließfertigung ist charakteristisch, dass die Betriebsmittel und Arbeitsplätze nach dem ____________________ ____________________ (also dem Ablauf der einzelnen Produktionsschritte) angeordnet sind. Der Arbeitsablauf ist so festgelegt, dass die zu bearbeitenden Werkstücke die einzelnen Maschinen und Arbeitsplätze ____________________ ____________ durchlaufen. Daher spricht man auch von ____________________________________. Im Gegensatz zur Werkstattfertigung gibt es keine Rücktransporte der Werkstücke, die Durchlaufzeiten sind dementsprechend ____________________________. Erfolgt der Transport der herzustellenden Produkte zwischen den straßenartig aufgestellten Maschinen und Arbeitsplätzen ohne __________________________, so liegt eine besondere Form der Fließfertigung vor, die Reihenfertigung. Die Weitergabe der Werkstücke von Arbeitsplatz zu Arbeitsplatz geschieht hier von Hand oder durch ____________________________________, z. B. Rollenbahnen oder Handwagen. An den einzelnen Arbeitsplätzen werden häufig ______________________________ als Vorratspuffer eingerichtet, bevor die Teile zum nachfolgenden Arbeitsplatz weitergereicht werden.

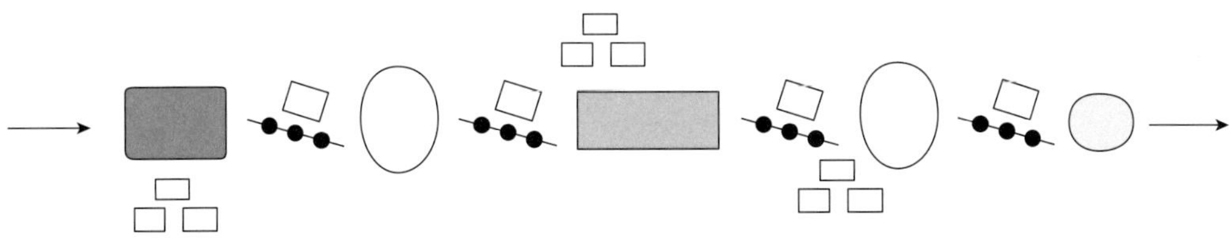

Transport der Werkstücke über Rollenbahnen

Bei der Produktion bestimmter Güter, z. B. Bier, Stahlblech oder Papier, darf der Fertigungsprozess aus technischen Gründen nicht unterbrochen werden und erzwingt so eine Anordnung der Betriebsmittel nach dem Flussprinzip. Hier spricht man von ____________________________ oder naturbedingter Fließfertigung. Der Amerikaner Henry Ford (1863–1947) gilt als Erfinder der __________________________________, die auch als „organisierte" Fließfertigung bezeichnet wird. Bei diesem Organisationstyp werden die Arbeitsplätze und Betriebsmittel durch mechanische Fördermittel, z. B. Fließbänder, miteinander verbunden. Dazu müssen alle Arbeitsschritte zeitlich exakt aufeinander abgestimmt werden: Alle Arbeitsplätze erhalten eine einheitliche Zeitvorgabe, die so genannte ____________________________. Innerhalb dieser vorgegebenen Zeit führen die Bandarbeiter in ständiger Folge die gleichen, auf relativ wenige Handgriffe beschränkten Arbeitsschritte aus. Eine Zwischenlagerung der Werkstücke entfällt.

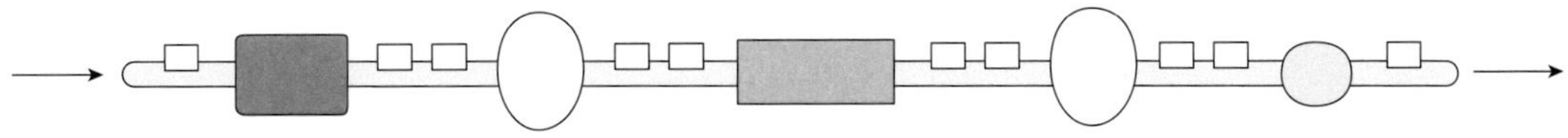

Transport mittels Fließband

Fortsetzung nächste Seite ►

Die Fließbandfertigung erlaubt durch ihren hohen Grad an Standardisierung und den Einsatz von spezialisierten Betriebsmitteln die Produktion von industriellen Gütern zu minimalen ____________________. Der Ausfall eines Betriebsmittels bzw. einer Arbeitsstation führt jedoch fast augenblicklich zum Stillstand der gesamten Produktion, dem gefürchteten ____________________. Die Fließbandfertigung eignet sich daher nur für Betriebe mit ____________________.

Aufgabe 2

Industriebetriebe lassen sich auch danach unterscheiden, wie oft ein und derselbe Fertigungsvorgang unverändert wiederholt wird, wie groß also die Menge der in einem Los hergestellten Produkte ist. Dies kann von der einmaligen Fertigung eines ganz besonderen Kundenwunsches bis zur millionenfach gefertigten Massenware reichen. Entsprechend lassen sich so genannte Produktionstypen der Fertigung (kurz: Fertigungstypen) bilden. Man unterscheidet:

- Fertigungstypen
  - Einzelfertigung
  - Mehrfachfertigung
    - Massenfertigung
    - Serienfertigung
    - Sortenfertigung
    - Chargenfertigung

Ordnen Sie die folgenden Beispiele zu.

a Automobilbau
b Schokoladenherstellung
c Spezialmaschinenbau
d PC-Herstellung
e Brückenbau
f Kaffeerösterei
g Stahlerzeugung
h Kupferbergwerk
i Raumfahrttechnik (Satelliten)
j Sektkellerei
k Arzneimittelindustrie
l Schiffsbau (Luxusliner)
m Unterhaltungselektronik
n Oberbekleidungsfabriken
o Gas- und Wasserwerke
p Schafswollweberei
q Kraftwerksbau
r Ihr Ausbildungsbetrieb

Aufgabe 3

Welche Aussagen treffen auf die Fließfertigung zu? Tragen Sie in die Kästchen eine

1 ein, wenn die Aussage zutrifft,
9 ein, wenn die Aussage nicht zutrifft.

☐ Der Anteil der Abschreibungen an den Produktionskosten ist relativ hoch.
☐ Die Fließfertigung eignet sich insbesondere für die Fertigung kleiner Losgrößen.
☐ Die Herstellkosten pro Stück nehmen bei rückläufiger Kapazitätsauslastung stark zu.
☐ Der Fertigungsprozess ist unübersichtlich und schwierig zu kontrollieren.
☐ Es werden überwiegend Facharbeiter eingesetzt.
☐ Die eingesetzten Betriebsmittel sind meist für spezielle Arbeitsvorgänge konstruiert.

Aufgabe 4

Im Folgenden sind Organisationstypen und Produktionstypen der Fertigung (Fertigungstypen) genannt. Tragen Sie in die Kästchen eine

1 für Organisationstypen,
9 für Produktionstypen (Fertigungstypen) ein.

☐ Einzelfertigung
☐ Gruppenfertigung
☐ Massenfertigung
☐ Serienfertigung
☐ Reihenfertigung
☐ Fließbandfertigung
☐ Sortenfertigung
☐ Werkstattfertigung
☐ Linienfertigung
☐ Chargenfertigung

SB ▸ Seite 236 ff. | Handlungsfeld 3, Kap. 6.1

Qualitätsmanagement

Situation

Rückruf für Pegasus- und ZEG-Elektrofahrräder: Risiko Rahmenbruch

Die Zweirad Einkaufs-Genossenschaft eG (ZEG) ruft knapp 11000 Elektrofahrräder („Pedelecs") zurück, nachdem an zwei Fahrrädern der nur aus einem Rohr bestehende Rahmen brach. test.de informiert: Betroffen sind folgende Modelle: Electra 1 und 2; E-Bike Li-Tec 1, E-Swing und E-Bike 1 und 2. Besitzer solcher Fahrräder sollen ihren Händler aufsuchen. Dieser montiert alle Komponenten an einen neuen Rahmen. Nach ZEG-Darstellung haben die meisten Händler die Adressen der Käufer und werden sich unverzüglich auch direkt an sie wenden. Unklar bleibt, wie hoch das Risiko ist. Laut ZEG sind bisher zwei Fälle bekannt. Beide Rahmen brachen an unterschiedlichen Stellen. Zum Glück kam in beiden Fällen niemand zu Schaden. (...)

Höheres Risiko durch höheres Gewicht

(...) Durch das höhere Tempo, das Zusatzgewicht von Motor und Akku sowie die entsprechend exponentiell höheren Kräfte beim Bremsen unterliegen Elektrofahrräder sehr viel größeren Belastungen als herkömmliche Fahrräder und müssen entsprechend stabil konstruiert sein. Sachverständige hatten bei den Herstellern gründliche Stabilitätsprüfungen angemahnt.

Schadenersatz und Schmerzensgeld

Wer wegen des Rahmenbruchs an einem nicht ausreichend stabilen Elektrofahrrad stürzt und sich verletzt, kann vom Hersteller Schadenersatz und ein angemessenes Schmerzensgeld verlangen. Ein Verschulden muss er ihm nicht nachweisen. Feststehen muss nur, dass ein Produktfehler Ursache für die Verletzung war. (...)

Quelle: https://www.test.de/themen/freizeit-reise/meldung/Rueckruf-fuer-Pegasus-und-ZEG-Elektrofahrraeder-Risiko-Rahmenbruch-4116262-4116267/, Rückruf vom 16. 7. 2010

Fehlerentstehung und -behebung im Produktlebenslauf

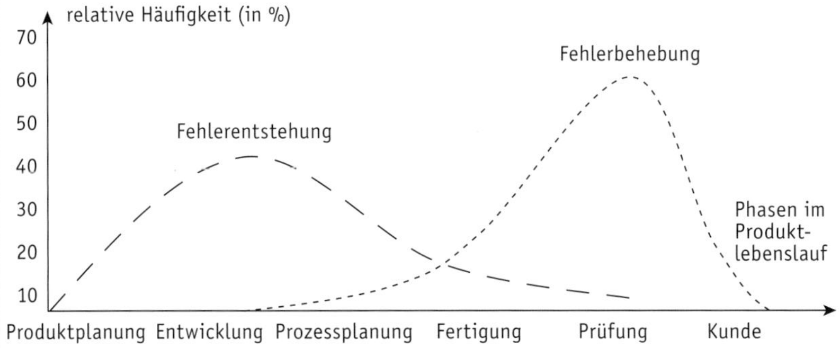

„Zehnerregel der Fehlerkosten"

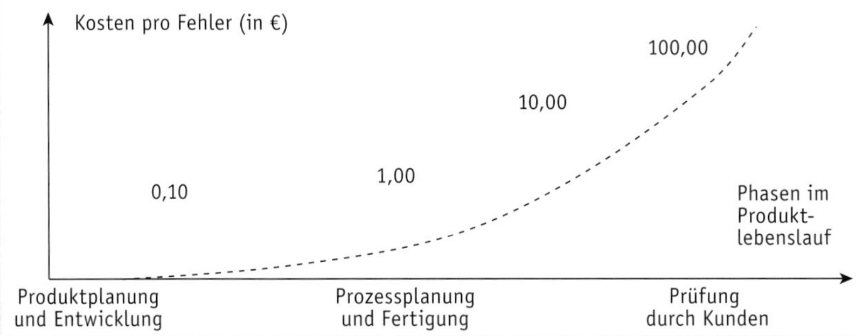

Arbeitsaufträge

1 Wie unterscheidet sich ein technisches Qualitätsverständnis von einem kaufmännischen? Welche Anforderungen stellen Endverbraucher und Händler an die Qualität langlebiger Gebrauchsgüter wie z. B. Fahrräder?

2 Welche Risiken gehen industrielle Hersteller ein, wenn sie Produkte mit Qualitätsmängeln ausliefern?

3 Welche Ursachen können Qualitätsmängel bei industriell gefertigten Produkten haben? Sortieren Sie die Ursachen nach solchen, die bei den eingesetzten Produktionsfaktoren (Personal, Betriebsmittel, Werkstoffe) zu suchen sind, und nach Mängeln, die prozessbezogene Ursachen haben.

4 Schlagen Sie zu jeder von Ihnen genannten Ursache eine konkrete Maßnahme zu deren Vermeidung vor.

5 Analysieren Sie die oben stehenden Grafiken, die in der Automobilindustrie gewonnene Erkenntnisse zur Qualitätssicherung darstellen. Welche Schlüsse für die Qualitätssicherung in Industriebetrieben lassen sich aus diesen Erkenntnissen ziehen?

Aufgaben

Aufgabe 1

Die YOCKO GmbH stellt Nieten, Knöpfe und Reißverschlüsse für die Bekleidungsindustrie her. Die Mitarbeiter der Qualitätssicherung der YOCKO GmbH bestimmen bei ihrer Qualitätskontrolle der Jeansknöpfe u. a. die Abweichung vom Soll-Durchmesser. Dabei gilt eine Abweichung von bis zu 50 Mikrometern (µm) als hinnehmbar. (Anm.: 1 µm = 1/1000 mm)

Die Qualitätskontrolle während der Frühschicht am vergangenen Montag ergab folgende Messwerte:

QS-Messprotokoll
Teil-Nr.: 0979.987 — Datum: 22.08.20XX
Soll-Durchmesser: 16,00 mm — Toleranzgrenze: 50 µm

Uhrzeit	07:30	08:00	08:30	09:00	09:30	10:00	10:30	11:00	11:30	12:00
Stichproben-Nr.	1	2	3	4	5	6	7	8	9	10
Durchschn. Abweichung (in µm)	58	51	47	42	39	38	39	43	47	53

a Formulieren Sie Mutmaßungen über die Gründe für diesen Verlauf der Messwerte.

b Bei welchem Messwert hätte man spätestens in den Produktionsprozess eingreifen müssen, wenn man 20 % unterhalb der Toleranzgrenze eine zusätzliche Warngrenze definiert hätte?

Aufgabe 2

Bringen Sie die folgenden Teilschritte bei der Einführung eines Qualitätsmanagementsystems nach DIN EN ISO 9001 in eine sinnvolle Reihenfolge.

- ☐ Es werden nur solche Lieferanten zugelassen, die die unternehmenseigenen Qualitätsanforderungen erfüllen.
- ☐ Es wird ein Qualitätshandbuch erstellt, das die Erfüllung aller Qualitätsanforderungen gewährleisten soll.
- ☐ Alle Erzeugnisse werden so gekennzeichnet, dass ihre spätere Rückverfolgung jederzeit möglich ist.
- ☐ Der Prüfzustand der Produkte wird durch entsprechende Kennzeichnungen (z. B. Sperr- oder Freigabezettel) dokumentiert.
- ☐ Alle Produktions- und Montageschritte werden nach den anzuwendenden Normen geplant.
- ☐ Die Unternehmensleitung definiert ihre Qualitätsziele und stellt sicher, dass dieses Qualitätsverständnis von allen Mitarbeitern verstanden wird.
- ☐ Eingangs-, Zwischen- und Endprüfungen belegen die Erfüllung der gesetzten Qualitätsanforderungen.
- ☐ Das Erreichen der gesetzten Qualitätsziele wird regelmäßig erfasst und dokumentiert.
- ☐ Alle eingehenden Materialien sind eindeutig und nach einem einheitlichen Standard zu kennzeichnen.
- ☐ Die Unternehmensleitung benennt einen Qualitätsbeauftragten, der die Umsetzung aller Normen sicherstellt.
- ☐ Es werden Anweisungen für das Archivieren und die Pflege von Qualitätsaufzeichnungen definiert.
- ☐ Fehlerhafte Produkte werden unverzüglich ausgesondert und deren versehentliche Weiterverarbeitung wird ausgeschlossen.
- ☐ Die Ursachen unzureichender Qualität werden dokumentiert und Maßnahmen zu ihrer Vermeidung werden ergriffen.
- ☐ Auch für die Lagerung, Verpackung und den Versand der Produkte werden standardisierte Regelungen festgelegt (z. B. Packvorschriften).

Aufgabe 3

Die Controlling-Abteilung der YOCKO GmbH hat in einer umfangreichen Untersuchung den Zusammenhang einer relativen Fehlerhäufigkeit in einer Charge (= Fehlerquote in %) mit den jeweils aufgewendeten Prüfkosten und den möglicherweise entstehenden Fehlerfolgekosten analysiert. Hier das Ergebnis:

Fehlerquote in %	Prüfkosten	Fehlerfolgekosten	Gesamtkosten
0,50	20.000,00 €	1.550,00 €	
1,00	10.000,00 €	3.100,00 €	
1,50	6.670,00 €	4.650,00 €	
2,00	5.000,00 €	6.200,00 €	
2,50	4.000,00 €	7.750,00 €	
3,00	3.300,00 €	9.300,00 €	
3,50	2.860,00 €	10.850,00 €	
4,00	2.500,00 €	12.400,00 €	
4,50	2.200,00 €	13.950,00 €	
5,00	2.000,00 €	15.500,00 €	

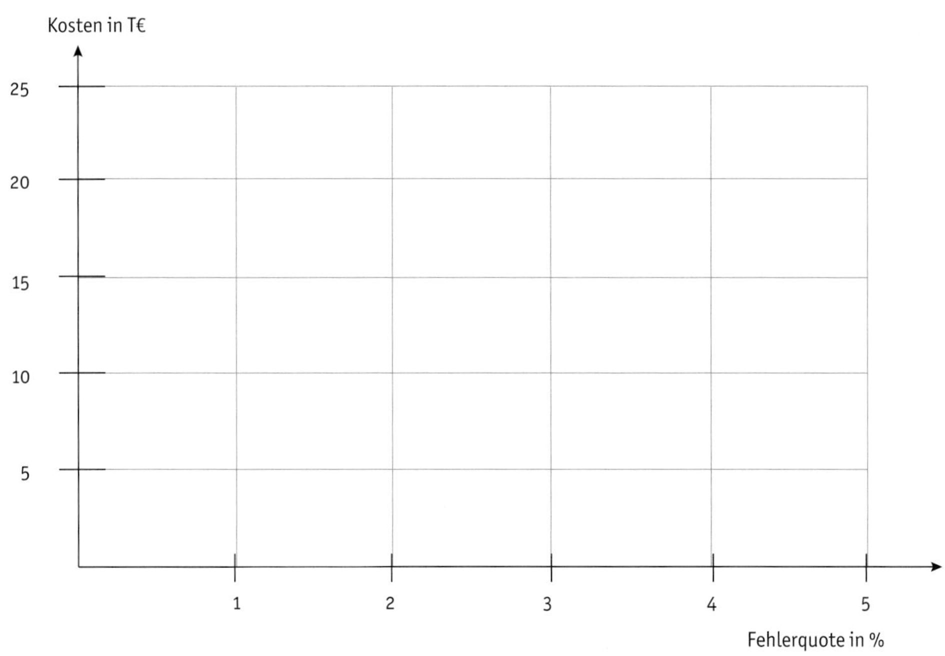

a Stellen Sie in einer Grafik den Verlauf der Prüf- und Fehlerfolgekosten in Abhängigkeit von der Fehlerquote dar. Warum verlaufen die Prüf- und Fehlerfolgekosten wie von Ihnen dargestellt?

b Ermitteln Sie die Gesamtkosten in Abhängigkeit von der Fehlerquote und stellen Sie auch diese grafisch dar.

c Lesen Sie die kostenoptimale Fehlerquote ab.

d Formulieren Sie zwei Argumente dafür, trotz höherer Gesamtkosten eine Null-Fehler-Qualität anzustreben.

SB ▸ Seite 238 ff. | Handlungsfeld 3, Kap. 6.2

Wirtschaftlichkeit der Leistungserstellung

Situation

Krisensitzung bei den Fly Bike Werken: Der Geschäftsführer, Herr Peters, hat Frau Taubert aus dem Rechnungswesen, den Vertriebschef, Herrn Gerland, und den Betriebsleiter, Herrn Rother, zusammengerufen.

Frau Taubert: „Die Lage, meine Herren, ist bedrohlich. Unsere Gewinnspannen sind drastisch eingebrochen. Wenn es uns nicht gelingt, kurzfristig die Profite unseres Hauses zu steigern, sehe ich uns in ernster Gefahr."

Herr Gerland: „Ich weiß. Aber was soll ich denn machen? Der Wettbewerb auf unseren angestammten Märkten hat sich durch die Konkurrenz aus Osteuropa und Asien derart verschärft, dass an eine Erhöhung unserer Preise nicht zu denken ist."

Frau Taubert: „Dann hilft nur eines, Kosten runter. Herr Rother, welche konkreten Möglichkeiten sehen Sie, unsere Fertigungskosten kurzfristig zu senken?"

Herr Rother: „Nun, Frau Taubert, das ist nicht ganz so einfach. Als metall- und kunststoffverarbeitender Betrieb ist unsere Fertigung natürlich sehr stark auf den Einsatz maschineller Anlagen ausgerichtet. Die so verursachten Kosten lassen sich kurzfristig nicht so leicht beeinflussen."

Herr Peters: „Dann schlage ich vor, dass Sie und Frau Taubert umgehend einen Planungsstab bilden, um sich mit dem Problem zu befassen. Morgen um diese Zeit erwarte ich Ihre Vorschläge."

Arbeitsauftrag

Sie sind Mitglied im Planungsstab von Frau Taubert. Wie auf der Krisensitzung mit der Unternehmensleitung besprochen, sollen Sie Vorschläge zur kurzfristigen Senkung der Fertigungskosten erarbeiten. Entscheiden Sie für die unten aufgelisteten Kostenarten, welche kurzfristig zu beeinflussen, also variabel sind und welche nicht. Kreuzen Sie die Kostenarten in der Tabelle entsprechend an.

Kostenart	Kurzfristig	
	Variabel	Fix
Abschreibungen aus Sachanlagen (Gebäude, Betriebsmittel)		
Fertigungslöhne (sofern Leistungslöhne)		
Gehälter		
Energiekosten (sofern verbrauchsabhängig)		
Fertigungsmaterial (sofern Einzelkosten)		
Entwicklungskosten		
Instandhaltung (planmäßig)		
Instandsetzung (unplanmäßig)		
Transportkosten		
Lagerkosten der Materialien und Produkte (direkt zurechenbar)		
Kosten der Lagergebäude (Miete, Abschreibungen)		
Kapitalbindungskosten im Umlaufvermögen		
Kapitalbindungskosten im Anlagevermögen		

Arbeitsblatt 39.1 | Das Verhalten von fixen und variablen Kosten

Die maximale Kapazität der Fly Bike Werke liegt bei 1.350 Fahrrädern pro Monat. Im Januar wurden 1.013, im Februar 1.080 und im März 1.215 Fahrräder gefertigt. Für den Monat Januar hat das Betriebscontrolling die durchschnittlichen variablen Kosten pro Fahrrad mit 300,00 € ermittelt. Hinzu kamen für diesen Monat anteilige Fixkosten in Höhe von 97.160,00 €.

1 Berechnen Sie für das erste Quartal dieses Jahres
- die jeweiligen Beschäftigungsgrade in %
- die monatlichen fixen und variablen Kosten insgesamt und pro Fahrrad sowie
- die Gesamtkosten der drei Monate jeweils insgesamt und pro Fahrrad. Unterstellen Sie dabei, dass die variablen Kosten pro Stück unabhängig von der Fertigungsmenge, also konstant sind.

Tragen Sie Ihre Ergebnisse in die nachstehende Tabelle ein.

Monat	Gefertigte Menge	Beschäftigungsgrad (%)	Fixe Kosten (€)		Variable Kosten (€)		Gesamtkosten (€)	
			gesamt	pro Stück	gesamt	pro Stück	gesamt	pro Stück
Januar								
Februar								
März								

2 Stellen Sie den Verlauf der fixen Kosten gesamt, der variablen Kosten gesamt und der Gesamtkosten in Abhängigkeit vom Beschäftigungsgrad in einem Diagramm grafisch dar.

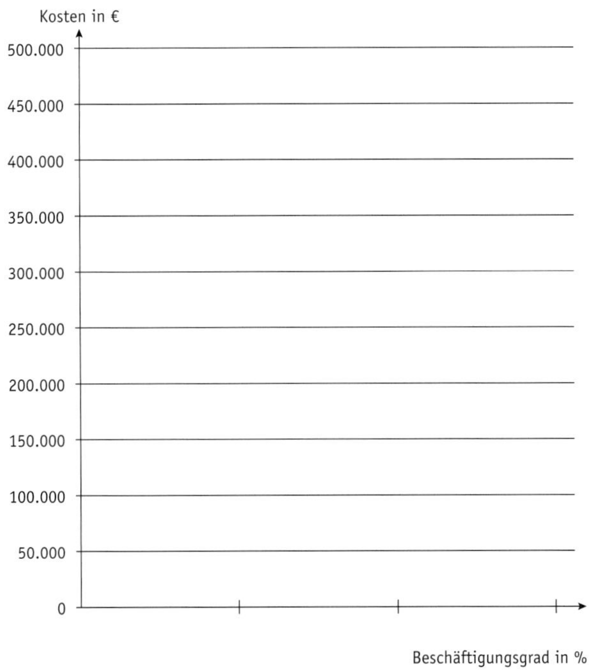

3 Stellen Sie den Verlauf der fixen Kosten pro Stück, der variablen Kosten pro Stück und der Gesamtkosten pro Stück in Abhängigkeit vom Beschäftigungsgrad dar.

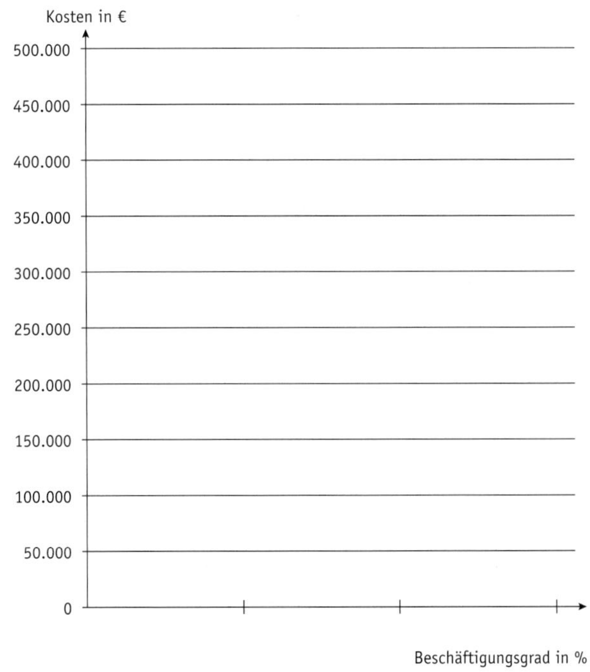

4 Beschreiben Sie mit Ihren Worten, wie sich die fixen, die variablen und die Gesamtkosten in Abhängigkeit vom Beschäftigungsgrad verändern. Wie lässt sich die von Ihnen beobachtete Veränderung begründen?

Aufgaben

Aufgabe 1

Die Lübecker Marzipan-Manufaktur GmbH (LMM) stellt verschiedene marzipanhaltige Süßwaren her. Zwecks Optimierung des Produktionsprogramms hat der betriebseigene Controller Erlös- und Kostendaten aus der letztjährigen Weihnachtskampagne zusammengetragen. Für drei typische Weihnachtsprodukte des Betriebes sind dies:

	Marzipanriegel mit Schokoüberzug, 200 g	Marzipankartoffeln, 175-g-Tüte	Weihnachtsfiguren aus Marzipan, 4 Stück, sortiert
Absatzmenge (Stück)	172.400	245.700	28.900
Verkaufspreis netto je ME (€)	1,15	0,80	2,75
Materialkosten je ME (€)	0,42	0,25	0,65
Lohnkosten je ME (€)	0,15	0,12	1,30
Sonstige Kosten je ME (€) (Hilfsstoffe, Energie, Zinsen, Abschreibungen usw.)	0,38	0,25	0,85
Selbstkosten* je ME (€)			
Gewinn je ME (€)			

* Summe aller durch den betrieblichen Leistungsprozess entstandenen Kosten

a Berechnen Sie die Selbstkosten und den Gewinn je ME und treffen Sie für die LMM eine sortimentspolitische Entscheidung: Sollte die LMM alle genannten Produkte im Sortiment belassen? Begründen Sie Ihre Entscheidung.

b Zusätzlich zu diesen Daten hat der Controller die Kosten nach ihrem variablen und fixen Bestandteil aufgeschlüsselt:

	Marzipanriegel mit Schokoüberzug, 200 g	Marzipankartoffeln , 175-g-Tüte	Weihnachtsfiguren aus Marzipan, 4 Stück, sortiert
Absatzmenge (Stück)	172.400	245.700	28.900
Verkaufspreis netto je ME (€)	1,15	0,80	2,75
Variable Kosten je ME (€)	0,68	0,45	2,35
Deckungsbeitrag je ME (€)			

Während der Weihnachtskampagne fielen für die drei Produktgruppen insgesamt fixe Kosten in Höhe von 101.322,00 € an. Berechnen Sie, mit wie viel Euro je ME sich die einzelnen Produktarten an der Deckung der auf sie entfallenden fixen Kosten beteiligen, und tragen Sie diese in die Tabelle ein.

c Berechnen Sie, wie hoch der Gesamtgewinn der LMM für die drei Produktarten ist.

d Stellen Sie diesem Ergebnis den Gesamtgewinn gegenüber, der verbliebe, wenn eine Produktart aus dem Sortiment gestrichen würde. (Bedenken Sie, dass die fixen Kosten zunächst unberührt blieben.)

e Ziehen Sie Rückschlüsse auf die Aussagekraft des Deckungsbeitrages für produktpolitische Entscheidungen eines Industriebetriebes.

Aufgabe 2

Prüfen Sie, wie sich eine Erhöhung der Maschinenauslastung auf die Kosten eines Betriebes auswirkt. Tragen Sie dazu in die nachstehenden Kästchen eine

1 ein, wenn Sie der Antwort zustimmen,
9 ein, wenn Sie der Antwort nicht zustimmen.

☐ Die Fixkosten des Betriebes sinken.
☐ Die Fixkosten pro Erzeugnis sinken.
☐ Die Fixkosten des Betriebes steigen.
☐ Die Gesamtkosten pro Erzeugnis steigen.
☐ Die Gesamtkosten pro Erzeugnis sinken.
☐ Die Gesamtkosten pro Erzeugnis bleiben gleich.

Aufgabe 3
Die Schultz GmbH, Rostock, weist in den letzten beiden Geschäftsjahren folgende Zahlen aus:

	Vorjahr	Berichtsjahr
Ertrag	22.570.760 €	23.625.870 €
Aufwand	19.890.630 €	21.350.820 €
Eigenkapital	16.345.900 €	17.125.690 €
Fremdkapitalzinsen	1.320.100 €	9.332.400 €
Gesamtkapital	40.000.000 €	120.000.000 €
Produktions- und Absatzmenge	50.000 Stück	80.000 Stück
geleistete Arbeitsstunden	1.100 Std.	1.200 Std.
Maschinenlaufstunden	2.000 Std.	2.000 Std.
Umsatz	75.220.000 €	81.111.360 €

a Ermitteln Sie folgende Kennzahlen:
- **aa** Arbeitsproduktivität
- **ab** Betriebsmittelproduktivität
- **ac** Wirtschaftlichkeit
- **ad** Eigenkapitalrentabilität
- **ae** Gesamtkapitalrentabilität
- **af** Umsatzrentabilität

b Berechnen Sie für die oben genannten Kennzahlen die prozentualen Veränderungen gegenüber dem Vorjahr.

c Welche Gründe könnten für die Abweichungen zwischen Berichts- und Vorjahr verantwortlich sein?

Aufgabe 4
Aus der Kostenrechnung eines Industrieunternehmens liegen folgende Daten vor:

Maximalkapazität: 2.500 Einheiten/Monat, Fixkosten: 1.200.000,00 €/Monat, Variable Kosten: 400,00 €/Einheit, Barverkaufspreis: 900,00 €/Einheit

a Erläutern Sie in diesem Zusammenhang die Begriffe Maximalkapazität und Optimalkapazität.

b Ein Auftragsrückgang führte dazu, dass im letzten Monat nur noch 1.550 Einheiten hergestellt wurden. Ermitteln Sie
- **ba** den entsprechenden Beschäftigungsgrad und
- **bb** die entsprechenden Selbstkosten je Einheit.

c Ermitteln Sie unter Angabe des Rechenweges, ob ein monatlicher Gewinn von 100.000,00 € im Rahmen der vorhandenen Kapazitäten zu realisieren ist (Lagerbestände sind nicht vorhanden).

SB ▸ Seite 249 ff. | Handlungsfeld 4, Kap. 2

Marketing und Marktforschung

Hausmitteilung

Fly Bike Werke GmbH

Absender	Empfänger	mit der Bitte um
☐ Geschäftsführung	☐ Geschäftsführung	☐ Kenntnisnahme
☐ Zentralsekretariat	☐ Zentralsekretariat	☒ Erledigung
☐ Controlling	☐ Controlling	☐ Stellungnahme
☐ Einkauf/Logistik	☐ Einkauf/Logistik	
☐ Produktion	☐ Produktion	
☐ Verwaltung	☐ Verwaltung	
☐ Vertrieb	☒ Vertrieb	
☒ ~~Frau~~/Herr Ralf Gerland	☐ Frau/Herr	

Liebe Kolleginnen und Kollegen,

anbei erhalten Sie die monatlichen Berichte unserer Vertriebsmitarbeiter Sabine Ganser und Rolf Polster. Da es sich nur um einzelne, unstrukturierte Eindrücke handelt, sollten wir eine systematische Befragung unserer Kunden durchführen, um herauszufinden, wie zufrieden unsere Kunden mit uns wirklich sind.

Bitte entwickeln Sie hierzu einen geeigneten Fragebogen für unsere Kunden. Beachten Sie dabei: Der Fragebogen sollte für den Kunden interessant aufgebaut und nicht zu lang sein. Da unser Kundenstamm sehr groß ist, sollte der Fragebogen so strukturiert sein, dass er einfach ausgewertet werden kann. Aber es sollen natürlich alle relevanten Informationen abgefragt werden.

Ich erwarte Ihre Vorschläge inklusive einer schriftlichen Begründung bis zur nächsten Abteilungsleiterkonferenz, so dass wir gegebenenfalls sinnvolle Maßnahmen einleiten können.

Ralf Gerland

Bericht der Vertriebsmitarbeiterin Sabine Ganser:

Fly Bike Werke GmbH

Notizen

- Herr Reichenbach von der Radplus GmbH war verärgert, da die kürzlich gelieferten Textilien unsauber genäht waren.
- Herr Grünert von der Zweirad GmbH berichtete, dass Kunden zusätzlich nach Mountainbike-Touren mit einem Ziel in Küstennähe fragen. Dies wird bisher von uns nicht angeboten.

Bericht des Vertriebsmitarbeiters Rolf Polster:

Fly Bike Werke GmbH

Notizen

- Frau Czech von der Austria Fahrradhandelsgesellschaft AG aus Wien beschwerte sich, dass die Lieferung der letzten Rennräder fast vier Wochen gedauert habe.
- Herr von der Kracht der Europarad N.V. berichtet von stark sinkender Nachfrage nach Rennrädern. Er vermutet, dass dies an den Preisen liegt, und versucht deshalb, unsere Verkaufspreise zu drücken.

Arbeitsauftrag

Ermitteln Sie aus den gegebenen Informationen einen möglichen Forschungsschwerpunkt für eine Marktforschung. Erstellen Sie einen entsprechenden Fragebogen und beachten Sie dabei die Qualitätsansprüche für Fragebögen. Nutzen Sie die Arbeitsblätter 40.1 und 40.2.

Arbeitsblatt 40.1 | Fragebogenerstellung

Fly Bike Werke GmbH

Zielsetzung der Befragung:

Zielgruppe der Befragung:

Einleitungstext an die Befragten (z. B. eine kurze Erklärung zum Zweck der Befragung, Zusage der Anonymität, Dank):

Eisbrecherfrage:

Sachfragen mit den jeweiligen Antwortmöglichkeiten:

Notwendige Fragen zur Person:

Arbeitsblatt 40.2 | Checkliste Fragebogen erstellen

Prüfen Sie:	ja	nein
1. Ist die Zielsetzung der Befragung klar formuliert?		
2. Sind Hypothesen gebildet worden? (z. B. „Ein Kiosk könnte durch ein breiteres Sortiment mehr Umsatz machen.“)		
3. Ist die Zielgruppe eindeutig definiert?		
4. Ist die Zielgruppe erreichbar?		
5. Passt die Zielgruppe zur Zielsetzung der Befragung?		
6. Gibt es einen Anreiz für die Respondenten (Kandidaten der Befragung), an der Befragung teilzunehmen?		
7. Ist ein Begleitschreiben oder ein Einleitungstext zum Fragebogen formuliert worden?		
8. Sind die Fragen eindeutig und einfach formuliert, so dass die Befragten nicht überfordert werden?		
9. Sind die Fragen kurz?		
10. Ist die Länge des Fragebogens zumutbar für die Befragten?		
11. Sind suggestive Fragen vermieden worden?		
12. Sind zu persönliche oder „gefährliche“ Fragen vermieden worden? (z. B. „Ist jemand aus Ihrer Familie kriminell?“)		
13. Sind Fragen zu einem Themenkomplex zusammen gruppiert?		
14. Haben Sie sichergestellt, dass immer nur nach einem Sachverhalt gefragt wird?		
15. Sind die Antwortkategorien, die vorgegeben sind, auch vollständig, d. h. sind sämtliche möglichen Antworten, die auf geschlossene Frage kommen können, vorgesehen?		
16. Haben Sie überprüft, ob die Antwortkategorien trennscharf sind, d. h., die Antworten so gestellt sind, dass sie sich nicht überschneiden?		
17. Ist die Gestaltung bzw. das Layout des Fragebogens ansprechend?		
18. ...		

Verbesserungsvorschläge: ______________________________

____

____

Aufgaben

Aufgabe 1
Definieren Sie die Begriffe Marktpotenzial und Absatzpotenzial.

Aufgabe 2
Die Fly Bike Werke haben bei Kinderrädern im aktuellen Jahr einen Marktanteil von 14,3 %. Das Marktvolumen stieg im aktuellen Jahr um 8,5 % auf 225 Mio. €. Der Marktanteil des Unternehmens sank im aktuellen Jahr um 3,2 Prozentpunkte. Bestimmen Sie den Marktanteil in Euro für das Vorjahr und beurteilen Sie die vorliegende Entwicklung.

Aufgabe 3
Erläutern Sie die Aufgaben der Marktforschung im Bereich der Absatzpolitik.

Aufgabe 4
Unterscheiden Sie die Begriffe Primärforschung und Sekundärforschung. Nennen Sie jeweils zwei Methoden, mit denen Unternehmen diese Forschungen durchführen können.

Aufgabe 5
Nennen Sie jeweils zwei Beispiele für eine ökoskopische und eine demoskopische Marktforschung.

Aufgabe 6
Befragungen können schriftlich, telefonisch, persönlich und online durchgeführt werden. Nennen Sie jeweils Vor- und Nachteile der angesprochenen Möglichkeiten.

Aufgabe 7
Begründen Sie anhand eines Beispiels den engen Zusammenhang zwischen einer Marktanalyse und einer Marktbeobachtung.

Aufgabe 8
Bei welcher der folgenden Aussagen wird die Marktbeobachtung angesprochen? Begründen Sie.

a Im Vorfeld der Markteinführung erprobt ein Süßwarenhersteller den neuen Schokoriegel zunächst längere Zeit auf einem Testmarkt.
b Im Zuge eines Preisausschreibens wird der Name für einen neuen Artikel gesucht.
c Die Außendienstmitarbeiter einer Unternehmung werden angehalten, die besuchten Einzelhändler über die Produktneuheiten im kommenden Jahr zu unterrichten.
d Der Geschäftsführer einer Unternehmung besucht einmalig den örtlichen Wochenmarkt und beobachtet dort, wie auf einem Marktstand die verschiedenen Obstsorten angeordnet werden.

Aufgabe 9
Welche der folgenden Aussagen treffen zu? Begründen Sie.

a Es ist schwierig, Fragebögen online zu erstellen und auszuwerten. Grund hierfür ist, dass zur Erstellung umfangreiche Programmierkenntnisse nötig sind.
b Ein Panel erhebt die Daten zu einem ganz bestimmten Zeitpunkt. Deshalb kann man diese Erhebungsmethode der Marktanalyse zuordnen.
c Die Erhebungsmethode des Testmarktes ist der Marktanalyse zuzuordnen.
d In der Marktforschung gilt: Primärforschung ist günstiger als Sekundärforschung.

Aufgabe 10
Die Fly Bike Werke GmbH möchte Informationen über Kunden, Konkurrenz und wirtschaftliche Rahmenbedingungen einholen. Welche Methode der Marktforschung schlagen Sie in Abhängigkeit des jeweiligen Zieles vor? Begründen Sie Ihre Entscheidung.

Die Fly Bike Werke GmbH wünscht folgende Informationen:	Welche Methode schlagen Sie vor?
a Welche Verbesserungsvorschläge haben die Kunden der Fly Bike Werke GmbH?	
b Die Fly Bike Werke GmbH plant, in Fachzeitschriften verstärkt Werbeanzeigen zu schalten. Sie möchte gerne wissen, ob das Einfluss auf das Kaufverhalten ihrer Kunden hat.	
c Die Fly Bike Werke GmbH plant die Aufnahme eines neuen Artikels in ihr Sortiment.	
d Die Fly Bike Werke GmbH möchte sich über die Insolvenzrate von Fahrradgeschäften in Deutschland informieren.	
e Die Fly Bike Werke GmbH möchte sich über saisonale Schwankungen der Nachfrage nach den Artikeln ihres Sortiments informieren.	

SB ▸ Seite 255 ff. | Handlungsfeld 4, Kap. 3
sowie
Seite 201 (Wiederholung: Produktlebenszyklus)
Seite 241 f. (fixe und variable Kosten)

Produkt- und Sortimentspolitik

Situation

Der Abteilungsleiter des Vertriebs, Ralf Gerland, hat aus dem Controlling der Fly Bike Werke GmbH neue Absatzzahlen bekommen. Er hat die Daten von Produkten herausgesucht, bei denen er vermutet, dass produktpolitische Maßnahmen notwendig sind. Zusätzlich hat er von der letzten „Eurobike"-Fahrradmesse neue Informationen zu Trends und Entwicklungen auf dem Fahrradmarkt mitgebracht.

Entwicklung der Absatzzahlen in Stück von ausgewählten Produkten der Fly Bike Werke GmbH

Fly Bike Werke GmbH	20XX	20X1	20X2	20X3	20X4	20X5 (Prognose)
City-Rad „Glide"	3.700	4.200	4.700	4.850	5.100	5.200
Mountainbike „Dispo"	700	900	1.200	1.400	1.600	1.500
Mountainbike „Constitution"	980	1.050	1.200	1.300	1.350	1.350
Wellnessrad „feel good"	0	0	0	0	120	360
Funktionsbekleidung „Shorts STEFF"	0	4.200	7.000	8.200	8.750	8.900
Funktionsbekleidung „Shirts STEFF"	0	9.800	14.100	16.800	17.500	17.800

Fly Bike Werke GmbH

Notizen von der „Eurobike"

- In den letzten Jahren waren die Farben Anthrazit und Weiß ein großer Trend; jetzt wird es erheblich bunter. Speziell bei Kinderfahrrädern sind buntere Farben als bisher im Trend. Ausreichende Zubehör- und Zulieferereteile gab es dazu auf der Messe.
- Zu den Highlights der 2010er Produkte werden nach Branchenrecherchen und Ergebnissen aus Marktforschungen vor allem „E-Bikes" mit immer vielfältigerem Einsatzbereich gehören. „E-Bikes" verfügen über sparsame zusätzliche Elektromotoren. Bisher war das Image dieser Räder unpassend für die Zielgruppe der Fly Bike Werke GmbH. Aktuell gibt es E-Bike-Versionen aber auch bereits von einzelnen anderen Anbietern: E-Mountainbikes (so genannte „X-Flyer"), kompakte Elektro-Stadtfl itzer sowie Nachrüstsets.
- Die bereits vor zwei Jahren eingeführte neue Funktionsbekleidung mit starker Körperbetonung bleibt weiter zunehmender Trend. Zu der Funktionsbekleidung ist generell anzumerken, dass die Kunden hohen Wert darauf legen, ein passendes Ensemble zu erwerben. Vielfach werden jeweils Shorts und mehrere T-Shirts erworben.
- Klassische Mountainbikes gehören insgesamt zu den Verlierern am Markt. Der Trend geht in Richtung City- oder Fitness-Räder, was auch am zunehmenden Umweltbewusstsein liegt.

Arbeitsaufträge nächste Seite ▸

Arbeitsaufträge

1 Zeichnen Sie in zwei verschiedenen Farben die Produktlebenszyklen für die Ware „Shirts STEFF" und für das Produkt Mountainbike „Dispo".
2 Bestimmen Sie anhand der gezeichneten Produktlebenszyklen, in welcher Phase des Lebenszyklus sich die Produkte befinden.
3 Entwickeln Sie aufgrund der vorliegenden Messe-Informationen und eigener Überlegungen Vorschläge für produktpolitische Maßnahmen für die Fly Bike Werke GmbH. Präsentieren Sie Ihre Vorschläge in angemessener Form.

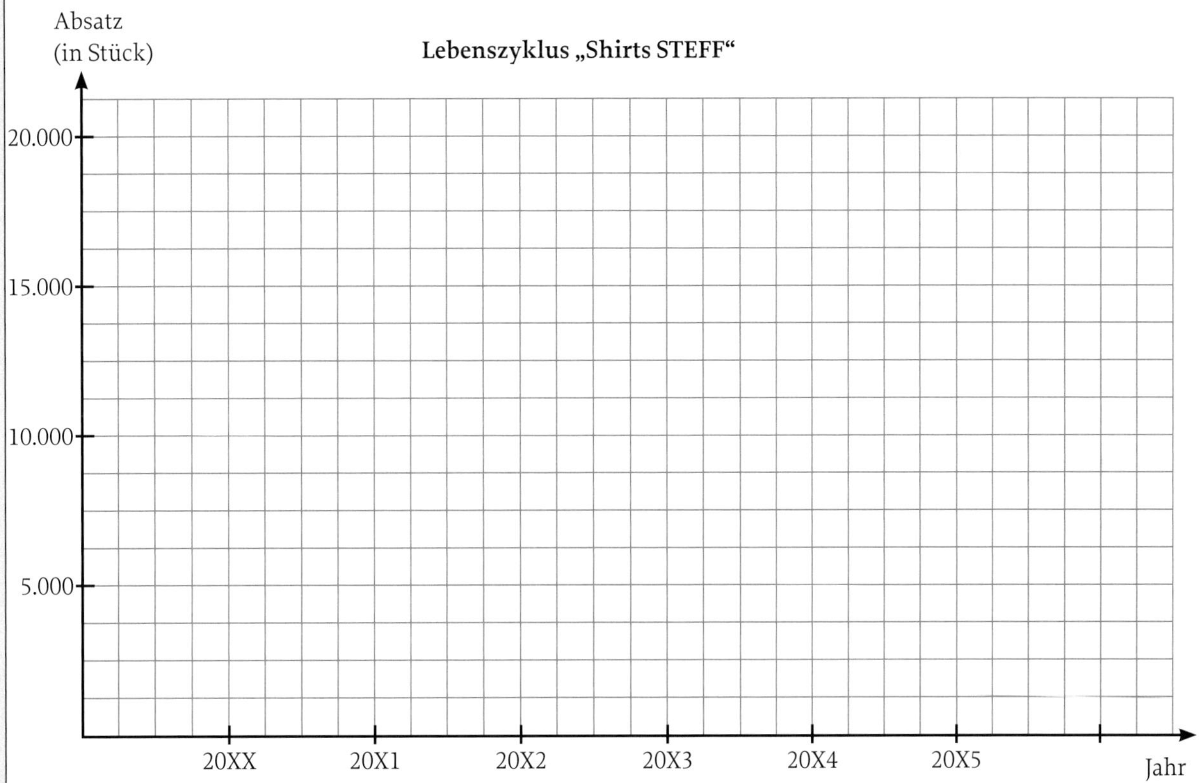

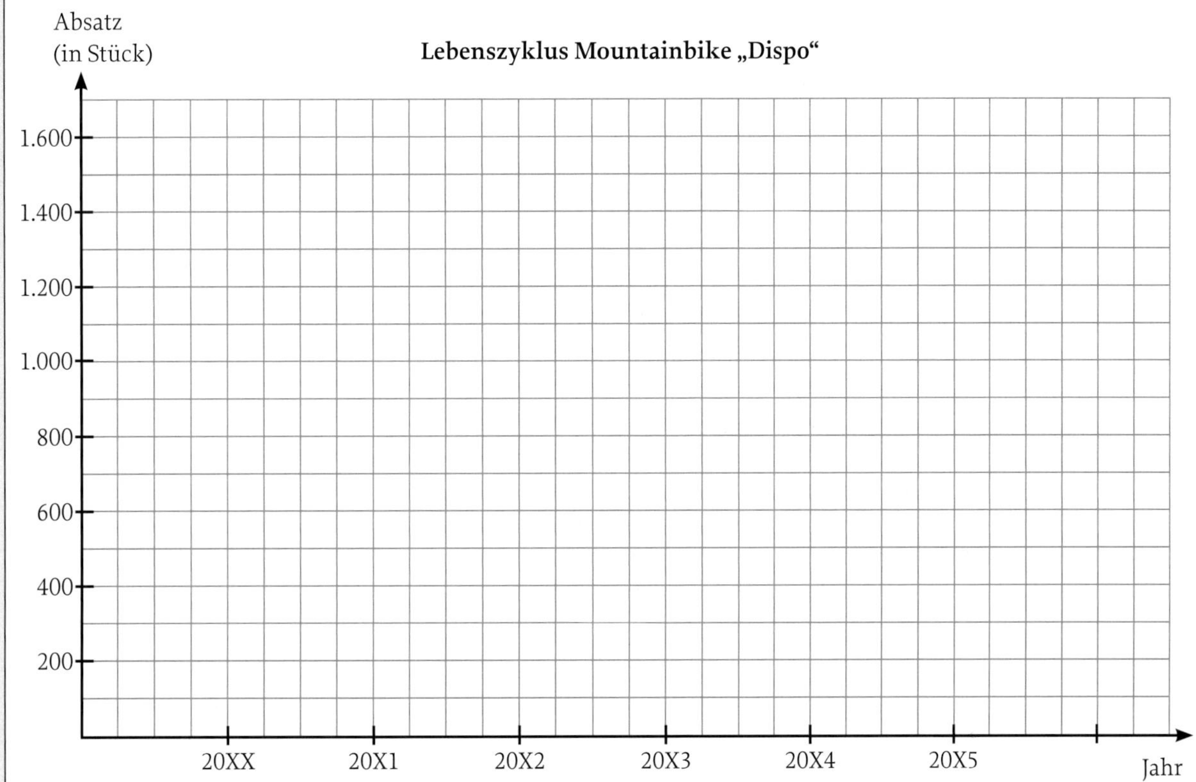

Folgesituation

Herr Gerland wünscht sich in Bezug auf zu eliminierende Produkte eine rechnerische Überprüfung für das Jahr 20X4.

	City-Rad „Glide“	Mountain-bike „Dispo“	Mountainbike „Constitution“	Wellnessrad „feel good“	Shorts „STEFF“	Shirt „STEFF“
Durchschn. Verkaufs-Preis (in € je Stück)	145	190	350	400	22,4	19,8
Absatz (Stück)						
Umsatz (in €)						
Var. Kosten (in € je Stück)	135	198	270	260	21,7	17,2
Var. Kosten (in € gesamt)						
Deckungs-beitrag I (in €)						
Erzeugnis-fixe Kosten (in €)	30.000	30.000	50.000	30.000	10.000	10.000
Deckungs-beitrag II (in €)						

Arbeitsaufträge

1 Ermitteln Sie mithilfe der Tabelle die Deckungsbeiträge für die einzelnen Produkte. (Hinweis: Der Deckungsbeitrag ist der Betrag, den ein Produkt zur Deckung der fixen Kosten leistet. Er ergibt sich nach Abzug der variablen Kosten von den Umsatzerlösen.)

2 Benennen Sie das Produkt bzw. diejenigen Produkte, die nach der Deckungsbeitragsrechnung eliminationsverdächtig sind.

3 Beurteilen Sie, welches Produkt bzw. welche Produkte unter Berücksichtigung aller Informationen tatsächlich eliminiert werden sollten. Gehen Sie davon aus, dass die erzeugnisfixen Kosten zumindest mittelfristig abgebaut werden können.

Berechnungshinweise:

Umsatz	= durchschnittlicher Verkaufspreis je Stück · Absatzmenge
Variable Kosten (gesamt)	= variable Kosten je Stück · Absatzmenge
Deckungsbeitrag I	= Umsatz – variable Kosten (gesamt)
Deckungsbeitrag II	= Deckungsbeitrag I – erzeugnisfixe Kosten

Aufgaben

Aufgabe 1

Produkte können sich auch abweichend vom idealtypischen Produktlebenszyklus entwickeln. Nachfolgend sehen sie drei abweichende Produktlebenszyklen. Beschreiben Sie die Abweichungen und benennen Sie jeweils Produkte, die zu den verschiedenen Lebenszyklen passen.

a

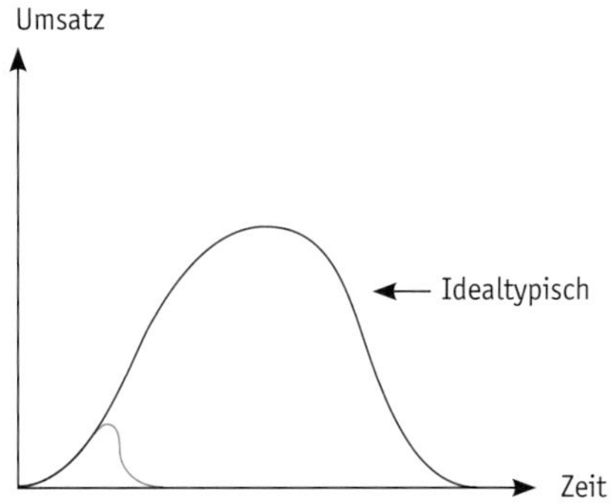

b

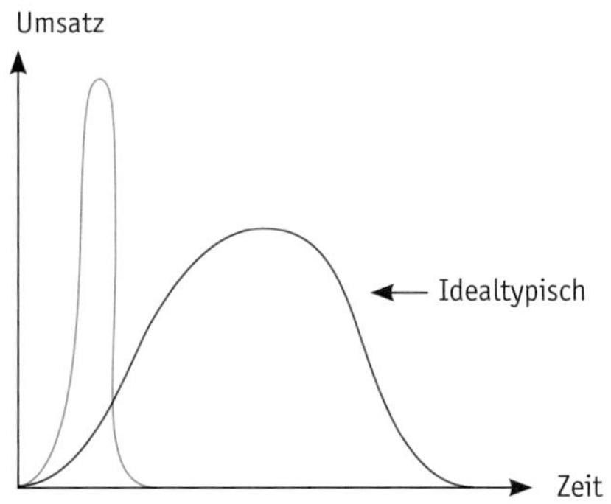

c

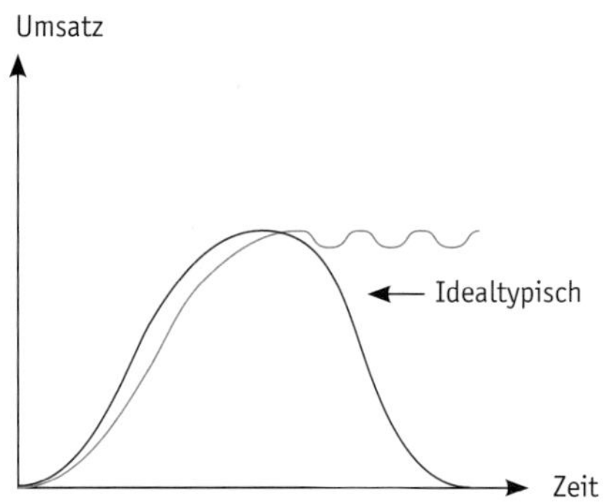

Aufgabe 2

Ordnen Sie den Aussagen a bis e die folgenden Begriffe zu. Begründen Sie Ihre Antworten.
Breite – Tiefe – Differenzierung – Diversifikation des Produktionsprogramms bzw. Sortiments

- **a** Ein Süßwarenproduzent erweitert eine seit Jahren gängige Produktlinie um die Geschmackssorte „Apfel".
- **b** Ein Spirituosenverkäufer bietet dreißig verschiedene Weine an.
- **c** Ein Kaffeehändler bietet neben Kaffee seit Kurzem auch Haushaltsgeräte und Freizeitartikel an.
- **d** Ein Supermarkt wirbt mit einem Prospekt für Konserven, Getränke, Zeitschriften, Süßwaren, Kurzwaren und Tiefkühlgerichte.
- **e** Die Hofmilch AG bietet auch die neue Geschmacksrichtung „Tropic" an.

Aufgabe 3

Nennen Sie drei Kriterien zur Zielgruppenbildung bzw. Marktsegmentierung.

Aufgabe 4

- **a** Nennen und erläutern Sie die verschiedenen Phasen eines Produktlebenszyklus!
- **b** Finden Sie zu jeder der Phasen Beispiele für Artikel aus der Realität.
- **c** Beschreiben Sie die Kundengruppen, die einen Artikel in den verschiedenen Phasen seines Produktlebenszyklus vermehrt nachfragen.
- **d** Erklären Sie, warum der Produktlebenszyklus auch für Handelsunternehmen wichtig ist.

Aufgabe 5

Ein Großhandelsunternehmen führt regelmäßig so genannte Renner-Penner-Listen, bei denen die Produkte nach ihrer Umschlagsgeschwindigkeit sortiert werden. Aufgrund der unten aufgeführten Renner-Penner-Liste für die Artikelgruppe „Rucksäcke" wurde die Entscheidung getroffen, den Artikel 16-8 (Rucksack „Wild Life") im Sortiment zu belassen.

- **a** Begründen Sie diese Entscheidung.
- **b** Erläutern Sie drei Maßnahmen, um diesen Artikel zu fördern.

Rang	Artikel	Verkaufte Zahl/Stück	Verkaufspreis (brutto)	Umsatz (brutto)	Handelsspanne	Rohertrag (gesamt)	Rohertrag (Stück)
1	16-1	270	19,90 €	5.373,00 €	74,6 %	3.456,32 €	12,80 €
2	16-2	248	29,90 €	7.415,20 €	91,5 %	5.847,56 €	23,57 €
3	16-3	241	49,90 €	12.025,90 €	44,1 %	4.567,90 €	18,95 €
4	16-4	225	59,90 €	13.477,50 €	30,0 %	3.489,45 €	15,51 €
5	16-5	220	66,89 €	14.715,80 €	53,2 %	6.751,80 €	30,52 €
6	16-6	70	88,90 €	6.223,00 €	76,9 %	4.125,89 €	58,94 €
7	16-7	65	129,90 €	8.443,50 €	47,4 %	3.450,20 €	53,08 €
8	16-8	25	159,90 €	3.997,50 €	74,0 %	2.550,45 €	102,02 €
				71.671,40 €		34.239,57 €	

SB ▸ Seite 260 ff. | Handlungsfeld 4, Kap. 4

Preisstrategien

Situation

Herr Gerland, der Vertriebsleiter der Fly Bike Werke GmbH, bereitet die aktuelle Frühjahrsmesse vor. Die Fly Bike Werke haben eine Marktstudie in Auftrag gegeben und setzen besonders große Erwartungen in vier Fahrradmodelle.

Auswertung Marktstudie 20XX

Fly Bike Werke GmbH

1. Das **Rennrad 401 Renn Fast** ist vor einem Jahr eingeführt worden. Wir haben bisher 120 Fahrräder absetzen können. Vor allem gesundheitsbewusste Trendsetter in deutschen Großstädten zählen zu den Käufern.

2. Das **Mountainbike 302 Constitution** wird aufgrund seines guten Preis-Leistungs-Verhältnisses mit durchschnittlich 1.350 verkauften Rädern gut angenommen. Eine Expansion in die Schweiz ist angedacht. Dort bietet die Swiss-Velo AG momentan technisch gleichwertige Mountainbikes zu einem erheblich höheren Preis an.
3. Im ölreichen Katar soll eine riesige „Alpenhalle" errichtet werden, in der ausgedehnte Mountainbike-Touren unter dem Dach angeboten werden. Die wohlhabende Kundschaft liebt Mountainbiking und liebt speziell das **Mountainbike 302 Constitution**.

4. Das **City-Rad 102 Surf** hat atemberaubende Absatzzahlen in Berlin, Frankfurt, Hamburg und München. Nun möchten wir das City-Rad auch in Köln, Düsseldorf, Dortmund, Essen und Bielefeld anbieten. Dort verkauft mit der RheinGold Bike OHG ein kleinerer Mitbewerber bereits sehr erfolgreich City-Räder.

5. Das **Kinderrad 502 Cool** wird nach einem Testlauf bundesweit angeboten. Studien ergeben das Bild von vielen kleinen Mitbewerbern und einer sehr preisbewussten Kundschaft.

Arbeitsaufträge

1 Bei der Penetration- und Skimming-Strategie handelt es sich um zwei grundlegende Preisstrategien. Kennzeichnen Sie ihre wesentlichen Merkmale. Verwenden Sie Arbeitsblatt 42.1.

2 Treffen Sie eine begründete Auswahl zur Anwendung einer Preisstrategie in den genannten Fällen der Marktstudie 20XX. Verwenden Sie Arbeitsblatt 42.1.

Arbeitsblatt 42.1 | Auswahl einer Preisstrategie

Merkmale der Penetration-Strategie	Merkmale der Skimming-Strategie

Fall	Beschreibung	Entscheidung (Preisstrategie)	Begründung
1			
2			
3			
4			
5			

Aufgaben

Aufgabe 1
Unterscheiden Sie drei grundsätzliche Varianten der Preisgestaltung und erläutern Sie das jeweils zugrunde liegende Prinzip.

Aufgabe 2
Ordnen Sie zu: Wird mit den folgenden Produkten üblicherweise eine Hochpreisstrategie [1] oder eine Niedrigpreisstrategie [9] verfolgt?

[ ] iPhone 5

[ ] Toilettenpapier im Supermarkt

[ ] Frischmilch

[ ] Ferrari

[ ] Super-Teleobjektiv

[ ] Reinigung von Oberhemden

[ ] Taschen italienischer Edeldesigner

[ ] Schreibblöcke

[ ] BMW X6

[ ] Zahnpasta

Aufgabe 3
Nennen Sie aus Sicht eines Unternehmens je ein Beispiel für folgende Preisdifferenzierungsarten und geben Sie die zwingend notwendigen Voraussetzungen dafür an:

a räumlich
b sachlich
c zeitlich
d persönlich

Aufgabe 4
Ein Großhändler für Herrenbekleidung bietet dem Facheinzelhandel Polohemden mit einem sehr bekannten Firmenlogo zu einem empfohlenen Verkaufspreis von 69,00 € an. Absolut vergleichbare Polohemden (Qualität, Schnitt, Farben), aber ohne Logo bzw. auf Wunsch des Kunden mit beliebigem Logo bietet der Großhändler zu einem empfohlenen Verkaufspreis von 39,00 € an. Die Käufer (Einzelhändler) zahlen 50 % des empfohlenen Verkaufspreises an den Großhändler.

a Welches Ziel verfolgt der Großhändler bei den Polohemden mit seiner Preisgestaltung?
b Welche Gefahren könnte diese Preisgestaltung mit sich bringen?

Aufgabe 5
Welche Maßnahmen der Preisgestaltung werden von den nachfolgenden Anbietern verfolgt?

a Der Hersteller einer neuartigen Spielkonsole verlangt zuerst einen sehr hohen Preis, der dann im Zeitablauf stetig zurückgenommen wird.
b Ein Großhändler von Freizeithemden verkauft bestimmte Hemden eines Herstellers stetig zu einem gleich hohen Preis. Preisveränderungen werden nicht vorgenommen. Sonderangebote werden durch die Auswahl der Einzelhändler bei entsprechenden Vertragsvereinbarungen unterbunden.
c Ein Hersteller von Süßwaren bietet einen neuen Artikel zu einem sehr niedrigen Preis an. Nach einiger Zeit werden die Preise in mehreren kleinen Stufen erhöht.

Aufgabe 6
Geben Sie an, um welche Form der Preisdifferenzierung es sich in den folgenden Fällen handelt:

a Ein deutscher Pkw-Hersteller bietet seine Fahrzeuge in Dänemark zu einem um 15 % niedrigeren Verkaufspreis im Vergleich zum Inland an.
b Ein Möbelhändler wirbt mit einem Sonderpreisnachlass für alle Möbel in Höhe von 20 % für einen Sonntagsverkauf an einem bestimmten Tag.
c Für Kinder bis zu 6 Jahren ist der Eintritt in einen Erlebnispark kostenlos.
d Beim Kauf einer Palette Fliesen (50 m^2) kostet der Quadratmeter statt 10,95 € nur noch 8,50 €.
e Ein China-Restaurant bietet ein Sonntagsbüfett zum Preis von 12,00 € je Person an. Personen unter 14 Jahren zahlen die Hälfte. Personen, die nach 13.45 Uhr erscheinen (Büfett bis 14.30 Uhr), zahlen ebenfalls die Hälfte. Auf alle Speisen gemäß Karte erhalten alle Kunden, die das Essen „außer Haus" mitnehmen, 10 % Rabatt auf den Kartenpreis.

Aufgabe 7
Gelegentlich versuchen Anbieter mit niedrigen Einführungspreisen Marktanteile zu gewinnen, um anschließend eher auf eine Hochpreisstrategie zu wechseln. Welches Risiko sehen Sie bei dieser Vorgehensweise?

Lernsituation 43

SB ▸ Seite 264 ff. | Handlungsfeld 4, Kap. 5

Distributionspolitik

Situation

Die Fly Bike Werke GmbH will zusätzliche Absatzmittler einstellen, um die Bearbeitung des deutschen Marktes auszuweiten. Nach einer Anzeige in einem Fachmagazin liegen der Personalabteilung verschiedene Angebote vor. Überraschenderweise ist auch ein Schreiben von Sabine Ganser, der angestellten Reisenden der Fly Bike Werke GmbH, unter den Bewerbungsunterlagen.

Sabine Ganser
Wichmannsweg 10
26121 Oldenburg

Oldenburg, 4. April 20XX

Fly Bike Werke GmbH
Frau Veruschka Linden
Rostocker Str. 334
26121 Oldenburg

Vertragsverhältnis mit Umsatzbeteiligung

Sehr geehrte Frau Linden,

als Reisende komme ich häufig mit Kolleginnen und Kollegen ins Gespräch, die auch in dieser Branche tätig sind. Dabei ist mir aufgefallen, dass die meisten von ihnen im Status eines Handelsvertreters, oft auch nur für ein einziges Unternehmen, tätig sind. Für mich ist das eine interessante Idee, denn ich wollte schon immer den Erfolg meiner Arbeit direkt, also auch an meinem Einkommen, messen können.

Ehe ich mich näher damit beschäftige, würde mich Ihre grundsätzliche Einstellung dazu interessieren. Vielleicht wäre es ja möglich und auch für die Fly Bike Werke GmbH interessant, mein Vertragsverhältnis umzuwandeln? Auf jeden Fall wäre eine solche Umsatzbeteiligung für mich ein enormer Anreiz, den im vorigen Geschäftsjahr erzielten Umsatz von 700.000,00 € noch deutlich zu steigern.

Ich bin gespannt auf Ihre Stellungnahme.

Mit freundlichen Grüßen

Sabine Ganser

Arbeitsaufträge

1 **a** Ermitteln Sie die Einkommensalternativen (Fälle 1 bis 5) von Frau Ganser als Reisende oder als Handelsvertreterin. Nutzen Sie dazu ein Tabellenkalkulationsprogramm oder das Schema auf der folgenden Seite. Beachten Sie, dass Reisenden 13 Monatsgehälter (nur Fixgehalt) im Jahr bezahlt werden.

b Stellen Sie die Einkommensentwicklungen in Abhängigkeit vom Umsatz auch grafisch dar.

c Welche Entgeltregelung wäre für Frau Ganser optimal, wenn sie selbst von einem Umsatz von 900.000,00 € im Folgejahr ausgeht?

	A	B	C	D	E	F	G
1	**Entlohnungsalternativen für Frau Ganser**						
2	**Als Reisende**			**Fixgehalt**		**Provision**	
3	**Fall 1:** unveränderte Entlohnung (Fixgehalt)			2.430,00	€/Monat	0,0 %	Provision
4	**Fall 2:** Fixgehalt			1.500,00	€/Monat	2,0 %	Provision
5	**Fall 3:** Fixgehalt			1.000,00	€/Monat	3,0 %	Provision
6	**Als Handelsvertretrin**						
7	**Fall 4:** kein Fixgehalt			0,00	€/Monat	6,5 %	Provision
8	**Fall 5:** kein Fixgehalt			0,00	€/Monat	8,5 %	Provision
9		**Jahresverdienst in Euro**					
10	**Jahresumsatz**	**Fall 1**	**Fall 2**	**Fall 3**	**Fall 4**		**Fall 5**
11	700.000,00						
12	750.000,00						
13	800.000,00						
14	850.000,00						
15	900.000,00						
16	950.000,00						
17	1.000.000,00						

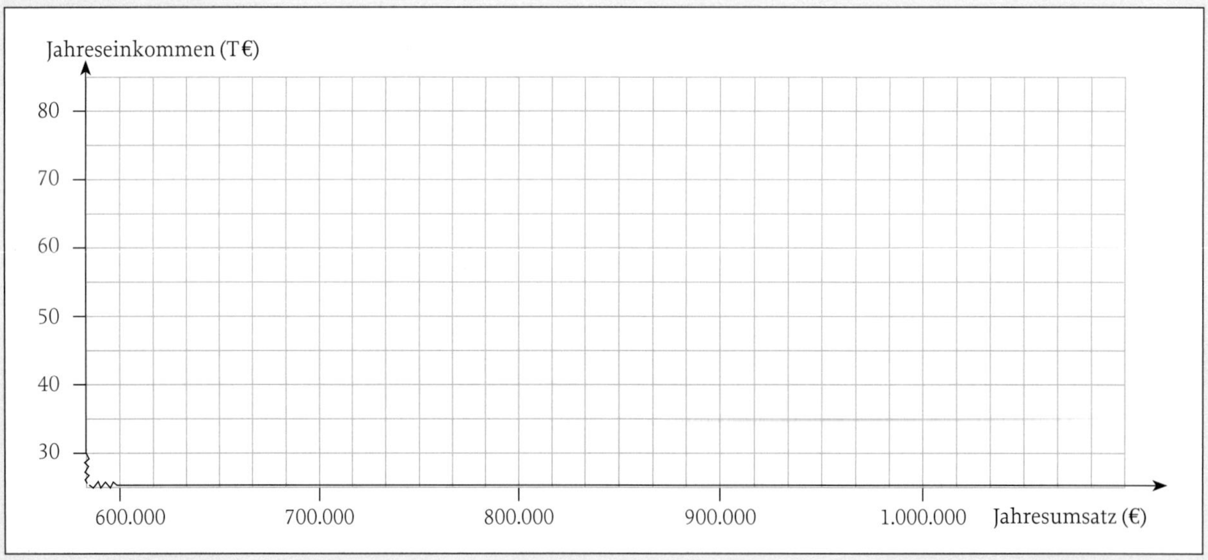

2 a Ermitteln Sie die für die Fly Bike Werke GmbH entstehenden Arbeitskosten, wenn auch das Unternehmen von einem Umsatz von 900.000,00 € im Folgejahr ausgeht.
Zusätzliche Kosten:

Reisende (neben Fixgehalt und Provision)	Handelsvertreterin
Lohnnebenkosten: 66 % bezogen auf das Bruttoentgelt	Lohnnebenkosten und Spesen fallen (i. d. R.) beim Handelsvertreter nicht an.
Spesen (erstattete Fahrt- und Übernachtungskosten usw.): durchschnittlich 800,00 € pro Monat	

b Welche Entgeltregelung wäre für die Fly Bike Werke GmbH bei einem Umsatz von 900.000,00 € optimal?

3 Welche Faktoren außer dem Preis sollte die Fly Bike Werke GmbH bei der Entscheidungsfindung berücksichtigen?

Arbeitsblatt 43.1 | Kostenvergleich Handelsvertreter vs. Reisender

Muster für einen einfachen Kostenvergleich zwischen Reisendem und Handelsvertreter (Monat)
(am Beispiel Fall 2 vs. Fall 4
Seite 230)

	Reisender	Handelsvertreter
Fixum:	1.625,00 €	kein Fixum
Personalzusatzkosten: (66 % bezogen auf das Fixum)	1.072,50 €	keine Personalzusatzkosten
Provision:	2,00 %	6,50 %

Kostenvergleichstabelle (Monat)

Umsatz in EUR	Reisender					Handelsv.
	Fixum	P-Zus-Kst	Kf	Prov (Kv)	Kg	Prov (Kv)
0						
40.000						
50.000						
60.000						
70.000						
80.000						
90.000						

P-Zus-Kst = Personalzusatzkosten, Kf = Fixkosten, Kv = variable Kosten, Kg = Gesamtkosten, Prov = Provision

Grafische Darstellung im Koordinatensystem

Monatl. Kosten in € **Kostenvergleich Reisender / Handelsvertreter**

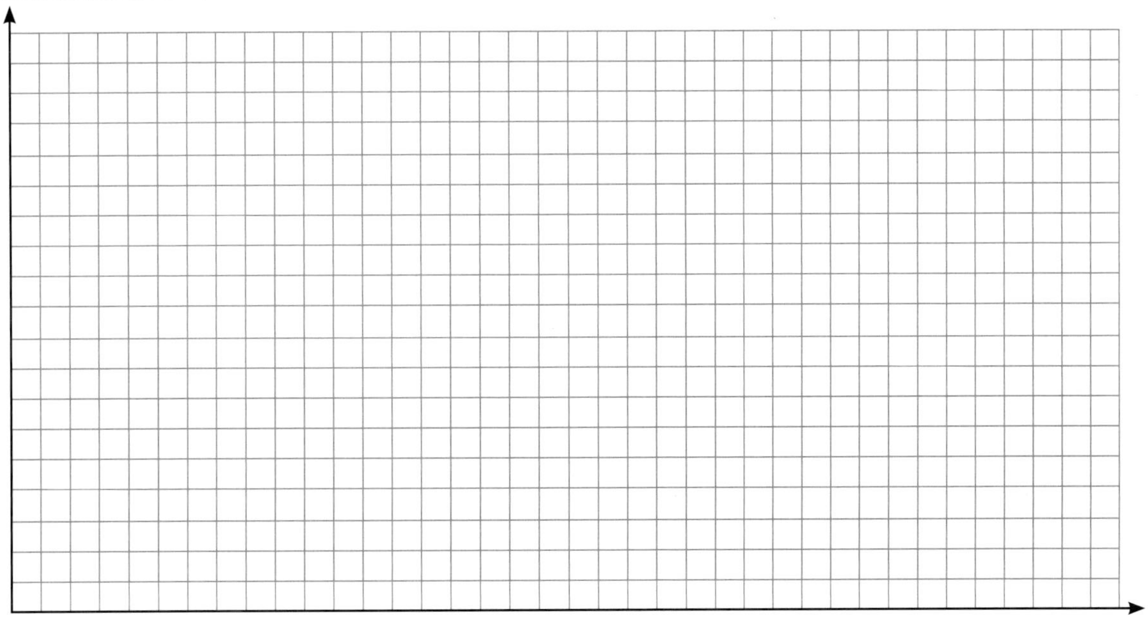

Umsatz in T €

Aufgaben

Aufgabe 1
Erklären Sie den Begriff „Distributionspolitik" und erläutern Sie hierbei ausführlich die Aufgaben dieses Feldes des Marketings.

Aufgabe 2
Die Fly Bike Werke erwägen, beim Absatz ihrer Produkte von einem indirekten auf ein direktes Vertriebssystem umzusteigen. Suchen Sie nach Argumenten, die – bezogen auf dieses Unternehmen – für dieses Vorgehen sprechen.

Aufgabe 3
Absatzmittler sollen den Warenabsatz fördern. Erklären Sie in diesem Zusammenhang,

a welche Absatzmittler grundsätzlich unterschieden werden,
b welche Aspekte aus unternehmerischer Sicht für den Einsatz der in **a** genannten Absatzmittler sprechen,
c wie die einzelnen Absatzmittler mit ihrem Auftraggeber zusammenarbeiten.

Aufgabe 4
Ein Unternehmen steht vor der Entscheidung, weitere Reisende oder Handelsvertreter zu beschäftigen.

Plandaten:

Reisender	Handelsvertreter
Fixgehalt: 1.000,00 € bei 13 Monatsgehältern	Umsatzprovision: 9 %
Umsatzprovision: 2 %	keine weiteren Kosten für das Unternehmen
Lohnnebenkosten: 50 % bezogen auf das Fixgehalt	

Ermitteln Sie:

a die Kosten eines Reisenden bei einem Jahresumsatz von 400.000,00 €,
b die Kosten eines Handelsvertreters bei einem Jahresumsatz von 400.000,00 €,
c den kritischen Umsatz, bei dem die Kosten für einen Reisenden dem eines Handelsvertreters entsprechen.

Aufgabe 5
Ein Verkäufer von Carrerabahnen klagt über fehlende Laufkundschaft. Sein Geschäft liegt in der Fußgängerzone einer Kleinstadt. Welche Chancen würde ihm die Einführung eines Online-Shops bieten?

Aufgabe 6
Entscheiden Sie, welcher der günstigste Transportweg ist!

a Eine Gemüseladung soll aus Tel Aviv nach Hamburg gelangen.
b Frische Schnittblumen aus Kapstadt sollen nach Düsseldorf gebracht werden.
c Rohöl aus Kuwait soll nach Bremerhaven geliefert werden.
d Eine Geburtstagstorte für Tante Frieda soll von München nach Salzburg transportiert werden.
e Eine Ladung Eisenerz soll von Kiruna (im Norden von Schweden) nach Wilhelmshaven geliefert werden.

Aufgabe 7
Die Geschäftsleitung der ABC-GmbH überlegt, ob es aus rein kostenkalkulatorischer Sicht günstiger ist, einen Handelsvertreter oder einen Reisenden mit dem Verkauf der eigenen Produkte zu beauftragen.

Im Einzelnen liegen folgende Daten vor: Der Reisende erhält ein monatliches Fixum von 2.000 € und eine Umsatzprovision von 5 %. Der Handelsvertreter erhält kein Fixum und ist am Verkauf mit einer Umsatzprovision von 10 % beteiligt. Berechnen Sie die Höhe des Umsatzes in Tausend €, bei dem Reisender und Handelsvertreter der ABC-GmbH gleich hohe Kosten verursachen würden, und erläutern Sie, welcher der genannten Absatzmittler unter- bzw. oberhalb dieses Umsatzes günstiger wäre.

SB ▸ Seite 271 ff. | Handlungsfeld 4, Kap. 6

Absatzwerbung

Hausmitteilung

Fly Bike Werke GmbH

Absender	Empfänger	mit der Bitte um
☒ Geschäftsführung	☐ Geschäftsführung	☐ Kenntnisnahme
☐ Zentralsekretariat	☐ Zentralsekretariat	☒ Erledigung
☐ Controlling	☐ Controlling	☐ Stellungnahme
☐ Einkauf/Logistik	☐ Einkauf/Logistik	
☐ Produktion	☐ Produktion	
☐ Verwaltung	☐ Verwaltung	
☐ Vertrieb	☒ Vertrieb	
☐ Frau/Herr	☐ Frau/Herr	

Liebe Mitarbeiter,

die letzte Quartalsauswertung unserer Umsatzzahlen hat für alle Sortimentsbereiche im Vergleich zu unseren direkten Mitbewerbern deutliche Umsatzrückgänge aufgezeigt. Im Rahmen einer Reihe von Marketing-Aktivitäten planen wir auch umfangreiche Werbemaßnahmen, um in den nächsten Monaten wieder Umsatzsteigerungen zu erzielen.

Bitte unterbreiten Sie der Geschäftsleitung Ihre Vorschläge für eine Werbung in Form eines Werbeplans für Ihre Produkte und treffen Sie Entscheidungen hinsichtlich folgender Punkte:

- Werbeziel
- Werbegegenstand (Werbeobjekt)
- Streukreis
- Streugebiet
- Streuzeit
- Werbeträger
- Werbemittel

Ihnen steht zunächst ein Werbeetat von 100.000,00 € zur Verfügung, der aber bei begründeten Vorschlägen ausgeweitet werden kann.

H. Peters

Arbeitsaufträge

1 Bilden Sie Gruppen und entwickeln Sie nach den Vorgaben der Hausmitteilung einen Werbeplan für ein Unternehmen Ihrer Wahl. Nutzen Sie hierfür den Vordruck des Werbeplans (Arbeitsblatt 44.1)!

2 Stellen Sie Ihren Werbeplan der Klasse vor und begründen Sie Ihre jeweiligen Entscheidungen.

Arbeitsblatt 44.1 | Werbeplan

Werbeplan für:

Branche:

Produkte / Leistungen:

Inhalte	Ihre Entscheidungen

Aufgaben

Aufgabe 1
Welches Ziel verfolgen Unternehmen mit der Kommunikationspolitik?

Aufgabe 2
Welche Instrumente gehören zur Kommunikationspolitik?

Aufgabe 3
Welche Werbemaßnahmen gehören zur Absatzwerbung?

Aufgabe 4
Was soll mithilfe von Werbung für das Unternehmen erreicht werden?

Aufgabe 5
Was versteht man unter Einzel- bzw. Kollektivwerbung?

Aufgabe 6
Unterscheiden Sie:
- **a** Gemeinschaftswerbung
- **b** Sammelwerbung
- **c** Verbundwerbung

Aufgabe 7
Unterscheiden Sie:
- **a** Werbebotschaft
- **b** Werbemittel
- **c** Werbeträger

Aufgabe 8
Sammeln Sie Beispiele von Werbungen und stellen Sie diese in Ihrer Klasse vor. Erläutern Sie, welche Zielgruppe mit dieser Werbung angesprochen werden sollte und inwieweit das den jeweiligen Unternehmen Ihrer Meinung nach gelungen ist.

Aufgabe 9
In den Medien wird häufig vor den Gefahren der Werbung gewarnt. Worin sehen Sie die Gefahren der Werbung und wie schätzen Sie ihre Bedeutung für den Verbraucher ein? Inwieweit sind Sie selbst schon durch Werbung in „Gefahr" gekommen?

Aufgabe 10
Sie sollen für Ihre Kunden einen Werbebrief schreiben, in dem Sie auf neue Produkte Ihres ehemaligen Praktikumsbetriebes aufmerksam machen.
- **a** Aufgrund welcher Informationen aus Ihrer Kundendatei wählen Sie die Kundenadressen aus?
- **b** Schreiben Sie diesen Brief unter Berücksichtigung der DIN 5008.

Aufgabe 11
Die AIDA-Formel spielt für eine erfolgreiche Werbung eine große Rolle. Erläutern Sie diese Formel anhand folgender Werbung.

SB ▸ Seite 285 ff. | Handlungsfeld 4, Kap. 7.3.2

Werbeerfolgskontrolle

Hausmitteilung

Fly Bike Werke GmbH

Absender	Empfänger	mit der Bitte um
☒ Geschäftsführung	☐ Geschäftsführung	☐ Kenntnisnahme
☐ Zentralsekretariat	☐ Zentralsekretariat	☒ Erledigung
☐ Controlling	☐ Controlling	☐ Stellungnahme
☐ Einkauf/Logistik	☐ Einkauf/Logistik	
☐ Produktion	☐ Produktion	
☐ Verwaltung	☒ Verwaltung	
☐ Vertrieb	☐ Vertrieb	
☐ Frau/Herr	☒ ~~Frau~~/Herr Steffes	

Lieber Herr Steffes,

ich benötige dringend die betriebswirtschaftliche Auswertung unserer diesjährigen Biking-Tour-Verkaufsfördeung. Liegen dazu schon Ergebnisse vor? Die Kosten der Veranstaltung waren offenbar erheblich. Hat sich die Verkaufsförderungsaktion gelohnt?

H. Peters

Biking-Tour

der Fly Bike Werke GmbH ein voller Erfolg

Die Kunden starten gut ausgerüstet in die neue Saison

Von Aurora Fessler

Oldenburg. Die Biking-Tour der Fly Bike Werke GmbH endete wie in jedem Frühjahr in Oldenburg.

Am Samstag wurde im Einkaufszentrum die letzte Etappe der Biking-Tour veranstaltet. Die Besucher konnten dabei Tipps zur Fahrradsicherung bekommen und sich über die neuesten Modelle der Fahrradmarke informieren. Besondere Highlights der Biking-Tour waren wie in jedem Jahr viele prominente Radsportler und die Gewinntombola. Der Geschäftsführer Hans Peters: „Wir freuen uns, den Kunden Freude am Radsport zu vermitteln. Wir hoffen, dass wir diese beliebte Aktion auch im nächsten Jahr fortsetzen können. Schließlich kostet die Aktion so einiges."

Die Besucher waren wie im Vorjahr sehr zufrieden mit der Veranstaltung. Dies lässt für die Fly Bike Werke auf gute Umsätze hoffen und für alle Teilnehmer und Besucher im nächsten Jahr auf eine Fortsetzung.

Fly Bike Werke GmbH

Zusammengefasste Kostenaufstellung für die Biking-Tour des vorigen Jahres	€
Wareneinsatz (u. a. Tombola)	178.500,00
Personalkosten	160.000,00
Energie und Heizung	8.000,00
Messezelt Miete	10.100,00
Messezelt Auf- und Abbau	80.000,00
Kosten für Verkaufsförderungsaktionen	3.000,00
Security/Bewachung	4.000,00
Zusammengefasste Kostenaufstellung für die Hausmesse diesen Jahres	**€**
Wareneinsatz (u. a. Tombola)	181.200,00
Personalkosten	160.000,00
Energie und Heizung	8.500,00
Messezelt Miete	10.200,00
Messezelt Auf- und Abbau	88.000,00
Kosten für Verkaufsförderungsaktionen	27.000,00
Security/Bewachung	4.200,00

Arbeitsaufträge

1 Führen Sie für die Biking-Tour eine Werbeerfolgskontrolle durch. Nutzen Sie dazu auch die Daten auf der folgenden Seite.

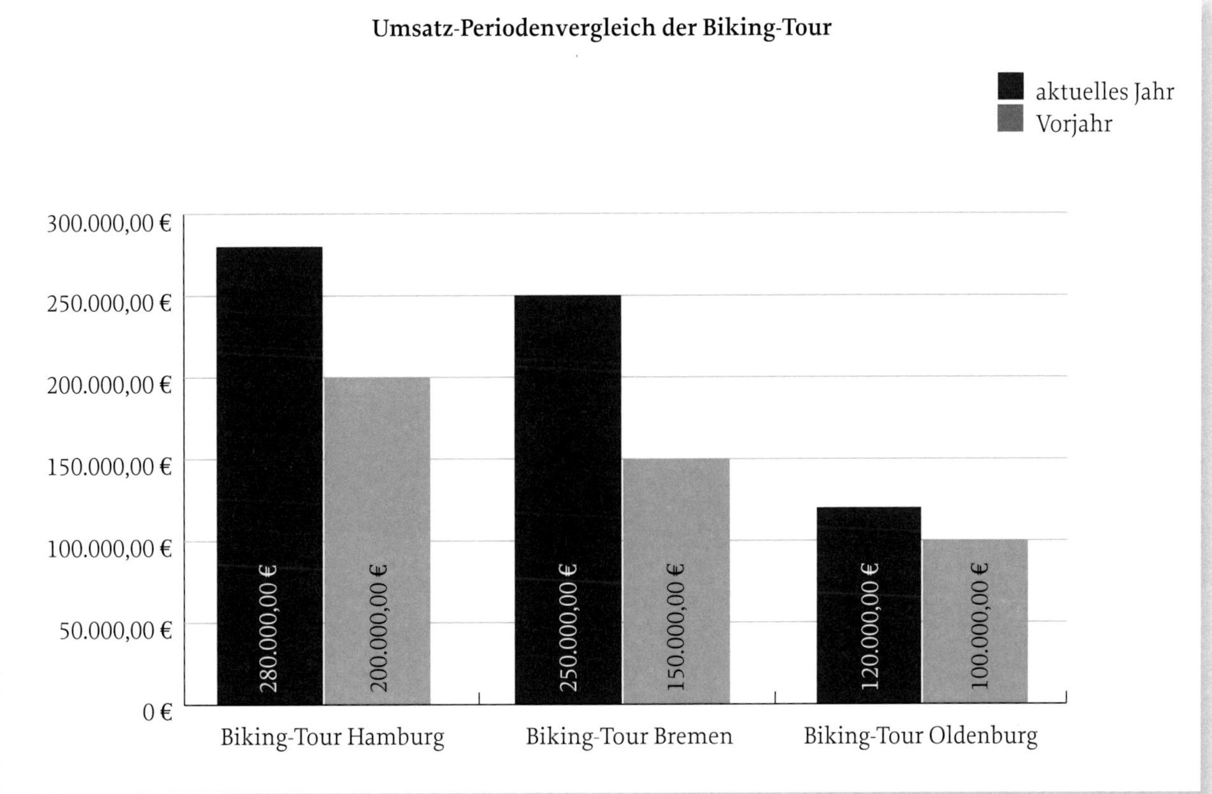

Werbeerfolgskontrolle der Biking-Tour				**Veränderung gegenüber Vorjahr** +/– %
Umsatz Vorjahr	€	Umsatz aktuelles Jahr	€	%
– Gesamtkosten Vorjahr (ausschließlich Verkaufsförderung)	€	– Gesamtkosten aktuelles Jahr (ausschließlich Verkaufsförderung)	€	%
– Verkaufsförderung	€	– Verkaufsförderung	€	%
= Ergebnis Vorjahr	€	= Ergebnis aktuelles Jahr	€	%
			Werberendite	%

2 Erklären Sie kurz die Aussage der Tabellendaten.

3 Warum ist aufgrund dieser Berechnung dennoch keine genaue Aussage über den Erfolg der Verkaufsförderungsmaßnahmen möglich?

4 Trotz des guten Erfolgs waren die Kosten für Werbung relativ hoch. Welche Möglichkeiten empfehlen Sie, um bei der Werbung oder Verkaufsförderung mit anderen Händlern zusammenzuarbeiten?

Arbeitsblatt 45.1 | Marketing-Instrument Kommunikationspolitik

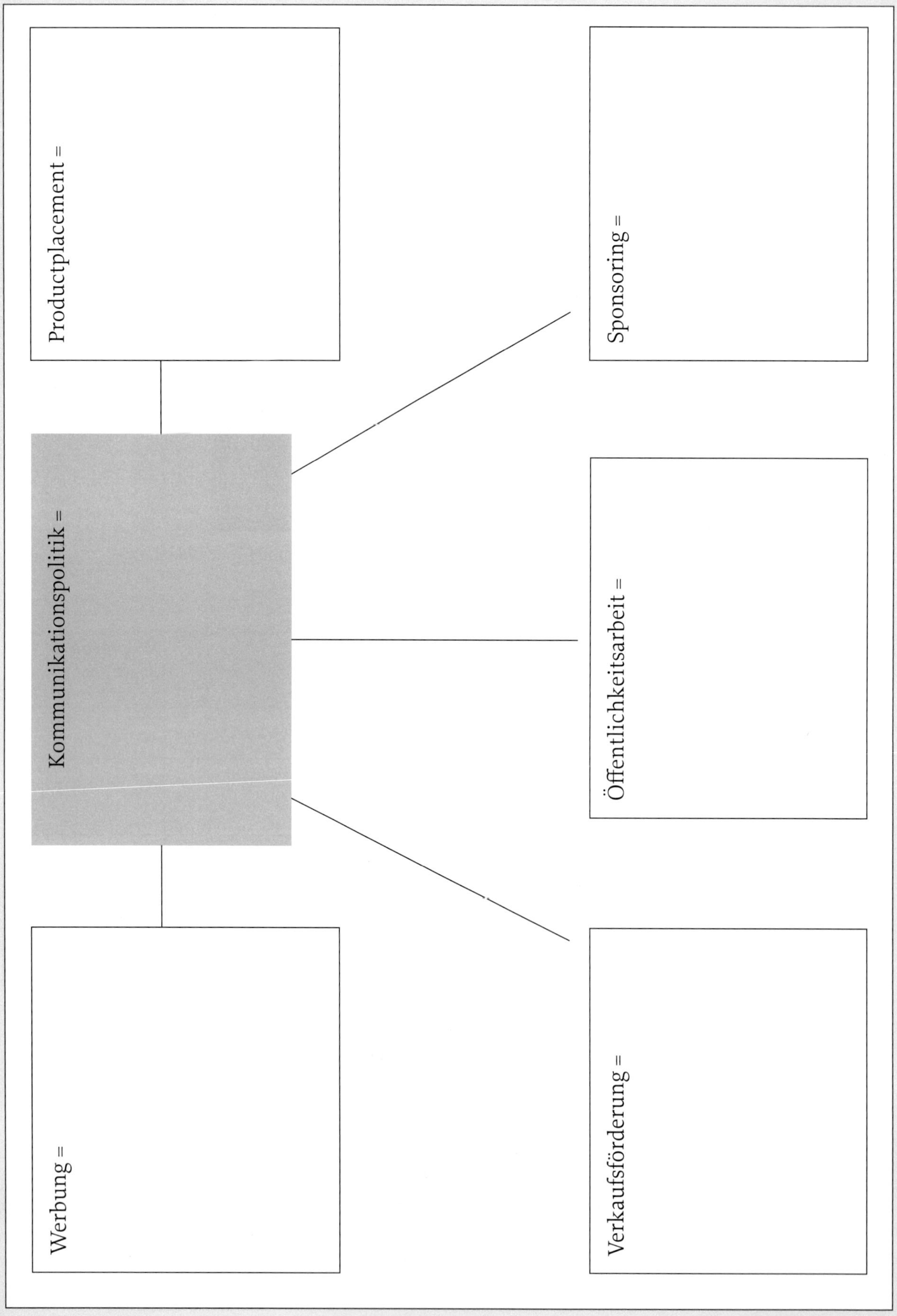

Aufgabe

Aufgabe 1

Ein großes Pharmaunternehmen, die Health Care AG, möchte eine Werbung für ein neues Nahrungsergänzungsmittel durchführen. Zielgruppe für dieses Produkt sind Frauen im Alter von 30–50 Jahren. Die geplante Werbung soll zunächst nur auf Printmedien beschränkt bleiben. Zur Auswahl stehen die folgenden Zeitschriften, die nach der Reichweite in der Zielgruppe sortiert sind.

Zielgruppe: Health Care AG, Potenzial: 24,5 %, 7.332 Fälle, 15,94 Mio.										
	„Medien Werbeträger"	Format	Farbe	EW	Schaltkosten in €	Tausendkontaktpreis (TKP)	Reichweite in der ZG in %	Reichweite in der ZG in Mio.	Anteil der Zielpersonen in %	Verbreitete Auflage in der ZG
1	Brigitte	1/1 S.	4c	14-tgl.	48.076	45,35	7,2	1,06	30,8	215.069
2	freundin	1/1 S.	4c	14-tgl.	35.200	47,57	5,0	0,74	28,6	146.492
3	tina	1/1 S.	4c	wö.	28.941	40,20	4,9	0,72	24,4	114.144
4	FÜR SIE	1/1 S.	4c	14-tgl.	27.500	39,28	4,8	0,70	29,7	137.197
5	Mein schöner Garten	1/1 S.	4c	mtl.	21.601	31,77	4,6	0,68	28,8	108.029
6	Gala	1/1 S.	4c	wö.	21.400	35,08	4,1	0,61	29,7	94.788
7	SCHÖNER WOHNEN	1/1 S.	4c	mtl.	28.525	47,54	4,1	0,60	30,7	74.144
8	PETRA	1/1 S.	4c	mtl.	22.250	60,14	2,5	0,37	31,1	86.736
9	Eltern	1/1 S.	4c	mtl.	29.908	80,83	2,5	0,37	29,8	98.441
10	frau aktuell	1/1 S.	4c	wö.	5.890	17,85	2,2	0,33	25,2	61.319

Verbraucheranalyse 2008/3 – Klassik

Erläuterungen zur Rangreihe

1/1 S.	ganzseitige Anzeige
4c	Anzeige vierfarbig
EW	Erscheinungsweise (wöchentlich, 14-täglich, monatlich)
Schaltkosten in €	Kosten für eine einmalige Schaltung in dem Titel
TKP	Tausenderpreis; gibt an, wie viel Euro man aufwenden muss, um tausend Zielpersonen zu erreichen
Reichweite in der ZG in %	gibt an, wie viel Prozent der Zielgruppe mit einer Schaltung in dem Titel durchschnittlich erreicht werden
Reichweite in der ZG in Mio.	gibt an, wie viele Zielpersonen mit einer Schaltung in dem Titel durchschnittlich erreicht werden
Anteil der ZG in %	gibt an, wie viel Prozent der Personen, die bei einer einmaligen Schaltung in dem Titel insgesamt erreicht werden, zur Zielgruppe gehören
verbreitete Auflage in der ZG	gibt an, wie viele Exemplare einer Ausgabe im Durchschnitt auf die Zielgruppe entfallen, also von Zielpersonen gekauft werden oder unentgeltlich an Zielpersonen abgegeben werden, z. B. zu Werbezwecken

ZG = Zielgruppe

a Wie kann es sein, dass bei einer einmaligen Schaltung in der Zeitschrift „Brigitte" 1,06 Mio. Zielpersonen erreicht werden, obwohl in der Zielgruppe im Durchschnitt nur 215.069 Exemplare von jeder Ausgabe verkauft werden?

b Wie ist die Tatsache zu beurteilen, dass bei der „Brigitte" der Anteil der Zielpersonen an den insgesamt pro Schaltung erreichten Personen nur 30,8 % beträgt?

c Wie viele Personen werden bei einer Schaltung in der „Brigitte" insgesamt erreicht?

d Das Unternehmen möchte mit der Werbung möglichst viele Zielpersonen erreichen, darum sollen nur Titel berücksichtigt werden, die in der Zielgruppe mindestens eine Reichweite von 2,5 % haben. Bei der Auswahl soll aber auch strikt das Prinzip der Wirtschaftlichkeit berücksichtigt werden. Aus der Rangreihe sind 5 Titel auszuwählen. Geben Sie an, welche Titel Sie der Vertriebsleiterin empfehlen würden, und begründen Sie Ihre Auswahl.

Lernsituation 46

Wissen ☐ Fertigkeiten ☐ Sozialkompetenz ☑ Selbstständigkeit ☑

SB ▸ Seite 286 ff. | Handlungsfeld 4, Kap. 8

Erstellung einer Marketing-Konzeption

Hausmitteilung

Fly Bike Werke GmbH

Absender	Empfänger	mit der Bitte um
☒ Geschäftsführung	☐ Geschäftsführung	☐ Kenntnisnahme
☐ Zentralsekretariat	☐ Zentralsekretariat	☒ Erledigung
☐ Controlling	☐ Controlling	☐ Stellungnahme
☐ Einkauf/Logistik	☐ Einkauf/Logistik	
☐ Produktion	☐ Produktion	
☐ Verwaltung	☐ Verwaltung	
☐ Vertrieb	☒ Vertrieb	
☒ ~~Frau~~/Herr Peters	☒ Frau/Herr Dogan / Baumann	

Liebe Frau Dogan,
lieber Herr Baumann,

in der nächsten Woche startet der Verband norddeutscher Kommunikationsagenturen wieder seine jährliche Workshop-Reihe Werbung 20XX. Ich freue mich, dass Sie Interesse an dem diesjährigen Crashkurs zum Thema „kommunikationspolitische Konzepte" haben.
Wie ich der Ankündigung entnehme, konnte als Referent Herr Lars van Seller, Geschäftsführer der renommierten Werbeagentur Top Seller in Hamburg, gewonnen werden. Das wird bestimmt sehr interessant!

Ich hoffe, dass Sie viele wertvolle Anregungen für unsere Frühjahrs-Kampagne erhalten, und freue mich schon auf Ihre ersten Entwürfe.

Mit freundlichen Grüßen

H. Peters

WORKSHOP-REIHE

Werbung 20XX

Einsteiger-Crashkurs:

Kommunikationspolitische Konzepte professionell gestalten

- Was steckt hinter guter Werbung?
- Welche Werbe-Strategie passt zu unserem Unternehmen?
- Wie kommen wir bei unseren Kunden richtig an?

Erfahren Sie in unserem eintägigen Crashkurs, wie man professionell und erfolgreich eine kommunikationspolitische Konzeption erstellt.

Unser Referent, Lars van Seller, unterstützt Sie mit zahlreichen Beispielen aus der Praxis und gibt wertvolle Tipps, wie Sie Ihren eigenen Werbeauftritt optimieren.

Montag, 16. November 20XX, 9 – 17 Uhr
Veranstaltungsort: Konferenzraum der Agentur Top Seller
Am Alstertor 20, 20888 Hamburg

Arbeitsblatt 46.1 | Kommunikationspolitische Konzepte analysieren

Sie kennen die Grundlagen der Positionierung und der inhaltlichen und gestalterischen Aspekte im Rahmen einer Copy-Strategie? Dann sind Sie fit für unsere Einstiegs-Übung! Auf den nächsten Seiten finden Sie Beispiele für erfolgreiche Werbekampagnen aus unterschiedlichen Branchen. Wählen Sie eines der vier Beispiele aus und analysieren Sie das kommunikationspolitische Konzept anhand der folgenden Leitfragen. Arbeiten Sie zu zweit oder in größeren Gruppen und stellen Sie anschließend die Ergebnisse Ihrer Analyse vor. Viel Spaß!

Name des Beispiels	
Positionierung Über welche Dimension(en) positioniert sich das Unternehmen bzw. das Produkt? Welches Thema, welche Ziele stehen im Vordergrund?	
Zielgruppe An wen wendet sich das Unternehmen bzw. das Produkt?	
Consumer Benefit (Nutzenversprechen) Welcher Vorteil wird der Zielgruppe versprochen? USP/UAP?	
Reason Why (Nutzenbegründung) Wie wird das Nutzenversprechen glaubhaft gemacht?	
Tonality/Flair Wie soll der Kunde die Werbung psychologisch und semiotisch erfahren?	
Key Visual Beschreiben Sie das visuelle Grundmotiv der Werbung.	
Headline/Subline Wie lauten die Haupt- und ggf. Zwischenüberschriften?	
Claim bzw. Slogan Wie lautet der prägnante Werbespruch (bezogen auf die Kampagne bzw. als Konstante bezogen auf das Unternehmen)	
Corporate-Design-Konstante Gibt es ein einheitliches Erscheinungsbild des Unternehmens in der Öffentlichkeit? (Unternehmenslogo, -farben, -typographie)	

Beispiel 1: Fressnapf

Beispiel 2: smart (Daimler AG)

Beispiel 3: ERGO Versicherungsgruppe AG

Beispiel 4: Hornbach

Arbeitsblatt 46.2 | Ein eigenes kommunikationspolitisches Konzept entwerfen

Entwerfen Sie eine Printwerbung für die neue Frühjahrskampagne der Fly Bike Werke GmbH!

Berücksichtigen Sie die Vorgaben von Herrn Peters sowie weitere Anhaltspunkte aus der Einstiegsübung und bringen Sie eigene Ideen ein. Verwenden Sie ggf. ein Extra-Blatt für Ihre Notizen. Falls möglich, können Sie Ihren Entwurf auch mithilfe eines Präsentationsprogrammes erstellen.

Beworben werden soll der Produktbereich Mountainbikes, Zielgruppe sind Kunden zwischen 15 und 25 Jahren. Im kommenden Geschäftsjahr soll der Bereich Freizeitsport stärker fokussiert werden. Der Zielgruppe soll verdeutlicht werden, dass sie mit Mountainbikes der Fly Bike Werke nicht nur qualitativ, sondern auch „trendmäßig" richtig liegen.

Gez. H. Peters

Wissen ☑ Sozialkompetenz ☐
Fertigkeiten ☑ Selbstständigkeit ☑

Lernsituation 47

SB ▸ Seite 310 ff. | Handlungsfeld 4, Kap. 11.1–11.3

Details eines Kaufvertrags beschreiben

Situation

In der Vertriebsabteilung der Fly Bike Werke GmbH:
Mit Beginn des heutigen Arbeitstages findet Herr Baumann folgenden Brief eines Kunden zur Bearbeitung vor.

Fahrradhandel Uwe Klein e. K.

Uwe Klein e. K. • Am Wasserturm 4 • 66113 Saarbrücken

Fly Bike Werke GmbH
Rostocker Str. 334
26121 Oldenburg

Posteingang: 19.10.20XX

Ihr Zeichen, Ihre Nachricht vom	Unser Zeichen, unsere Nachricht vom	Telefon, Name	Datum
	ti-ps	0681 685081 Uwe Klein	18.10.20XX

Stornierung der Bestellung vom 12. Oktober 20XX

Sehr geehrte Damen und Herren,

die von mir am 12. Oktober 20XX an Sie gefaxte Bestellung über 200 City-Räder Modell 102 möchte ich mit diesem Schreiben stornieren. Wie mir erst gestern bekannt wurde, ist sowohl das mir zugesandte Angebot als auch die Auftragsbestätigung von Ihrem minderjährigen Auszubildenden angefertigt und unterschrieben worden.

Da dies rechtlich nicht zulässig und kaufmännisch in meinen Augen höchst bedenklich ist, storniere ich die Ihnen vorliegende Bestellung.

Mit freundlichen Grüßen

Fahrradhandel Uwe Klein

U. Klein
Uwe Klein

Arbeitsauftrag

Formulieren Sie unter Berücksichtigung der DIN 5008 ein Antwortschreiben an den Kunden, in dem Sie ihn über die rechtliche Situation aufklären. Nutzen Sie den Briefvordruck auf der nächsten Seite.

Fly Bike Werke GmbH

FBW GmbH • Rostocker Str. 334 • 26121 Oldenburg

____

____

____

Ihr Zeichen, Ihre Nachricht vom	Unser Zeichen, unsere Nachricht vom	Telefon, Name	Datum

Geschäftsführer	Bankverbindungen	Landessparkasse	Fax	Finanzamt 2364
Hans Peters	Deutsche Bank AG	Oldenburg	0441 885 92-11	Oldenburg
	IBAN DE6828070057	IBAN DE8628050100	E-Mail	Steuer-Nr. 112/8870/0057
HR Oldenburg B 2134	2114253666	0112326444	mail@flybike-werke.de	USt-ID-Nr. DE 236667691

Arbeitsblatt 47.1 | Geschäftsfähigkeit

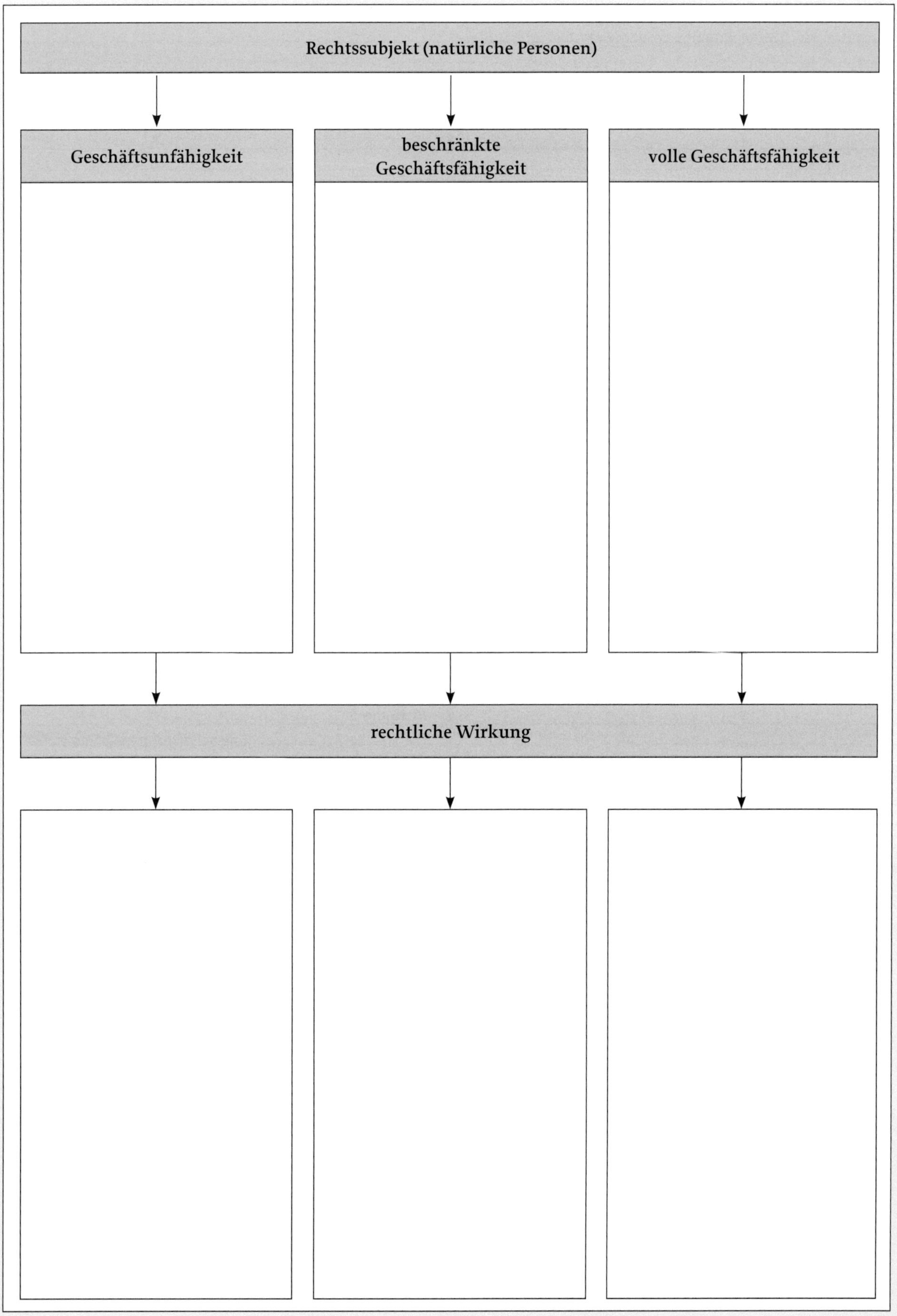

Aufgaben

Aufgabe 1
Kann der beschränkt Geschäftsfähige in folgenden Fällen nur mit einer Zustimmung des gesetzlichen Vertreters Geschäfte abschließen? Begründen Sie anhand des Gesetzes.

	ja	nein
a Ein Jugendlicher erwirbt von seinem Taschengeld eine DVD.		
b Ein Jugendlicher nimmt eine Schenkung an, die ihn zu nichts verpflichtet.		
c In einem Kreditinstitut fragt ein Jugendlicher nach einem Darlehen für ein Schlagzeug.		
d Ein Jugendlicher möchte von seinem Taschengeld an einem Tauchkurs teilnehmen.		
e In seinem Ausbildungsbetrieb verkauft ein Jugendlicher einer Kundin Waren im Wert von 1.500,00 €.		

Aufgabe 2
Drei Monate nach der Geburt von Jan stirbt die vermögende Tante Helena und vermacht Jan ihr ganzes Vermögen (zwei große Wohnhäuser und 650.000,00 €). Kann Jan Erbe werden? Begründen Sie Ihre Meinung.

Aufgabe 3
Der 17-jährige Christoph lässt sich ohne Wissen seiner Eltern von einem Vertreter zur Bestellung eines zehnbändigen Handbuches über Betriebswirtschaftslehre überreden. Der Gesamtpreis beträgt 125,00 €.
Ist der Kaufabschluss rechtsgültig?

Aufgabe 4
Kann Heiko, 17 Jahre, das Geschäft seiner Mutter, die vor kurzem einen Herzinfarkt erlitten hat, in voller Alleinverantwortung übernehmen? (Begründung!)

Aufgabe 5
Heiko entschließt sich nach einiger Zeit, mit dem verdienten Geld aus dem Geschäft ein Ferienhaus auf Mallorca zu kaufen, und schließt mit einem Makler einen Kaufvertrag ab.
Überprüfen Sie die Gültigkeit dieses Kaufvertrages und begründen Sie Ihre Entscheidung.

Aufgabe 6
Um welche Art von Rechtsgeschäften handelt es sich?

Rechtsgeschäft	einseitiges Rechtsgeschäft	zweiseitiges Rechtsgeschäft	nicht empfangsbedürftige Willenserklärung	empfangsbedürftige Willenserklärung
Mietvertrag	☐	☐	☐	☐
Testament	☐	☐	☐	☐
Kündigung	☐	☐	☐	☐
Kaufvertrag	☐	☐	☐	☐

Aufgabe 7
Dürfen minderjährige Auszubildende selbstständig verkaufen?
Begründen Sie dies anhand des Gesetzes.

Aufgabe 8
In welchem Maße sind die folgenden Rechtssubjekte rechts- bzw. geschäftsfähig?

a eine Gesellschaft mit beschränkter Haftung
b ein Kegelklub
c ein entmündigtes geistig behindertes Kind
d ein siebzehnjähriger Auszubildender
e ein ungeborenes Kind
f ein Rauschgiftsüchtiger
g ein Hund

Aufgabe 9
Geben Sie an, ob es sich um natürliche oder juristische Personen des öffentlichen oder des privaten Rechts handelt:

- **a** Kegelklub
- **b** Siemens AG
- **c** Ärztekammer Westfalen-Lippe
- **d** Bundesversicherungsanstalt für Angestellte
- **e** Mitteldeutscher Rundfunk
- **f** Evangelische Kirche Hessen/Nassau
- **g** AOK
- **h** Bergbauberufsgenossenschaft

Aufgabe 10
Eine Fünfjährige kauft sich zwei Tüten Gummibären. Die Eltern verlangen, dass der Süßwarenhändler diese zurücknimmt. Nehmen Sie Stellung zu diesem Sachverhalt.

Aufgabe 11
Wie entstehen juristische Personen des privaten Rechts?

Aufgabe 12
Aus welchem Grund hat der Gesetzgeber für verschiedene Rechtsgeschäfte Formvorschriften verankert?

Aufgabe 13
Welche Formvorschriften sind für folgende Rechtsgeschäfte vorgeschrieben?
Suchen Sie die jeweiligen rechtlichen Grundlagen.

- **a** Kaufvertrag über ein Auto
- **b** Kaufvertrag über eine Eigentumswohnung
- **c** Vermietung einer Eigentumswohnung
- **d** Verpachtung eines Grundstückes
- **e** Bürgschaftserklärung eines Kaufmannes
- **f** Bürgschaftserklärung einer Privatperson
- **g** Aufsetzen eines Testaments einer Privatperson

Aufgabe 14
Bestimmen Sie, wer in den folgenden Fällen Eigentümer und wer Besitzer ist.

		Eigentümer	Besitzer
a	Karin wohnt in einer Wohngemeinschaft zur Untermiete.	☐	☐
b	Der Sachbearbeiter des Einkaufs darf mit dem Firmenwagen des Prokuristen fahren.	☐	☐
c	Zwei zehnjährige Jungen finden eine Geldbörse, ohne sie zum Fundbüro zu bringen.	☐	☐
d	Peter verleiht sein Fahrrad an Andreas.	☐	☐
e	Andreas verkauft Peters Fahrrad an seinen Kumpel Bernd.	☐	☐
f	Der Hausmeister wohnt zur Miete in dem Zwölffamilienhaus des Unternehmers.	☐	☐
g	Ede verkauft gestohlene Ware an einen Kunden, der die Ware sofort bezahlt und mitnimmt.	☐	☐
h	Ein Möbelhaus liefert der Familie Baumann eine neue Schrankwand. Die Bezahlung erfolgt vereinbarungsgemäß eine Woche später.	☐	☐

Wissen ☑ Fertigkeiten ☑ Sozialkompetenz ☐ Selbstständigkeit ☑

SB ▸ Seite 315 ff. | Handlungsfeld 4, Kap. 11.4

Nichtigkeit und Anfechtbarkeit von Rechtsgeschäften

Situation

In der Vertriebsabteilung der Fly Bike Werke GmbH:
Frau Ganser wundert sich über den Inhalt der folgenden E-Mail-Bestellung von Frau Adams, Einkäuferin bei der Nordrad GmbH. Frau Adams ist sonst nicht an solch großen Stückzahlen von City-Rädern interessiert. Die Auszubildende Frau Lotto wird von Frau Ganser beauftragt, die Bestellung weiter zu bearbeiten, jedoch vorher nochmal inhaltlich zu überprüfen.

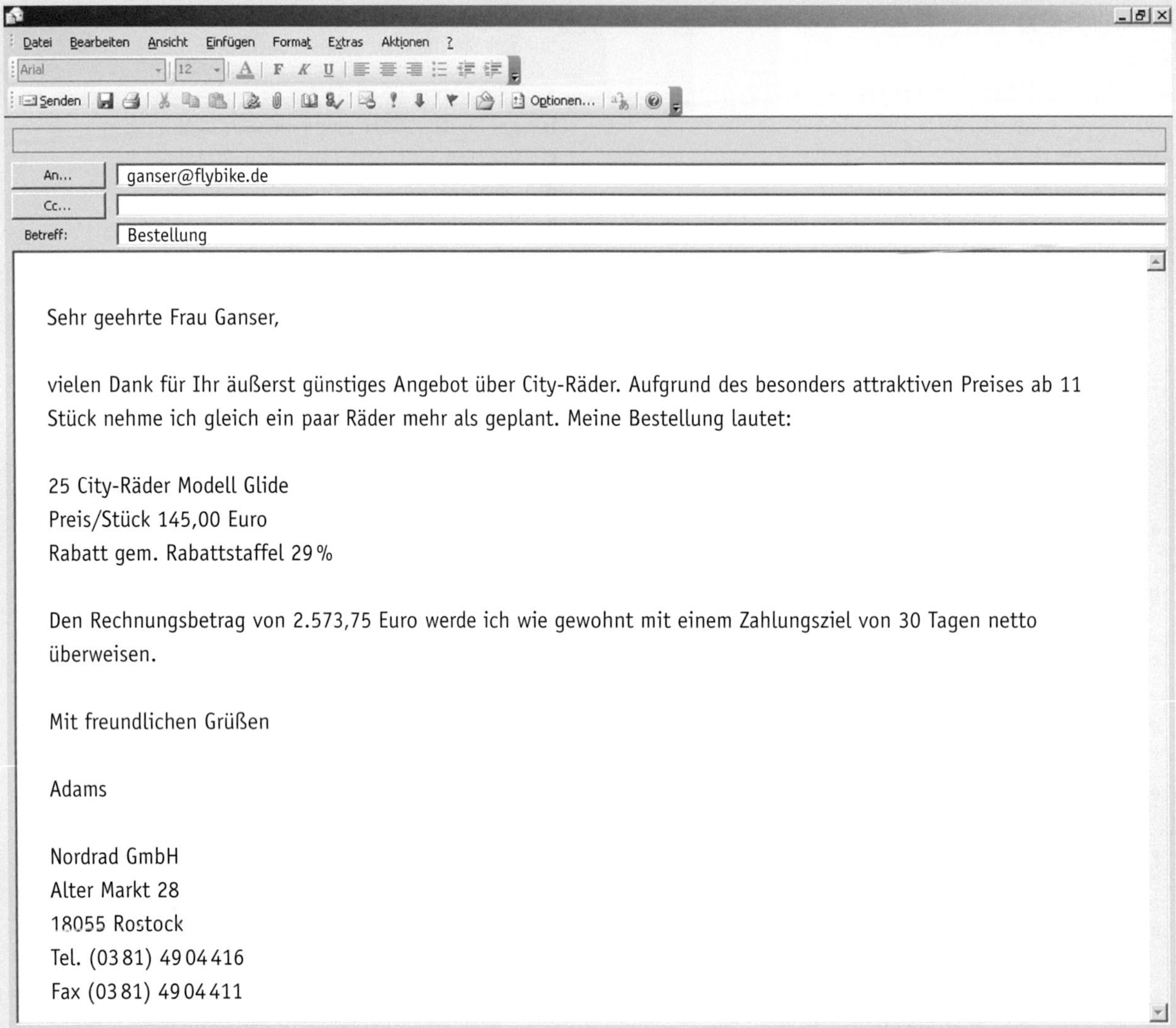

An... ganser@flybike.de

Cc...

Betreff: Bestellung

Sehr geehrte Frau Ganser,

vielen Dank für Ihr äußerst günstiges Angebot über City-Räder. Aufgrund des besonders attraktiven Preises ab 11 Stück nehme ich gleich ein paar Räder mehr als geplant. Meine Bestellung lautet:

25 City-Räder Modell Glide
Preis/Stück 145,00 Euro
Rabatt gem. Rabattstaffel 29 %

Den Rechnungsbetrag von 2.573,75 Euro werde ich wie gewohnt mit einem Zahlungsziel von 30 Tagen netto überweisen.

Mit freundlichen Grüßen

Adams

Nordrad GmbH
Alter Markt 28
18055 Rostock
Tel. (0381) 4904416
Fax (0381) 4904411

Arbeitsaufträge

1 Begleiten Sie Frau Lotto bei der inhaltlichen Überprüfung der Bestellung.

a Überprüfen und begründen Sie, ob ein Kaufvertrag zu Stande gekommen ist.

b Beurteilen Sie die Rechtslage für die vorliegende Bestellung aus der Sicht der Fly Bike Werke.

c Entwerfen Sie einen Text für die Antwort-E-Mail an Frau Adams.

Arbeitsblatt 48.1 | Nichtigkeit und Anfechtbarkeit

Anfechtbarkeit von Rechtsgeschäften

Anfechtbares Rechtsgeschäft	Aus welchem Grund ist das Rechtsgeschäft anfechtbar?
a Ein Verkäufer verkauft versehentlich einen Laminatboden für 8,60 €/m² statt für 18,60 €/m².	
b Eine Auszubildende notiert bei der Entgegennahme einer Bestellung eine falsche Bestellmenge.	
c Eine Verkäuferin verkauft unabsichtlich eine Imitation als echten Goldschmuck.	
d Ein Jugendlicher verkauft seinem Freund eine schon mehrfach abgespielte DVD als neu.	
e Ein Hausierer zwingt eine ältere Frau zum Kauf von zehn Postkarten für 29,00 €.	

Nichtigkeit von Rechtsgeschäften

Nichtiges Rechtsgeschäft	Aus welchem Grund ist das Rechtsgeschäft nichtig?
a Ein Sechsjähriger kauft nach der Schule einen Schokoriegel.	
b Ein stark angetrunkener Kunde kauft eine Digitalkamera.	
c Eine Dreizehnjährige kauft ohne Wissen ihrer Eltern ein Handy für 100,00 €.	
d Ein Kunde hat für 45,00 € Schreibwaren gekauft. Er lässt sich eine Quittung über 98,00 € ausstellen.	
e Ein über sein reparaturanfälliges Fahrzeug verärgerter Kunde sagt: „Die Karre können Sie geschenkt haben."	
f Ein Fünfzehnjähriger kauft eine Flasche Champagner.	
g Ein Abteilungsleiter kauft eine Ferienwohnung ohne notarielle Beurkundung des Vertrages.	
h Eine Achtzehnjährige kauft eine Waschmaschine auf Raten zu deutlich überhöhten Zinskonditionen.	

Aufgaben

Entscheiden Sie, ob folgende Rechtsgeschäfte gültig, nichtig oder anfechtbar sind, und begründen Sie kurz!

Rechtsgeschäft	gültig	nichtig	anfechtbar	Begründung
1 Klaus Ziegler sagt während eines Verkaufsgesprächs zu einem Kunden: „Diese Bohrmaschine von Posch bekommen Sie bei uns wirklich für einen Appel und ein Ei." Der Kunde möchte daraufhin mit einem Apfel und einem Ei bezahlen.	☐	☐	☐	
2 Die 4-jährige Lucca verkauft ihren Puppenwagen für 5,00 €.	☐	☐	☐	
3 Regina Pech kauft einen Gebrauchtwagen. Bei der ersten Inspektion stellt die Werkstatt fest, dass es sich um einen Unfallwagen handelt. Im schriftlichen Kaufvertrag wurde das Fahrzeug als unfallfrei erklärt.	☐	☐	☐	
4 Frau Pingel tippt ihr Testament, damit es gut lesbar ist, mit der Schreibmaschine ab und unterschreibt es eigenhändig.	☐	☐	☐	
5 Kunde Maus kauft einen PC ohne schriftlichen Vertrag. Nach 3 Monaten stellt sich heraus, dass er für seine Zwecke einen viel zu kleinen Arbeitsspeicher gewählt hat.	☐	☐	☐	
6 Der Verkäufer Ziegler versendet an einen Kunden ein schriftliches Angebot für Schlagbohrmaschinen. Versehentlich schreibt er als Angebotspreis 255,99 € statt 299,55 €.	☐	☐	☐	

SB ▸ Seite 323 ff. | Handlungsfeld 4, Kap. 12

Rechtsverbindliche Angebote verfassen und Aufträge bearbeiten

Situation

In der Vertriebsabteilung der Fly Bike Werke GmbH ging heute Morgen folgende Anfrage eines Kunden, der Bike GmbH aus Magdeburg, ein.

BIKE GMBH

Bike GmbH Leipziger Chaussee 12 39118 Magdeburg

Fly Bike Werke GmbH
Rostocker Str. 334
26121 Oldenburg

Posteingang: 15.11.20XX

Ihr Zeichen, Ihre Nachricht vom	Unser Zeichen, unsere Nachricht vom	Telefon, Name	Datum
	gsch/bbil	0391 509061 Herr Gründel	13.11.20XX

Anfrage

Sehr geehrte Damen und Herren,

wir beabsichtigen, unser Sortiment um hochwertige Rennräder zu erweitern. Da unsere Kundschaft hauptsächlich aus ambitionierten Hobby-Radrennfahrern besteht, sollte es sich um qualitativ konkurrenzfähige Räder handeln.

Wir bitten Sie, uns ein entsprechendes Angebot zu unterbreiten.

Mit freundlichen Grüßen

i. A. *Gründel*

Gründel

Arbeitsaufträge

1 Erläutern Sie, welche Überlegungen vor Abgabe eines Angebotes durch die Fly Bike Werke GmbH angestellt werden müssen.

2 Erstellen Sie ein schriftliches Angebot und beachten Sie die Vorgaben der DIN 5008. Nutzen Sie ferner die folgenden Informationen:

Auszug aus der Preisliste der Fly Bike Werke GmbH:

Artikel Nr.	Bezeichnung	UVP (Euro)
401	Renn Fast	1.260,00
402	Renn Superfast	2.205,00

Zahlungs- und Lieferbedingungen

Lieferzeit	Vier Tage
Zahlungsbedingungen	– 30 Tage auf Ziel – 8 Tage/2 % Skonto
Beförderungskosten	ab 5.000 € Nettowarenwert frei Haus/frei Lager

Rabattstaffel	
Stückzahl	Rabatt
1–10	27,5 %
11–50	29,0 %
51–100	30,0 %
101–250	31,0 %
251–500	32,0 %
>500	33,0 %

Folgesituation 1

Nach sechs Tagen geht folgende Bestellung per Brief ein:

BIKE
GMBH

Bike GmbH Leipziger Chaussee 12 39118 Magdeburg

Posteingang: 21.11.20XX

Fly Bike Werke GmbH
Rostocker Str. 334
26121 Oldenburg

Ihr Zeichen, Ihre Nachricht vom	Unser Zeichen, unsere Nachricht vom	Telefon, Name	Datum
	gsch/bbil	0391 509061 Herr Gründel	19.11.20XX

Bestellung Nr. 101b

Sehr geehrte Damen und Herren,

vielen Dank für Ihr Angebot. Wir bestellen hiermit unter Berücksichtigung Ihrer Preis- und Rabattliste:

30 Rennräder Modell Renn Fast, Art. 401, zum Gesamtpreis von 26.460,– € netto.
30 Rennräder Modell Renn Superfast, Art. 402, zum Gesamtpreis von 46.305,– € netto.

Sollten sich die Rennräder gut verkaufen, werden wir bei der nächsten Bestellung eine größere Menge ordern.

Mit freundlichen Grüßen

i. A. *Gründel*

Gründel

Arbeitsaufträge

1 Um welche Art des Kaufvertrages könnte es sich hier handeln?
2 Begründen Sie, ob mit der Bestellung ein rechtskräftiger Kaufvertrag zu Stande gekommen ist.
3 Entscheiden Sie begründet, wie die Fly Bike Werke GmbH auf die Bestellung des Kunden reagieren sollte. Verfassen Sie ein entsprechendes Schreiben.
4 Erstellen Sie – unabhängig von Ihrer Entscheidung in Arbeitsauftrag 3 – den Lieferschein und die Rechnung unter der Annahme, dass ein Kaufvertrag zu Stande gekommen ist und eine Lieferung an die Bike GmbH erfolgt. Verwenden Sie die Formulare auf der nächsten Seite.

Fly Bike Werke GmbH

FBW GmbH • Rostocker Str. 334 • 26121 Oldenburg

Lieferschein Nr.					
Bearbeiter		Kundennr.	Ihre Bestellung Nr.	vom	Versanddatum
Versandart/Freivermerk			Verpackungsart		
Pos.-Nr.	Artikel-Nr.	Artikelbezeichnung		Menge	Mengeneinheit
		Ware erhalten Ort, Datum, Unterschrift			

Fly Bike Werke GmbH

FBW GmbH • Rostocker Str. 334 • 26121 Oldenburg

Rechnung Nr.				
Bearbeiter	Kundennr.	Ihre Bestellung Nr.	Ihre Bestellung vom	Rechnungsdatum
Versandart/Freivermerk		Verpackungsart		Geliefert am

Pos.-Nr.	Artikel-Nr.	Artikelbezeichnung	Menge	Einzelpreis in €	Rabatt in %	Gesamtpreis in €
					Nettorechnungsbetrag in €	
					+19 % Umsatzsteuer in €	
					Bruttorechnungsbetrag in €	

Bitte überweisen Sie unter Angabe der Rechnungsnummer.

	Datum	Skonto	Skonto in €	Betrag in €
Innerhalb der Skontofrist bis:		2%		
Innerhalb der Zahlungsfrist bis:		– –	– –	

Arbeitsblatt 49.1 | Kaufvertrag

Verpflichtungs- und Erfüllungsgeschäft beim Kaufvertrag

Kaufverträge kommen zu Stande durch zwei übereinstimmende Willenserklärungen.

Verkäufer — 1. Willenserklärung: Antrag → **Käufer**

← 2. Willenserklärung: Annahme

Abschluss des Kaufvertrages

Verkäufer | **Käufer** oder **Verkäufer** | **Käufer**

Die Vertragspartner verpflichten sich zu bestimmten Leistungen.

Verpflichtungsgeschäft

Pflichten des Verkäufers

Pflichten des Käufers

Erfüllungsstand

Aufgaben

Aufgabe 1
In einem Schaufenster ist ein Kleid mit 198,00 € ausgezeichnet. Ist der Verkäufer an diesen Preis gebunden, wenn es sich um einen Auszeichnungsfehler handelt und das Kleid eigentlich 298,00 € kostet?

Aufgabe 2
Nachdem ein Hersteller eine Preisliste an Kunden verschickt hat, stellt er fest, dass es sich nicht um die aktuelle Preisliste, sondern um die des Vorjahres handelt. Bis wann muss er sein Angebot widerrufen?

Aufgabe 3
Stellen Sie fest, ob es sich in folgenden Fällen um rechtswirksame Angebote handelt:

	rechtswirksames Angebot	
	ja	nein
a Schaufensterauslage	☐	☐
b zugesendete Ware ohne Aufforderung	☐	☐
c Vorlage von Ware in einem Geschäft	☐	☐

Aufgabe 4
In einem Katalog werden drei Bücher für insgesamt 19,00 € angeboten. Ein Kunde bestellt die Bücher zu 17,00 €.

a Kommt ein Kaufvertrag zu Stande?
b Wie ist die Sachlage, wenn die Bücher zu 17,00 € geliefert werden?

Aufgabe 5
Ein Industrieunternehmen bestellt auf ein bis zum 30. Juni gültiges Angebot eines Lieferers erst am 4. Juli, da sich der zuständige Sachbearbeiter im Krankenhaus befand. Ist der Lieferer an sein Angebot gebunden?

Aufgabe 6
Wie lange ist der Anbietende an seinen Antrag gebunden? Wie kann man die Gebundenheit an sein Angebot ausschließen?

Aufgabe 7
Ein Käufer in Hannover erhält von dem Verkäufer die Mitteilung „Gerichtsstand und Erfüllungsort ist München." Was bedeutet dies für den Käufer?

Aufgabe 8
Nennen Sie drei Auswirkungen der Warenschuld bei folgender vertraglicher Vereinbarung: „Erfüllungsort und Gerichtsstand für beide Teile ist der Niederlassungsort des Käufers."

Aufgabe 9
Was unterscheidet die Vertragsklauseln „frei" und „unfrei"?

Aufgabe 10
Wonach richtet sich bei Verträgen der Erfüllungsort und was wird durch den Erfüllungsort festgelegt?

Aufgabe 11
Unter welchen Voraussetzungen werden Allgemeine Geschäftsbedingungen Bestandteil eines Kaufvertrages?

Aufgabe 12
Welchen Zweck verfolgt ein Unternehmen mit seinen Allgemeinen Geschäftsbedingungen?

Aufgabe 13
Welche Möglichkeiten hat ein Käufer, wenn er mit den Allgemeinen Geschäftsbedingungen des Verkäufers nicht einverstanden ist?

Aufgabe 14
Das Bürgerliche Gesetzbuch (BGB) regelt die Wirksamkeit von Allgemeinen Geschäftsbedingungen. Welche Regelungen gelten
a bei individuellen Absprachen?
b bei mehrdeutigen Klauseln?
c bei unwirksamen Klauseln?

SB ▸ Seite 343 ff. | Handlungsfeld 4, Kap. 13

Zahlungssysteme vergleichen und beurteilen

Situation

Bettina Lotto, die zurzeit in der Vertriebsabteilung eingesetzt ist, darf nach einer Schulung zum Umgang mit Kunden am Telefon inzwischen telefonische Bestellungen aufnehmen. Bei einem ihrer ersten Gespräche wird sie vom Kunden gefragt, ob die Fly Bike Werke GmbH die Bezahlung des Rechnungsbetrages auch per Kreditkarte akzeptiert. Weil Bettina sich nicht sicher ist, muss sie den Anrufer an eine Kollegin weiterleiten. Sie beschließt, sich über die möglichen Zahlungsarten erst einmal richtig schlau zu machen.

Arbeitsaufträge

1 Erstellen Sie eine Übersicht über die möglichen Zahlungsformen, deren Merkmale und die jeweiligen Vor- und Nachteile für die Fly Bike Werke GmbH. Nutzen Sie dazu das untenstehende Schema.

2 Entscheiden Sie sodann begründet, welche dieser Zahlungsformen für die Fly Bike Werke GmbH grundsätzlich geeignet sind.

Zahlungsform	Merkmale	Vorteile für die Fly Bike Werke GmbH	Nachteile für die Fly Bike Werke GmbH

Arbeitsblatt 50.1 | Zahlungsarten

Zahlungsart	Erläuterung	Beispiele
	Weder Zahlender noch Zahlungsempfänger benötigt ein Girokonto	
halbbare Zahlung	a)	
	b)	Zahlschein, Zahlung per Nachnahme

Vergleich Lastschrift und Dauerauftrag		
	Dauerauftrag	**Lastschrift (Einzugsermächtigung und Abbuchungsauftrag)**
wird eingerichtet vom ...		
besonders geeignet für ...		
Vorteile für den Zahler:		Zahlschein, Zahlung per Nachnahme
Vorteile für den Zahlungsempfänger:		

Folgesituation

Bettina Lottos jüngere Schwester Claudia geht noch zur Schule. Ihr Taschengeld reicht kaum, um die monatliche Handyrechnung zu bezahlen, und außerdem möchte Claudia sich auch noch einige „Extras" nebenbei leisten können. Deshalb hat sie einen Aushilfsjob im örtlichen Supermarkt angenommen. Ihr neuer Chef hat Claudia aufgefordert, ihm ihre Kontonummer zu geben, damit ihr Lohn überwiesen werden kann. Bisher hatte Claudia kein Girokonto und hat sich deshalb folgende Angebote besorgt.

– SPAR-BANK –

Girokonto

Kontoführung: 36 Euro/Jahr

*

darin enthalten:

- *20 beleghafte Buchungen pro Monat, jede weitere beleghafte Buchung 0,50 €*
- *Onlinebanking, Telefonbanking*
- *Kontoauszüge am Kontoauszugsdrucker*
- *Bankkarte, EC-Karte*
- *Guthabenverzinsung 1 %*
- *Dispo-Kredit 500 € (10 % Zinsen)*

*

Kreditkarte: Aufpreis 10 € / Jahr
Zusendung der Kontoauszüge: Aufpreis 0,70 € pro Monat

BB-BANK

Girokonto
Kontoführung: frei

darin enthalten:

- 8 beleghafte Buchungen pro Monat, jede weitere beleghafte Buchung 1,00 € Onlinebanking, Telefonbanking
- Kontoauszüge am Kontoauszugsdrucker
- Bankkarte
- kein Dispo

EC-Karte: Aufpreis 3,00 €/Jahr
Kreditkarte: Aufpreis 15,00 €/Jahr
Zusendung der Kontoauszüge: Aufpreis 1,50 €/Monat

Arbeitsaufträge

1 Erläutern Sie Claudia, wozu man ein Girokonto generell benutzen kann.

2 Claudia ist unsicher, ob sie auch eine EC-Karte und eine Kreditkarte braucht. Erstellen Sie eine Übersicht, in der Sie Vor- und Nachteile von EC-Karte und Kreditkarte für den Nutzer darstellen.

3 Machen Sie Claudia einen begründeten Vorschlag für eines der beiden Angebote. Sie rechnet mit ca. 10 beleghaften Buchungen im Monat, möchte neben der Bankkarte auch eine EC-Karte haben und rechnet mit einem durchschnittlichen monatlichen Guthaben von 150,00 €.

4 Erklären Sie Claudia, wie Onlinebanking funktioniert.

5 Nach einiger Zeit erhält Claudia folgende E-Mail. Woran kann man im konkreten Fall erkennen, dass diese E-Mail nicht von Claudias Bank stammen kann? Begründen Sie, warum Claudia auf E-Mails dieser Art keinesfalls reagieren darf und diese möglichst ungelesen löschen sollte.

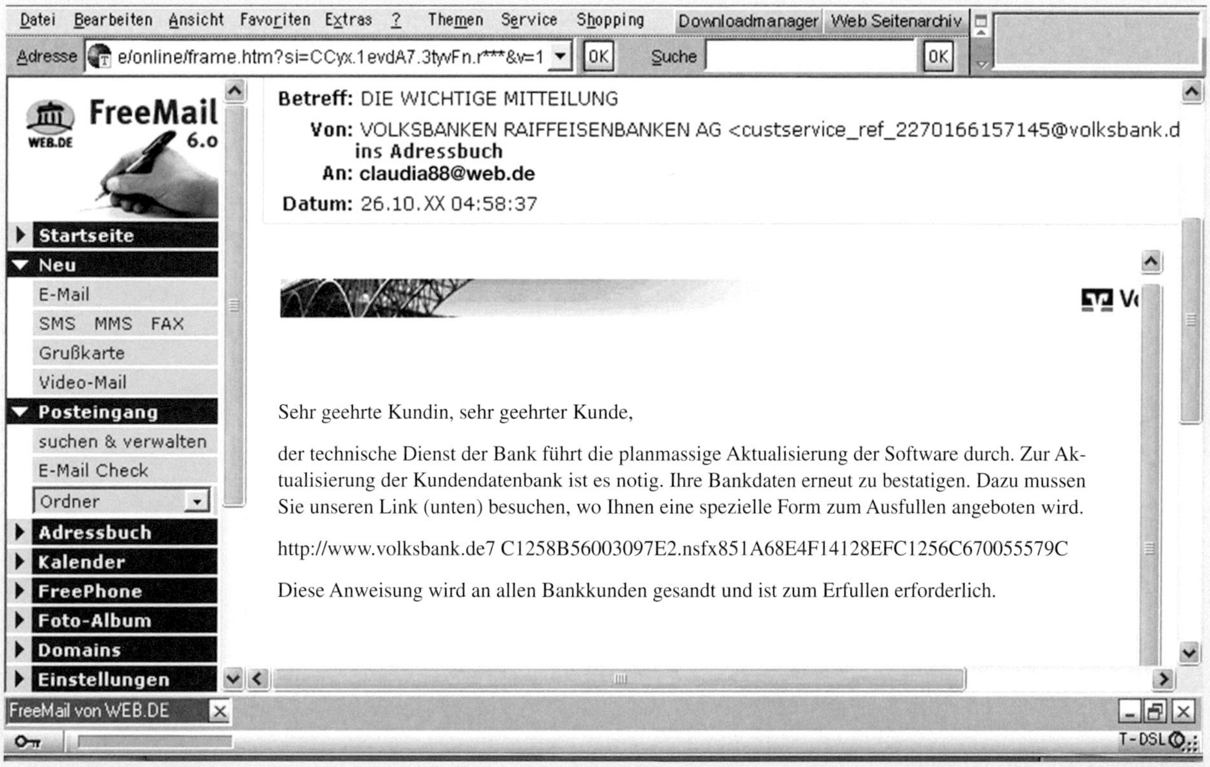

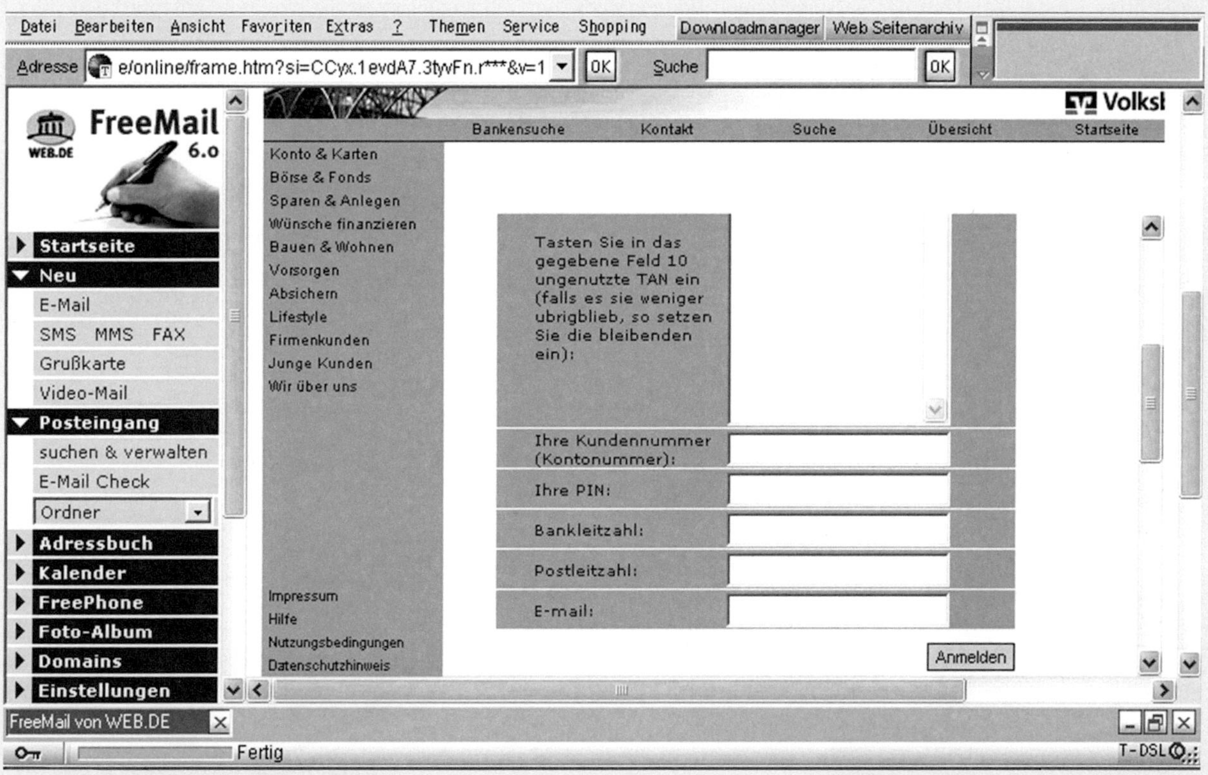

Arbeitsblatt 50.2 | Zahlungsarten im privaten Zahlungsverkehr

	POS (Electronic Cash)	ELV (elektronisches Lastschriftverfahren)
Der rechtmäßige Karteninhaber legitimiert sich durch ...		
Vor dem Zahlungsvorgang wird geprüft ...		
Ein Ausfallrisiko trägt ...		
Die Gebühren trägt ...		

Ablauf der Kreditkartenzahlung

Beschriften Sie die Pfeile mit den entsprechenden Zahlungsschritten und nummerieren Sie die Pfeile entsprechend.

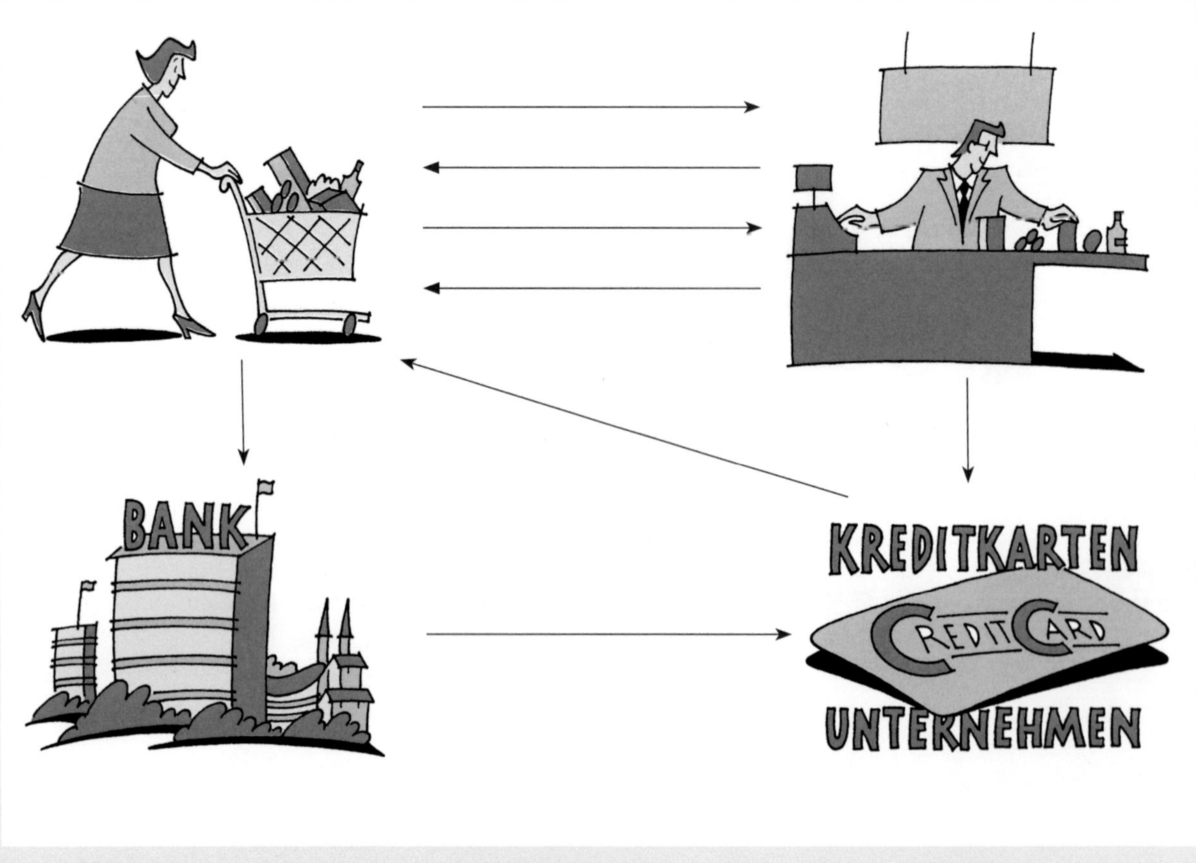

Aufgaben

Aufgabe 1
Entscheiden Sie mithilfe des Scheckgesetzes, ob der jeweilige Scheck gültig ist und auf welchen Betrag er lautet. Nennen Sie den jeweiligen Artikel des Scheckgesetzes.

	gültig? Betrag?	Begründung (ScheckG)
a Die Fly Bike Werke GmbH hat von einem Kunden einen Scheck über 1.200,00 € erhalten. Auf dem Scheckvordruck ist das Feld „Betrag in Buchstaben" nicht ausgefüllt worden.		
b Auf einem Scheck steht im Betragsfeld der Wert 2.000,00 €. Im Feld „Betrag in Buchstaben" ist „Eintausend" eingetragen.		
c Bei einem Scheck finden sich im Feld „Betrag in Buchstaben" die Eintragungen „Eintausend" und „Zweitausend".		

Aufgabe 2
Sie verlieren einen Barscheck. Erläutern Sie Ihre Vorgehensweise nach dem Bemerken dieses Vorfalls.

Aufgabe 3
Ralf kauft von einem Bekannten einen Gebrauchtwagen. Er möchte, dass der Bekannte seinen Scheck erst am Monatsende einlöst, wenn Ralf sein Gehalt bekommen hat. Um zu verhindern, dass der Scheck früher eingelöst wird, datiert er ihn am Ausstellungstag, dem 15. Mai, auf den 25. Mai. Der Verkäufer ist zunächst einverstanden, gibt den Scheck dann aber doch bereits am 16. Mai zur Einlösung an seine Bank weiter. Erhält er das Geld?

Aufgabe 4
Worin besteht der grundlegende Unterschied zwischen der Zahlung mit Zahlschein und der Zahlung per Barscheck? Erläutern Sie an einem Beispiel.

Aufgabe 5
Worin unterscheiden sich Bar- und Verrechnungsschecks?

Aufgabe 6
Bettinas Gehalt wird vom Arbeitgeber auf das Konto bei ihrem Kreditinstitut am selben Ort überwiesen. Beschreiben Sie den Weg der Überweisung.

Aufgabe 7
In welchen Fällen bieten sich Sammelüberweisungen, wann Eilüberweisungen an? Nennen Sie Beispiele.

Aufgabe 8
Nennen Sie Vor- und Nachteile der Einführung von modernen Kommunikationsmedien im Zahlungsbereich.

Aufgabe 9
Nennen Sie Situationen im Alltag, in denen Sie (noch) mit Bargeld bezahlen. In welchen dieser Situationen könnten Sie auch bargeldlos bezahlen? Nennen Sie mögliche Vorteile der Barzahlung im Vergleich zur bargeldlosen Zahlung.

Aufgabe 10
Warum wohl bieten viele Banken für Jugendliche gebührenfreie Girokonten an?

Aufgabe 11
Erläutern Sie den Unterschied zwischen einer debit card und einer Kreditkarte.

Aufgabe 12
Warum bieten immer mehr Unternehmen ihren Kunden eine Kundenkarte mit Zahlungsfunktion an?

Aufgabe 13
Betrachten Sie die nebenstehende Grafik. Können Sie sich Gründe vorstellen, warum das Onlinebanking in Deutschland so beliebt ist?

Aufgabe 14
Recherchieren Sie die Bedeutung der untenstehenden Symbole im Internet.

ec	
electronic cash / girocard	
GeldKarte	
Cirrus	
Maestro	
EUFISERV	
Cash Group	
edc	

Lernsituation 51

SB ▸ Seite 354 ff. | Handlungsfeld 4, Kap. 14.2

Mangelhafte Lieferung

Situation

Sie arbeiten zurzeit in der Abteilung Einkauf der Fly Bike Werke GmbH und erhalten mit Beginn des heutigen Arbeitstages folgende Belege zur Bearbeitung.

UNION ELEKTRO AG

Fly Bike Werke GmbH
Rostocker Str. 334
26121 Oldenburg

Lieferschein Nr. 2398

Kunden-Nr.	Bestellung	Bestelldatum	Auftragsbestätigung	Lieferdatum	
2-012	70	22.03.20XX	2398	27.03.20XX	
Pos.-Nr.	**Artikel-Nr.**	**Artikelbezeichnung**		**Menge**	**Einheit**
1	55-00	Komponentenset Beleuchtung		1000	Stück
Versandart:	**Wir bestätigen die ordnungsgemäße Lieferung/Datum**			**Name**	
Selbstabholer	*siehe Prüfbericht*	*27.03.20XX*			

Fly Bike Werke GmbH

Prüfbericht

Lieferant: **Union Elektro AG**		
Prüfbericht	Prüfdatum	Lieferdatum
75	27.03.20XX	27.03.20XX
Artikel Nr.	Artikelbezeichnung	Liefermenge
55-00	Komponentenset Beleuchtung	1000 Stück
Bestell-Nr.		Verpackungseinheiten
70		20 Kartons
Prüfergebnis: Es wurden 10 Kartons geöffnet und überprüft. Sämtliche geprüften Rücklichter weisen Risse im Gehäuse auf. Es ist zu vermuten, dass die gesamte Lieferung für die Produktion nicht geeignet ist.		
Datum	Unterschrift	
27.03.20XX	*Wolf*	

Arbeitsaufträge

1 Welches Recht bzw. welche Rechte würden Sie in dem vorliegenden Fall für die Fly Bike Werke GmbH auswählen? Begründen Sie Ihre Entscheidung.

2 Schreiben Sie einen Brief an Ihren Lieferanten, in dem Sie Ihre Rechte in Anspruch nehmen. Nutzen Sie dazu auch die Lieferantenliste auf Seite 14.

Arbeitsblatt 51.1 | Gewährleistungsrechte des Käufers

______________________________ Recht = Nacherfüllung durch:

____
+ evtl. Schadensersatz neben der Leistung
(nur bei Verschulden des Verkäufers)

____
+ evtl. Schadensersatz neben der Leistung
(nur bei Verschulden des Verkäufers)

Für die Nacherfüllung muss eine ______________________________ gewährt werden.

Eine Fristsetzung kann unter anderem dann entfallen, wenn

- der Verkäufer die Nacherfüllung verweigert,
- ______________________________

Der Käufer hat Wahlrecht. **ABER:** Der Verkäufer kann beide Rechte verweigern, wenn unverhältnismäßig hohe Kosten anfallen würden.

Nacherfüllung ist **fehlgeschlagen** nach zwei erfolglosen Versuchen.

Nachrangige Rechte =

____

Rechte nur bei ______________ Mängeln

Recht auch bei ______________ Mängeln

Rücktritt vom Vertrag

und

oder/und

Aufgaben

Aufgabe 1
Ordnen Sie den verschiedenen Situationen die dazugehörige Mängelart zu.

Situation	Mängelart
a Bei der Kontrolle der Lieferung wird festgestellt, dass statt Stahlrohr mit 10 mm Durchmesser nur Stahlrohr mit 8 mm Durchmesser geliefert wurde.	
b Der Fly Bike Werke GmbH werden statt 10 Paletten Verpackungsmaterial lediglich 5 Paletten geliefert.	
c Anstelle von Stahlrohr erhält die Fly Bike Werke GmbH Aluminiumrohr.	
d Bei der Anlieferung von Schutzblechen sind deutlich sichtbare Beulen zu erkennen.	
e Statt schwarzer Satteltaschen werden braune Satteltaschen geliefert.	
f Die Fly Bike Werke GmbH erhält eine Lieferung defekter Dynamos.	

Aufgabe 2
Definieren Sie die Begriffe:

a offener Mangel
b versteckter Mangel
c arglistig verschwiegener Mangel

Aufgabe 3
Unterscheiden Sie den Verbrauchsgüterkauf von dem zweiseitigen Handelskauf.

Aufgabe 4
Herr Stenton (Privatkunde) kauft bei einem Motorradhändler einen neuen Roller. Drei Monate nach dem Kauf des Rollers gibt der Motor den Geist auf. Es konnte nicht festgestellt werden, ob vor dem Verkauf ein Materialfehler vorgelegen hat oder ob Herr Stenton den Roller fehlerhaft bedient hat.
Hat Herr Stenton die Möglichkeit, Gewährleistungsrechte geltend zu machen? Begründen Sie Ihre Antwort.

Aufgabe 5
Die Kundin Miriam Fuchs kauft am 20. Oktober 20X3 eine Waschmaschine, die am gleichen Tag angeliefert wird. Der Verkäufer Bau verschweigt arglistig einen Mangel an dieser Maschine. Miriam Fuchs entdeckt den Mangel am 20. Dezember 20X6 und macht selbstverständlich Gewährleistungsansprüche geltend.
Wie ist die Rechtslage für Frau Fuchs?

Aufgabe 6
Frau Berrenberg kauft am 04. Juni 20X4 günstig Skier für ihren nächsten Winterurlaub. Um dem Karneval zu entfliehen, packt sie im Februar 20X5 ihre neuen Skier unter den Arm und fährt in die Alpen. Dort entdeckt sie einen versteckten Mangel an der Sicherheitsbindung. Welche Gewährleistungsfrist steht Frau Berrenberg zu? Begründen Sie Ihre Meinung.

Aufgabe 7
Herr Bärlauch kauft am 16. Juni 20X5 eine Stichsäge. Am 21. Juni 20X8 reklamiert Herr Bärlauch beim Händler einen erheblichen Mangel an der Stichsäge, der erwiesenermaßen bereits bei der Übergabe bestand, allerdings von Herrn Bärlauch erst am 21. Juni 20X8 erkannt wurde.
Klären Sie:

a die allgemeine Gewährleistungsfrist
b das Verjährungsdatum für den Kauf der Stichsäge
c das Ergebnis für Herrn Bärlauch

Aufgabe 8
Die Kundin Claudia Heland kauft an einem Samstag einen DVD-Player. Der Händler vermerkt auf dem Kassenzettel „Reklamationen ausgeschlossen“. Die Kundin nimmt den DVD-Player trotzdem entgegen und freut sich auf ein gemütliches Wochenende mit tollen Filmen. Bei der Benutzung des Gerätes stellt Claudia Heland fest, dass es defekt ist. Am kommenden Montag steht die Kundin aufgebracht im Warenhaus und verlangt den Umtausch dieses Players. Der Verkäufer bietet ihr zwar einen Kaffee an, aber keinen Umtausch. Er verweist auf den Vermerk auf dem Kassenzettel.
Beurteilen Sie die rechtliche Situation.

Aufgabe 9
Der Autohändler Reichert verkauft an den Kunden Strunz einen Neuwagen. Nach mehreren Wochen stellt Herr Strunz erhebliche Mängel fest. Durch diese Mängel ist Herrn Strunz ein Schaden in Höhe von 220,00 € entstanden. Unter welchen Voraussetzungen kann Herr Strunz das Recht „Schadenersatz statt Leistung“ geltend machen?

SB ▶ Seite 358 ff. | Handlungsfeld 4, Kap. 14.3

Lieferungsverzug

Hausmitteilung

Fly Bike Werke GmbH

Absender	Empfänger	mit der Bitte um
[X] Geschäftsführung	[ ] Geschäftsführung	[ ] Kenntnisnahme
[ ] Zentralsekretariat	[ ] Zentralsekretariat	[X] Erledigung
[ ] Controlling	[ ] Controlling	[ ] Stellungnahme
[ ] Einkauf/Logistik	[ ] Einkauf/Logistik	
[ ] Produktion	[ ] Produktion	
[ ] Verwaltung	[ ] Verwaltung	
[ ] Vertrieb	[ ] Vertrieb	
[ ] Frau/Herr	[X] Frau/~~Herr~~ Dogan	

Liebe Frau Dogan, Datum: 22.11.20XX

wir warten noch immer auf die Lieferung der Tossil-Armbanduhren des Lieferanten Terochron GmbH (siehe beiliegende Bestellung und Auftragsbestätigung). Wie Sie wissen, benötigen wir die Ware dringend für unsere Weihnachts-Aktion für treue Kunden, denen wir jeweils eine Armbanduhr als Werbegeschenk senden werden. Der Versand ist für nächste Woche angekündigt.

Mit freundlichen Grüßen

Peters

Fly Bike Werke GmbH

…ldenburg

Terochron GmbH
Postfach 105620
69046 Heidelberg

Ihr Zeichen, Ihre Nachricht vom	Unser Zeichen, unsere Nachricht vom	Telefon, Name	Datum
	bf	0441 885-12 Sylvia Dogan	14.11.20XX

Bestellung 1428

Sehr geehrter Herr Fritscher,

gemäß Ihrer aktuellen Preisliste bestellen wir zu den uns bekannten allgemeinen Geschäftsbedingungen bei Ihrem Unternehmen:

Artikel	Artikelbezeichnung	Menge
204859	Damen-Armbanduhr „Tossil“	15
204860	Herren-Armbanduhr „Tossil“	15

Wir bitten um unverzügliche Lieferung der Ware.

Mit freundlichen Grüßen

Fly Bike Werke GmbH

i.A. Sylvia Dogan

Sylvia Dogan

TEROCHRO…

TEROCHRON GmbH □ Postfach 105620 □ 69046 Heidelberg

Fly Bike Werke GmbH
Rostocker Str. 338
26121 Oldenburg

Ihr Zeichen, Ihre Nachricht	Unser Zeichen, unsere Nachricht	Telefon, Name	Datum
sd, 14.11.20XX	FRM	0621 963852 Mark Fritscher	16.11.20XX

Auftragsbestätigung 458

Sehr geehrte Frau Dogan,

besten Dank für Ihre Bestellung. Wir bestätigen wie folgt:

Artikel-Nr.	Artikelbezeichnung	Menge	Auftragssumme	Gesamtpreis
204859	Damen-Armbanduhr „Tossil“	15	1.035,00 €	1.231,65 €
204860	Herren-Armbanduhr „Tossil“	15	1.035,00 €	1.231,65 €
		Gesamtpreis:		**2.463,30 €**

Die Lieferung erfolgt unverzüglich ab Lager, die Versandkosten betragen 3 % vom Warenwert. Die Zahlung erfolgt innerhalb von 30 Tagen ohne Abzug nach Rechnungseingang.

Mit freundlichen Grüßen

Terochron GmbH

i.A. Fritscher

Fritscher

Arbeitsblatt 52.1 | Lieferungsverzug

Wann liegt ein Lieferungsverzug vor?

Nichtlieferung trotz Fälligkeit

+

+

Ist entbehrlich, wenn

Ist nur Voraussetzung, wenn Schadenersatz geltend gemacht werden soll.

Wenn diese Voraussetzungen erfüllt sind, liegt die Kaufvertragsstörung Lieferungsverzug vor.
Der Käufer kann zwischen folgenden Rechten wählen:

sofort:

nach angemessener Nachfrist:

Aufgaben

Aufgabe 1
Nennen Sie die Voraussetzungen dafür, dass ein Lieferant in einen Lieferungsverzug gerät.

Aufgabe 2
Zählen Sie die Gründe dafür auf, wann bei einem Lieferungsverzug auf eine Mahnung verzichtet werden kann.

Aufgabe 3
Prüfen Sie in den unten aufgeführten Fällen, ob der Käufer eine Mahnung schreiben muss. Gehen Sie davon aus, dass die Lieferung zum vereinbarten Zeitpunkt nicht stattgefunden hat.

Fall	Mahnung ja/nein	Begründung
a Der Lieferant Werdie benachrichtigt seinen Käufer, dass er nicht liefern kann.		
b Die Lieferung der Uhren erfolgt frühestens Mitte Februar.		
c Die Lieferung der Ware erfolgt am 17. Dezember.		
d Die Fly Bike Werke GmbH bestellt für die Weihnachtsfeier Schokoladenweihnachtsmänner und erwartet diese etwa eine Woche vor dem 6. Dezember. Die Ware wird nicht geliefert.		
e Die Lieferung erfolgt am 02. April 20XX fix.		
f Die Fly Bike Werke GmbH erwartet die Lieferung von Kopierpapier Anfang März.		
g Sie bestellen eine Wasserpumpe, denn die Wupper führt Hochwasser. Der Installateur verspricht sofortige Lieferung, aber die Wasserpumpe wird nicht geliefert.		

Aufgabe 4
Laut Kaufvertrag vom 21. August 20XX soll der Verkäufer Otfried Knapp an den Käufer Christian Schmied 20 Fahrräder liefern. Lieferungsbedingung: schnellstmöglich. Am 16. September 20XX ist die Lieferung noch immer nicht eingetroffen. Christian Schmied ist ärgerlich, weil er die Fahrräder dringend benötigt. Er möchte allerdings auch nicht auf einen anderen Lieferanten ausweichen. Welche Rechte kann er geltend machen und welche Voraussetzungen muss er dabei beachten?

Lernsituation 53

SB ▸ Seite 359 ff. | Handlungsfeld 4, Kap. 14.4–14.6

Zahlungsverzug

Situation

Die regelmäßige Kontrolle der Zahlungseingänge ist eine wichtige Aufgabe für die Fly Bike Werke GmbH. Dafür ist eine so genannte Offene-Posten-Liste hilfreich, die anzeigt, welche Kunden noch nicht fristgerecht bezahlt haben. Bei der Kontrolle dieser Liste am 2. Mai zeigt sich der zuständigen Vertriebssachbearbeiterin folgendes Bild.

Terminbuch Kunden;
zugleich Offene-Posten-Liste (Auszug)

Fly Bike Werke GmbH

Zahlungstermin	Skontotermin	Kunde	Rechnung Nr.	Rechnungsdatum	Betrag in €	gezahlt am	1. Mahnung	2. Mahnung
22.03.	02.03.	Zweirad GmbH Herzogstr. 70 40251 Düsseldorf	788	21.02.	6.177,00		01.04.	15.04.
21.04.	01.04.	Radplus GmbH Gütersloher Str. 102 33415 Verl	934	22.03.	18.792,00			
05.05.	15.04.	Schöller & Co. OHG Parlamentsplatz 2 60385 Frankfurt a. Main	1086	05.04.	5.017,00			
05.05.	15.04.	Uwe Klein e. K. Am Wasserturm 4 66113 Saarbrücken	1103	05.04.	548,97			
22.05.	02.05.	Nordrad GmbH Alter Markt 28 18055 Rostock	1152	20.04.	18.096,00			
23.05.	03.05.	Interrad e. G. Großbeerenstr. 30 12107 Berlin	1186	20.04.	43.533,91			

Arbeitsaufträge

1 Formulieren Sie angemessene Mahnschreiben an die „fälligen" Kunden.
2 Wie hoch sind die Verzugszinsen, die die Fly Bike Werke GmbH den Schuldnern in Rechnung stellen kann?
3 Beschreiben Sie, wie ein Unternehmen reagieren kann, wenn der Kunde auch auf das letzte Mahnschreiben nicht reagiert.
4 Wann verjähren die Ansprüche der Fly Bike Werke GmbH gegen die säumigen Schuldner?
5 Wie kann ein Unternehmen das Risiko von säumigen Zahlern grundsätzlich vermindern?

Arbeitsblatt 53.1 | Zahlungsverzug – Rechte des Verkäufers

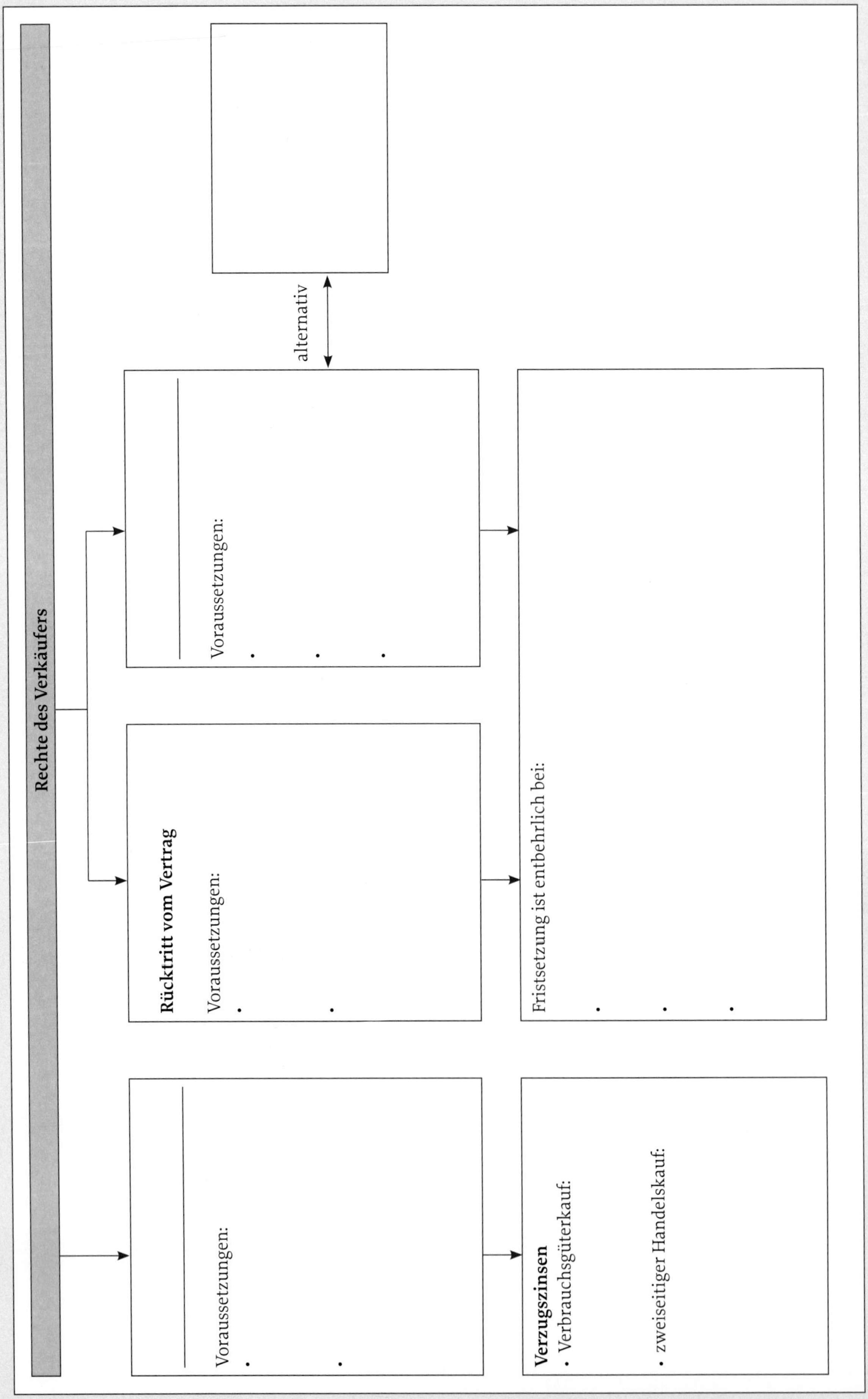

Aufgaben

Aufgabe 1
Die Kundin Anja Linnig erhält am 2. Juni 20XX von der Kaufgut AG eine Rechnung. Entscheiden Sie, wann Sie in folgenden Fällen in Zahlungsverzug gerät. Es gilt das BGB.

a Die Kundin zahlt nicht und erhält auch keine Mahnung.
b Die Kundin zahlt nicht und erhält am 17. Juni 20XX eine Mahnung.

Aufgabe 2
Entscheiden Sie in den folgenden Fällen, wann die Kunden in Zahlungsverzug geraten. Folgendes wurde in den jeweiligen Kaufverträgen vereinbart:

a „Überweisung des Kaufpreises bis zum 7. Mai 20XX auf das Konto der Fly Bike Werke."
b „Der Kaufpreis ist zahlbar im Februar 20XX."
c „10 Kalendertage nach Rechnungseingang (21. August 20XX) ist der Kaufpreis zu zahlen."

Aufgabe 3
Die Fly Bike Werke GmbH hat in ihrem Rechnungsformular folgende neue Vertragsklausel aufgenommen: „Zahlung der Ware innerhalb von 30 Tagen nach Lieferung netto Kasse." Die Geschäftsführung begründet das damit, dass sie meint, ein Kunde ist nach Ablauf dieser Frist ohne eine weitere Mahnung in Zahlungsverzug geraten. Hat sie Recht? Begründen Sie Ihre Antwort.

Aufgabe 4
Der Kunde Hans Brandenburg kauft bei der Autoland GmbH einen Dachträger im Wert von 245,00 €. Hans Brandenburg erhält die Rechnung am 14. Juni 20XX ohne Zahlungsbedingungen.

a Ab welchen Zeitpunkt befindet sich Hans Brandenburg in Zahlungsverzug?
b Wie viel Prozent Verzugszinsen kann die Autoland GmbH verlangen, wenn Hans Brandenburg nicht rechtzeitig zahlt?
c Formulieren Sie auf diesen Fall ein erstes Mahnschreiben!

Aufgabe 5

Richtig oder falsch?	richtig	falsch
a Für den Zahlungsverzug gelten teilweise die gleichen Bestimmungen des BGB wie für den Lieferungsverzug.	☐	☐
b Beim Zahlungsverzug hat der Gläubiger das Recht, auf Erfüllung des Vertrages weiterhin zu bestehen.	☐	☐
c Die Verzugszinsen, die im Falle des Zahlungsverzugs berechnet werden können, betragen laut HGB 4 % über dem Basiszinssatz.	☐	☐
d Das außergerichtliche Mahnverfahren ist auf jeden Fall anzuwenden, damit die Rechte aus dem Zahlungsverzug in Anspruch genommen werden können.	☐	☐
e Auf eine Mahnung darf verzichtet werden, wenn der Zahlungstermin kalendermäßig bestimmt war.	☐	☐
f Eine vierte Mahnung ist notwendig, um den Schuldner ordnungsgemäß in Verzug zu setzen.	☐	☐
g Im Falle des Zahlungsverzugs kann der Gläubiger jederzeit vom Vertrag zurücktreten.	☐	☐
h Das kaufmännische Mahnverfahren ist offiziell geregelt.	☐	☐

SB ▶ Seite 364 | Handlungsfeld 4, Kap. 14.7

Annahmeverzug

Situation

Die Nordrad GmbH hat im Rahmen einer Sonderverkaufsaktion bei der Fly Bike Werke GmbH diverse Fahrradmodelle und Zubehör fix zum 25. Januar um 14.00 Uhr bestellt. Die Bestellung wurde von Herrn Roß, einem von zwei Geschäftsführern, schriftlich bestätigt. Der Rechnungsbetrag beläuft sich einschließlich 19 % Umsatzsteuer auf 4.872,00 €.

Fly Bike Werke GmbH

Hausmitteilung

Absender	Empfänger	mit der Bitte um
☒ Geschäftsführung	☐ Geschäftsführung	☐ Kenntnisnahme
☐ Zentralsekretariat	☐ Zentralsekretariat	☒ Erledigung
☐ Controlling	☐ Controlling	☐ Stellungnahme
☐ Einkauf/Logistik	☐ Einkauf/Logistik	
☐ Produktion	☐ Produktion	
☐ Verwaltung	☐ Verwaltung	
☐ Vertrieb	☐ Vertrieb	
☒ ~~Frau~~/Herr Gerland	☒ Frau/~~Herr~~ Ganser	

Liebe Frau Ganser,

gestern gegen 19.00 Uhr traf ich auf dem Betriebshof den Fahrer der Spedition Overland, Herrn Fiedler, der gerade von seiner Auslieferungstour zurückgekommen war. Er war noch ganz aufgeregt, denn es hatte einige Anstrengungen gekostet, die Lieferung für Nordrad wie vereinbart um 14.00 Uhr in Rostock abzuliefern.

Wie sich dann herausstellte, hatte der Kunde an diesem Tag geschlossen. Die Belegschaft feierte den 50. Geburtstag der Geschäftsführerin. Auch der Hausmeister konnte nicht weiterhelfen. Nach seiner Ansicht war es undenkbar, auf dem Betriebsgelände die Ware zu lagern, der Platz sei gar nicht vorhanden.

Herr Fiedler hat in dieser Situation das einzig Richtige getan. Weil er noch weitere Kunden anfahren musste und die Ware die übrige Ladung im Wagen blockierte, ist er zur Rostocker Lagerhaus AG außerhalb der Stadt gefahren und hat die Paletten dort einlagern lassen. Das hat ihn zwar ca. zwei Stunden Arbeitszeit und über 30 km Umweg gekostet, aber er konnte seine Tour dann zu Ende bringen.

Bitte übernehmen Sie den Fall. Schreiben Sie den Kunden an und weisen Sie ihn auf die Rechtslage hin. – Wenn es stimmt, was Herr Fiedler mir noch sagte, so bestärkt mich das in meiner Ansicht: Zwischen den beiden Geschäftsführern hat es wegen dieser Bestellung erheblichen Krach gegeben. Die Geschäftsführerin war wohl der Meinung, so viel Ware werde gar nicht benötigt und störe nur den Betrieb. Der Herr Roß solle sehen, wo er mit seiner Bestellung bleibt.

Aus meiner Sicht ist das Verhalten des Kunden unmöglich. Von unserer Seite dürfte klar sein, dass wir so nicht mit uns umgehen lassen. Wir sollten zunächst unsere Interessen in den Vordergrund stellen und unsere Rechtsposition wahrnehmen. Auf keinen Fall sollten wir uns gutmütig in Richtung Kulanz bewegen.

Bitte halten Sie mich in dieser Sache auf dem Laufenden.

Viele Grüße

Gerland

Arbeitsauftrag

Bearbeiten Sie den Vorgang in Vertretung für Frau Ganser.

Arbeitsblatt 54.1 | Annahmeverzug

§ 293 BGB	Der Gläubiger kommt in Verzug, wenn

Voraussetzungen für den Annahmeverzug

Haftung nach Eintritt des Annahmeverzuges	
	Verkäufer haftet für
	Käufer haftet für

Rechte des Verkäufers beim Annahmeverzug

- Ohne Nachfristsetzung
- nach Ablauf einer angemessenen Nachfrist

Durchführung des Selbsthilfeverkaufs

Voraussetzungen:	Voraussetzungen:	Voraussetzungen:

Mindererlöse beim Selbsthilfeverkauf trägt der	
Mehrerlöse beim Selbsthilfeverkauf erhält der	

Aufgaben

Aufgabe 1

Stellen Sie fest, ob in den nachfolgenden Fällen ein Annahmeverzug vorliegt, und machen Sie jeweils einen Vorschlag, wie der Verkäufer reagieren sollte.

a Über einen Liefertermin ist im Kaufvertrag mit einem Neukunden nichts vereinbart worden. Die Großhandlung liefert am nächsten Werktag eine Palette handelsübliches Kopierpapier innerhalb der normalen Geschäftszeit an die vereinbarte Lieferadresse. Wegen eines Betriebsausfluges der Belegschaft des Käufers kann dort die Ware nicht angenommen werden.

b Eine Großhandlung liefert Tiefkühl-Pizza gemäß den Kaufvertragsvereinbarungen zur richtigen Zeit an den richtigen Ort in der richtigen Art und Weise per Kühl-Lkw an einen langjährigen Kunden. Die Annahme der Ware wird mit Bedauern abgelehnt, weil das Kühlhaus zurzeit repariert wird und ein alternativer Lagerort ortsnah nicht verfügbar ist. Die notwendige Kühltemperatur kann wahrscheinlich erst nach drei Werktagen wieder erreicht werden.

c Ein Großauftrag Fahrradrahmen mit Firmenlogo des Käufers wird trotz vertragsgemäßer Lieferung nicht angenommen, da der Käufer nach Abschluss des rechtsgültigen Kaufvertrages einen günstigeren Anbieter gefunden hat.

Aufgabe 2

Beim Rücktransport einer nicht angenommenen Ware durch einen Auslieferungsfahrer des Verkäufers verursacht der Fahrer aus Unachtsamkeit einen Verkehrsunfall ohne Fremdverschulden. Die nicht versicherte Ware wird vollständig zerstört. Wer trägt den Schaden, wenn sich der Käufer im Annahmeverzug befindet?

Aufgabe 3

Eine Lkw-Ladung Mountainbikes im Nettowert von 240.000,00 € wird nicht angenommen (Annahmeverzug liegt vor). Da auf weitere Geschäftsbeziehungen mit diesem Kunden verzichtet werden soll, wird die Ware in einem öffentlichen Lagerhaus in der Nähe des Lieferortes eingelagert. Nach Ablauf einer Nachfrist und einer Mitteilung an den Käufer über den Ort und die Zeit wird die Ware im Rahmen eines Selbsthilfeverkaufs öffentlich versteigert. Dem Verkäufer sind durch den Annahmeverzug folgende Kosten entstanden (alle Werte zzgl. 19 % Umsatzsteuer):

- Arbeitszeit des Fahrers: 2 Stunden zu je 12,50 €
- gefahrene Kilometer: 52 km zu je 1,20 €
- Kosten der Lagerung: 1.200,00 €
- Schriftverkehr: zwei Schreiben an den Kunden zu je 2,50 €

Berechnen Sie die Höhe der notwendigen Zahlungen zwischen Käufer und Verkäufer.

	Berechnung
a Der Versteigerungserlös liegt um 30 % unter dem vereinbarten Kaufpreis.	
b Der Versteigerungserlös entspricht dem vereinbarten Kaufpreis.	
c Der Versteigerungserlös liegt um 15 % über dem vereinbarten Kaufpreis.	

Wissen ☑ Sozialkompetenz ☐
Fertigkeiten ☑ Selbstständigkeit ☑

Lernsituation 55

SB ▸ Seite 365 ff. | Handlungsfeld 4, Kap. 15

Verbraucherschutz

Situation

Claudia, Bettina Lottos jüngere Schwester, arbeitet nun schon seit geraumer Zeit im örtlichen Supermarkt. Da sie einiges von ihrem verdienten Geld gespart hat und sie zu ihrem Geburtstag einen größeren Geldbetrag geschenkt bekommen hat, interessiert sich Claudia für ein erstes eigenes Auto. Als erfahrene Internet-Nutzerin weiß sie, dass gerade Gebrauchtwagen über das Internet recht günstig angeboten werden. Bei ihren Recherchen stößt sie auf folgende Anzeige eines Gebrauchtwagenhändlers:

MS-Autohandel e. K.

Gut und günstig

- ***Finanzieren Sie bei uns Ihren Gebrauchtwagen***
- ***Sofortige mündliche Kreditzusage von unserem Hause***
- ***Jahreszins aktuell nur 4,99 %***
- ***Keine weiteren Kosten bei Abschluss eines Bargeschäftes***

Allgemeine Geschäftsbedingungen

(1) Bei Abschluss des Kreditvertrages werden grundsätzlich 150,00 € als Bearbeitungsgebühr in Rechnung gestellt.

(2) Ein Widerruf des Kreditvertrages ist innerhalb von 10 Tagen möglich. Dieser Widerruf muss schriftlich erfolgen.

(3) Eine Kündigung des Vertrages von Seiten des Kreditgebers ist nach einmaligem Ausbleiben der Ratenzahlung sofort ohne Fristsetzung möglich.

Arbeitsaufträge

1 Überprüfen Sie die vorliegende Anzeige und die darin aufgeführten Kreditbedingungen auf ihre rechtliche Zulässigkeit! Korrigieren Sie etwaige Fehler entsprechend den rechtlichen Regelungen.

2 Internetgeschäfte unterliegen besonderen rechtlichen Regelungen. Erläutern Sie diese!

Aufgaben

Aufgabe 1
Prüfen Sie, ob ein Widerruf möglich ist! Begründen Sie Ihre Antwort!

Fall	Beurteilung
Der Rentner Helmut S. wird auf eine Kaffeefahrt eingeladen. Dort kauft er einen Staubsauger für 1.000 €.	
Martin P. wird von einer gutaussehenden Dame in der Fußgängerzone angesprochen. Sie bietet ihm ein DVD-Abo für 70 € pro Monat an. Da die Dame so nett ist, schließt Martin einen Vertrag ab. Dabei besitzt er gar keinen DVD-Player.	
Hausfrau Hannah B. hat einen Vertreter von Tiefkühlprodukten zu sich nach Hause bestellt. Sie kauft zehn Pfund Möhren. Am nächsten Tag ist sie sich sicher, dass die Familie niemals so viele Möhren essen mag.	
Sören S. kauft in der Fußgängerzone für einen Euro zwei Dosen des neuen Energy-Getränks „Flying Dutchman". Er bezahlt sofort. Nachdem er die erste Dose getrunken hat und sie ihm nicht schmeckt, möchte er sie gerne umtauschen.	
Der Vertreter Heinrich C. Meier verkauft der 76-jährigen Rentnerin Luise Z. eine Lebensversicherung direkt an der Haustür.	

Aufgabe 2
Prüfen Sie, ob der Hersteller der Produkthaftung unterliegt! Begründen Sie Ihre Antwort!

Fall	Beurteilung
Der Hersteller BlitzFlex verkauft Motorsägen. Diese sind in Fernost produziert worden. Der Waldarbeiter Waldemar H. fällt mit dem neuen Produkt Bäume. Die Kette springt heraus und verletzt den Waldarbeiter schwer.	
Leonie F. ist allergisch gegen Acetylsalicylsäure, die sie in Tablettenform gegen Kopfschmerzen eingenommen hat. Sie bekommt Hautausschlag.	
BlitzFlex, der Hersteller von Motorsägen, schließt die Produkthaftung durch persönliche Vereinbarungen mit den Verbrauchern (Allgemeine Geschäftsbedingungen) aus.	
Durch eine Falschstellung der Handbremse rollt der Wagen von Carolin B. den Berg hinunter und fällt in einen Fluss. Es entsteht ein Schaden in Höhe von 25.000 Euro.	

Aufgabe 3
Prüfen Sie, ob die nachfolgenden Handlungen korrekt sind! Begründen Sie Ihre Entscheidung!

Fall	Beurteilung
Ein Online-Händler schließt das Rückgaberecht in seinen Allgemeinen Geschäftsbedingungen aus.	
Ein Online-Händler verschickt einen defekten Laptop für einen Kaufpreis von 350 €. Der Verbraucher sendet die Ware auf Kosten des Online-Händlers zurück.	
Der Widerruf eines Verbraucherkreditvertrags wird nicht akzeptiert, da er per Fax eingegangen ist.	
Ein Müslihersteller verkauft Verpackungen mit 1.000 Gramm Inhalt. In Wahrheit wird viel Luft verpackt. Der effektive Inhalt beträgt nur 250 Gramm.	
Bei einer Ratenzahlung vereinbaren Käufer und Verkäufer, dass der Käufer vor kompletter Begleichung der Kosten durch Raten die Ware erhält.	

Lernsituation 56

SB ▸ Seite 371 ff. | Handlungsfeld 4, Kap. 16.3

Lagerorganisation

Fly Bike Werke GmbH

Hausmitteilung

Absender	Empfänger	mit der Bitte um
[X] Geschäftsführung	[ ] Geschäftsführung	[ ] Kenntnisnahme
[ ] Zentralsekretariat	[ ] Zentralsekretariat	[ ] Erledigung
[ ] Controlling	[ ] Controlling	[X] Stellungnahme
[ ] Einkauf/Logistik	[X] Einkauf/Logistik	
[ ] Produktion	[ ] Produktion	
[ ] Verwaltung	[ ] Verwaltung	
[ ] Vertrieb	[ ] Vertrieb	
[X] ~~Frau~~/Herr Peters	[X] ~~Frau~~/Herr Schneider	

Sehr geehrter Herr Schneider,

das System der Einlagerung unserer unterschiedlichen Materialien und Erzeugnisse in einem eigenen geschlossenen Lager mit Eingangslager, Hauptlager und Ausgangslager hat sich in den letzten Jahren bewährt. Aufgrund unserer stetigen Expansion müssen wir jedoch ernsthaft über die Errichtung eines weiteren Eigenlagers insbesondere für die verschiedenen Endprodukte nachdenken. Bei einer möglichen Errichtung eines weiteren Eigenlagers sollen Sicherheits- und Umweltaspekte genauso berücksichtigt werden wie die Frage, ob das bisherige Regallager auf eine chaotische Lagerhaltung umgestellt werden soll.

Bitte klären Sie dazu folgende Fragen:

1) Welche Kriterien müssen wir bei der warengerechten Lagerung unseres Sortiments beachten?

2) Hat die chaotische Lagerung gegenüber dem herkömmlichen Verfahren der Lagerhaltung stichhaltige Vorteile?

Peters

Arbeitsauftrag

Herr Schneider legt Ihnen die Hausmitteilung vor und bittet Sie um aktive Mithilfe bei der Planung. Bereiten Sie eine Besprechung mit Herrn Schneider und Herrn Peters vor, indem Sie wichtige fachliche Aspekte der Lagerorganisation entsprechend der o. g. Hausmitteilung für das Gespräch zusammenstellen.

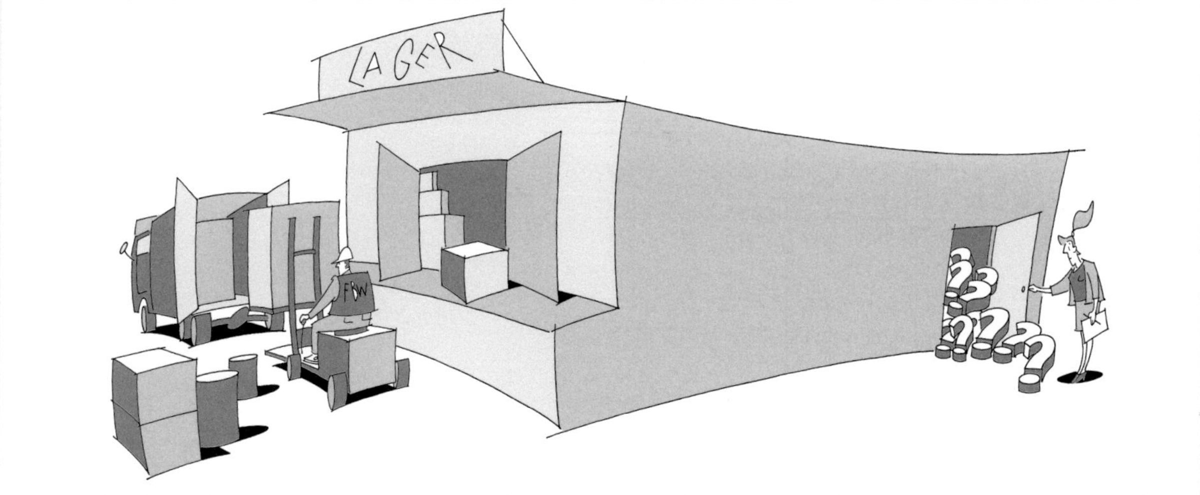

Arbeitsblatt 56.1 | Lagerorganisation

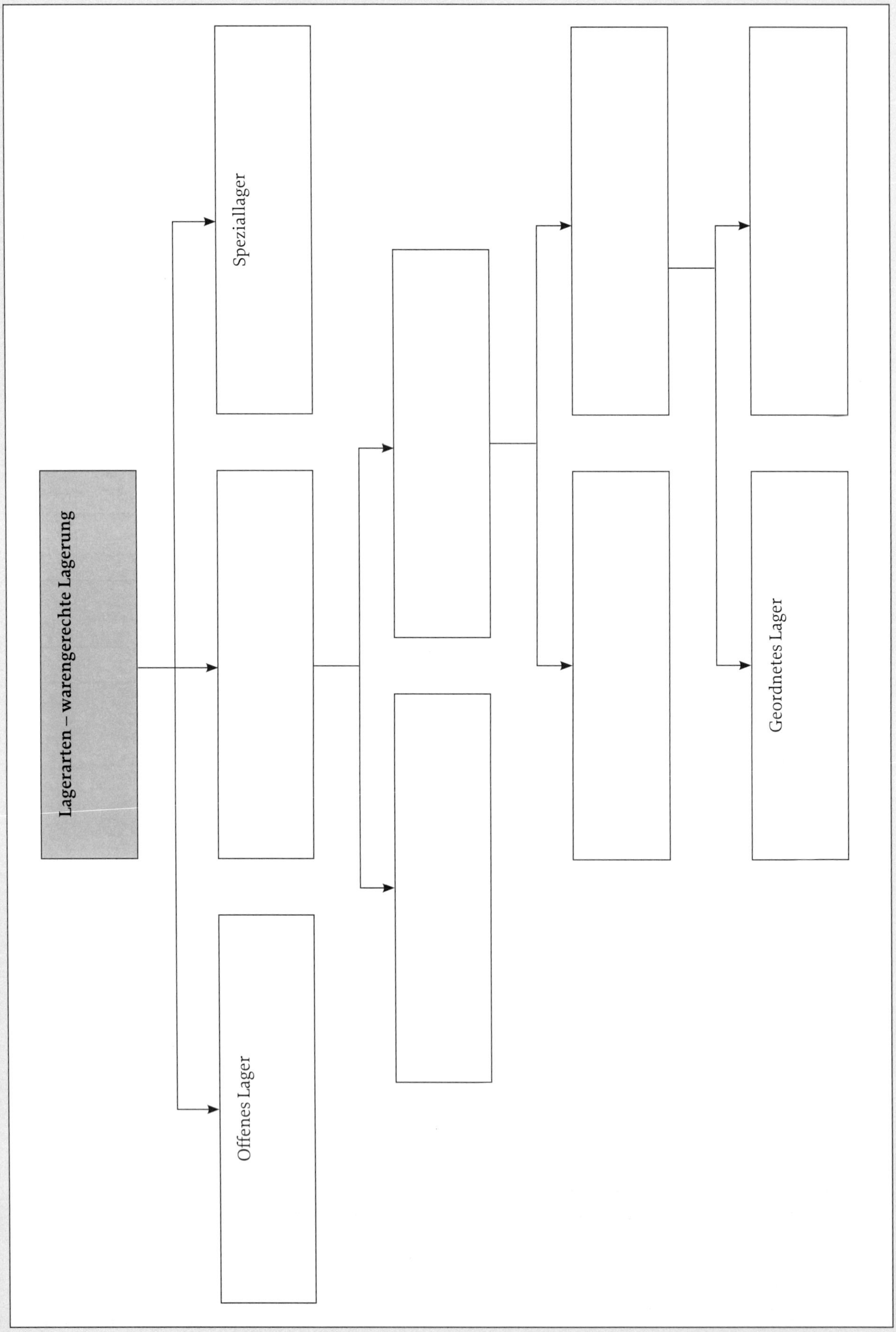

Folgesituation: Eigen- oder Fremdlager

Die Fly Bike Werke GmbH gewinnt immer mehr Kunden in den südlichen Bundesländern Bayern, Baden-Württemberg und Sachsen, die das Sortiment und das Preis-Leistungs-Verhältnis sehr schätzen. Diese Kunden – vor allem Fahrradfachhändler – legen jedoch besonderen Wert auf eine schnelle Lieferung, um den eigenen Lagerbestand möglichst gering zu halten. Diesen Anforderungen konnte die Fly Bike Werke GmbH in den letzen Monaten nicht immer gerecht werden, weil der Lkw auf der Autobahn A1 oft im Stau stand. Herr Peters überlegt nun, als Service für diese wichtigen Kunden ein Lager in deren Nähe einzurichten. Hierbei stellt sich die Frage, ob die Fly Bike Werke GmbH auf eigenständige dezentrale Lagerung umsteigt oder ob man das günstige Angebot eines Lagerhalters in Coburg annehmen soll. Das Lager sollte eine Mindestgröße von 350 m^2 haben.

Arbeitsaufträge

1 Sie werden von Herrn Peters beauftragt, alle für diese Entscheidungen notwendigen Informationen zu beschaffen, um die Kosten vergleichbar zu machen. Folgende Angebote liegen bereits vor:

Datei Bearbeiten Ansicht Einfügen Format Extras Aktionen ?

Senden | Optionen...

An... peters@flybike.de

Cc...

Betreff: Angebot Lagerplatz in Coburg

Sehr geehrter Herr Peters,

einen für Ihre Zwecke geeigneten Lagerplatz berechnen wir mit 30,00 €/m² (inkl. Mehrwertsteuer).

Vielen Dank für Ihr Interesse

Store&Go Coburg

Peter Hahn

Store&Go Coburg
Eichhofweg 9
96450 Coburg
www.store&go.de

Notiz von Herrn Peters:

NOTIZEN

Fly Bike Werke GmbH

Bitte beachten Sie für das folgende Objekt:

- Verbrauchskosten (Materialien, Telefon, PC-Leasing etc.) von 6,50 Euro pro Monat und m²
- Einsatz von zwei Lagerfachkräften mit jeweils 1.950,00 Euro. Personalkosten monatlich
- Versicherung: 1.200,00 Euro/Jahr

weitere Arbeitsaufträge nächste Seite ▸

http://www.immobilien-bretterbau.de

Bretterbau Immobilien

Objekt-ID:
37936058

Adresse:
Callenberger Str. 22
96450 Coburg

Miet-/Kaufobjekt:	Miete
Gesamtfläche:	600,00 m²
Lager-/Produktionsfläche:	500,00 m²
Miete pro Monat:	4.000,00 €
Verfügbar ab:	sofort

Objektbeschreibung
Die zurzeit als Trockensortiment-Lager genutzte Halle mit angrenzendem Bürotrakt (eingeschossig) wurde Mitte der 60er-Jahre errichtet. Die Tragkonstruktion der Halle ist eine Stahlrahmenkonstruktion mit einer massiven Außenwand. Das Dach besteht aus Leichtbetonplatten. Die Belichtung erfolgt durch ein Oberlicht sowie eine seitliche Industrieverglasung. 2 Sektionaltore und Metallnotausgangstüren sind vorhanden. Die lichte Höhe der Halle beträgt 7,10 m.

Ausstattung
In der Halle befindet sich ein großer Lagerraum; im rückwärtigen Bereich schließt der Bürobereich mit Überblick über die Halle sowie der Zugang zum Kellergeschoss mit sanitären Anlagen, Abstellräumen und Heizungskeller an.

Lage
Das ca. 2.700 m² große in Ost/West-Richtung gelegene Grundstück ist mit einer ca. 1.500 m² großen eingeschossigen Halle und einem zweigeschossigen Wohnhaus (3 Wohneinheiten) bebaut.

Weitere Daten

Nebenkosten:	3,50 € pro Monat/m²
Objektzustand:	gepflegt
Baujahr:	1964
Fußweg zu öffentlichen Verkehrsmitteln:	2 Min.
Fahrzeit zum nächsten Hauptbahnhof:	5 Min.
Fahrzeit zur nächsten BAB:	5 Min.
Fahrzeit zum nächsten Flughafen:	15 Min.

2 Ermitteln Sie die kritische Lagerfläche.

3 Treffen Sie eine Entscheidung über Eigen- oder Fremdlagerung. Begründen Sie Ihre Entscheidung mithilfe einer Pro-und-Kontra-Liste

Arbeitsblatt 56.2 | Eigen- oder Fremdlagerung

Stellen Sie die Ermittlung der kritischen Lagerfläche grafisch dar. Nutzen Sie dazu die im Arbeitsauftrag 2 ermittelten Werte.

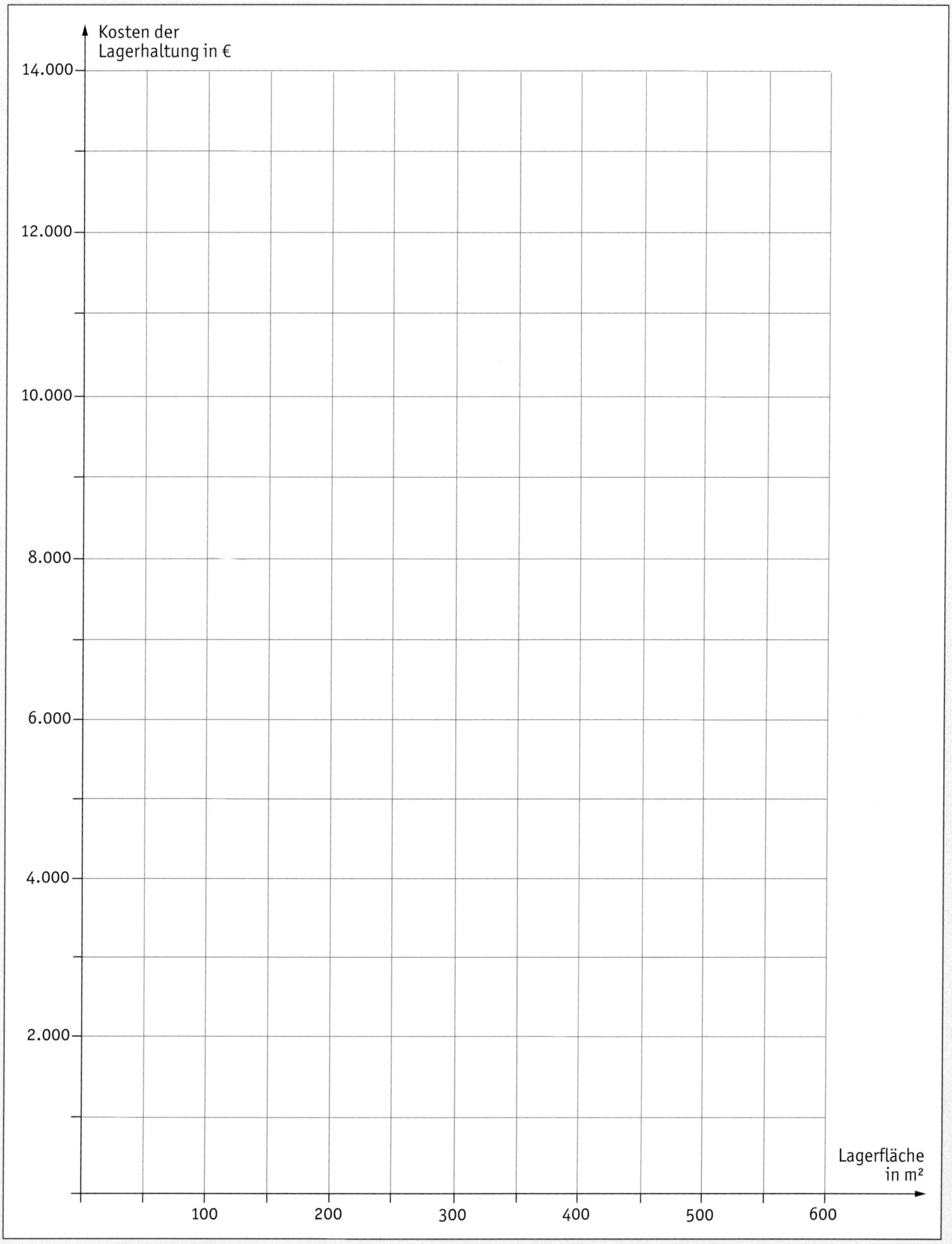

Aufgaben

Aufgabe 1

Stellen Sie fest, ob nachfolgende Aussagen
① richtig oder
② falsch sind.

	Die Fremdlagerung kommt nur bei zentraler Lagerung in Betracht.
	Betreiber von Lagerhäusern sind Lagerhausgesellschaften, städtische oder staatliche Stellen sowie Spediteure.
	Fremdlagerung wird notwendig, wenn große Mengen unverändert weiterveräußert werden.
	Fremdlagerung ist zweckmäßig, wenn die eigene Lagerkapazität nicht ausreicht.
	Der Lagerempfangsschein und der Lagerschein haben rechtlich die gleiche Bedeutung.
	Ein Namenslagerschein kann durch Abtretungserklärung auf eine andere Person übertragen werden.
	Beim Inhaberlagerschein behält der Einlagerer den Anspruch auf Herausgabe der Ware.

Aufgabe 2

Das Warenlager eines Großhändlers für Tiefkühlpizzen ist fast ganzjährig ausgelastet. Aufgrund der gestiegenen Nachfrage wird ein weiterer Hersteller als Stammlieferant gelistet.
Bei Eigenlagerung muss ein neues Tiefkühllagerhaus gebaut werden. Die fixen Kosten für das Lagerhaus werden auf 1,2 Mio. € im Jahr geschätzt. Die variablen Lagerkosten werden etwa 0,05 € je Stück betragen. Ein in der Nähe produzierender Speiseeishersteller mit einem überdimensionierten Tiefkühllagerhaus bietet die Lagerung je Stück zu einem Preis von 0,08 € pro Stück an. Der neue Stammlieferant verlangt eine Abnahmemenge von 30.000.000 Pizzen im Jahr. Jede Pizza muss vor dem Versand eingelagert werden.
Ermitteln Sie
- **a** die Lagerkosten bei Eigenlagerung,
- **b** die Lagerkosten bei Fremdlagerung,
- **c** die Stückzahl, bei der die Kosten der Fremdlagerung und die Eigenlagerung gleich hoch sind.
- **d** Welche weiteren Entscheidungskriterien sind zu berücksichtigen, wenn der Pizzagroßhändler zusätzliche Absatzsteigerungen in der Zukunft nicht ausschließt?

Aufgabe 3

Ermitteln Sie unabhängig von den Kosten Gründe, die für die Nutzung eines Fremdlagers sprechen.

Aufgabe 4

Ein Papiergroßhändler muss sich ein neues Lager einrichten. Es fehlt an Lagerkapazität für mindestens 130 Paletten Papier und Folien, da die Unternehmung ihr Liefergebiet und ihr Sortiment ausgeweitet hat. Es ist nun zu entscheiden, ob es sinnvoller ist, ein dezentrales Eigenlager in Dresden einzurichten oder einen Lagerhalter einzuschalten.
Folgende Daten liegen vor:
- fixe Lagerkosten: 30.000,00 € pro Monat
- variable Lagerkosten: 700,00 € pro Monat und Palette
- die Kosten für Fremdlagerung belaufen sich pauschal auf 1.000,00 € pro Palette

- **a** Errechnen Sie, ob bei 130 Paletten die Einschaltung eines Lagerhalters günstiger ist.
- **b** Stellen Sie rechnerisch die kritische Lagermenge fest.
- **c** Ermitteln Sie grafisch die kritische Lagermenge.

Aufgabe 5

Kennzeichnen Sie nachfolgende Aussagen mit einer
① wenn sie einen Vorteil der zentralen Lagerung, oder
② wenn sie einen Vorteil der dezentralen Lagerung, oder
③ wenn sie einen Nachteil der zentralen Lagerung, oder
④ wenn sie einen Nachteil der dezentralen Lagerung beschreiben.

	Die innerbetrieblichen Transportwege (Transportzeit, Transportkosten) werden verkürzt.
	Wird eine Ware in verschiedenen Lagern bevorratet, so muss für jeden Lagerort ein Mindestbestand bereitgehalten werden.
	Die Raum- und Verwaltungskosten sind bei dieser Lagerung minimal.
	Die körperliche Bestandsaufnahme (Inventur) ist leichter durchzuführen.
	Nebenlager müssen zumeist zusätzlich eingerichtet werden.
	Sicherheitsvorschriften für die Lagerung bestimmter Waren können leichter eingehalten werden.

SB ▶ Seite 375 ff. | Handlungsfeld 4, Kap. 17

Buchungen bei Absatzprozessen

Situation

In der Buchhaltung der Fly Bike Werke GmbH sind nachfolgende Belege zu buchen.

1 Buchen Sie die Belege im Grund- und Hauptbuch. Verwenden Sie dafür Arbeitsblatt 57.1.
2 Ermitteln Sie die Erhöhung der Nettoumsatzerlöse durch diesen Erzeugnisverkauf.
3 Wie hoch ist der Umsatzsteuerbetrag, den die Fly Bike Werke GmbH vom Käufer erhält?

Beleg Nr. 1

Fly Bike Werke GmbH

FBW GmbH • Rostocker Str. 334 • 26121 Oldenburg

Sachsenrad GmbH
Bayreuther Str. 20
01277 Dresden

Rechnung Nr. 765

Bearbeiter	Kundennr.	Ihre Bestellung Nr.	Ihre Bestellung vom	Rechnungsdatum
Herr Baumann Tel. 0441 88592-12	10009	14	17.09.20XX	21.09.20XX

Versandart/Freivermerk	Verpackungsart	Geliefert am
Lkw/ab Werk	Kartonage	21.09.20XX

Pos.-Nr.	Artikel-Nr.	Artikelbezeichnung	Menge	Einzelpreis in €	Rabatt in %	Gesamtpreis in €
1	201	Trekking Light	25	299,25	29,00	5.331,69
2	202	Trekking Free	42	350,00	29,00	10.437,00
2	10	Verpackungskosten				335,00
4	20	Transportkosten				500,00
					Nettorechnungsbetrag in €	16.583,69
					+19 % Umsatzsteuer in €	3.150,90
					Bruttorechnungsbetrag in €	19.734,59

Bitte überweisen Sie unter Angabe der Rechnungsnummer.

	Datum	Skonto	Skonto in €	Betrag in €
Innerhalb der Skontofrist bis:	29.09.20XX	2 %	394,69	19.339,90
Innerhalb der Zahlungsfrist bis:	20.10.20XX	–	–	19.734,59

Beleg Nr. 2

Landessparkasse Oldenburg

IBAN		Kontoauszug	Auszug	Blatt
DE8628050100011232644		Landessparkasse Oldenburg	156	1
Buchungstag	Wert	Vorgang/Erläuterungen	Beträge in €	
		Kontostand am 05.10.20XX	34.670,00 +	
05.10.20XX	05.10.20XX	Sachsenrad GmbH, Rechnung 765 abzüglich 2 % Skonto	19.339,90 +	
		Kontostand am 05.10.20XX	54.009,90 +	

Fly Bike Werke GmbH, Oldenburg

Arbeitsblatt 57.1 | Verkauf von Erzeugnissen

Grundbuch:

1) Erzeugnisverkauf mit Sofortrabatten und Vertriebskosten auf Ziel
2) Zahlungseingang unter Abzug von Skonto
3) Umbuchung Erlösberichtigungen

Nr.	Soll	€	Haben	€
1)				
2)				
3)				

Hauptbuch:

S	2400 Forderungen a. L. L.	H

S	5000 Umsatzerlöse f. e. Erz.	H

S	5001 Erlösberichtigungen	H

S	4800 Umsatzsteuer	H

S	2800 Bankguthaben	H
SV	34.670,00	

Berechnungen	Nettobetrag = 100 %	Umsatzsteuer = 19 %	Bruttobetrag = 119 %
Ausgangsrechnung			
– 2 % Skonto			
= Zahlungseingang			

Aufgaben

Aufgabe 1

Ermitteln Sie die fehlenden Beträge und buchen Sie anschließend nachfolgende Rechnungen für die Fly Bike Werke GmbH.

Erzeugnisverkauf

a Ausgangsrechnung für Fahrräder an die Interrad e.G., Debitor 24014

	€
Nettorechnungsbetrag	24.315,00
+ 19 % Umsatzsteuer	
= Bruttorechnungsbetrag	

b Ausgangsrechnung für Fahrradanhänger an die Radplus GmbH, Debitor 24012

Transport- und Verpackungskosten (Verkauf)

Warenwert	11.835,00
+ Transportkostenanteil	300,00
+ Verpackungskostenpauschale	250,00
= Nettorechnungsbetrag	
+ 19 % Umsatzsteuer	
= Bruttorechnungsbetrag	

c Ausgangsrechnung für Fahrräder an die Südrad e.G., Debitor 24013

Sofortrabatt (Verkauf)

Listenverkaufspreis	86.200,00
– 31 % Wiederverkäuferrabatt	
= Nettorechnungsbetrag	
+ 19 % Umsatzsteuer	
= Bruttorechnungsbetrag	

d Eingangsrechnung für Stülpkartons von der APV GmbH, Kreditor 44030

Sofortrabatt, Transport- und Verpackungskosten (Einkauf)

Listeneinkaufspreis	5.600,00
– 5 % Rabatt	
+ Transport- und Verpackungskosten	360,00
= Nettorechnungsbetrag	
+ 19 % Umsatzsteuer	
= Bruttorechnungsbetrag	

e Eingangsrechnung einer Spedition für die Auslieferung von Fahrrädern an einen Kunden, Kreditor 44099 (Sonstige Kreditoren)

Einkauf von Transportdienstleistungen

Nettorechnungsbetrag	1.260,00
+ 19 % Umsatzsteuer	
= Bruttorechnungsbetrag	

Aufgabe 2

Berechnen und buchen Sie den Jahresbonus, die USt und den Bruttobonus für die EGZ Einkaufsgenossenschaft, Debitor 24011.

Kundenbonus

Jahresbonus für EGZ Einkaufsgenossenschaft

Absatzmenge: 5606 Fahrräder

Nettoumsatz vor Skontoabzug	1.220.048,90 €
1 % Jahresbonus (netto)	? €
+ 19 % Umsatzsteuer	? €
Bruttobonus	? €

Aufgabe 3
Buchen Sie für die Fly Bike Werke die Zahlung der Sachsenrad GmbH für die Ausgangsrechnung Nr. 319, Verkauf von Fahrrädern, Debitor 24009

Landessparkasse Oldenburg

IBAN DE86280501000112326444		Kontoauszug Landessparkasse Oldenburg	Auszug 153	Blatt 1
Buchungstag	Wert	Vorgang/Erläuterungen	Beträge in EUR	
		Kontostand am 19.06.20XX	102.132,60 +	
20.06.20XX	20.06.20XX	Sachsenrad GmbH, Rechnung 319 vom 12.06.20XX, 38.080,00 EUR abzüglich 2 % Skonto	37.318,40 +	
		Kontostand am 20.06.20XX	139.451,00 +	

Fly Bike Werke GmbH, Oldenburg

Aufgabe 4
Buchen Sie die nachfolgenden Geschäftsvorfälle (Debitorenkonto 24099, Kreditorenkonto 44099)

Geschäftsvorfälle	Nettowert in €	19 % USt	Bruttowert in €
a Erzeugnisverkauf auf Ziel	40.000,00	7.600,00	47600,00
b Erzeugnisverkauf auf Ziel Listenpreis 60.000 € abzüglich 20 % Rabatt	48.000,00	9.120,00	57.120,00
c Einkauf von Verpackungsmaterial für die Versandabteilung auf Ziel	6.000,00	1.140,00	7.140,00
d Eingangsrechnung einer Spedition für den Transport von Erzeugnissen an einen Kunden	1.200,00	228,00	1.428,00
e Eingangsrechnung eines Vertreters für die Vermittlung von Erzeugnisverkäufen an neue Kunden	700,00	133,00	833,00
f Gutschrift an neuen Kunden für die Rücksendung von Erzeugnissen	1.500,00	285,00	1.785,00
g Bonusgutschrift an einen Kunden für Erzeugnisse	900,00	171,00	1.071,00
h Gutschrift für mangelhafte Erzeugnisse an einen Kunden (keine Rücksendung)	1.800,00	342,00	2.142,00

Aufgabe 5
Die Bike GmbH, Debitor 24006, hat 51 Fahrräder des Modells Constitution zum empfohlenen Endverbraucherpreis von 598,50 € inkl. 19 % Umsatzsteuer gekauft. Als Fahrradhändler erhält sie bei dieser Einkaufsmenge 30 % Wiederverkäuferrabatt. In der Ausgangsrechnung der Fly Bike Werke GmbH wird ein Transportkostenanteil in Höhe von 600,00 € zzgl. 19 % Umsatzsteuer berechnet. Nach einer erfolgreichen Mängelrüge des Kunden gewähren die Fly Bike Werke einen Preisnachlass in Höhe von 5 % auf den Nettowert der Fahrräder zzgl. 19 % Umsatzsteuer. Der Kunde überweist innerhalb der Skontofrist den Restbetrag einschließlich skontierbarer Transportkostenpauschale unter Abzug von 3 % Skonto. Buchen Sie

a die Ausgangsrechnung einschließlich Transportkostenanteil,
b die Gutschrift,
c den Zahlungseingang auf dem Bankkonto der Fly Bike Werke GmbH.